Schriften zum Internationalen und Europäischen Strafrecht

Herausgegeben von

Band 37

Else Feikje van der Berg

Folter, unmenschliche und erniedrigende Behandlung in der Rechtsprechung des EGMR und die strafprozessualen Konsequenzen

Nomos

Die Deutsche Nationalbibliothek verzeichnet diese Publikation in der Deutschen Nationalbibliografie; detaillierte bibliografische Daten sind im Internet über http://dnb.d-nb.de abrufbar.

Zugl.: Berlin, HU, Diss., 2017

u.d.T.: „Art. 3 EMRK: Eine Untersuchung der Rechtsprechung"

ISBN 978-3-8487-5529-5 (Print)
ISBN 978-3-8452-9652-4 (ePDF)

1. Auflage 2019

Vorwort

Die vorliegende Doktorarbeit wurde im Sommersemester 2017 vom Fachbereich Rechtswissenschaft der Humboldt Universität zu Berlin als Dissertation angenommen. Rechtsprechung und Literatur konnten bis einschließlich März 2017 berücksichtigt werden.

Die Verfassung dieser Arbeit stellte eine Herausforderung, an erster Stelle aber eine bereichernde Erfahrung da, die mein Interesse an der erstaunlich vielfältigen Thematik des Art. 3 EMRK nur begünstigt hat. Ich möchte mich an dieser Stelle herzlich bei allen Personen bedanken, die mir während meiner Promotion auf unterschiedlichste Art und Weise zur Seite gestanden haben.

Mein besonderer Dank gilt allererst meinem Doktorvater, Prof. Dr. *Martin Heger*, für seine unerlässliche Unterstützung während der fünf Jahren der Entstehung dieser Arbeit. Prof. Dr. *Heger* hat entscheidend zum Erfolg dieser Dissertation beigetragen. Nicht nur durch seine konstruktiven Kommentare, sondern auch durch seine allgemeine Diskussionsbereitschaft und ansteckende Passion für die Thematik stellte er eine unverzichtbare Inspirationsquelle für mich dar. Prof. Dr. *Jeßberger* möchte ich herzlich danken für die Übernahme der Zweitgutachtens, sowie Dr. *Vorbaum* für seine Rolle als Vorsitzende der Prüfungskommission.

Ebenso möchte ich Herr *Sebastian Diez* und Frau *Tabea Hill* danken, die beide mit großer Hingabe die ersten Fassungen dieser Arbeit Korrektur gelesen und viele hoch geschätzte Hinweise gegeben haben.

Mein größter Dank gilt meinen Eltern, *Hilda van der Veen-van der Berg* und *Wolter van der Berg*, die mich, meine Studienfachwahl und meine Promotionsentscheidung immer unterstützt haben. Ihnen ist diese Arbeit gewidmet.

Berlin, Mai 2018, *Else Feikje van der Berg*

Inhaltsverzeichnis

Abkürzungsverzeichnis 15

Einführung 19

I. Gründe für die Wahl der Materie 21
II. Zielsetzung 21
III. Konkrete Fragestellungen 22
IV. Methoden 25

A. Grundlagen 26

I. Auslegung der Konvention 26
II. Absolutheit und Notstandsfestigkeit des Art. 3 EMRK 28
1. Ein philosophischer Exkurs: „*rule absolutism*", „*principle absolutism*" und „*individual absolutism*" 29
2. Zweifel an der grundsätzlichen Existenz einer Absolutheit 33
3. Rettungsfolter und „*ticking bomb*"-Szenario: Soll Art. 3 EMRK wirklich absolut sein? 35
4. Ausnahmelösung, Differenzierungslösung, Absolutheitslösung 39
a) Ausnahmelösung 39
b) Differenzierungslösung 41
c) Absolutheitslösung 42
d) Ansicht des EGMR 43
5. Zwischenergebnis 44
III. „*Margin of appreciation*" in Bezug auf Art. 3 EMRK 48
1. Relevanz des Ermessensspielraums 49
2. Einbeziehung lokaler Gewohnheiten in Fällen des Art. 3 EMRK: *Griechenland vs. UK, Tyrer vs. UK* 52
IV. Das Folterverbot im Völkerrecht 53
1. Resolution 3452 (XXX) der Generalversammlung der Vereinten Nationen vom 9.12.1975 53

2. Artikel 1 des Übereinkommens gegen Folter und andere grausame, unmenschliche oder erniedrigende Behandlung vom 27.6.1987 56
3. Übrige Folterverbote 61

V. Vorarbeiten zu Art. 3 EMRK 63
1. Historischer Kontext 63
2. Diskurs der Parlamentarischen Versammlung des Europarates 65

VI. Fazit 67

B. „*Living instrument*"-Doktrin und staatliche Souveränität 70

I. Kritik an der „*living instrument*"-Doktrin: mögliche Probleme 73
1. Kehrseite der Medaille 73
2. Mangel an Akzeptanz unter den Vertragsstaaten 75
a) „*Common European ground*" 78
b) Doktrin der autonomen Begriffsbildung 81
c) Austritt aus dem Europarat aus Unzufriedenheit: eine leere Drohung? 87
3. Der Wille des historischen Konventionsgebers 90

II. Fazit 91

C. Definitionen der Begriffe des Art. 3 EMRK 93

I. Behandlung oder Strafe 93

II. Eröffnung des Anwendungsbereichs 94

III. Das Verhältnis der drei Kategorien untereinander 98

IV. Erniedrigende Behandlung 99
1. Erniedrigende Bestrafungen: *Tyrer vs. UK, Costello-Roberts vs. UK, Warwick vs. UK, Y vs. UK* 102
2. Diskriminierung als erniedrigende Behandlung 109
3. Zwischenergebnis 111

V. Unmenschliche Behandlung 112
1. Der Griechenland-Fall 112
2. *Irland vs. UK* 113
a) Abweichende Meinungen 118
b) Moderne Folter: vertiefter Einblick 124

c) Politische Perspektive: Warum der EGMR noch immer am Kriterium der Schwere des Leidens festhält 131
d) Zwischenergebnis 135
3. *Zypern vs. Türkei* 136

VI. Folter 137
1. Absicht 139
2. Stigma 140
3. Rechtsfälle, in denen der EGMR Folter bejaht hat 146
a) *Aksoy vs. Türkei* 146
b) *Aydin vs. Türkei* 147
c) *Çakici vs. Türkei* 150
d) *Selmouni vs. Frankreich* 150
e) Exkurs: Bedeutung des Zweckelements im Folterbegriff 152
aa) *Bis Selmouni* 152
bb) *Nach Selmouni* 154
f) *Salman und Ilhan vs. Türkei* 156
g) *Dikme vs. Türkei* 157
h) *Akkoç und Aktas vs. Türkei* 158
i) *Elçi u.a. vs. Türkei* 160
j) *Bati u.a. vs. Türkei* 161
k) *Ilascu u.a. vs. Moldawien und Russland* 163
l) *Corsacov vs. Moldawien, Türkmen vs. Türkei, Mammadov vs. Aserbaidschan* 165
m) *Mikheyev vs. Russland* 165
n) *Cestaro vs. Italien* 166
4. Fälle, in denen der EGMR den Foltertatbestand als nicht erfüllt angesehen hat 167
a) *Krastanov vs. Bulgarien* 167
b) *Berktay, Karayigit, Kismir und Akdeniz vs. Türkei* 170

VII. Fazit 173

D. Fallgruppen 176

I. *„Non-refoulement“*: das Ausliefern und Ausweisen von Personen als Verletzung des Art. 3 EMRK 176

1. Leitfälle 181
a) Auslieferung: *Soering vs. UK* 181
b) Ausweisung: *Chahal vs. UK* 183
c) Zwischenergebnis 184
d) *Cruz Varas u.a. vs. Schweden* 185

e) *Vilvarajah u.a. vs. UK* 185
2. „*Substantial grounds*" 186
3. Beweis des Vorliegens eines echten Risikos und Glaubwürdigkeit des Beschwerdeführers 188
4. „*Real risk of ill-treatment*" 189
5. Die Abschiebung von schwer Erkrankten in Staaten, wo keine adäquate medizinische Versorgung geboten werden kann 192
6. Kritik am „*non-refoulement*"-Prinzip 193
a) Schutz der Gesellschaft vor gefährlichen Individuen ohne Vertreibung 195
b) Kollision zwischen dem Prinzip des „*non-refoulement*" und einem Auslieferungsvertrag 197
7. Problematische Folgen des nicht-derogierbaren „*refoulement*"-Verbots: die Entwicklung von Umgehungstechniken 198
a) „*Diplomatic assurances*" 199
b) Nicht-Aufnahme von Personen aus Ländern mit schlechter Menschenrechtslage 201
c) Weitere praktische Probleme 201
8. Die systematische Unmöglichkeit, die Rechtsprechung des EGMR zurückzudrehen 203
9. Ergebnis 203

II. Beweislastumkehr: Opfer in Polizeihaft 205
1. *Tomasi vs. Frankreich* 205
2. *Ribitsch vs. Österreich* 206
3. *Erdagöz vs. Türkei* 209
4. *Klaas vs. Deutschland* 210
5. Ergebnis 211

III. Schlechte Haftbedingungen 212
1. Kritik an der Praxis der Gesamtbetrachtung aller Umstände der Haft 216
2. Gesonderte Betrachtung einiger häufig vorkommender Probleme hinsichtlich der Haftbedingungen 217
a) Sanitäre Anlagen 218
b) Betagte oder kranke Inhaftierte 218
c) Körperliche Untersuchungen 219
d) Überbelegung 221
e) Einzelhaft 222

3. Relevanz der CPT-Berichte 225
4. Ergebnis 226
IV. Zerstörung der Lebensgrundlage 227
1. *Selcuk und Asker vs. Türkei* 227
2. *Bilgin vs. Türkei, Dulas vs. Türkei* 228
3. Ergebnis 228
V. „Verschwindenlassen“ von Personen als unmenschliche Behandlung der Angehörigen 228
1. *Timurtas vs. Türkei* 229
2. *Kurt vs. Türkei* 229
3. *Çakici vs. Türkei* 230
4. Ergebnis 231
VI. Staatliche Schutzpflichten im Zusammenhang mit – evtl. erzwungenen – medizinischen bzw. psychiatrischen Behandlungen 232
1. Medizinische Experimente 233
2. Erzwungene Behandlung von Personen, die sich in der Obhut des Staates befinden 237
3. Medizinische Eingriffe zu Beweiszwecken 239
a) *Bogumil vs. Portugal* 239
b) *Herczegfalvy vs. Österreich* 240
c) *Keenan vs. UK* 242
d) *Aerts vs. Belgien* 243
4. Ergebnis 243
VII. Verhängung einer unangemessenen Strafe als Verletzung des Art. 3 EMRK 244
1. Zeitige Freiheitsstrafen 245
2. Lebenslange Freiheitsstrafen 246
a) Lebenslange Strafe, die sich gegen einen Minderjährigen richtet 247
b) Lebenslange Strafe und die Aussicht auf Entlassung 247
3. Verhängung der Todesstrafe nach einem „*unfairen*“ Verfahren 251
4. Verhängung der Todesstrafe nach einem „*fairen*“ Verfahren 252
5. Ergebnis 253
VIII. Fazit 254

E. Bindungswirkung der Urteile des Gerichtshofs 255

I. Aus den Urteilen hervorgehende Pflichten des verletzenden Staates 256

1. Positive Verpflichtungen des Staates 256

2. Die Tatsachenfeststellung: der Beweisstandard *„beyond reasonable doubt“* 261

3. Zwischenergebnis 261

II. Befolgungspflicht 262

III. Von Verpflichtung von Resultate nach Verpflichtung von Mittel 270

1. Einschränkung des Ermessensspielraums der Vertragsstaaten bei der Urteilsbefolgung 270

2. Kompetenz des EGMR bzgl. des Vorschreibens präziser Maßnahmen 272

IV. Piloturteile und die Verpflichtung zur Änderung der nationalen Gesetzeslage 274

1. Kompetenz des EGMR zum Erlass von Piloturteilen 276

a) Teleologische Auslegung der EMRK 276

b) Vermeidung einer Überbelastung des Konventionssystems bzw. des Ministerkomitees 277

c) Normenkontrolle im Lichte der Subsidiarität des Konventionssystems 278

d) Zwischenergebnis 280

2. Nichtanwendung statt Aufhebung oder Änderung 280

V. Fazit 281

F. Strafprozessuale Folgen eines Verstoßes gegen Art. 3 EMRK 283

I. Einführung in Art. 6 EMRK: Das *„fair trial“*-Prinzip und *„nemo tenetur“* 284

1. Artikel 6 Abs. 1 EMRK: Der *„fair trial“*-Grundsatz 285

2. Beweisverwertungsregel nach Art. 6 EMRK 286

3. *„Nemo tenetur“* 286

4. Einführung in die Rechtsprechung des EGMR zu Art. 3 EMRK i.V.m. Art. 6 Abs. 1 EMRK 288

II. Art. 3 EMRK in Verbindung mit Art. 6 Abs. 1 EMRK: *Jalloh vs. Deutschland* 289

1. Sachverhalt 289

2. Verletzung des Art. 3 EMRK 290
3. Verletzung des Art. 6 EMRK: Der „*fair trial*“-Grundsatz 293
4. Verletzung des Art. 6 EMRK: Der „*nemo tenetur*“-Grundsatz 295

III. Art. 3 EMRK in Verbindung mit Art. 6 Abs. 1 EMRK: *Gäfgen vs. Deutschland* 297
1. Sachverhalt 297
2. Entscheidung des Gerichtshofs im Hinblick auf eine Verletzung des Art. 3 EMRK 298
3. Entscheidung des EGMR im Hinblick auf eine Verletzung des Art. 6 EMRK 300

IV. Fazit 305

Ergebnisse 307

Schlussbemerkung 313

Literaturverzeichnis 315

Rechtsprechungsverzeichnis 325

Abkürzungsverzeichnis

Abs.	Absatz
AEM	Allgemeine Erklärung der Menschenrechte
AJIL	American Journal of International Law
ALR	Albany Law Review
Art.	Artikel
Aufl.	Auflage
BLHR	Bulgarian Lawyers for Human Rights
bspw.	beispielsweise
BverfG	Bundesverfassungsgericht
Bzw.	beziehungsweise
Cal. LR	California Law Review
Cam. LR	Campbell Law Review
CAT	Committee Against Torture
CIA	Central Intelligence Agency
CILJ	Cornell International Law Journal
CLJ	Cambridge Law Journal
CPT	European Committee for the Prevention of Torture
CWILJ	California Western International Law Journal
CYIL	Canadian Yearbook of International Law-Making
ECHR	European Convention on Human Rights
ECPT	European Convention for the Prevention of Torture and Inhuman or Degrading Treatment or Punishment
EGMR	Europäischer Gerichtshof für Menschenrechte
EHRLR	European Human Rights Law Review
EHRR	Essex Human Rights Review
EJCL	Electronic Journal of Comparative Law
EJIL	European Journal of International Law
ELR	European Law Review
EMRK	Europäische Menschenrechtskonvention
etc.	et cetera
EuGRZ	Europäische Grundrechte Zeitschrift
Evtl.	Eventuell
f., ff.	folgende(r), fortfolgende
FLR	Fordham Law Review
GG	Grundgesetz
GLJ	German Law Journal
HRA	Human Rights Act 1998
HRC	Human Rights Committee
HRDB	Human Rights Doctorate Blogspot

HRL	Harvard Law Review
HRLJ	Human Rights Law Journal
HRLR	Human Rights Law Review
Hrsg.	Herausgeber
HRW	Human Rights Watch
i.S.d.	im Sinne de(r, s)
IACHR	Inter-American Court of Human Rights,
ICCPR	International Covenant on Civil and Political Rights
ICLQ	International and Comparative Law Quarterly
IGH	Internationaler Gerichtshof
IHR	The International History Review
IJRL	International Journal of Refugee Law
ILC	International Law Commission
ILPA	Immigration Law Practitioners Association
ILR	Israel Law Review
IPbpR	Internationaler Pakt über bürgerliche und politische Rechte
IRA	Irish Republican Army
JFS	Journal of Forensic Sciences
Jg.	Jahrgang
JICJ	Journal of International Criminal Justice
JZ	Juristenzeitung
lit.	littera
LQR	Law Quarterly Review
m.w.N.	mit weiteren Nachweisen
MJIL	Melbourne Journal of International Law
MLR	Michigan Law Review
MLR	Modern Law Review
MRK	Menschenrechtskonvention
N.B.	nota bene
NJIL	Nordic Journal of International Law
NJW	Neue Juristische Wochenschrift
No.	number (application number)
NQHR	Netherlands Quarterly of Human Rights
NYUJILP	New York University Journal of International Law and Politics
OHHR	Oxford Human Rights Hub
Par.	Paragraph
PG	Psychosoziale Gesundheit
RAV	Republikanischer Anwältinnen- und Anwälteverein
Rn.	Randnummer
RuP	Recht und Politik
RW	Rechtswissenschaft
S.	Seite
SJL	The Student Journal of Law
SLR	Stanford Law Review
sog.	sogenannte(r, s)

SSCI	Senate Select Committee on Intelligence
StGB	Strafgesetzbuch
StPO	Strafprozessordnung
TLQ	Temple Law Quarterly
TPQ	The Philisophical quarterly
u.a.	unter anderem
UCL HRR	UCL Human Rights Review
UCLR	University of Chicago's Law Review
UK	United Kingdom
UN	United Nations, Vereinte Nationen
USA	United States of America
vgl.	vergleiche
VJIL	Virginia Journal of International Law
VLR	Virginia Law Review
Vol.	Volume
vs.	versus
WVK	Wiener Vertragskonvention
z.B.	zum Beispiel
ZaöRV	Zeitschrift für ausländisches öffentliches Recht und Völkerrecht
ZÖR	Zeitschrift für Öffentliches Recht
ZPO	Zivilprozessordnung
ZRP	Zeitschrift für Rechtspolitik

Einführung

Seit den Terroranschlägen im Jahr 2001 sieht sich die Weltgemeinschaft mit den durch das Ereignis ausgelösten Gefühlen von Schock, Angst und Desillusion konfrontiert. Die europäische Gesellschaft befindet sich seither in einem anhaltenden Konflikt: Auf der einen Seite sollen die Menschenrechte der EMRK[1] eingehalten werden. Auf der anderen Seite besteht das nicht zu verleugnende Bedürfnis, Informationen über bevorstehende Angriffe und Geständnisse von potentiellen oder mutmaßlichen Tätern zu erlangen. Es wird die Meinung vertreten, dass bestimmte Personen überhaupt keinen Menschenrechtsschutz verdienten, womit der nicht-derogierbare Charakter des Art. 3 EMRK angezweifelt wird.[2] Die Ansicht, dass Art. 3 EMRK absolut gewährleistet werden sollte, sowie dass dessen Begriffe extensiv ausgelegt werden müssen, um den Anwendungsbereich so umfassend als möglich zu gestalten, wird nach wie vor in den Urteilen des Europäischen Gerichtshofs für Menschenrechte (EGMR) verteidigt. Der vom *Senate Select Committee on Intelligence* freigegebene *„CIA torture report“*,[3] in dem detailliert beschrieben wird mit welcher Gewalt, Brutalität und Rücksichtslosigkeit Agenten der amerikanischen CIA sog. *„enhanced interrogation techniques“* gegenüber Häftlingen anwandten, führte zu einem internationalen Aufschrei. Die Idee der Notwendigkeit eines umfassenden Schutzes der Integrität jedes Menschen hat durch diese Enthüllungen zweifellos an Popularität gewonnen.

Schon *Nietzsche* warnte im 19. Jahrhundert vor den Entwicklungen, mit denen wir uns heute konfrontiert sehen. Er fasste das Risiko, als Staat unter *„the rule of law“* seine ethischen Überzeugungen zu verlieren, mit folgenden Worten zusammen:

---

1 European Convention for the Protection of Human Rights and Fundamental Freedoms.

2 Vgl.Teil A.II.3. „Rettungsfolter und *„ticking bomb“*-Szenario: Soll Art. 3 EMRK wirklich absolut sein?“

3 http://www.intelligence.senate.gov/press/committee-releases-study-cias-detention-and-interrogation-program (zuletzt abgerufen am 8.7.2015).

> *„Wer mit Ungeheuern kämpft, mag zusehen, dass er nicht dabei zum Ungeheuer wird. Und wenn du lange in einen Abgrund blickst, blickt der Abgrund auch in dich hinein.“*[4]

In der Rechtsprechung und Literatur zu Art. 3 EMRK treffen unterschiedlichste wissenschaftliche Gebiete aufeinander, sodass es nicht selten auch zu Kollisionen zwischen philosophischen Argumenten und politischen oder praktischen Einwänden kommt. Das anhaltende Problem des Terrorismus, sowie ein spürbarer Euro-Skeptizismus und der damit zusammenhängende Kampf um staatliche Souveränität rütteln an der Position des EGMR als autonomem Hüter der Menschenrechte. Der EGMR zeigt sich im Lichte dieser Entwicklungen flexibel und passt sich den Anforderungen der modernen nationalstaatlichen Gesellschaften größtenteils an - eine Konstante ist aber klar erkennbar: die Menschenwürde steht unverändert im Mittelpunkt der gerichtlichen Entscheidungen.

Der EGMR wurde laut Art. 19 EMRK[5] mit dem Ziel geschaffen, die 47 Vertragsstaaten der EMRK auf die effektive und praktische Gewährleistung der Konventionsrechte hin zu überprüfen. Dies folgt auch aus der Präambel der Konvention, die auf die Erhaltung und Weiterentwicklung der Menschenrechte und fundamentalen Freiheiten abzielt. Spannend wird es dann, wenn der EGMR die Konventionsbegriffe ausweitet, um das Recht an die Menschenrechtslage in den modernen demokratischen Vertragsstaaten anzupassen.

Er erkennt an, dass Vertragsstaaten souverän sind. Doch diese Souveränität endet, sobald die Menschenwürde von staatlicher Seite angegriffen wird. Schutzgut des Art. 3 EMRK ist die Menschenwürde. Diese Grenze an Souveränität steht für den EGMR unerschütterlich und zentral im Vordergrund.

Um eine effektive Gewährleistung des Art. 3 EMRK zu garantieren, muss neben der Frage, ob die Norm verletzt wurde, auch die Frage nach den Folgen im Falle einer Verurteilung beantwortet werden.

Nicht nur die Begriffe des Art. 3 EMRK werden im Lichte der *„living instrument“*-Doktrin extensiv interpretiert. Auch im strafprozessualen Bereich wird die Souveränität der Vertragsstaaten - zumindest gefühlt - eingeschränkt: Der EGMR schreibt für immer mehr Fallkonstellationen klare

---

4 *Nietzsche*, Jenseits von Gut und Böse, S. 52.

5 Art. 19 EMRK: *„To ensure the observance of the engagements undertaken by the High Contracting Parties in the Convention and the Protocols thereto, there shall be set up a European Court of Human Rights, hereinafter referred to as "the Court". It shall function on a permanent basis.“*

Beweisregeln vor im Zusammenhang mit dem „*fair trial*"-Prinzip und gibt in seinen Piloturteilen explizite Anordnungen vor, womit er sich deutlich in die genuin nationalstaatliche Aufgabe des Strafens einmischt.

I. Gründe für die Wahl der Materie

Artikel 3 EMRK ist kurz und bündig formuliert.[6] Dies bedeutet aber nicht, dass auch die Rechtsprechung, die sich auf diesen Artikel bezieht, derart knappgehalten ist. Sie ist vielmehr durch Kontroversen charakterisiert und weit ausgeprägt, sodass sich eine vertiefte Untersuchung dieser Bestimmung als höchst ansprechend und abwechslungsreich erweist. Wie schon kurz erwähnt, kreuzen sich unterschiedlichsten Bereichen: So stellen sich beispielsweise im Feld der Politik die Fragen, wie schwer das „Stigma" wiegt, das mit einer Folterverurteilung verbunden ist oder wie Staaten mit dem „*non-refoulement*"-Prinzip umgehen sollen. Aus ethischer Perspektive muss eine Antwort darauf gefunden werden, ob man einen Terroristen unmenschlich behandeln darf, um im Gegenzug eventuell andere Leben zu retten. Nicht zuletzt wird die schlicht pragmatische Frage aufgeworfen, wie Staaten Ihre Verpflichtungen aus Art. 3 EMRK im Rahmen der Flüchtlingskrise erfüllen können.

Die mögliche Kollision zwischen der evolutiv-dynamischen Auslegungsmethode, die vom EGMR angewandt wird und zu einer Ausweitung des Anwendungsbereichs des Art. 3 EMRK geführt hat, und der Souveränität der Vertragsstaaten ist spannend.

II. Zielsetzung

Die sich mit Art. 3 EMRK befassende Literatur ist stark zersplittert: Die Norm wird entweder innerhalb der Forschung der gesamten EMRK kurz besprochen, oder es wird nur ein spezifisches Thema des Artikels ausge-

---

6 *Rowe*, Exeter Papers on European Law 2002, S. 23: „*The reason* (für diese Bündigkeit) *is quite simple; while it is not impossible to enumerate immutable propositions that circumscribe its range of activities, there are serious pitfalls with such an alternative. Firstly, such a list or watertight set of guidelines is impossible to compose because the range of techniques to inflict torture is as wide as the human imagination to inflict pain. Secondly, and unfortunately for the benefit of Article 3, humans do not possess a painmeter instrument. One person's pain threshold is very different to another.*"

wählt und gründlich behandelt. Diese Untersuchung bezweckt im Gegensatz dazu ein vollständiges Bild des Art. 3 EMRK zu schaffen.

Die zu erforschenden Themen sind vielfältig und gleichzeitig allesamt essentielle Bausteine eines umfassenden Verständnisses der Norm. Das Thema der effektiven und praktischen Gewährleistung des Schutzes aus Art. 3 EMRK umfasst nicht nur die Interpretation der inhaltlichen Begriffe, sondern auch die Konsequenzen im Falle einer Verletzung. Es wird untersucht, ob die Ausdehnung der Kompetenzen des EGMR neben der materiellen auch die strafprozessuale Sphäre berührt.

III. Konkrete Fragestellungen

Die folgenden Teilfragen konkretisieren die oben dargestellten Hauptfragestellungen.

Die Absolutheit und der nicht-derogierbare Charakter des Art. 3 EMRK sind kritisch zu betrachten: Sollte tatsächlich in allen denkbaren Fallkonstellationen an diesen beiden Ansätzen festgehalten werden? Sollte dies negiert werden, stellt sich die Frage nach möglichen Alternativen. Weiter sind die Begriffe des Art. 3 EMRK absichtlich unbestimmt formuliert und von Flexibilität geprägt, sodass zu klären bleibt, wann der Anwendungsbereich des Artikels eröffnet ist und wann nicht. Wann ist z.B. eine Behandlung unmenschlich oder erniedrigend? Wann muss sogar von Folter gesprochen werden und was macht den qualitativen Unterschied zwischen den ersten beiden Kategorien – unmenschlicher oder erniedrigender Behandlung - einerseits und Folter andererseits aus? Sollte diese Flexibilität, die eine extensive Auslegung ermöglicht, eingedämmt oder bejubelt werden? Sind die extensiven Auslegungsmethoden des EGMR auf angemessene Weise eingesetzt worden? Welche Rolle spielen die *„living instrument“*-Doktrin, der *„common European ground“* und die Souveränität der EMRK-Staaten in diesem Zusammenhang?

Um wirklich erfassen zu können inwieweit sich der EGMR für eine extensive Interpretation entschieden hat und was dies für die Konventionsgemeinschaft bedeutet, muss der konkrete Anwendungsbereich des Art. 3 EMRK in seiner Ausprägung während der ersten Jahrzehnte des Konventionssystems mit der Ausgestaltung des heutigen Anwendungsbereichs verglichen werden. Haben sich Änderungen der Interpretation ergeben und warum werden die Begriffe auf diese und nicht auf jene Art definiert? Darüber hinaus wird den Fragen nachgegangen, wie der EGMR die Begriffe idealerweise auslegen sollte und ob daraus eine Prognose für zukünftige Fälle abgeleitet werden könnte.

Im Rahmen der Interpretation der Art. 3-Begriffe und der Unterschiede der dort genannten Verletzungsmöglichkeiten (Folter, unmenschliche oder erniedrigende Behandlung) ist die Einordnung moderner Vernehmungstechniken sehr interessant. Diese komplizierten und ausgeklügelten Techniken beabsichtigen, die Verbindung des Verdächtigen zur Außenwelt zu brechen, sodass sich das Opfer in einem Zustand der Isolation im eigenen Körper befindet. Ein Zustand, der dazu geeignet ist, die Persönlichkeit vollständig zugrunde zu richten. Die Frage nach der Kategorisierung dieser Methoden ist von höchster Relevanz. Im Dezember 2014 entschied sich die irische Regierung dafür, die Wiederaufnahme des Falles *Irland vs. UK*[7] beim EGMR zu beantragen. Das Ziel dieser Bemühung lag darin, eine höchstrichterliche Kategorisierung der angewandten Vernehmungstechniken[8] als Folter zu erreichen. Von Bedeutung ist somit erstens der Unterschied zwischen den verschiedenen Kategorien und zweitens, in welche der Kategorien die fünf im Fall angewandten Techniken heutzutage nach Ansicht des Gerichts einzuordnen wären. Hierbei müssen evtl. auch die – politischen – Konsequenzen für die EMRK-Gemeinschaft betrachtet werden.

Ebenfalls im Dezember 2014 veröffentlichte der Geheimdienstausschuss des amerikanischen Senats[9] den schon kurz erwähnten *„CIA torture report"*[10] und drängte damit zur Kategorisierung verschiedener von der CIA gegenüber mutmaßlichen Terroristen verwendeten - im Bericht *„enhanced interrogation techniques"* genannten - Vernehmungsmethoden als Folter. Einige der in diesem Bericht beschriebenen Methoden entsprechen den im Fall *Irland vs. UK* angewandten Methoden in gewisser Weise: So werden im *„torture report"* u.a. das Ausnutzen von Schlafmangel des Häftlings - *„stress-positions"*- und *„wall-standing"*- das andauernde Spielen lauter Musik - und die Tatsache, dass die Häftlinge Kapuzen tragen mussten (*„hooding"*), besprochen. Der Bericht beschreibt den Zustand des Betroffenen als am Ran-

---

7 EGMR Urt. v. 18.1.1978, *Irland vs. UK*, Nr. 5310/71.

8 *„Hooding"*, *„subjection to noise"*, *„deprivation of sleep"*, *„deprivation of food and drink"*.

9 *Senate Select Committee on Intelligence*.

10 http://www.intelligence.senate.gov/press/committee-releases-study-cias-detention-and-interrogation-program (zuletzt abgerufen am 8.7.2015).

de eines vollständigen Zusammenbruchs: Der Betroffene sei dazu bereit alles zu tun was von ihm verlangt wurde.[11]

Die auf den Bericht folgende öffentliche Empörung[12] warf die Frage auf, ob - nach weltlichem bzw. europäischem Konsens - die von der CIA angewandten Vernehmungsmethoden als Folter eingestuft werden sollten und wie der EGMR mit den weltweiten bzw. europaweiten Entwicklungen der letzten Jahrzehnte bei einer eventuell erneuten Prüfung des Falles *Irland vs. UK* umgehen würde.

Nachdem ein Verständnis dafür geschaffen wurde, wie die Begriffe des Art. 3 EMRK definiert werden müssen, schließen sich Fragen hinsichtlich der Folgen einer festgestellten Verletzung des Artikels an.

Lässt sich ein Verfahren als *„fair"* ansehen i.S.v. Art. 6 Abs. 1 EMRK, wann die Beweismittel gegen den Verdächtigen auf Art. 3-entgegenstehende Weise erlangen wurden? Welche Beweisregeln hat der EGMR im Rahmen von Art. 3 EMRK i.V.m. Art. 6 Abs. 1 EMRK vorgegeben und warum kann sich die Kompetenz des Gerichtshofs auf diese genuin innerstaatliche Domäne ausweiten?

Darüber hinaus müssen Fragen nach den positiven Verpflichtungen des Staates und der damit zusammenhängenden Bindungswirkung der Urteile des EGMR beantwortet werden: Sollte dem EGMR-Urteil keine konstitutive Direktwirkung, kassatorische Wirkung oder Gestaltungswirkung zukommen,[13] muss geklärt werden, auf welche Weise der EGMR denn überhaupt die europäische Menschenrechtslage zu beeinflussen vermag. Welche Bedeutung muss der – rechtlich unverbindlichen – Orientierungswirkung beigemessen werden, und wie wird das Verhältnis zwischen der Wiederherstellung (*„restitutio in integrum"*)[14] und der gerechten Entschädigung (*„just satisfaction"*)[15] gestaltet? Inwieweit existiert ein Ermessensspielraum für die EMRK-Staaten bei der Befolgung der Urteile des EGMR? Wird die-

---

11 Fraglich ist, ob eine solche Bereitschaft der Wahrheitsermittlung dient oder nur zu falschen Aussagen führt.

12 Vgl. Vox news: http://www.vox.com/2014/12/9/7360823/cia-torture-roundup (zuletzt abgerufen am 8.7.2015); The Guardian: http://www.theguardian.com/us-news/2014/dec/09/cia-torture-report-worst-findings-waterboard-rectal (zuletzt abgerufen am 8.7.2015); The Independent: http://www.independent.co.uk/news/world/americas/cia-torture-report-extremist-backlash-to-controversial-report-begin s-with-calls-to-take-revenge-on-the-despicable-kuffar-9914490.html (zuletzt abgerufen am 8.7.2015).

13 *Gollwitzer*, Menschenrechte im Strafverfahren, S. 656.

14 *Haß*, Die Urteile des EGMR, S. 75.

15 Art. 41 EMRK.

ser Spielraum, der mit der Souveränität der Staaten verbunden ist, durch die wegweisenden Urteile aus Straßburg nicht auf unzulässige Weise eingeschränkt? Handelt es sich hier um einen echten Eingriff oder täuscht dieser Eindruck? Auf welche rechtliche Grundlage wird die Ausweitung der Kompetenzen gestützt?

IV. Methoden

Diese Untersuchung beschränkt sich auf die Gemeinschaft der EMRK-Vertragsstaaten, bezieht aber zur Vollständigkeit regelmäßig auch globale Entwicklungen mit ein.

Es wird in erster Linie auf die ausgedehnte Rechtsprechungsarbeit des EGMR zurückgegriffen. Denn aus den zahllosen Urteilen des Gerichts lassen sich bereits vernünftige Antworten auf die oben gestellten Fragen extrahieren. Zusätzlich wird die Literatur tiefgehend und kritisch erforscht. Für die Behandlung bestimmter Themen, die sich ohne Berücksichtigung der Reaktion der Öffentlichkeit nicht verstehen lassen - wie z.B. der europäische Konsens oder sehr aktuelle Entwicklungen - werden gelegentlich Zeitschriftenartikel und andere gängige Medien berücksichtigt.

A. Grundlagen

In diesem Kapitel werden die Grundlagen des Art. 3 EMRK dargestellt. Oberflächlich wird auf die Auslegung der Konvention eingegangen, wobei einige Basisprinzipien, sowie Ziel und Zweck der EMRK besprochen werden. Im Anschluss werden die Absolutheit und Notstandsfestigkeit des Art. 3 EMRK untersucht. Dabei wird zum einen die Frage nach alternativen Lösungen beantwortet und zum anderen bezweifelt, ob diese Absolutheit wirklich existiert, und wenn ja, ob Art. 3 EMRK tatsächlich absolut sein sollte. Da diese Fragestellungen ethischer Natur sind, ist ein vertiefter philosophischer Exkurs nötig. Zur Vorbereitung auf Teil C, "Definitionen der Begriffe des Art. 3 EMRK", und im Hinblick auf das Ziel, ein umfassendes Verständnis der Norm zu schaffen, werden außerdem die Vorarbeiten des Artikels sowie vergleichbare völkerrechtliche Bestimmungen besprochen.

I. Auslegung der Konvention

> *„(...) the obligations provided therein are essentially of an objective character, being designed rather to protect the fundamental rights of individual human beings from infringement by any of the High Contracting Parties than to create subjective and reciprocal rights for the High Contracting Parties themselves.“*[16]

Dieser Satz verdeutlicht den besonderen Charakter der EMRK. Sie ist ein autonomes Instrument, dessen Ziel die kollektive Durchsetzung der Rechte und Freiheiten jedes einzelnen Menschen ist.[17]

Die Konvention, ein sogenannter *„law-making Treaty“*[18], muss nach ihrem Ziel und Zweck ausgelegt werden. Das Ziel ist der Schutz des Individuums und seiner Grundrechte im Rahmen einer demokratischen Ge-

---

16 EGMR Urt. v. 11.01.1961, *Österreich vs. Italien*, Nr. 788/60, Rapport der Kommission, Jahrbuch 4, S. 140.

17 *Ovey/White*, ECHR, S. 40; EGMR Urt. v. 18.1.1978, *Irland vs. UK*, Nr. 5310/71, Rn. 239.

18 *Brölman*, NJIL 2005, S. 383; EGMR Urt. v. 27.6.1968, *Wemhoff vs. Deutschland*, Nr. 2122/64, Rn. 8.

sellschaft. Die Konventionsbestimmungen müssen so ausgelegt werden, dass die Rechte, die aus ihr folgen, praktikabel und effektiv („*practical and effective*")[19] sind. Jede Auslegung muss mit dem Geist der Konvention in Einklang stehen. Im Kern wurde die EMRK dafür geschaffen, die Werte und Ideale einer demokratischen Gesellschaft zu schützen und zu fördern ("*an instrument to maintain and promote the ideals and values of a democratic society*").[20] Dem Prinzip der Effektivität[21] folgend, legt der EGMR die Verpflichtungen, die die Konvention den Staaten auferlegt, weit aus. Die Einschränkungsmöglichkeiten der in der Konvention garantierten Grundrechte hingegen werden restriktiv interpretiert. Die strikte Interpretation von internationalen rechtlichen Bestimmungen, die die Souveränität von Nationalstaaten gefährden könnten - im internationalen Recht z.B. die Bestimmungen der Wiener Konvention - lässt sich dem diametral gegenüberstellen.[22] Die Möglichkeit, von allgemeinen Prinzipien des internationalen Rechts im Sinne der Wiener Konvention abweichen zu können, folgt aus der obengenannten Anerkennung einer speziellen, autonomen Natur der EMRK und aus ihrer klaren Zielsetzung, die im Schutz elementaren Freiheiten liegt.[23]

Des Weiteren muss die Konvention dynamisch und evolutiv[24] interpretiert werden: Die Änderungen in den sozialen und gesellschaftlichen Sitten müssen beachtet werden. Die EMRK ist ein lebendes Instrument („*living instrument*"), das den immer höher werdenden Anforderungen an den Menschenrechtsschutz gerecht werden muss.[25] Wegen dieser evolutiven Interpretation ist es sehr gut möglich, dass zum Beispiel die Behandlungsar-

---

19 EGMR Urt. v. 13.5.1980, *Artico vs. Italien*, Nr. 6694/74, Rn. 33; EGMR Urt. v. 7.7.1989, *Soering vs. UK*, Nr. 14038/88, Rn. 87; EGMR Urt. v. 23.2.1995, *Loizidou vs. Türkei*, Nr. 15318/89, Rn. 72.

20 *Loucaides*, ECHR, S. 10; EGMR Urt. v. 7.12.1976, *Kjeldsen, Busk, Madsen und Pedersen vs. Dänemark*, Nr. 5095/71, 5920/72, 5926/72, Rn. 53.

21 EGMR Urt. v. 9.10.1979, *Airey vs. Irland*, Nr. 6289/73.

22 *Loucaides*, ECHR, S. 10.

23 *Loucaides*, ECHR, S. 10: „*The ECHR may be classified as part of the international legal order, but it is an autonomous branch which is not subject to the principles of international law, except to the extent that a) such principles relate to the interstate relations of the Convention Parties, b) the Convention expressly refers to these principles or c) there is no express provision in the Convention and the only guidance, which at the same time promotes the objects of the Convention, is found in international law.*"

24 EGMR Urt. v. 25.4.1987, *Tyrer vs. UK*, Nr. 5856/72; EGMR Urt. v. 28.7.1999, *Selmouni vs. Frankreich*, Nr. 25803/94.

25 EGMR Urt. v. 25.4.1987, *Tyrer vs. UK*, Nr. 5856/72, Rn. 31; EGMR Urt. v. 7.7.1989, *Soering vs. UK*, Nr. 14038/88, Rn. 102; EGMR Urt. v. 23.2.1995, *Loizidou vs. Türkei*, Nr. 15318/89, Rn. 71.

ten, die heutzutage in den Anwendungsbereich des Art. 3 EMRK fallen, ursprünglich nicht von den Konventionsgebern als Verletzungen des Art. 3 bedacht worden sind.[26]

II. Absolutheit und Notstandsfestigkeit des Art. 3 EMRK

Die Menschenwürde, das Schutzgut des Art. 3 EMRK,[27] gilt als eines der wichtigsten Rechtsgüter einer demokratischen Gesellschaft.[28] Die Norm ist gemäß Art. 15 Abs. 2 EMRK notstandsfest. Dies bedeutet zunächst, dass die Vorschrift auch in Notstandssituationen nicht in ihrer Geltung eingeschränkt werden darf:[29] Weder eine Gefahr für das Leben Anderer, noch eine Bedrohung der Gemeinschaft oder das Verhalten des Opfers[30] sind geeignet, das Recht nicht gefoltert oder unmenschlich oder erniedrigend behandelt zu werden, einzuschränken.[31] Der EGMR erkennt zwar an, dass Staaten heutzutage mit Schwierigkeiten in Bezug auf Terrorismus und organisierte Kriminalität zu kämpfen haben. Eine Interessenabwägung bleibt jedoch auch in diesen Fällen nach wie vor unzulässig.[32]

Das Folterverbot ist in vielen Menschenrechtsverträgen festgelegt, die von zahlreichen Staaten unterzeichnet wurden. Mittlerweile wird das Folterverbot allgemein als Völkergewohnheitsrecht anerkannt.[33] Daneben

---

26 Z.B. EGMR Urt. v. 7.7.1989, *Soering vs. UK*, Nr. 14038/88: Auslieferung oder Ausweisung als unmenschliche Behandlung. In Teil B: „*Living instrument*“-Doktrin, „*common European ground*“ und autonome Begriffsbildung“ wird vertieft auf die dynamische Interpretation der Konvention eingegangen.

27 Nämlich: die physische und psychische Integrität des Grundrechtsträgers. *Grabenwarter/Pabel*, EMRK, S. 163; *Klugmann, Menschenrechtskonvention und antiterroristische Maßnahmen*, S. 86.

28 *Meyer-Ladewig*, EMRK Handkommentar, S. 64; *Peters/Altwicker*, EMRK, S. 59; *Pösl*, Das Verbot der Folter in Art. 3 EMRK, S. 131; EGMR Urt. v. 7.7.1989, *Soering vs. UK*, Nr. 14038/88, Rn. 88; EGMR Urt. v. 28.7.1999, *Selmouni vs. Frankreich*, Nr. 25803/94, Rn. 95; EGMR Urt. v. 1.6.2010, *Gäfgen vs. Deutschland*, Nr. 22978/05, Rn. 87.

29 EGMR Urt. v. 28.7.1999, *Selmouni vs. Frankreich*, Nr. 25803/94, Rn. 95.: „*Article 3 enshrines one of the most fundamental values of democratic societies. Even in the most difficult circumstances [...] the Convention prohibits in absolute terms torture and inhuman or degrading treatment or punishment.*“

30 EGMR Urt. v. 28.2.2008, *Saadi vs. Italien*, Nr. 37201/06.

31 *Meyer-Ladewig*, EMRK Handkommentar, S. 64.

32 *Ovey/White*, ECHR, S. 167; EGMR Urt. v. 15.11.1996, *Chahal vs. UK*, Nr. 22414/93, Rn. 80.

33 *Möhlenbeck*, Das absolute Folterverbot, S. 54.

wird vertreten, dass das Folterverbot den Stempel des „*ius cogens*“ trägt[34] und damit als zwingendes Recht unabdingbar sei. Die Absolutheit des Verbots ist hierbei von hervorgehobener Bedeutung.

1. Ein philosophischer Exkurs: „*rule absolutism*“, „*principle absolutism*“ und „*individual absolutism*“

Der Rechtsprechung des EGMR zufolge, ist der Absolutheitsbegriff von zwei wesentlichen Merkmalen geprägt: der Unzulässigkeit jeglicher Ausnahmen und dem Umstand, dass eine für absolut erklärte Bestimmung unter keinen Umständen außer Kraft gesetzt werden darf.[35] Der Absolutheitsbegriff wurde zwar vom EGMR immer wieder aufgegriffen, aber nie offiziell in den Konventionstext aufgenommen.[36] Auch hat der EGMR der Auslegung des Begriffes in seinen Urteilen auffällig wenig Aufmerksamkeit geschenkt. Dies überrascht, da er seine Argumentation in Fällen, in denen eine mögliche Verletzung des Art. 3 EMRK im Raum steht, häufig vornehmlich auf die Absolutheit der Norm stützt – ungeachtet des Umstandes, dass eine derartige Argumentation potentiell geeignet ist, tief in die

34 I.S.d. Art. 53 Satz 2 der Wiener Vertragskonvention. Hieraus würde folgen, dass Art. 3 EMRK für alle Staaten gelten würde, auch wenn sie keinen der Menschenrechtsverträge ratifiziert haben, in denen das Folterverbot kodifiziert ist; *Möhlenbeck*, Das absolute Folterverbot, S. 55; *Raess*, Der Schutz vor Folter im Völkerrecht, S. 83 ff.; *Staatsanwalt vs. Furundzija*, Urt. v. 10.12.1998, Rn. 153, 154, *International Criminal Tribunal for the former Yugoslavia: "(...) because of the importance of the values it protects, [the prohibition of torture] has evolved into a peremptory norm or jus cogens, that is a norm that enjoys a higher rank in the international hierarchy than treaty law and even 'ordinary' customary rules(...) Clearly the jus cogens nature of the prohibition against torture articulates the notion that the prohibition has now become one of the most fundamental standards of the international community. Furthermore, this prohibition is designed to produce a deterrent effect, in that it signals to all members of the international community and the individuals over whom they wield authority that the prohibition of torture is an absolute value from which nobody must deviate.*“

35 EGMR Urt. v. 18.1.1978, *Irland vs. UK*, Nr. 5310/71, Rn. 163; EGMR Urt. v. 25.4.1987, *Tyrer vs. UK*, Nr. 5856/72, Rn. 30.

36 Obwohl *Cocks* den Begriff in seiner vorgeschlagenen zweiten Änderung zu Art. 1 der Konvention schon nannte: „*They declare that this prohibition must be absolute and that torture cannot be permitted for any purpose whatsoever (...)*“, *ECHR, Preparatory Works, S. 3.*

Souveränität der Vertragsstaaten einzugreifen.[37] Die Annahme des Gerichts, Art. 3 EMRK beanspruche absolute Geltung, wurde in der Literatur und Praxis kaum angezweifelt, sondern praktisch unbesehen akzeptiert. Es ist schwer zu verstehen, warum ein Begriff wie die Absolutheit, der in der Rechtsprechung des EGMR eine so große Rolle spielt, nicht tiefer untersucht und besser definiert wurde.[38] So ist bereits fraglich, ob der EGMR Absolutheit so versteht wie die Allgemeinheit oder die Philosophie sie versteht, und ob aus der Antwort auf diese Frage Schlussfolgerungen bezüglich der Richtigkeit der Interpretation des EGMR gezogen werden können.

Die Arbeit des Philosophen *Alan Gewirth* liefert eine verständliche Darstellung des Absolutheitsbegriffs aus philosophischer Perspektive. Er unterscheidet dabei drei Typen von Absolutheit. Die erste Form wird als *„principle absolutism"* bezeichnet. In diese Kategorie fällt lediglich ein solches Recht, das ein sehr allgemeines moralisches Prinzip enthält. Danach sind all jene Rechte als absolut anzusehen, die dazu dienen, den allgemeinen Nutzen der Gesellschaft zu maximieren.[39]

Dem *„principle absolutism"* steht der *„individual absolutism"* gegenüber. Hinter diesem Terminus steht die Vorstellung, dass ein Individuum ein spezifisches Recht nur an einem bestimmten Ort und zu einem bestimmten Zeitpunkt innehat und dies auch nur dann, wenn alle möglichen Gründe, die dieses Recht einschränken könnten, ausgeschlossen sind.

Zwischen diesen beiden Formen steht der *„rule absolutism"*. Absolute Rechte dieser Kategorie umfassen spezifische Rechtsobjekte, Rechtssubjekte und Parteien, die verpflichtet sind, diese Rechte zu ermöglichen (sog. *„respondents"*). Eine absolute Bestimmung besteht danach grundsätzlich immer aus dem Inhalt der Norm, sowie einer damit zusammenhängenden Pflicht eines anderen. *„The rights whose absoluteness is considered at the level of rule absolutism may vary in degree of generality, in their objects, their subjects and their respondents may be given with greater or lesser specificity."* [40] Anders als beim *„individual absolutism"* wird dem Rechtsobjekt nicht spezifiziert, die Bestimmung wird aber auch nicht generell formuliert wie in Fällen des *„principle absolutism"*.

---

37 EGMR Urt. v. 7.7.1989, *Soering vs. UK*, Nr. 14038/88, Rn. 88; EGMR Urt. v. 15.11.1996, *Chahal vs. UK*, Nr. 22414/93, Rn. 79,80; EGMR Urt. v. 28.2.2008, *Saadi vs. Italien*, Nr. 37201/06, Rn. 138-141.

38 *Addo/Grief*, EJIL 1998, S. 510, 513.

39 *Gewirth*, in: Theories of Rights, S. 91: *„(...) it may be interpreted as saying that those rights are absolute whose fulfilment would serve to maximize utility overall."*

40 *Gewirth*, Essays on Justifications and Applications, S. 221.

Es lässt sich gut vertreten, dass Art. 3 EMRK nach allen drei Kategorien als absolut zu bezeichnen ist.

Das Folterverbot wird in der Literatur sowohl als Völkergewohnheitsrecht als auch als *„ius cogens"* eingestuft[41] und ist damit von einem allgemein akzeptierten moralischen Prinzip (*„principle absolutism"*) geprägt. Darüber hinaus können keine Gründe angeführt werden, die geeignet wären, das Recht einzuschränken, da Art. 3 EMRK notstandsfest ist (*„individual absolutism"*). Des Weiteren ist ein Rechtsobjekt - die Integrität des Rechtssubjekts -, ein Rechtssubjekt - jede Person - und ein *„respondent"* - der Staat, mit negativen wie auch objektiven Pflichten - vorhanden (*„rule absolutism"*).

Addo und *Grief* geben einige typische Merkmale eines absoluten Rechts vor, die den Begriff Absolutheit detaillierter und umfassender beschreiben als die Definition der Konventionsorgane, in der nur die Unzulässigkeit von Eingriffen erwähnt wird. Ein absolutes Recht muss nach *Addo* und *Grief* vollumfänglich gewährleistet werden. Wenn Zweifel bezüglich des Anwendungsbereichs eines absoluten Rechts bestünden, müsse zugunsten des Opfers entschieden werden. Den hypothetisch Verletzenden des Rechts (bspw. eine staatliche Autorität), dürfte so wenig Freiheit wie möglich gewährt werden, sodass eine Verletzung unmöglich bzw. schwieriger würde. Sobald in einer Klage die Verletzung eines absoluten Rechts gerügt würde, müsse dieser Vorwurf gerichtlich umfassend untersucht werden. Wurde eine Verletzung festgestellt, stünde der betroffenen Partei eine Entschädigung zu.[42] Eine Entschädigung sei auch dann geboten, wenn es sich um eine potentielle bevorstehende Verletzung des Art. 3 EMRK handele. Ein deutliches Beispiel solch einer Verletzung stellen heute die Ausweisungs- und Auslieferungsfälle dar. In diesen Fällen wird durch das Gericht festgestellt, dass eine Verletzung des Art. 3 EMRK eintreten könnte, würde der Staat das Opfer in spe ausliefern/ausweisen. Dem Staat wird also schon vor der Verletzung untersagt, die verletzende Handlung vorzunehmen.[43]

Die Autorin *Rowe* fügt der Liste von Merkmalen noch einige hinzu. Sie versucht die Definition der Absolutheit, die im englischen Wörterbuch zu

---

41 *Frowein/Kühner, ZaöRV 1983*, S. 537; *Nowak*, EuGRZ 1985, S. 109, 110; *Gollwitzer*, Menschenrechte im Strafverfahren, S. 171; *Giegerich/Zimmermann*, EuGRZ 2004, S. 758; *Van der Vyver*, ALR 2003, S. 427; *Gading*, Schutz grundlegender Menschenrechte, S. 153 ff.

42 *Addo/Grief*, EJIL 1998, S. 510, 514; *Rowe*, Exeter Papers on European Law 2002, S. 29: *„I find great discomfort in believing that an absolute right is exclusively characterised by the absence of limitations, derogations and qualification; there must be more."*

43 Ausnahme der *„ex post facto"*-Regel.

finden ist, an die rechtliche Bedeutung des Begriffs anzupassen.[44] Ein absolutes Recht ist grundsätzlich nicht verhandelbar („*unnegotiable*"). Es soll daher nicht möglich sein, in einem Verfahren, das aufgrund einer angeklagten Verletzung des Art. 3 EMRK geführt wird, auf eine gütliche Einigung („*friendly settlement*"[45]) hinzuwirken.

Außerdem ist ein absolutes Recht dem Wörterbuch nach vollständig („*complete*") und erfordert daher eine erschöpfende Definition: Es dürfen keine Zweifel am Anwendungsbereich bzw. bezüglich der Interpretation der Begriffe bestehen, aus denen sich die absolute Norm zusammensetzt.

Es fällt sofort auf, dass Art. 3 EMRK diese Kriterien nicht erfüllt. Regelmäßig werden auch Prozesse, die wegen einer gerügten Verletzung des Art. 3 EMRK geführt werden im Rahmen einer gütlichen Einigung beigelegt.[46] Der Artikel ist auch nicht erschöpfend definiert („*complete*"): Der Anwendungsbereich des Art. 3 EMRK ist alles andere als statisch, die Interpretation der Begriffe ändert sich ständig. Die Kollision zwischen dem Erfordernis der erschöpfenden Definition, welches eine vorhersehbare ständige Rechtsprechung erfordert, und der Notwendigkeit einer Anpassungsfähigkeit der Begriffe kann nicht geleugnet werden.

Trotz dieser Probleme sieht *Rowe* Art. 3 EMRK dennoch als absolut an. Die Autorin heilt die aufgezeigten Schwierigkeiten mit der Feststellung, dass die Definition des Wörterbuchs sich nicht auf die juristische Definition des Absolutheitsbegriffs übertragen lasse.[47]

Rowe verweist darüber hinaus auf die Arbeiten von *Addo*, *Grief* und *Gewirth* und schlussfolgert, dass die einzige, praktisch anwendbare Definition eines absoluten Rechts letztlich mit derjenigen übereinstimme, die bereits von den Konventionsorganen geprägt wurde: Absolutheit bedeute damit die Unzulässigkeit jeglicher Einschränkungen, Ausnahmen und Abwei-

---

44 „*According to the Oxford English Dictionary absolute means 'unrestricted', 'complete' and 'perfect'.*" *Rowe*, Exeter Papers on European Law 2002, S. 29.

45 Art. 3, 8 und 39 EMRK.

46 *Rowe*, Exeter Papers on European Law 2002, S. 32.

47 *Rowe*, Exeter Papers on European Law 2002, S. 36: „*Distinct from everyday language we commonly use, the law has its own unique language. Therefore, we cannot simply take the common usage definition of a word and use it to adopt a legal notion. This method has resulted in a bold concept of an absolute right, which represents a theoretical ideal. While I am very sympathetic to this notion of an absolute right, I also recognise that such a theoretical ideal is not possible to achieve in practice. We must therefore recognise that 'perfect' and 'complete' and 'unrestricted' rights do not exist in practice and turn to a more practical and legal definition of the concept of an absolute right to see whether Article 3 fits this definition.*"

chungen. Die von *Rowe* besprochenen Kriterien sind jedoch theoretischer und akademischer Natur und sind in der Praxis kaum umsetzbar.

Dem theoretischen Idealbild eines absoluten Rechts, wie es von den Autoren *Addo*, *Grief* und *Rowe* skizziert wurde, soll nun so gut wie möglich beigekommen werden. So muss im Fall einer gütlichen Einigung im Zweifel zugunsten des Opfers entschieden werden, um sich dem Ziel der Unverhandelbarkeit anzunähern. Soll der Anwendungsbereich eines absoluten Rechts vollständig und erschöpfend erfasst werden („*complete*"), muss die Interpretation der Begriffe mindestens konsequent sein und einer konsistenten Linie folgen. Auf diese Weise wird Vorhersehbarkeit gewährleistet, während die die Begriffe des Art. 3 EMRK zugleich ihre unverzichtbare Flexibilität behalten. Denn es ist unabdingbar, dass sich die Begriffe an die immer größer werdenden Anforderungen an den Menschenrechtsschutz anpassen können. Wie kurz anhand der Kollision zwischen dem Erfordernis der Vollständigkeit und dem Erfordernis der Anpassungsfähigkeit der Begriffe dargestellt wurde, ist die dynamische, evolutive Interpretation der Konventionsbestimmungen nicht ideal, um die Absolutheit des Art. 3 EMRK zu untermauern. Sie ist jedoch ein unentbehrlicher Baustein auf dem Weg hin zu einem möglichst umfassenden Schutz der Menschenrechte.

2. Zweifel an der grundsätzlichen Existenz einer Absolutheit

Die Problematik der Absolutheit geht allerdings noch tiefer. Es stellt sich die Frage, ob absolute Rechte überhaupt existieren. Der Begriff Absolutheit wurde sowohl in der Rechtsprechung des EGMR als auch von der Kommission aufgegriffen und nachher – praktisch kritiklos – von der Literatur übernommen.[48]

Grundsätzliche Bedenken an der Existenz einer Absolutheit gründen auf den Grenzverschiebungen innerhalb der Interpretation der Begriffe des Artikels. Diese Kritik ist vergleichbar mit der bereits besprochenen Kritik der Autorin *Rowe* an dem Erfordernis der Vollständigkeit („*completeness*") eines

48 N.B.: Die Notstandsfestigkeit des Art. 3 EMRK ist in Art. 15 Abs. 2 EMRK ausdrücklich normiert. Vgl. *Addo/Grief*, EJIL 1998, S. 513; *Walzer*, in: Torture: a Collection, S. 61 ff.; *Elshtain*, in: Torture: a Collection, S. 77 ff. Darin wird angenommen, dass Absolutheit dann vorliegt, wenn keine Ausnahmen oder Einschränkungen zulässig sind.

absoluten Rechts. Der Unterschied besteht darin, dass *Rowe*[49] bezweifelte, ob Art. 3 EMRK als absolut anzusehen sei, während hier bezweifelt wird, ob Absolutheit im Recht überhaupt existiert. Die absolute Natur des Artikels wird nach Ansicht der Autoren *Addo* und *Grief* von Prinzipien wie dem Ermessensspielraum [50] für die Mitgliedstaaten und dem Erfordernis des wirksamen Schutzes bedroht. Die Pflicht zur effektiven Gewährleistung des Grundrechtsschutzes zwingt die Konventionsorgane zu einer relativen Abwägung aller Faktoren. Die Urteile des EGMR in Art. 3-Fällen sind das Produkt einer subjektiven Würdigung aller Umstände des Einzelfalles. Wie kann ein Recht jedoch als absolut betrachtet werden, wenn die Entscheidung, ob dieses Recht verletzt worden ist, auf Grundlage einer Gesamtbetrachtung der subjektiven Umstände des Falles folgt? *Addo* und *Grief* schreiben dazu:

> *„By the very nature of the assessment process, therefore, there is a serious risk of inconsistency in Article 3 decisions. Being guided by the practical circumstances of each case coupled with the principle of effectiveness, the Commission and the Court have refused to be tied down by theoretical considerations. In other words, they do not seem to be unduly concerned about potential inconsistencies in the case-law as long as they succeed in protecting human rights effectively in practice."*[51]

Dieses Problem ist aber kein Problem der Existenz von Absolutheit. Absolutheit erfordert, dass keine Einschränkungen des Rechts zulässig sind, *sobald der Anwendungsbereich des Artikels betroffen ist*. Was sich im Vorfeld abspielt, bevor der Anwendungsbereich für eröffnet erklärt wurde, namentlich in der Phase der Entscheidung über die Kategorisierung der beklagten Behandlung, steht auf einem anderen Blatt und hat mit der Frage der Absolutheit des betroffenen Rechts nichts zu tun. Diese Einteilung in unterschiedliche Phasen mag evtl. gekünstelt wirken. Und doch handelt es sich

---

49 *Rowe*, Exeter Papers on European Law 2002, S. 47: *„In sum, the difference between the 'other' rights and Article 3 is the fact that the scope of the other rights remains the same; it is not defined or narrowed by any potential limitations or restrictions on it. Therefore, any interference must be justified separately whereas the scope and content of Article 3 is delimited by way of interpretation by the Court. Essentially, an 'interference by a Contracting state' which triggers the balancing act instead defines the scope of Article 3. Or to put it another way, what might have been called a 'limitation' or 'derogation' on Article 3 in fact defines its scope."*

50 Vgl Teil A.III. *„Margin of appreciation"* in Bezug auf Art. 3 EMRK": Zweifel bezüglich der Anwendung der *„margin of appreciation"* in Art. 3 EMRK Fällen.

51 *Addo/Grief*, EJIL 1998, S. 510, 518.

nicht um eine unnatürliche Konstellation. Denn es muss eine deutliche Grenze gezogen werden zwischen der ersten relativen Phase, in der eine Gesamtwürdigung aller subjektiven Einzelumstände vorgenommen und eine Entscheidung darüber getroffen wird, ob die in Frage stehende Behandlung überhaupt unter Art. 3 EMRK fällt und der zweiten Phase, in die man nur gelangt, wenn zuvor bejaht wurde, dass eine nach Art. 3 EMRK verbotene Behandlung vorliegt. In dieser zweiten Phase gilt das Recht absolut, es gibt keinen Raum für Relativität oder Subjektivität.

In dieser Arbeit wird später[52] auch der Tatsache Aufmerksamkeit geschenkt, dass der EGMR die *„living instrument“*-Doktrin, die besagt, dass die EMRK als lebendes Dokument evolutiv-dynamisch interpretiert werden soll, nur anwendet, um den Anwendungsbereich des Art. 3 EMRK auszudehnen. Denn eine Einschränkung ist nicht zulässig. Damit kann die evolutiv-dynamische Auslegungsmethode des EGMR nur dazu führen, dass Art. 3 EMRK auch in neuen Fallgruppen absolut gewährleistet werden soll. Eine Gefährdung der Absolutheit ist also nicht zu befürchten.

3. Rettungsfolter und *„ticking bomb“*-Szenario: Soll Art. 3 EMRK wirklich absolut sein?

Im vorangegangenen Teil wurde behandelt, was Absolutheit im Rahmen der Philosophie, des Rechts und der Alltagssprache bedeutet. Dabei wurde festgestellt, dass lediglich die Kriterien der alltagssprachlichen Definition des Begriffs nicht erfüllt werden.

Ist es aber ethisch richtig, an der Idee der Absolutheit des Art. 3 EMRK festzuhalten oder sollte Art. 3 EMRK in Ausnahmefällen eingeschränkt werden dürfen? Im nun folgenden Teil wird die Diskussion in Bezug auf eine eventuelle Notwendigkeit der Relativität des Folterverbots besprochen - eine Diskussion, die nach den Ereignissen des 11. September 2001 und dem Fall *Gäfgen* erneut aufgeflammt ist.[53] Dabei wird insbesondere die Problematik der Rettungsfolter analysiert, bei der der Folternde aus altruistischen Beweggründen handelt. Das *„ticking bomb“*-Szenario entspinnt sich um einen hypothetischen Fall bei dessen Behandlung die Frage nach einer möglichen Rechtfertigung von Folter zentral im Mittelpunkt steht. Konkret geht es um folgenden Sachverhalt: Ein Terrorist hat in einer Metropole eine Bombe gelegt, die jederzeit explodieren und unzählige un-

52 Vgl. B.I.1. „Kehrseite der Medaille“.
53 EGMR Urt. v. 1.6.2010, *Gäfgen vs. Deutschland*, Nr. 22978/05.

schuldige Menschen in den Tod reißen könnte. Es gelingt den staatlichen Behörden den Terroristen zu verhaften. Dieser schweigt jedoch während der Vernehmungen. Die Behörden wissen, dass die Detonation der Bombe immer näher rückt. Könnte die Anwendung einer Behandlung, die geeignet ist, Art. 3 EMRK zu verletzen, in diesem Fall ausnahmsweise mit dem Rechtsstaatsprinzip vereinbar sein? Um einer Antwort auf diese komplexe Frage näher zu kommen, ist abermals ein Blick auf die Philosophie vonnöten.

Der Absolutheitstheorie wird auf rechtsphilosophischer Ebene der Utilitarismus[54] gegenübergestellt. Der utilitaristischen Sichtweise nach muss das Leben einer – oder einer kleineren Zahl von – Person(en) zugunsten der Leben von Vielen geopfert werden dürfen. Zuerst muss hierbei kritisch bemerkt werden, dass es sich dabei um eine Abwägung von (wenigen) Leben gegen (mehrere) Leben handelt, nicht um eine Abwägung der Menschenwürde[55] gegen das Leben. Da die Menschenwürde und das Leben von unvergleichbarem Charakter sind, ist es unmöglich sie gegeneinander abzuwägen. Eine utilitaristische Betrachtungsweise sollte damit prinzipiell (im Falle des *„ticking bomb“*-Szenarios) nicht angewandt werden.[56]

Die aus einer utilitaristischen Abwägung hervorgehende Schlussfolgerung, dass ein Mensch gefoltert werden darf, um das Leben eines anderen zu retten, stützt sich grundsätzlich auf die Ansicht, dass der Verlust des Lebens als schwerwiegendste Maßnahme angesehen wird. Es bestehen jedoch berechtigte Zweifel daran, dass der Tod in jedem Fall gravierender ist als ein Leben nach der Folter. Um es mit den Worten *Seidmans* auszudrücken:

> *„Whoever has succumbed to torture can no longer feel at home in the world. The shame of destruction cannot be erased. Trust in the world, which already collapsed in part at the first blow, but in the end, under torture, fully, will not be regained.“*[57]

---

54 *Grieve*, SJL 2012.

55 Für eine tiefergehende Untersuchung des Begriffs der Menschenwürde in der Rechtsprechung des EGMR, vgl. *Pösl*, Das Verbot der Folter in Art. 3 EMRK, S. 181. *Pösl* schlussfolgert, dass die Menschenwürde grundsätzlich die menschliche Identität, die psychische und physische Integrität, die Selbstbestimmung, das Existenzminimum und die Intimsphäre schütze. Er erkennt an, dass eine positive Definition des Menschenwürdebegriffs – der großen Unterschiedlichkeit in Bedeutung, Entwicklungsgrad und Rolle dieses Begriffs in den 47 Staaten des Europarates wegen – unerwünscht ist und plädiert für eine negative – vom Verletzungstatbestand hergehende – Definition, S. 206-209.

56 *Seidman*, UCLR 2005, S. 881, 906.

57 *Seidman*, UCLR 2005, S. 881, 906.

Auch wäre eine Abwägung, würde man sie unbedingt vornehmen wollen, alles andere als einfach: Die Einschränkung des Folterverbots könnte eine Verschlechterung der Lebensqualität nicht nur für die Person bedeuten, die gefoltert wird, sondern für alle Bürger der Gesellschaft. Sobald die Absolutheit des Art. 3 EMRK aufgegeben wird, steht das fundamentale Grundrecht und damit die Lebensqualität aller Bürger auf dem Spiel. Außerdem lässt sich nie mit Sicherheit vorhersagen, ob durch die Folter tatsächlich das Leben der anderen gerettet werden kann.

Problematisch erscheint auch die Tatsache, dass Art. 2 EMRK, der das Recht auf Leben enthält, Schranken unterliegt. Kann es sein, dass der Staat einen Menschen in bestimmten Ausnahmesituationen töten, aber nicht foltern darf?[58] *Brugger*[59] erkennt diesen Wertungswiderspruch und vertritt sogar, dass der Staat in extremen Gefährdungssituationen, wie etwa dem „*ticking bomb*"-Szenario dazu *verpflichtet* sei, Folter anzuwenden.[60] Diese Verpflichtung stützt er auf den „*contrat social*".[61] Er argumentiert, dass die Schutzpflicht des Staates gegenüber dem Leben seiner Bürger die Relativität des Art. 3 EMRK impliziere.[62] Gegen diese Ansicht ist jedoch das gleiche Argument einzuwenden, das auch im Rahmen des Utilitarismus angeführt wurde: Es lässt sich nie mit Sicherheit sagen, dass die Folteranwendung tatsächlich die „*ticking bomb*" entschärft. Man kann sich nie sicher sein, dass das gefolterte Opfer die Wahrheit spricht und außerdem derjenige ist, der die Macht hat, das Szenario noch abzuwenden.

Eine interessante Betrachtungsweise dieser Problematik stammt von *Rodin*.[63] Er ist der Ansicht, aus Art. 2 EMRK folge gerade keine Verpflichtung

---

58 *Grabenwarter/Pabel*, EMRK, S. 169: „*Es liege ein Wertungswiderspruch vor, wenn der Staat zur Rettung des Lebens eines anderen zwar töten, nicht aber foltern dürfe.*"

59 *Brugger*, Der Staat 1996, S. 67.

60 http://www.rav.de/publikationen/infobriefe/archiv/infobrief-98-2007/folterverbot-und-rechtsstaat-in-deutschland (zuletzt abgerufen am 8.7.2015); *Luhmann*, unverzichtbare Normen. Vgl. die „*dirty hands*"-Problematik, die auftaucht, wenn moralische und politische Anforderungen kollidieren, sodass sich die staatliche Behörde die „Hände schmutzig machen muss", *Elshtain* in: *Levinsion*, S. 77 ff.; *Walzer*, in: Torture: a Collection, S. 61 ff.

61 http://www.rav.de/publikationen/infobriefe/archiv/infobrief-98-2007/folterverbot-und-rechtsstaat-in-deutschland (zuletzt abgerufen am 8.7.2015): „*Der Staat verletze sozusagen den contract social, auf den er sein Gewaltsmonopol stützt, wenn er seine Bürger aus prinzipiellen Gründen von verbrecherischen Anschlägen nicht schütze.*"
Parry, MJIL 2005, S. 516, 522: „*As a result of these processes, the hidden quality of torture and related forms of state violence is a central part of our relationship with our governments. We often look the other way while our government does what it must.*"

62 *Davy*, in: Menschenrechte in der Bewahrung, S. 203 f.

63 *Rodin*, Torture, Rights and Values.

des Staates zur Folter. Er kehrt den obengenannten Gedanken um und stellt fest, dass der Staat in erster Linie dazu verpflichtet sei, den Schutz vor Folter zu gewährleisten. Diese Verpflichtung sei so bedeutungsvoll, dass sie die anderen Verpflichtungen des Staates, wie die aus Art. 2 EMRK, gegenüber seiner Bevölkerung einschränke, nicht umgekehrt. Damit könne aus der Pflicht das Leben zu schützen nie eine Pflicht zu dem Foltern abgeleitet werden.

Abschließend wird die Meinung vertreten, dass Menschenrechte nur in einem demokratischen Rechtsstaat existieren können. Das Recht auf Gewährleistung bestimmter Grundrechte sei damit von der Existenz eines solchen Rechtsstaats abhängig. Nach einer Ansicht würde der Staat seinen Status als Rechtsstaat infolge eines terroristischen Angriffs verlieren: Denn ein solcher Angriff sei geeignet, die rechtsstaatliche und demokratische Struktur vollkommen zu zerstören, sodass von einem Rechtsstaat nicht mehr die Rede sein könne. Damit entfalle die Grundlage für die absolute Gewährleistung der Grundrechte.[64] Art. 3 EMRK dürfe damit in solchen Fällen eingeschränkt werden, um den zerstörten Staat wiederherzustellen. Dieser Argumentation ist jedoch vorzuwerfen, dass die Idee, ein Rechtsstaat sei nach einem terroristischen Anschlag kein Rechtsstaat mehr, viele negative Konsequenzen nach sich zieht. Wenn die *„rule of law"* so einfach entfallen könnte, würde dies bedeuten, dass die Bürger eines von Terroristen angegriffenen Staates praktisch rechtlos wären. Diese Implikation ist schwerwiegend. Die Prämisse, die der beschriebenen Meinung zugrunde liegt,[65] kann darum wohl nicht richtig sein. Im Gegenteil wird insbesondere auch von einflussreichen Mitgliedern bedeutender Menschenrechtsorganisationen und Vertretern der internationalen Politik die Ansicht vertreten, dass gerade dann streng an den humanitären Grundsätzen festgehalten und die Menschenwürde sorgfältig geschützt werden müsse, wenn der Staat angegriffen würde.[66]

---

64 http://www.abendblatt.de/politik/ausland/article251192/Die-moderne-Folter-ist-subtiler-als-im-Mittelalter.html (zuletzt abgerufen am 8.7.2015).

65 Namentlich, dass die Rechtsstaatlichkeit nach einem terroristischen Angriff entfällt.

66 SSCI report vom 9.12.2014, Foreword *Feinstein;* S. 2, http://www.intelligence.senate.gov/sites/default/files/press/foreword.pdf (zuletzt abgerufen am 8.7.2015): *„The major lesson of this report is that regardless of the pressures and the need to act, the Intelligence Community's actions must always reflect who we are as a nation, and adhere to our laws and standards. It is precisely at these times of national crisis that our government must be guided by the lessons of our history and subject decisions to internal and external review."*; *Barack Obama* in seinem Respons auf den *„CIA torture report"* des

4. Ausnahmelösung, Differenzierungslösung, Absolutheitslösung

In der Literatur werden drei Lösungen vertreten, um die oben besprochenen Schwierigkeiten zu überwinden:

a) Ausnahmelösung

Nach einer Ansicht soll nur in sehr extremen Fallkonstellationen von Art. 3 EMRK abgewichen werden können.[67] Es sei dabei von keinerlei Bedeutung, ob die Misshandlung als unmenschliche Behandlung, erniedrigende Behandlung oder als Folter kategorisiert werde. Die Idee hinter dieser Lösung ist, dass bestimmte Menschen keinen Menschenrechtsschutz verdienen. Eine solche Anschauung findet sich insbesondere in den Arbeiten solcher Autoren[68] die sich mit dem „Krieg gegen Terrorismus" befassen. *Turner* fasst die Ansicht wie folgt zusammen:

> „*But like virtually every other national security lawyer, after the 9/11 attacks, I told everyone who asked that the protections of the Geneva Conventions did not apply to al Qaeda. Like pirates and slavetraders, international terrorists are hostis humani generis (common enemies of mankind).*"[69]

Die Ausnahmelösung sieht sich allerdings mit dem „*slippery slope*"-Phänomen (Dammbruchargument) konfrontiert:[70] Der für eine Ausnahme notwendige Extremfall lässt sich nur schwer definieren. Es besteht die Gefahr, dass nach dem ersten Präzedenzfall immer mehr Situationen als Extremfall

---

SSCI: „*That is why I unequivocally banned torture when I took office, because one of our most effective tools in fighting terrorism and keeping Americans safe is staying true to our ideals at home and abroad.*"; Stellungnahme von VN Sekretär-General *Kofi Annan* vom 18.1.2002, http://www.un.org/News/Press/docs/2002/sgsm8105.doc.htm (zuletzt abgerufen am 8.7.2015): „*while we certainly need vigilance to prevent acts of terrorism [...] it will be self-defeating if we sacrifice other key priorities – such as human rights.*"

67 *Brugger*, Der Staat 1996, S. 67; *Gaede*, in: Angst und Streben, S. 159, die Ausnahmelösung steht in krassem Widerspruch zu der Meinung des Gerichtshofs.

68 *Turner*, Cal. LR 2010; *Brugger*, Der Staat 1996; Gaede, in: Angst und Streben.

69 *Turner*, Cal. LR 2010, S. 529, 540. *Turner* fügt - widersprüchlich aber gleichzeitig beruhigend - hinzu: „*But I also would usually note that, once apprehended, even pirates are entitled to humane treatment and fundamental international standards of due process of law today.*"

70 *Jessberger/Gur-Arye*, ILR 2011, S. 229, 247, 248.

kategorisiert werden könnten, wodurch der Menschenrechtsschutz hemmungslos eingeschränkt werden würde.[71]

Da dieses Gegenargument sich völlig auf die Richtigkeit des Dammbrucharguments stützt, muss auch diese Theorie näher betrachtet werden. Das „*slippery slope*"-Argument beschreibt die Angst davor, durch eine erste moralisch fragwürdige Entscheidung die Hürden im Entscheidungsprozess derart herabgesetzt zu haben, dass nachfolgende schwierige Entscheidungen mit weniger Skrupel getroffen würden. Diese Annahme ist problematisch, da nirgends belegt wird, warum die einmalige Verschiebung einer Grenze zu einem späteren Zeitpunkt automatisch zur weiteren Verschiebung dieser Grenze führen sollte. Es wird daher in diesem Zusammenhang vertreten, dass die „*slippery slope*"-Theorie einem logischen Fehlschluss unterlegen sei. [72]

Hiergegen ist aber wiederum anzubringen, dass sich in der Praxis die klare Tendenz zeigt, dass – trotz fehlender direkter Kausalität zwischen gewünschter Entscheidung A und unerwünschter Entscheidung B – ebendiese Entscheidung B ohne die vorausgehende Entscheidung A nie getroffen worden wäre.[73] Ein Blick auf die Grausamkeiten der Menschheitsgeschichte, wie sie sich zum Beispiel zu Zeiten des Dritten Reichs abspielten, führt zu der Schlussfolgerung, dass das „*slippery slope*"-Argument in der Praxis sicherlich berücksichtigt werden sollte – mag es auch nach Ansicht einiger Skeptiker unlogisch wirken.[74]

Die These, das „*slippery slope*"-Argument basiere auf einem logischen Fehlschluss beruht ihrerseits auf einem falschen Verständnis des Phäno-

---

71 *Volokh*, HLR 2003, S. 1026, 1029: „*I think the most useful definition of a slippery slope is one that covers all situations where decision A, which you might find appealing, ends up materially increasing the probability that others will bring about decision B, which you oppose.*"

72 *Volokh*, HLR 2003, S. 1026, 1030: „*To critics of slippery slope arguments, the arguments themselves sound like a slippery slope: if you accept this slippery slope argument, then you'll end up accepting the next one and then the next one until you eventually slip down the slope to rejecting all government power (or all change from the status quo), and thus "break down every useful institution of man.(...)If the legal system is willing to protect the ideas we cherish today, why won't it still protect them tomorrow, even if we ban some other ideas in the meantime?*"

73 *Volokh*, HLR 2003, S. 1026, 1029; *Pösl*, Das Verbot der Folter in Art. 3 EMRK, S. 98: *Pösl* verweist auf das alte Rom, wo sich die praktische Relevanz des Dammbrucharguments auf sehr extreme Weise zeigte. In der altrömischen Gesellschaft wurde am Ende sogar zum Vergnügen gefoltert.

74 Da es auf dem nie bewiesenen Ausgangspunkt fußt, dass es keinen natürlichen „*stopping point*" gibt.

mens: Das Phänomen verlangt keine Kausalität zwischen gewünschter Entscheidung A und unerwünschter Entscheidung B. Dem Dammbruchargument nach erhöht Entscheidung A lediglich die Wahrscheinlichkeit des Ergebnisses der nachfolgenden Entscheidung B. Diese letzte Prämisse lässt sich mit Blick auf die Historie nicht verleugnen.

> „*History suggests that torture is not a safe tool for anyone at any time. Even under a system of rigid hierarchy where torture was controlled by explicit laws, it crept outward from its original bounds as each new crime became terrible enough to warrant torture.*“[75]

b) Differenzierungslösung

Dieser Meinung zufolge müsse grundsätzlich unterschieden werden zwischen unmenschlicher oder erniedrigender Behandlung bzw. Strafe (erste Stufe) und Folter (zweite Stufe). Auf der ersten Stufe könnten bestimmte Misshandlungen durchaus gerechtfertigt werden, z.B. wenn Gewalt angewandt würde, um die Ordnung in einer Haftanstalt wiederherzustellen oder wenn das Verhalten des inhaftierten Opfers diese Gewaltanwendung unumgänglich mache. In Auslieferungs- und Ausweisungsfällen könne die unmenschliche Behandlung dadurch gerechtfertigt werden, dass die Interessen der Allgemeinheit gegenüber den Interessen des Opfers überwiegen. Auf der zweiten Stufe (Folter) hingegen könne nie eine Rechtfertigung greifen. Bei der Analyse dieser Ansicht muss beachtet werden, dass die Interpretation der Begriffe des Art. 3 EMRK im Laufe der Zeit einen Wandel durchlaufen haben. Es ist keineswegs klar, welche Behandlungen unter die erste und welche unter die zweite Stufe fallen. Die Konvention wird vielmehr dynamisch und teleologisch ausgelegt: Was einst als unmenschliche Behandlung angesehen wurde, könnte später als Folter eingestuft werden.[76] Der Unterschied zwischen der Differenzierungs- und der Ausnahmelösung liegt darin, dass die Differenzierungslösung eine klare Einordnung der unterschiedlichen Behandlungen in eine der beiden Stufen verlangt. Wenn diese Abgrenzung durch eine dynamische Auslegung der Begriffe flexibel wird, verliert der Unterschied zwischen den beiden Lösun-

---

75 *Peters*, Torture, S. 25– 26, 28– 29; Vgl. auch *Parry*, MJIL 2005, S. 516, 523, 524; *Falvey/Eck*, Cam. LR 2010, S. 583; *Einolf*, S. 112, 113, http://www.social-sciences-and-humanities.com/PDF/fall_and_rise_of_torture.pdf (zuletzt abgerufen am 9.7.2015).

76 *Peters/Altwicker*, EMRK, S. 61.

gen an Bedeutung und der Mehrwert der Differenzierungslösung wird zweifelhaft.

c) Absolutheitslösung

Dieser Lösung nach gibt es keine impliziten Schranken: Art. 3 EMRK gelte in allen Fällen absolut.[77] Eine Differenzierung nach Behandlungstypen sei nicht zulässig.[78] Ausnahmen seien schon deshalb unzulässig, da die Menschenwürde von so fundamentaler Bedeutung sei, dass sie nie in eine Interessenabwägung einbezogen werden dürfe.[79]

Gegen die Relativität des Art. 3 EMRK spräche sowohl der klare Wortlaut des Artikels („Niemand darf") als auch die Tatsache, dass Art. 3 EMRK in Art. 15 Abs. 2 EMRK zu den notstandsfesten Rechten gezählt würde.[80] Art. 3 EMRK wäre durch das Prinzip der Menschenwürde geprägt,[81] das absolut zu schützen sei.[82] Außerdem sei Art. 3 EMRK von verschiedenen Autoren[83] als *„ius cogens"*[84] eingestuft worden. Die Schutzpflicht, die aus Art. 2 EMRK folge, höre dort auf, wo der Bereich des Art. 3 EMRK gefähr-

77 *Peters/Altwicker*, EMRK, S. 61; *Grabenwarter/Pabel*, EMRK, S. 168 ff.; *Uerpmann-Wittzack*, in: Europäische Grundrechte und Grundfreiheiten, S. 99 ff.; *Jeßberger*, JICJ 2005, S. 1059, 1073.

78 EGMR Urt. v. 1.6.2010, *Gäfgen vs. Deutschland*, Nr. 22978/05, Rn. 107.

79 *Jessberger/Gur-Arye*, ILR 2011, S. 229, 247: *„First, human dignity is inviolable under any circumstances, and torture is the most severe violation of human dignity. Human dignity not only ranks at the top of the basic human rights guaranteed by the German Constitution, including the right to life, but should also not be subject to any balancing tests. Its inviolability leaves no room for balancing opposing interests, such as the right to life of a hostage."*

80 *Grabenwarter/Pabel*, EMRK, S. 169; EGMR Urt. v. 15.11.1996, *Chahal vs. UK*, Nr. 22414/93.

81 *Meyer-Ladewig*, NJW 2004, S. 981 ff.

82 *Uerpmann-Wittzack*, in: Europäische Grundrechte und Grundfreiheiten, S. 99.

83 *Weilert*, Grundlagen und Grenzen, S. 62, m.w.N.

84 Die Unzulässigkeit von Einschränkungen ist dem Status des *„ius cogens"* inhärent. Das Folterverbot gilt unabhängig von den völkerrechtlichen Dokumenten, in denen es kodifiziert wurde. Das Verbot wurde weltweit explizit akzeptiert.
EGMR Urt. v. 21.11.2001, *Al-Adsani vs. UK*, Nr. 35763/97; *Frowein/Kühner, ZaöRV 1983*, S. 537; *Nowak*, EuGRZ 1985, S. 109, 110; *Gollwitzer*, Menschenrechte im Strafverfahren, S. 171; *Giegerich/Zimmermann*, EuGRZ 2004, S. 758; *Van der Vyver*, ALR 2003, S. 427; *Gading* in: Veröffentlichungen des Walther-Schücking Instituts, S. 153 ff.

det würde.[85] Sogar in den Fällen eines „*ticking bomb*"-Szenarios dürfe daher das Recht aus Art. 3 EMRK nicht eingeschränkt werden.[86]

d) Ansicht des EGMR

Der EGMR bevorzugt in seiner Rechtsfindung eindeutig die Absolutheitslösung. Dies belegen zahlreiche Urteile. Auch in Ausweisungsfällen, so der EGMR, sei Art. 3 EMRK als absolut anzusehen. Zwar hat der EGMR in *Soering vs. UK*[87] festgestellt, dass die Gefahr für den Staat, die aus dem Beherbergen eines Flüchtlings folgt, in die Gesamtbetrachtung aller Faktoren eines Falles einbezogen werden muss, um zu bestimmen, ob der Anwendungsbereich des Art. 3 EMRK eröffnet ist.[88] Dieses Vorgehen dürfe aber nicht fälschlicherweise als Abwägungsprüfung bezüglich der Absolutheit des Artikels interpretiert werden. In *Chahal vs. UK*[89] erklärt der Gerichtshof explizit, dass die Erwägungen aus *Soering* nicht so aufgefasst werden dürften als wäre Art. 3 EMRK nicht länger absolut zu gewährleisten. Faktoren wie das Risiko einer möglichen Misshandlung und die Grunde einer Ausweisung spielten nur eine Rolle bei der Feststellung, ob der Anwendungsbereich des Art. 3 EMRK eröffnet sei.[90] Der EGMR bestreitet die Relativität des Rechts aus Art. 3 EMRK also auch dann, wenn die nationale Sicherheit betroffen ist.[91] Im Fall *Gäfgen vs. Deutschland*,[92] welcher im Teil F.II. ausführlich besprochen wird, glaubten zwei Polizeibeamte, dass ein entführtes unschuldige Kind noch am Leben sei und durch die Bedrohung

---

85 *Gaede*, in: Angst und Streben, S. 170.

86 EGMR Urt. v. 15.11.1996, *Chahal vs. UK*, Nr. Nr. 22414/93, Rn. 79; EGMR Urt. v. 12.3.2002, *Öcalan vs.Türkei*, Nr. 46221/99, Rn. 218.

87 EGMR Urt. v. 7.7.1989, *Soering vs. UK*, Nr. 14038/88

88 EGMR Urt. v. 7.7.1989, *Soering vs. UK*, Nr. 14038/88, Rn. 89.

89 EGMR Urt. v. 15.11.1996, *Chahal vs. UK*, Nr. 22414/93

90 EGMR Urt. v. 15.11.1996, *Chahal vs. UK*, Nr. 22414/93, Rn. 81: „*It should not be inferred from the Court's remarks concerning the risk of undermining the foundations of extradition, as set out in paragraph 89 of the same judgment, that there is any room for balancing the risk of ill-treatment against the reasons for expulsion in determining whether a state's responsibility under Article 3 is engaged*"

91 *Palmer*, CLJ 2006, S. 438, 448; *Clayton/Tomlinson*, The Law of Human Rights, S. 319; EGMR Urt. v. 29.11.1988, *Brogan u.a. vs. UK*, Nr. 11209/84, 11234/84, 11266/84, 11386/85; EGMR Urt. v. 30.8.1990, *Fox Campell und Hartley vs. UK*, Nr. 12244/86, 12245/86, 12383/86; EGMR Urt. v. 28.10.1994, *Murray vs. UK*, Nr. 18731/91.

92 EGMR Urt. v. 1.6.2010, *Gäfgen vs. Deutschland*, Nr. 22978/05.

des Angeklagten gerettet werden könne. Der EGMR entschied konsequent, dass auch dieses Verhalten eine unzulässige unmenschliche Behandlung darstelle.

5. Zwischenergebnis

Um sich dem Idealbild eines absoluten Rechts anzunähern, sollte bei einer gütlichen Einigung zugunsten des Opfers entschieden werden. Weiterhin sollte Art. 3 EMRK konsistent ausgelegt werden, um so eine Vorhersagbarkeit der Urteile des EGMR zu gewährleisten, ohne dass auf Flexibilität der Auslegung verzichtet werden muss. Die Existenz der Absolutheit an sich lässt sich zudem nicht verneinen, wenn deutlich zwischen den zwei Phasen der Entscheidungsfindung differenziert wird: In der ersten Phase, die der Klärung darüber dient, ob der Anwendungsbereich des Art. 3 EMRK eröffnet ist, darf bzw. muss eine relative Gesamtbetrachtung aller Faktoren vorgenommen werden. Soweit in der ersten Phase positiv festgestellt wurde, dass eine verbotene Behandlung vorliegt, muss in der Phase danach das Folterverbot absolut geschützt werden. Letztens kann deswegen die Existenz der Absolutheit nicht geleugnet werden, da der Anwendungsbereich des Art. 3 EMRK mittels der „*living instrument*" Doktrin nur ausgeweitet, und nicht eingeschränkt, werden kann.

Im Ergebnis kann nur der Absolutheitslösung[93] gefolgt werden. Die utilitaristischen Gründe, eine Relativität des Folterverbots anzunehmen, können vor dem Hintergrund der Unvergleichbarkeit der abzuwägenden Rechte - der Menschenwürde und des Lebens - keinen Bestand haben. Auch wenn diese Werte vergleichbar wären, ist ungewiss, ob das Weiterleben nach einer Folteranwendung weniger gravierend ist als der Tod. Aus praktischer Sicht lässt sich nie mit Sicherheit sagen, ob der Gefolterte wirklich der Täter ist und ob dessen Aussage tatsächlich der Wahrheit ent-

93 Laut einer Umfrage in den 16 deutschen Bundesländern durch Telepolis sprechen sich 57 Prozent der deutschen Bevölkerung für die Absolutheitslösung aus, selbst nachdem ihnen das „*ticking bomb*"-Szenario vorgelegt wurde. 35 Prozent fanden, dass in diesem Szenario eine Ausnahme des Verbots gemacht werden sollte, und 9 Prozent waren der Meinung, dass Staaten grundsätzlich das Recht zu foltern haben sollten, http://www.heise.de/tp/artikel/28/28216/1.html (zuletzt abgerufen am 8.7.2015).

spricht. [94] Daraus folgt, dass nie garantiert werden kann, dass die Anwendung von Folter eine bevorstehende Tat auch wirklich verhindern kann.

Aus ideologischer Sicht merkt u.a. *Uerpmann-Wittzack*[95] an, dass das Prinzip der Menschenwürde primär in Art. 3 EMRK verankert sei. Dem ist zuzustimmen. Die Menschenwürde ist unantastbar, sie ist von höchster Bedeutung,[96] u.a. da das Prinzip der menschlichen Selbstbestimmung den *„normativen Ursprung grundrechtlicher Garantien“*[97] ausmacht. Dieses Recht ist in jedem denkbaren Fall wichtiger als alle anderen Rechte oder Interessen.[98] Laut Ansicht des EGMR liegt Art. 3 EMRK eine philosophische Basis (*„philosophical basis“*) zugrunde,[99] die ein unnachgiebiges Festhalten an der Absolutheit rechtfertigt. *Pösl* vermerkt aber überzeugend, dass der Gerichtshof leider nicht näher auf diesen philosophischen Gedanken eingehe, sodass dessen inhaltliche Bestimmung fehle.[100]

Eine Einschränkung des Art. 3 EMRK würde eine Ablehnung des Menschseins des Opfers darstellen. Das Recht, nicht gefoltert zu werden, verschafft dem Menschen eine Souveränität über seinen Körper und seine Gedanken. Diese Souveränität ist von solcher Wichtigkeit, dass sie in keinem Fall angegriffen werden darf.[101]

---

94 S. 46, http://www.echr.coe.int/LibraryDocs/DG2/HRHAND/DG2-EN-HRHAND-06(2003).pdf (zuletzt abgerufen am 8.7.2015).

95 *Uerpmann-Wittzack*, in: Europäische Grundrechte und Grundfreiheiten, S. 99.

96 *Koji*, EJIL 2001, S. 917.

97 S. 1, www.amnesty.de/download/aufruf-verfassungsrechtler.pdf (zuletzt abgerufen am 19.12.2014).

98 Diese hervorgehobene Wichtigkeit könnte außerdem aus dem Status des Rechts als *„ius cogens“* folgen. Vgl. *McGinnis/Somin*, SLR 2007, S. 1175, 1200, 1201.
Es lässt sich argumentieren, dass das, was in der gemeinsamen Praxis der Vertragsstaaten als allgemein akzeptierte Norm angesehen wird, *„ius cogens“* sein sollte. Es ist jedoch auch vertretbar, dass nicht nur auf die Praxis, sondern auch auf die Meinung zeitgenössischer Gelehrter geachtet werden muss, um zu bestimmen, was als *„ius cogens“* bezeichnet werden kann. Dieser Diskurs ist vergleichbar mit dem Unterschied zwischen *„law in the books“* und *„law in action“*.

99 EGMR Urt. v. 1.6.2010, *Gäfgen vs. Deutschland*, Nr. 22978/05, Rn. 107.

100 *Pösl*, Das Verbot der Folter in Art. 3 EMRK, S. 66.

101 *Rowe*, Exeter Papers on European Law 2002: *„Torture is arguably the most heinous human rights violation imaginable. Torture is hell into the person's mind or body; it annihilates the human personality and thereby robs man of what makes him man.* “ Vgl. *Dworkin*, Is Democracy possible here?, S. 38, 39: *„Torture's object is precisely not just to damage but to destroy a human being's power to decide for himself what his loyalty and convictions permit him to do (...) to reduce its victim to a screaming animal for whom decision is no longer possible – the most profound insult to his humanity, the most profound outrage of his human rights.“*; *Hajjar*, QJAJOP 2002, S. 108 ff.

Wird das Recht nicht unmenschlich oder erniedrigend behandelt oder gefoltert zu werden gegenüber nur einer Person eingeschränkt, führt dies zugleich zu einer Einschränkung dieses Rechts gegenüber allen Menschen. Wird es einmal für relativ erklärt, ist das Recht aus Art. 3 EMRK ab dem Moment in allen Fällen relativ.[102] Wenn das Prinzip der unantastbaren Menschenwürde[103] nicht strikt gewährleistet wird, *„kann die verfassungsmäßige Ordnung keinen Bestand haben"*.[104] Die Menschenwürde ist nicht erst dann betroffen, wenn gefoltert wird, sondern bereits dann wenn auf irgendeine Weise gegen den absoluten Schutz des Art. 3 EMRK verstoßen wird.

---

102 Vgl. die Kritik am *„Landau Commission's report"*. Diese Kommission war dazu berufen, über die Anwendung von Gewalt seitens des allgemeinen israelischen Sicherheitsdiensts (*„Israeli General Security Services"*) gegenüber vermeintlichen palästinensischen Terroristen zu urteilen. Nach Ansicht kritischer Akademiker müsste die Gefährdung des ganzen internationalen Rechtssystems in Betracht gezogen werden, die durch die Zulassung einer Rechtfertigungsmöglichkeit im Folterverbot bewirkt würde.

103 *Seidman* beschreibt diesen Verlust der Menschenwürde sehr zutreffend: *„The problem with torture is not just that the victim's will is commandeered but that it is commandeered by the dehumanizing realization that all that we associate with being human is an illusion. Threats to the body uniquely carry this consequence because they alone lead us to forsake the version of ourselves that is not simply a corporeal machine. It follows that although torture's detractors are right to focus on pain, many of them are mistaken about the role that pain plays. It is not the pain itself that is the essence of torture's evil. It is rather what the pain produces— the terrible betrayal of our self-understanding of human life."*; *Seidman*, UCLR 2005, S. 881, 907; *Seidman*, UCLR 2005, S. 881, 886: *„In the most direct and literal sense, torture teaches us as individuals that we are slaves to our bodies and that our beliefs, our values,and our moral obligations— in short, all that makes us human— count for nothing when our bodies are at stake."*

104 S. 1, www.amnesty.de/download/aufruf-verfassungsrechtler.pdf (zuletzt abgerufen am 19.12.2014).
N.B.: auch die Androhung von Folter verstößt gegen dieses Menschenwürde-Prinzip. Es darf daher kein Unterschied gemacht werden zwischen der tatsächlichen Zufügung von physischen Schmerzen und der Androhung von Folter.
Vgl. auch *Peters*, Torture, S. 187: *„Societies that do not recognize the dignity of the human person, or who profess to recognize it and fail to do so in practice, or recognize it only in highly selective circumstances, become, not simply societies with torture, but societies in which the presence of torture transforms human dignity itself, and therefore all individuals and social life. And a society which voluntarily or indifferently includes among its members both victims and torturers ultimately leaves no conceptual or practical room for anyone who insists upon being neither."*; *Luban*, VLR 2005, S. 1425, 1446: *„The ticking time bomb distracts us from the real issue, which is not about emergencies, but about the normalization of torture."*

Des Weiteren birgt jede Befugnis in Ausnahmefällen doch foltern zu dürfen die Gefahr der „*slippery slope*"-Problematik zum Opfer zu fallen, wie sich am Beispiel des „*ticking bomb*"-Szenarios[105] eindrücklich zeigen lässt. Natürlich stellt sich zu allererst die Frage, welche Fälle als Ausnahmefälle gelten sollen. Und wie sicher muss sich die Behörde sein, dass das Opfer auch der Täter ist, um foltern zu dürfen? Wird die Folter an Regeln gebunden oder verliert das Opfer, das „rechtmäßig" gefoltert wird, jeglichen rechtsstaatlichen Individualrechtsschutz? Wer entscheidet über die Anwendung von Folter? Diese Fragen sind kaum zu beantworten. Die Problematik führt zu einer inakzeptablen Unklarheit und Unsicherheit, der in einem demokratischen Rechtsstaat kein Raum gegeben werden darf. Es lässt sich gut argumentieren, dass ein Klima, das durch mangelnde Verteidigung der Menschenrechte gekennzeichnet ist, gerade den Nährboden für Terrorismus bereitet.[106] Diese These steht im Kontrast zu der Annahme, dass die Nicht-Anwendung bestimmter konventionswidriger Verhörmethoden die Bekämpfung von Terrorismus erschweren könne.

Bestimmte Autoren[107] verweisen auch zutreffend auf die Geschichte, um dem Folterverbot Rückhalt zu schenken: In der Vergangenheit habe die Zulassung von Ausnahmen des Folterverbots zu inakzeptablen Folgen geführt, wobei gesellschaftliche Strukturen aufgelöst wurden und totalitäre Herrscher die Macht übernahmen.[108]

Von Gegnern der Absolutheitslösung wird gelegentlich ein Szenario aufgeworfen, in dem nicht das Leben eines anonymen Bürgers auf dem Spiel steht, sondern das Leben eines Geliebten: Könnten die Verteidiger der Absolutheit noch immer so standfest und ideologisch argumentieren, wenn das Leben ihres Mannes, Vaters, Kindes, der Mutter oder Frau riskiert würde? Die Antwort ist einfach: nein. Dies ist aber kein Argument, mit der sich die Notwendigkeit der Absolutheit des Art. 3 EMRK bestreiten ließe.

---

105 Die Idee des „*ticking bomb*"-Szenarios ist nicht völlig neu: Art. 3 EMRK ist allerdings so geschrieben, dass Folter auch verboten ist, wenn „gute" staatliche Gründe der Folter zu Grunde liegen. Vgl. *Förster, RuP 2005, S. 56; 57.*

106 *Gomien/Harris/Zwaak*, Law and Practice, S. 28: „*At the same time and from a wider perspective, it is precisely situations in which there is a lack of respect for human dignity, a lack of human rights protection, which breeds terrorism. Efforts to prevent the spread of international terrorism should therefore embrace the aims of international human rights law.*"

107 S. 1, www.amnesty.de/download/aufruf-verfassungsrechtler.pdf (zuletzt abgerufen am 19.12.2014).

108 So wurde 1934 das Gesetz über Maßnahmen der Staatsnotwehr von Hitler unterzeichnet.

Es zeigt lediglich, dass kein Mensch objektiv und rational entscheiden kann, wenn er unter hohem emotionalen Druck steht. Es kann daher nur gefordert werden, dass wichtige moralische und politische Entscheidungen, die das Fundament aller Menschenrechte betreffen, von rationalen und objektiven statt von emotionalen, persönlich betroffenen Menschen getroffen werden sollten. Eine Schwäche der Absolutheitslösung ist mit diesem Argument nicht begründet.

III. „Margin of appreciation" in Bezug auf Art. 3 EMRK

Die *„margin of appreciation"*-Doktrin (Grundsatz des Ermessens) wurde entwickelt, um dem in der Rechtssache betroffenen Staat mehr Entscheidungsfreiheit zuzuweisen.[109] Dies rechtfertigt sich damit, dass die nationalen Gerichte den Sachverhalt aufgrund ihrer Kenntnisse des sozialen und lokalen Kontextes meist besser beurteilen können als dies dem EGMR möglich wäre.[110] Der Grundsatz folgt aus der Subsidiarität des Konventionssystems.[111] Dabei kann der Ermessensspielraum je nach Kontext unterschiedliche Bedeutung erlangen. Die konkrete Anwendung wird u.a. vom

---

109 Richter *Hoffmann* zweifelt aus diesem Grund am Bestehen eines Ermessensspielraums: *„The court treats the margin as a matter of concession to Member States on the ground that they are likely to know more about local conditions than the judges in Strasbourg. In other words, they assume that in principle they are competent to decide any question about the law of a Member State which is arguably touched by human rights but sometimes abstain from exercising this vast jurisdiction on the ground that it is something which the local judges are better equipped to do. What I think they should recognise is that we are concerned with a matter of constitutional competence, that is, whether they have the right to intervene in matters on which Member States of the Council of Europe have not surrendered their sovereign powers."* Lord *Hoffmann*, The Universality of Human Rights, Judicial Studies Board Annual Lecture, 19 March 2009.

110 EGMR Urt. v. 7.12.1976, *Handyside vs. UK*, Nr. 5493/72, Rn. 48, 49: *„By reason of their direct and continuous contact with the vital forces of their countries, State authorities are in principle in a better position than the international judge to give an opinion on the exact content of these requirements as well as on the "necessity" of a "restriction" or "penalty" intended to meet them.(…) Nevertheless, Art. 10 para.2 does not give the Contracting States an unlimited power of appreciation. The Court, which, with the Commission, is responsible for ensuring the observance of those States' engagements (Art. 19), is empowered to give the final ruling on whether a "restriction" or "penalty" is reconcilable with freedom of expression. The domestic margin of appreciation thus goes hand in hand with a European supervision."*

111 *Clayton/Tomlinson*, The Law of Human Rights, S. 285.

Sachverhalt und der eventuellen Existenz eines europäischen Konsenses in der Sache beeinflusst.[112]

Eines der Ziele, das die Zuweisung eines Ermessensspielraums an die EMRK-Staaten verfolgt besteht darin, lokale Gewohnheiten in der Entscheidung des EGMR berücksichtigen zu können. Fraglich ist, ob die Doktrin in Fällen des Art. 3 EMRK eine Rolle spielen sollte.[113]

1. Relevanz des Ermessensspielraums

Die *„margin of appreciation“* lässt sich als die Menge an Freiraum beschreiben, die das internationale Kontrollorgan, in unserem Fall der EGMR, den Vertragsstaaten schenken muss oder darf, sodass dieser seine nationale Rechtslage effektiv gestalten kann.[114] Die Definition spezifiziert diesen Freiraum nicht als Entscheidungsfreiheit, sondern eher als Freiheit im weiteren Sinne. Hierunter fällt z.B. auch die Beeinflussungsfreiheit. Damit spielt die *„margin of appreciation“*-Doktrin vielleicht nicht nur bei einschränkbaren Rechten eine Rolle.

Der EGMR führte die Doktrin erstmals in einen Fall ein, der sich mit Art. 15 EMRK beschäftigte. Der verantwortliche Vertragsstaat hatte im zugrundeliegenden Sachverhalt aufgrund eines ausgerufenen Notstandes die Konventionsrechte erheblich eingeschränkt.[115] In solchen Fällen besteht der Ermessensspielraum darin, dass der Vertragsstaat völlig autonom entscheiden kann, ob die Voraussetzung des Notstands erfüllt sind oder nicht.[116] Diese Entscheidung lässt sich nur auf Basis tatsächlicher Feststel-

---

112 S. 5, http://www.echr.coe.int/LibraryDocs/DG2/HRHAND/DG2-EN-HRHAND-06(2003).pdf (zuletzt abgerufen am 8.7.2015).

113 EGMR Urt. v. 25.4.1987, *Tyrer vs. UK*, Nr. 5856/72, Rn. 38: *„No local requirement relative to the maintenance of law and order would entitle any of [the Contracting States]to make use of a punishment contrary to Article 3.“* Vgl. *Macdonald* in: International Law at the Time of its Codification, S. 187 ff.

114 *Wong*, NYUJILP 1984, S. 35, 58.

115 EGMR Urt. v. 14.12.1959, *Griechenland vs. UK*, Nr. 176/56, (1958-59), 2. Jahrbuch; vgl. *Yourow*, The Margin of Appreciation Doctrine, S. 12.

116 EGMR Urt. v. 14.12.1959, *Griechenland vs. UK*, Nr. 176/56, App. No. 176/56, (1958-59), 2. Jahrbuch, Rn. 174, 176: *„The Government should be able to exercise a certain measure of discretion in assessing the extent strictly required by the exigencies of the situation.“*

lungen treffen. Der Vertragsstaat ist in einer besseren Position diese tatsächliche Entscheidung zu treffen.[117]

In den darauffolgenden Jahren ist die Doktrin auch auf Rechtsfälle angewandt worden, die sich mit Art. 5, 6 und 8-11 EMRK beschäftigten.[118] In einem Prozess um eine angeklagte Verletzung des Art. 3 EMRK wurde die *„margin of appreciation"*-Doktrin jedoch bislang noch nie angeführt. Allein aus dieser Tatsache lassen sich jedoch keine Rückschlüsse ziehen, dass die Doktrin in diesen Fällen nicht anwendbar sein könnte.[119]

Es könnte geradezu argumentiert werden, dass die Entscheidungsfindung in Fällen des Art. 3 EMRK einen Prüfungspunkt enthält, an dem die *„margin of appreciation"* von Bedeutung ist, namentlich dann wenn geprüft wird, ob das vorausgesetzte Mindestmaß an Schwere (*„minimum level of severity"*), wovon abhängt ob der Anwendungsbereich des Art. 3 EMRK betroffen ist, erreicht worden ist.[120] Wie oben erörtert, kann die *„margin"* anstatt einer Entscheidungsfreiheit auch als eine Beeinflussungsfreiheit des Mitgliedstaates interpretiert werden. Denn es ist nicht unüblich, dass der EGMR sein Urteil in bestimmten Fällen des Art. 3 EMRK auf die Tatsachenfeststellung stützt, die von den staatlichen Behörden ermittelt wurden. Ebenso beruht auch die Entscheidung, ob das *„minimum level of severity"* erreicht worden ist, auf den Feststellungen des Vertragsstaates.

Es muss jedoch angemerkt werden, dass es sich in der obengenannten Konstellation um eine Tatsachen*feststellung* handelt. Es besteht ein weitge-

---

117 EGMR Urt. v. 18.1.1978, *Irland vs. UK*, Nr. 5310/71, Rn. 207: *„By reason of their direct and continuous contact with the pressing needs of the moment, the national authorities are in principle in a better position than the international judge to decide both on the presence of such an emergency and on the nature and scope of derogations needed to avert it."*

118 *Greer*, UCL HRR 2010, S. 1, 3: *„First, that in addition to Article 15, the margin of appreciation has maintained a high profile in litigation relating only to certain Convention rights – the right to peaceful enjoyment of possessions in Article 1 of Protocol 1, the anti-discrimination provision of Article 14, and the personal freedoms enshrined in Articles 8-11 – yet a lower profile with respect to other rights."*

119 *Greer*, UCL HRR 2010, S. 1, 4.

120 *Macdonald*, in: International Law at the Time of its Codification, S. 192: *„In theory there is no limit to the articles of the Convention to which the margin of appreciation could be applied for the Court has never imposed a limit."*; *Addo/Grief*, EJIL 1998, S. 510, 514: *„The Court is guided in its decision-making by such principles as effective protection and margin of appreciation through which relativity is injected into its thinking. Its practice under Article 3 is based not on objective criteria but on the effects of various subjective factors on the particular facts of each case, leading to decisions which can be hard to reconcile at least at first sight. Indeed, that may be the only realistic way of addressing the various issues which can arise under Article 3."*

hender Konsens darüber, dass die *„margin"*-Doktrin bei der Tatsachen*feststellung* keine Rolle spielt, sondern nur bei der Tatsachen*würdigung*.[121] Der Unterschied zwischen diesen beiden Begriffen ist damit essentiell. Auch wird der Unterschied zwischen der Freiheit des Vertragsstaates in Art. 15-Fällen und dieser Freiheit in Art. 3-Fällen deutlich: In Art. 15-Fällen stellt der Staat nicht nur die Tatsachen fest; ihm kommt auch eine Freiheit bei der Würdigung zu, ob diese Tatsachen eine Gefahr für das Leben der Bürger bedeuten und daher einen Notstand begründen könnten (*„public emergency threatening the life of the nation"*). Ebenso besteht ein nationalstaatlicher Ermessenspielraum hinsichtlich der Frage, ob die vom Notstand gerechtfertigte Abweichung in dieser Zwangslage erforderlich war („(...) *to the extent strictly required by the exigencies of the situation"*). Eine solche Freiheit steht dem Mitgliedstaat bei Art. 3-Fällen nicht zu. Der EGMR ist vielmehr das einzige Organ, das auf Basis der Tatsachen feststellen darf, ob das erforderliche Mindestmaß der Schwere eines Leidens gegeben ist. Obwohl aus dem Subsidiaritätsprinzip folgt, dass der Vertragsstaat die erste Tatsachenfeststellung vornimmt, liegt die Verantwortlichkeit für die abschließende Würdigung des Falles bei den Straßburger Richterinnen und Richtern. Die staatlichen Entscheidungen werden vollumfänglich durch den EGMR überprüft. Im Rahmen dieser Überprüfung wird auf einen Ermessensspielraum der Mitgliedstaaten keinerlei Rücksicht genommen.[122]

Abschließend kann somit festgehalten werden, dass die *„margin of appreciation"*-Doktrin in Bezug auf Art. 3-Fälle keine Rolle spielt.

Da Art. 3 EMRK als absolutes Recht in keinem Fall eingeschränkt werden kann, darf hieran auch von den Vertragsstaaten, die sich auf ihren Ermessensspielraum berufen, nicht gerüttelt werden. Außerdem wurde die *„margin"*-Doktrin grundsätzlich entwickelt, um auf die Unterschiede der nationalen Rechtskulturen eingehen zu können. Auf nationale Besonderheiten kommt es jedoch im Rahmen des Folterverbots, wie auch beim Verbot des Genozides und der Sklaverei gerade nicht an, da solch fundamentale Grundwerte überall die gleiche Geltung beanspruchen.[123]

---

121 *Van Dijk/Van Hoof/Van Rijn/Zwaak*, Theory and Practice of the ECHR, S. 86: *„Any difficulty in obtaining evidence of the facts should not be construed in margin of appreciation terms."*. Vgl. *Hoffmann*, Der Grundsatz der Subsidiarität, S. 42.

122 *Smith*, EHRR 2011, S. 124, 138.

123 S. 11, researchbriefings.files.parliament.uk/documents/SN06277/SN06277.pdf (zuletzt abgerufen am 9.7.2015): *„(...) some Convention Articles cannot be subject to the margin of appreciation. For example, the Contracting States have no margin of appreciation in Article 3 cases (prohibition of torture)."*; *Callewaert*, HRLK 1998, S. 6, 30; vgl. Teil D.I.5.b. „Kollision zwischen dem Prinzip des *„non-refoule-*

2. Einbeziehung lokaler Gewohnheiten in Fällen des Art. 3 EMRK: *Griechenland vs. UK*, *Tyrer vs. UK*

Im Fall *Griechenland vs. UK* befand der EGMR in seinem Urteil, dass Betroffene aus verschiedenen sozialen Gruppen Behandlungen auf unterschiedliche Weise erfahren können.[124] Die Anerkennung eines staatlichen Ermessensspielraums in Art. 3-Fällen könnte somit dazu führen, dass diese Fälle nicht nur in den einzelnen Vertragsstaaten unterschiedlich beurteilt werden, sondern gar, dass für unterschiedliche soziale Gruppen innerhalb des Mitgliedstaates andere Maßstäbe angelegt werden. Dies könnte die effektive Gewährleistung der Rechte der EMRK beeinträchtigen und würde die Schaffung einer konsequenten Linie in der Rechtsprechung des EGMR unmöglich machen.

Die unglückliche Formulierung[125] im Fall *Griechenland vs. UK* wurde vom EGMR in der Entscheidung *Tyrer vs. UK* glücklicherweise korrigiert.[126]

Im zugrundeliegenden Sachverhalt war ein 15-jähriger Bürger der Insel Man im Jahr 1971 vor einem Jugendgericht wegen Körperverletzung zu 3 Birkenrutenschlägen auf die entblößte Sitzfläche verurteilt worden. Die Strafe war von dem auf der Insel Man zuständigen Gericht verhängt und in einer lokalen Polizeidienststelle vollzogen worden. Eine der Rechtsfragen, die es im Prozess vor dem EGMR zu entscheiden galt war, ob der Gerichtshof die gesellschaftlichen Gepflogenheiten der Insel Man bei seiner Entscheidung zu berücksichtigen habe. Obwohl die richterlich auferlegte Prügelstrafe in Schottland, Wales und England schon 1948 und in Nordirland 1968 abgeschafft worden war, war sie auf der Insel Man noch bis 1977 gesetzlich festgelegt. Im Jahr 1978, dem Jahr der mündlichen Verhandlung vor dem EGMR, ergab eine Umfrage auf der Insel, dass ca. 50% der Bevöl-

---

ment“ und einem Auslieferungsvertrag“ für eine umfassende Besprechung des *„ius cogens“*.

124 EGMR Urt. v. 14.12.1959, *Griechenland vs. UK*, Nr. 176/56, (1958-59), 2. Jahrbuch, Rapport der Kommission, S. 501: *„It appears from the testimonies of a number of witnesses that a certain roughness of treatment by detainees by both police and military authorities is tolerated by most detainees and even taken for granted (...) this underlines the fact, that the point up to which prisoners and the public may accept physical violence as being neither cruel nor excessive, varies between different societies and even between different sections of them.“*

125 EGMR Urt. v. 14.12.1959, *Griechenland vs. UK*, Nr. 176/56, (1958-59), 2. Jahrbuch, Rapport der Kommission, S. 501.

126 EGMR Urt. v. 25.4.1987, *Tyrer vs. UK*, Nr. 5856/72, Rn. 38.

kerung nach wie vor befürworteten, die gerichtlich angeordnete Prügelstrafe beizubehalten. Der Generalstaatsanwalt der Insel Man war der Meinung, dass die vorliegende Behandlung nicht in den Anwendungsbereich des Art. 3 EMRK falle, da die Öffentlichkeit hinter dieser Form der Strafe stehe.

Der Gerichtshof stufte die Behandlung trotzdem als erniedrigende Strafe ein. Die lokalen Umstände hätten keineswegs Einfluss auf die Entscheidung des Gerichts. Die Tatsachenwürdigung dürfe in dieser Angelegenheit ausschließlich vom EGMR vorgenommen werden.

Den nationalen Ansichten könne allein bei der Beurteilung, ob eine Behandlung erniedrigend gewesen sei, eine Rolle zukommen und diese Rolle sei sehr klein. Wenn eine bestimmte Behandlung an einem bestimmten Ort regelmäßig ausgeführt würde und die lokale Bevölkerung diese Behandlung in der Folge als normal betrachte, könne ihre Ausführung vom Opfer als weniger erniedrigend empfunden werden.[127] Aber auch unter Berücksichtigung dieses Aspektes seien die lokalen Gewohnheiten in den Augen des EGMR von untergeordneter Bedeutung.

IV. Das Folterverbot im Völkerrecht

Der EGMR basiert seine Definitionen der Begriffe des Art. 3 EMRK oftmals auf Bestimmungen des internationalen Rechts, die mit diesem Artikel vergleichbar sind. Um die Auslegung des Artikels durch den EGMR zu verstehen, müssen also auch diese völkerrechtlichen Bestimmungen betrachtet werden.

1. Resolution 3452 (XXX) der Generalversammlung der Vereinten Nationen vom 9.12.1975

Schon im Fall *Irland vs. UK* wurde auf Resolution 3452 (XXX) der Generalversammlung der Vereinten Nationen vom 9.12.1975 verwiesen.[128] Die Folterdefinition, die in dieser – rechtlich nicht verbindlichen – Resolution zu

127 EGMR Urt. v. 25.2.1982, *Campbell & Cosans vs. UK*, Nr. 7511/76, 7743/76, Rn. 29.

128 Declaration of the Protection of All Persons from Being Subjected to Torture and Other Cruel Inhuman, or Degrading Treatment and Punishment, A/Res/3452 (XXX) v. 9.12.1975.

finden ist, gilt als die erste genaue Folterdefinition, die von einer internationalen Organisation veröffentlicht wurde.[129]

Die Definition findet sich in Artikel 1 der Resolution und lautet:

> „*1. For the purpose of this Declaration, torture means any act by which severe pain or suffering, whether physical or mental, is intentionally inflicted by or at least at the instigation of a public official for such purposes as obtaining from him or a third person information or confession, punishing him for an act he has committed or is suspected of having committed, or intimidating him or other persons. It does not include pain or suffering arising only from, inherent in or incidental to, lawful sanctions to the extent consistent with the Standard Minimum Rules for the Treatment of Prisoners.*
> *2. Torture constitutes an aggravated and deliberate form of cruel, inhuman or degrading treatment or punishment.*“[130]

Die Resolution wurde von der internationalen Anti-Folter-Bewegung inspiriert, die im Jahr 1972 von *Amnesty International* angeführt wurde. Nachdem im darauffolgenden Jahr in Chile ein Militärputsch stattgefunden hatte, brachte die schwedische Regierung das weltweite Problem der Folteranwendung bei der UN Generalversammlung zur Sprache. Bereits vorher hatten sich die Vereinten Nationen bereits ausführlich mit der Problematik der Auslegung des Folterbegriffes beschäftigt. Auch die Generalversammlung nahm das Thema ernst und erforschte die Praxis der Folteranwendung in Verbindung mit den Umständen in Haftanstalten.[131] Im Jahr 1974 reichten die niederländische und die schwedische Regierung schließlich einen konkreten Vorschlag für eine Anti-Folter-Deklaration ein, die 1975 verabschiedet und von der UN-Generalversammlung angenommen wurde.

Die Definition der UN Resolution setzt sich im Wesentlichen aus den Definitionen für eine unmenschliche Behandlung sowie der Folter zusammen, die anlässlich des Falls *Griechenland vs. UK*[132] von der Kommission ausgearbeitet worden waren. Eine unmenschliche Behandlung zeichnet

---

129 *Prosenjak*, Der Folterbegriff nach Artikel 3 EMRK, S. 15, m.w.N.

130 Declaration of the Protection of All Persons from Being Subjected to Torture and Other Cruel Inhuman, or Degrading Treatment and Punishment, A/Res/3452 (XXX) v. 9.12.1975.

131 Im Jahr des Putsches wurden ca. 13.000 Personen aus politischen Gründen in Konzentrationslagern verhaftet und gefoltert. Die Opfer waren überwiegend Sympathisanten und Mitglieder von Gewerkschaften, Regierung und Linksparteien.

132 Auch in diesem Fall wurde die Behandlung nach einem Militärputsch angewandt.

sich nach dieser Definition dadurch aus, dass sie auf gezielte Weise eingesetzt wird und beim Opfer ein schweres psychisches oder physisches Leiden hervorruft. Der Unterschied zur Folter besteht darin, dass Folter noch ein zusätzliches Zweckelement verlangt. Die Kommission beschrieb die Begriffe des Art. 3 EMRK in abstrakten Ausdrücken,[133] sodass der Anwendungsbereich des Artikels nicht reduziert wurde.[134] Die *„aggravated form"*-Formel, die sich in Satz 3 der Definition findet, wurde später von der UN-Kommission übernommen.[135] Problematisch an dieser Formel ist der Umstand, dass sie die unklaren Begriffe „unmenschliche oder erniedrigende Behandlung oder Strafe" ohne weitere Erläuterung in die Definition aufnimmt. Im Ergebnis bleibt also nicht nur unklar, wie die Begriffe „unmenschliche" oder „erniedrigende Behandlung" ausgelegt werden sollen, sondern auch, wann das *„aggravated"*-Erfordernis als erfüllt anzusehen ist.[136]

Auch Satz 1 der Definition birgt einige Probleme. Zunächst ist unklar, wie mit nichtstaatlichen Gruppierungen umgegangen werden muss, wenn diese faktisch die Macht in einem Staat übernehmen.[137] Es spricht vieles dafür in diesem Fall anzunehmen, dass der ursprüngliche Machthaber nicht für Handlungen der nichtstaatlichen Gruppierungen zur Verantwortung gezogen werden kann. Der Staat, der die Deklaration ursprünglich angenommen hat, besteht in diesem Sinne nicht mehr. Diese Sichtweise macht es jedoch evtl. zu leicht für Staaten, sich aus ihrer Verantwortung zu stehlen. Außerdem ist der Staat nach dieser Definition auch für solche Handlungen nicht verantwortlich, die zwar von Privatpersonen ausgeführt wurden, von denen der Staat aber Kenntnis hatte und dennoch nicht eingegriffen hat.

Ein weiteres Problem liegt in der Deutung des Zweckbegriffs. Es ist unklar, welche Merkmale ein Zweck besitzen muss, um Art. 1 S. 1 der Deklaration zu erfüllen. Durch die Formel *„such purposes as"* wird die Liste an möglichen Zwecken nicht begrenzt;[138] damit verliert das Zweckelement zwangsläufig an Gewicht.

---

133 Z.B. *„aggravated form of inhuman treatment"* und *„severe suffering"*.

134 *Prosenjak*, Der Folterbegriff nach Artikel 3 EMRK, S. 24.

135 *Klaymanns Ansicht nach* wegen des Strebens nach einer Harmonisierung des internationalen Schutzes gegen Folteranwendungen, *Klaymann*, TLQ 1978, S. 449, 484 ff.

136 *Prosenjak*, Der Folterbegriff nach Artikel 3 EMRK, S. 30.

137 *Hailbronner/Randelzhofer*, EuGRZ 1986, S. 641, 642.

138 *Prosenjak*, Der Folterbegriff nach Artikel 3 EMRK, S. 29.

Die Definition der Deklaration brachte jedoch auch einige Innovationen mit sich. So wurde das Erfordernis der Täter-Qualifikation eingeführt: Staatliche Verantwortlichkeit für rein private Folter wurde damit ausgeschlossen. Diesem Erfordernis liegt nach *Prosenjak* die *„klassische Sichtweise vom internationalen Menschenrechtsschutz“*[139] zugrunde. Diese Sichtweise vertraut darauf, dass die nationale Rechtsordnung ausreicht, um Verstöße durch Privatpersonen zu ahnden.

Satz 2 der Resolutionsdefinition verdeutlicht, dass Sanktionsmaßnahmen im Rahmen des Strafvollzugs weiter im Verantwortungsbereich der Nationalstaaten verbleiben sollen, so lange die Mindestanforderungen der Mindestnormen für die Behandlung der Gefangenen erfüllt sind.[140]

2. Artikel 1 des Übereinkommens gegen Folter und andere grausame, unmenschliche oder erniedrigende Behandlung vom 27.6.1987

Weiterhin berücksichtigt der EGMR in seiner ständigen Rechtsprechung[141] Art. 1 des rechtlich verbindlichen Übereinkommens gegen Folter und andere grausame, unmenschliche oder erniedrigende Behandlung vom 27.6.1987[142]

Artikel 1 Abs. 1 des Übereinkommens lautet:

> *„For the purposes of this Convention, the term "torture" means any act by which severe pain or suffering, whether physical or mental, is intentionally inflicted on a person for such purposes as obtaining from him or a third person information or a confession, punishing him for an act he or a third person has committed or is suspected of having committed, or intimidating or coercing him or a third person, or for any reason based on discrimination of any kind, when such pain or suffering is inflicted by or at the instigation of or with the consent or acquiescence of a public official or other person acting*

139 *Prosenjak*, Der Folterbegriff nach Artikel 3 EMRK, S. 25.

140 *Prosenjak*, Der Folterbegriff nach Artikel 3 EMRK, S. 30.

141 EGMR Urt. v. 28.7.1999, *Selmouni vs. Frankreich*, Nr. 25803/94, Rn. 97; EGMR Urt. v. 11.7.2006, *Jalloh vs. Deutschland*, Nr. 54810/00, Rn. 48; EGMR Urt. v. 1.6.2010, *Gäfgen vs. Deutschland*, Nr. 22978/05, Rn. 90.

142 Convention Against Torture and Other Cruel, Inhuman or Degrading Treatment or Punishment, U.N.T.S. 85, ratifiziert am 10.12.1984, in Kraft getreten am 27.6.1987.
Eine vertiefte Besprechung dieses Abkommens findet sich in *Burgers/Danelius*, The United Nations Convention Against Torture.

> *in an official capacity. It does not include pain or suffering arising only from, inherent in or incidental to lawful sanctions.*“[143]

Dieses Übereinkommen wurde von über 150 Vertragsstaaten ratifiziert und stellt damit eines der wichtigsten multinationalen Übereinkommen dar. Es „*spiegelt den auf dem Gebiet der Folterbekämpfung wohl derzeit erreichbaren Konsens der Weltgemeinschaft wider.*“[144]

Die schwedische Regierung wandte sich 1978 mit dem Vorschlag an die UN Generalversammlung, eine Antifolterkonvention zu verfassen. Die Abfassung der Konvention erwies sich jedoch als mühsam und zeitraubend. Die Arbeitsgruppe, die mit der Aufgabe betraut war, den Text der Konvention vorzubereiten, traf sich nur einmal pro Jahr. Außerdem stellte es eine große Herausforderung für die internationale Weltgemeinschaft dar, sich über ein rechtlich bindendes Menschenrechtsdokument einig zu werden. Problematisch erschien insbesondere die Idee, dass es möglich sein sollte, den Folterer auf internationaler Ebene zu verfolgen, sodass jeder Vertragsstaat dazu verpflichtet sein würde, den Täter zu bestrafen, unabhängig von Tatort und Nationalität des Täters bzw. des Opfers.

Auch stieß der ursprüngliche schwedische Vorschlag auf Kritik. Denn er wies dem mit der Konvention beauftragten Überwachungsorgan die Befugnis zu, auf eigene Initiative einzugreifen, wenn überzeugende Beweismittel auf systematisch ausgeübte konventionsverletzende Handlungen hindeuteten. Eine solche Ermächtigung wurde als schwer hinnehmbarer Eingriff in die Souveränität der Vertragsstaaten angesehen.

Im Jahr 1987 wurde schließlich eine rechtlich verbindliche Konvention von der Generalversammlung angenommen. Als Überwachungsorgan wurde ein Komitee gebildet, dem die Vertragsstaaten nachweisen müssen, auf welche Weise sie die Bestimmungen der Konvention einhalten. Liegt der überzeugende Beweis für einen Verstoß vor, leitet das Komitee in Kooperation mit dem beklagten Staat eine Untersuchung ein.

Das Übereinkommen verpflichtet die Staaten wirksam gegen Folter im engeren Sinn einzuschreiten;[145] es verpflichtet auch zur Schaffung eines effektiven Systems internationaler Rechtsbehelfe. Jeder Foltervorwurf soll

---

143 Art. 1 Abs. 1 der Convention Against Torture and Other Cruel, Inhuman or Degrading Treatment or Punishment, U.N.T.S. 85, ratifiziert am 10.12.1984, in Kraft getreten am 27.6.1987.

144 *Prosenjak*, Der Folterbegriff nach Artikel 3 EMRK, S. 15.

145 Unter Folter im engeren Sinne ist die Anwendung einer solchen Behandlung durch eine abgegrenzte Gruppe, bspw. politisch-militärische Institutionen oder Teile der Exekutive, gegenüber einem Individuum zu verstehen.

objektiv erforscht und dem Opfer gegebenenfalls ein Schadensersatzanspruch gewährleistet werden. Im Verhältnis dazu sind die Vorschriften für die Bekämpfung unmenschlicher oder erniedrigender Behandlung nicht so streng, da längst nicht dieselben Voraussetzungen seitens der Staaten erfüllt werden müssen. Dem Unterschied zwischen den Begriffen der Folter und der unmenschlichen oder erniedrigenden Behandlungen kommt damit im Rahmen des UN-Abkommens hervorgehobene Bedeutung zu.[146]

Es verwundert, dass der EGMR in vielen Urteilen die Definition des Übereinkommens anwendet, und es damit in diesen Fällen unterlasst eine extensivere Definition zu ergreifen. Die EMRK ist räumlich begrenzt auf Europa. Sie sollte deswegen über den weltweiten Konsens hinausgehen und striktere Anforderungen an den Menschenrechtsschutz stellen.[147]

Auf den ersten Blick ähnelt Art. 1 des Übereinkommens Satz 1 der besprochenen Definition in der UN-Resolution in hohem Maße. Es bestehen jedoch auch bedeutende Unterschiede. So wird die bereits in der UN-Resolution angelegte Täter-Qualifikation in Art. 1 S. 1 des Übereinkommens noch ausgeweitet. Der Staat ist demnach auch verantwortlich für das Handeln von Privatpersonen, das mit *„ausdrücklichem oder stillschweigendem Einverständnis“*[148] des Staates vollzogen wurde. Es ist nicht länger erforderlich, dass der Staat dieses Handeln will oder auch nur gutheißt.[149] Der Staat verletzt Art. 3 also EMRK bereits dann, wenn er nicht wirksam eingreift, obwohl er Kenntnis eines bevorstehenden Verstoßes hat.

Weiterhin enthält das Übereinkommen zusätzliche mögliche Zwecke[150] bzw. Motive, deren Vorliegen den Tatbestand der Folter erfüllen. Dem könnte jedoch entgegengehalten werden, dass ein tatsächlicher Unterschied zu Satz 1 der UN-Deklaration hier nicht wirklich existiert, da die Formel *„for such purposes as“* auch im Übereinkommen weder spezifiziert noch aufgegeben wurde. Die aufgelisteten Zwecke – mögen es auch mehr an der Zahl sein – haben daher wieder nur beispielhaften Charakter. Da die Liste nicht abschließend ist, könnte somit theoretisch jeder mögliche

---

146 *Hailbronner/Randelzhofer*, EuGRZ 1986, S. 641, 642; *Marx*, ZRP 1986, S. 81, 82; *Nowak*, EuGRZ 1985, S. 109, 113.
147 *Prosenjak*, Der Folterbegriff nach Artikel 3 EMRK, S. 15.
148 Art. 1 UN Antifolter Konvention.
149 *Prosenjak*, Der Folterbegriff nach Artikel 3 EMRK, S. 32, m.w.N.
150 *„(...)coercing him or a third person, or for any reasons based on discrimination of any kind.“*

Zweck eine entsprechende Behandlung zur Folter werden lassen.[151] Damit stellt das Zweckerfordernis streng genommen ein inhaltsloses Kriterium dar. Sogar sadistische Zwecke wie das Foltern um des Folterns willen, wären von Art. 3 EMRK erfasst.

Es lässt sich andererseits argumentieren, dass das Zweckerfordernis überhaupt nicht in das Übereinkommen hätte aufgenommen werden müssen, wenn Art. 1 S. 1 so zu interpretieren wäre. Die Beispiele erfüllen somit doch eine wichtige Aufgabe: Sie geben den Maßstab vor, an dem sich alle weiteren ungeschriebenen denkbaren Zwecke orientieren müssen, um ihrerseits das Zweckerfordernis zu erfüllen und in den Anwendungsbereich der Folterdefinition zu fallen.[152]

Prosenjak bemerkt dazu, dass mit der Zufügung von Qualen zum Zwecke der Diskriminierung und Nötigung der Bereich des Zweckbegriffs derartig ausgedehnt worden sei, dass praktisch jedes Motiv – außer das rein sadistische Motiv des Folterns um des Folterns willen – erfasst wäre, da immer eine Ähnlichkeit mit einem der aufgezählten Zwecke vorliege.[153] Tatsächlich ist es aufgrund der großen Diversität der aufgezählten Zwecke schwierig – vielleicht sogar unmöglich – kein einziges gemeinsames Merkmal zu identifizieren.[154] Die Chancen sind höher, dass ein nicht aufgezählter Zweck eine Gemeinsamkeit mit einem der genannten Zwecke besitzt.

Anders als das Zweckerfordernis, wurde das „*aggravated form*“-Kriterium der UN-Resolution nicht in das Übereinkommen aufgenommen. Damit kommt es auf die Problematik der unbestimmten Begriffe der unmenschlichen und erniedrigenden Behandlung bzw. Strafe hier nicht an.

Der zweite Satz des Artikels lautet: „*It does not include pain or suffering arising only from, inherent in or incidental to lawful sanctions.*“ Es stellt sich die Frage, ob man sich bewusst dafür entschied, keinen Verweis auf die

---

151 *Cullen*, CWILJ 2003, S. 29, 33; *Thurin*, Der Schutz des Fremden vor rechtswidriger Abschiebung, S. 105: „*Die Würde eines Menschen, der beispielsweise von Sadisten völlig sinn- und zwecklos gequält wird, wird nämlich nicht weniger stark verletzt als die Würde desjenigen, der zur Verfolgung eines bestimmten Zwecks misshandelt wird.*“

152 *Burgers/Danelius*, The United Nations Convention Against Torture, S. 118. NB waren diese beiden Autoren bei der Abfassung des Artikels direkt involviert, weshalb ihrer Ansicht besonderes Gewicht zukommt. *Gollwitzer*, Menschenrechte im Strafverfahren, S. 180; *Alleweldt*, Schutz vor Abschiebung S. 94.

153 *Prosenjak*, Der Folterbegriff nach Artikel 3 EMRK, S. 34.

154 Die Autoren *Burgers* und *Danelius* sind der Ansicht, dass ein bestimmtes verfolgtes Interesse des Staates oder seiner Organe als gemeinsames Merkmal anzusehen sei. *Burgers/Danelius*, The United Nations Convention Against Torture, S. 118 f.

rechtlich unverbindlichen Mindestvorschriften der Vereinten Nationen für die Behandlung von Strafgefangenen (*„Standard Minimum Rules for the Treatment of Prisoners“*) zu kodifizieren.[155] Gefährlich ist, dass Satz 2 die Möglichkeit eröffnet, dass Staaten zwar der Sache nach Folter anwenden, sich dann allerdings unter dem Vorwand der rechtmäßige Sanktionen aus der Verantwortung ziehen. Dadurch könnte Folter durch Verweis auf die innerstaatliche Rechtslage letztlich doch gerechtfertigt werden.[156] Dieses Problem wird in Art. 1 Abs. 2 etwas abgeschwächt, indem dort klargestellt wird: *„This article is without prejudice to any international instrument or national legislation which does or may contain provisions of wider application.“*[157]

Der EGMR sollte das UN Übereinkommen als *„kleinsten gemeinsamen Nenner im Begriffsverständnis auf Ebene der Weltgemeinschaft“* ansehen.[158] Da die EMRK in ihrem Wirkungskreis regional begrenzt ist, hat der Gerichtshof als Überwachungsorgan die Möglichkeit bzw. die Pflicht, große, revolutionäre Fortschritte im Menschenrechtsschutz zu verwirklichen. *Prosenjak* gibt dem EGMR sogar den konkreten Auftrag, eine genaue Definition des Folterbegriffs auf europäischer Ebene zu schaffen, um solche Fortschritte zu realisieren. Er kritisiert die Tatsache, dass der EGMR bislang nur auf die schon vorhandenen Definitionen der Deklaration und des Übereinkommens verwiesen hat.

Es bleiben aber Zweifel, ob eine konkrete Definition des Folterbegriffs durch den EGMR wirklich zu einem effektiveren Menschenrechtsschutz führen würde. Der Rechtsprechung des EGMR ist zu entnehmen, dass die evolutive, dynamische Auslegung der Begriffe nach wie vor das wirksamste Mittel darstellt, um einen umfassenden, effektiven Menschenrechtsschutz zu gewährleisten. Dank dieser Auslegungsmethode ist es möglich, mit differenziertem Blick alle Verletzungen des Art. 3 EMRK zu erfassen, und den immer größer werdenden Ansprüchen an den Rechtsschutz gerecht zu werden. Nur dank einer dynamischen Auslegung konnte beispielsweise auch die bloße Androhung von Folter als unmenschliche Behandlung angesehen werden.[159] Es bestünde sogar die Möglichkeit, solche Androhungen in Zukunft direkt als Folter einzustufen. Würde der EGMR mit einer

---

155 *Burgers/Danelius*, The United Nations Convention Against Torture, S. 121.

156 *Prosenjak*, Der Folterbegriff nach Artikel 3 EMRK, S. 35, 37. *Prosenjak* weist zu Recht darauf hin, dass dies einen Rückschritt im Kampf gegen Folter darstelle.

157 Deutsche Fassung: *„Dieser Artikel lässt alle internationalen Übereinkünfte oder innerstaatlichen Rechtsvorschriften unberührt, die weitergehende Bestimmungen enthalten.“*

158 *Prosenjak, Der Folterbegriff nach Artikel 3 EMRK, S. 37.*

159 *EGMR Urt. v. 1.6.2010, Gäfgen vs. Deutschland, 22978/05.*

statischen, unabänderlichen Definition der Folter und der unmenschlichen und erniedrigenden Behandlung arbeiten, würde dieser evolutiven, dynamischen Interpretationsmöglichkeit der Weg abgeschnitten werden. Gerade seine Flexibilität, die nur durch den Verzicht auf eine starre Definition möglich ist, macht den EGMR zu einem erfolgreichen Organ zum Schutz der Menschenrechte.

3. Übrige Folterverbote

Art. 5 der Allgemeinen Erklärung der Menschenrechte[160] ist fast identisch mit Art. 3 EMRK und lautet: *„No one shall be subjected to torture or to cruel, inhuman or degrading treatment or punishment."* Es wurde im Wortlaut des Art. 3 EMRK lediglich auf das Adjektiv *„cruel"* (grausam) verzichtet. Die AEM wurde 1984 von der UN Generalversammlung angenommen. Sie diente danach als Vorbild für viele nachfolgende Menschenrechtserklärungen und Bestimmungen.

Auch Art. 7 IPbpR[161] nennt das Wort „grausam" und spezifiziert außerdem, dass der Artikel insbesondere dann verletzt sei, wenn medizinische oder wissenschaftliche Experimente an dem Opfer ohne dessen Zustimmung durchgeführt würden. Dieser Artikel wird durch die UN Anti-Folter-Konvention aus dem Jahr 1984 ergänzt. Artikel 10 IPbpR[162] geht explizit

---

160 *Allgemeine Erklärung der Menschenrechte* (The Universal Declaration of Human Rights), angenommen von der Generalversammlung der Vereinten Nationen am 10.12.1948, A/res/217/A (III), UN Dok. A/819, S. 71 (1948).

161 Internationaler Pakt über bürgerliche und politische Rechte: International Covenant on Civil and Political Rights, in Kraft getreten am 23.3.1976; Art. 7 lautet: *„Niemand darf der Folter oder grausamer, unmenschlicher oder erniedrigender Behandlung oder Strafe unterworfen werden. Insbesondere darf niemand ohne seine freiwillige Zustimmung medizinischen oder wissenschaftlichen Versuchen unterworfen werden."*

162 *„1. Jeder, dem seine Freiheit entzogen ist, muss menschlich und mit Achtung vor der dem Menschen innewohnenden Würde behandelt werden.*
2. (a) Beschuldigte sind, abgesehen von außergewöhnlichen Umständen, von Verurteilten getrennt unterzubringen und so zu behandeln, wie es ihrer Stellung als Nichtverurteilte entspricht;
(b) jugendliche Beschuldigte sind von Erwachsenen zu trennen, und es hat so schnell wie möglich ein Urteil zu ergehen.
3. Der Strafvollzug schließt eine Behandlung der Gefangenen ein, die vornehmlich auf ihre Besserung und gesellschaftliche Wiedereingliederung hinzielt. Jugendliche Straffällige sind von Erwachsenen zu trennen und ihrem Alter und ihrer Rechtsstellung entsprechend zu behandeln."

darauf ein, dass jeder, der seiner Freiheit beraubt wurde, auf eine die Menschenwürde respektierende Weise zu behandeln sei. Art. 5 Abs. 2 der Amerikanischen Konvention der Menschenrechte[163] benutzt ebenfalls das Wort *„cruel“* und fügt hinzu, dass der Artikel insbesondere für solche Personen gelte, die sich in Haft befänden. Es sei dabei nicht erforderlich, dass das zugefügte Leiden oder die Schmerzen schwer (*„severe“*) seien. Außerdem reiche jeder mögliche Zweck aus, um eine Behandlung als Folter einstufen zu können.

Auch Art. 37 (a) des Übereinkommens über die Rechte des Kindes[164] ist im ersten Teil identisch mit Art. 7 IPbpR und Art. 5 AEM. Es wird jedoch hinzugefügt, dass kein Kind unter 18 Jahren zum Tode oder einer lebenslangen Freiheitsstrafe ohne Möglichkeit einer vorzeitigen Entlassung verurteilt werden darf.

Auch Art. 4 der Grundrechtecharta[165] unterscheidet sich nicht von Art. 3 EMRK. Art. 19 Abs. 2[166] der Charta verbietet explizit die Ausweisung, Auslieferung oder Abschiebung einer Person in ein Land, in dem für das Opfer eine realistische Gefahr der Todesstrafe oder der Anwendung einer gegen Art. 4 der Grundrechtecharta verstoßenden Behandlung besteht.

Auffällig ist also zunächst, dass bei der Formulierung des Art. 3 EMRK die Spezifizierung der verbotenen Behandlung oder Strafe als *„cruel“* nicht übernommen wurde. Hierfür lässt sich den Vorarbeiten des Artikels kein Grund entnehmen. Allerdings wird vertreten, dass dieses Adjektiv inhaltlich nichts hinzufüge.[167] Nach *Klaymanns* Ansicht bestehe kein inhaltlicher Unterschied zwischen den Adjektiven *„cruel“* und *„inhuman“*. Damit sei der

---

163 American Convention on Human Rights, 1144 UNTS 123, in Kraft getreten auf dem 18.7.1978; Art. 5 Abs. 2: *„No one shall be subjected to torture or to cruel, inhuman, or degrading punishment or treatment. All persons deprived of their liberty shall be treated with respect for the inherent dignity of the human person.“*

164 Convention on the Rights of the Child, VN Generalversammlung Resolution 44/25, vom 20.11.1989, in Kraft getreten am 2.9.1990; Art. 37 (a): *„No child shall be subjected to torture or other cruel, inhuman or degrading treatment or punishment. Neither capital punishment nor life imprisonment without possibility of release shall be imposed for offences committed by persons below eighteen years of age.“*

165 Charta der Grundrechte der Europäischen Union (Charter of Fundamental Rights of the European Union) vom Europäischen Rat, proklamiert am 7.12.2000. Abl. (EG) Nr.- C 364/1 vom 18.12.2000; Art. 4: *„Niemand darf der Folter oder unmenschlicher oder erniedrigender Strafe oder Behandlung unterworfen werden.“*

166 *„Niemand darf in einen Staat abgeschoben oder ausgewiesen oder an einen Staat ausgeliefert werden, in dem für sie oder ihn das ernsthafte Risiko der Todesstrafe, der Folter oder einer anderen unmenschlichen oder erniedrigenden Behandlung besteht.“*

167 *Klaymann*, TLQ 1978, S. 449, 474, m.w.N.

Begriff „*cruel*" nur aus stilistischen Erwägungen u.a. in Art. 5 AEM und Art. 7 IPbpR aufgenommen worden.

V. Vorarbeiten zu Art. 3 EMRK

Gemäß Art. 31 Abs. 1 WVK (Wiener Übereinkommen über das Recht der Verträge) sind Verträge in erster Linie *"nach Treu und Glauben in Übereinstimmung mit der gewöhnlichen, seinen Bestimmungen in ihrem Zusammenhang zukommenden Bedeutung und im Lichte seines Zieles und Zweckes auszulegen"*.[168]

Wenn diese Auslegungsregel dem Sinn der Bestimmung jedoch nicht gerecht wird,[169] dürfen nach Art. 31 Abs. 2 WVK auch ergänzende Auslegungsmethoden angewandt werden, um eine akzeptable Interpretation der Bestimmung zu finden. Da Art. 3 EMRK sehr knapp formuliert wurde, ist der EGMR als verantwortliches Organ für die Einhaltung der Verpflichtungen[170] der Konvention dazu berufen, die Begriffe des Artikels zu interpretieren und der Norm damit eine Bedeutung zu verleihen. Der Wortlaut des Artikels liefert nur wenige Interpretationsansätze. Doch auch die Frage nach Ziel und Zweck der Bestimmung führt nicht immer ans Ziel. Deswegen zieht der EGMR gelegentlich die vorbereitenden Arbeiten[171] der Norm als Auslegungshilfe zu Rate.

1. Historischer Kontext

Um Art. 3 EMRK und dessen Vorarbeiten wirklich begreifen zu können, muss zuallererst der historische Kontext der Abfassung der EMRK berücksichtigt werden. Obwohl Folter im 19. Jahrhundert in den meisten Ländern abgeschafft wurde, kehrte sie im 20. Jahrhundert mit voller Wucht zurück: Sowohl im Zeitalter des Stalinismus als auch des Nationalsozialismus wurde flächendeckend gefoltert. Der Unterschied zur Folter des Mittelalters lag darin, dass die Folteranwendung im Dritten Reich und der Sowjet-

---

168 Wiener Übereinkommen vom 23. Mai 1969 über das Recht der Verträge (The *Vienna Convention on the Law of Treaties*).

169 Z.B. wenn sie zu einer mehrdeutigen oder unklaren Interpretation oder zu einem offensichtlich sinnwidrigen oder unvernünftigen Ergebnis führt.

170 Artikel 19 EMRK.

171 „*Travaux preparatoires*".

union offiziell illegal war. Dieser Umstand wurde durch die Annahme von Notstandsgesetzen und die Erteilung von Sondervollmachten umgangen. Diese Maßnahmen ermöglichten die Entstehung rechtsfreier Räume, in deren Vakuum staatliche Behörden ungehindert Foltermaßnahmen anwenden konnten.[172]

Nach dem Ende des Zweiten Weltkriegs und des nationalsozialistischen Regimes war sich die Weltgemeinschaft einig, dass solche Gräueltaten in Zukunft nie wieder geschehen dürften. Vereint durch diesen Wunsch kam es zu einer verstärkten Zusammenarbeit der Staaten, um Folter künftig weltweit zu eliminieren.

Auf europäischer Ebene wurde dieses Ziel in Art. 3 EMRK festgeschrieben, dessen Wortlaut von Art. 5 AEM[173] inspiriert wurde. *„Niemand darf der Folter oder grausamer, unmenschlicher oder erniedrigender Behandlung oder Strafe unterworfen werden."*[174] Auch Art. 5 AEM unterlässt es jedoch, die einzelnen Begriffe zu definieren. Den Vorarbeiten der AEM ist zu entnehmen, dass die Entscheidung hierzu bewusst getroffen wurde, um einen zu engen Anwendungsbereich des Artikels zu vermeiden.[175] Denn das Verlangen einen möglichst weiten Anwendungsbereich zu schaffen, um eine Wiederholung der nationalsozialistischen Schreckensherrschaft zu verhindern war am Ende stärker, als das Bedürfnis nach einer umfassend definierten Bestimmung.[176]

Bei der Abfassung des Art. 3 EMRK, spielten vergleichbare Befürchtungen eine große Rolle. Eine abschließende Definition der Begriffe in Art. 3 EMRK würde den EGMR in seiner Rechtsprechung derartig einschränken, dass ein effektiver Menschenrechtsschutz unmöglich gewährleistet werden könnte.[177]

---

172 *Hilgendorf*, JZ 2004, S. 331, 333.

173 Allgemeine Erklärung der Menschenrechte (The Universal Declaration of Human Rights), angenommen von der Generalversammlung der Vereinten Nationen am 10.12.1948, A/res/217/A (III), UN Dok. A/819, S. 71 (1948).

174 *„No one shall be subjected to torture or to cruel, inhuman or degrading treatment or punishment."*

175 *Prosenjak*, Der Folterbegriff nach Artikel 3 EMRK, S. 19, m.w.N.

176 *Prosenjak*, Der Folterbegriff nach Artikel 3 EMRK, S. 18.

177 *Klaymann*, TLQ 1978, S. 449, 458.

2. Diskurs der Parlamentarischen Versammlung des Europarates

Die Diskussion um den Wortlaut des Art. 3 EMRK wurde in May 1956 in der Parlamentarischen Versammlung des Europarates („*consultative assembly*") geführt. Die zentrale Figur dieser Debatte war der britische Abgesandte *Cocks*.[178] Ursprünglich wurde folgende Formulierung erarbeitet: „*In this Convention, the Member States shall undertake to ensure to all persons residing within their territories: Security of person, in accordance with Articles 3, 5 and 8 of the United Nations Declaration.*"[179] *Cocks* schlug vor, dieser Formulierung einen Absatz 1 voranzustellen, der da lauten sollte:

> „*In particular no person shall be subjected to any form of mutilation or sterilisation, or to any form of torture or beating. Nor shall he be forced to take drugs, nor shall they be administered to him without his knowledge and consent. Nor shall he be subjected to imprisonment with such an excess of light, darkness, noise or silence as to cause mental suffering.*"[180]

Außerdem empfahl *Cocks* folgenden Text aufzunehmen:

> „*The consultative Assembly takes this opportunity of declaring that all forms of physical torture, whether inflicted by the police, military authorities, members of private organisations or any other persons, are inconsistent with civilised society, are offenses against heaven and humanity and must be prohibited. They declare that this prohibition must be absolute and that torture cannot be permitted for any purpose whatsoever, either for extracting evidence, for saving life or even for the safety of the State. They believe that it would be better ever for Society to perish than for it to permit this relic of barbarism to remain.*"[181]

Es lässt sich nicht bezweifeln, dass *Cocks* eloquente Aussagen sehr idealistisch formuliert waren. Es handelte sich jedoch um eine moralische Deklaration, die evtl. als Vorschlag für eine rechtliche Bestimmung nicht ganz passend war. Es muss auch angemerkt werden, dass *Cocks* nur von körperlicher Folter sprach. Er nannte explizit das Wort „physisch" („*physical*") und lenkte den Fokus auf die physische Verstümmlung. Andererseits listete *Cocks* einige Beispiele absolut verbotener Behandlungen auf, darunter „*im-*

178 *Peters*, Torture, S. 191; *Klaymann*, TLQ 1978, S. 449.
179 ECHR, Preparatory Works, *S. 2.*
180 ECHR, Preparatory Works, *S. 2.*
181 ECHR, Preparatory Works, *S. 3.*

prisonment with such an excess of light, darkness, noise or silence as to cause mental suffering".

Auch sollte seiner Ansicht nach nicht nur direkte staatliche Folter unter den Artikel fallen; der Staat sollte vielmehr auch für Folter verantwortlich sein, die von Privatpersonen ausgeführt wurde.

Das Ziel seiner Vorschläge, so erklärte *Cocks*, war die hervorgehobene Wichtigkeit des Folterverbots zu betonen. In seinen Augen sollte die parlamentarische Versammlung in ihrer ersten Sitzung die Möglichkeit aufgreifen, den Barbarismus der letzten dreißig Jahre, besonders während des nationalsozialistischen Regimes, zu verdammen und zu verwerfen.[182]

Sir *Maxwell Fyfe*, ein zweiter britischer Abgesandter, obwohl gerührt von den Worten *Cocks*, machte darauf aufmerksam, dass die Ziele der angestrebten Konvention im Fokus stehen müssten. Es müsse untersucht werden, ob der Punkt, für welchen *Cocks* so leidenschaftlich plädiert hatte, im ursprünglichen Vorschlag nicht schon hinreichend behandelt worden sei. Der ursprünglich vorgeschlagene Text enthielte einen Verweis auf Art. 5 AEM.[183] Damit sei die von *Cocks* vorgeschlagene Anpassung nicht nötig. Das spezifische Benennen eines Rechts, nämlich des Rechts nicht gefoltert und nicht unmenschlich oder erniedrigend behandelt oder bestraft zu werden, würde die Balance der vorgeschlagenen Bestimmung zerstören. Die nicht explizit benannten Rechte könnten durch die Hervorhebung des Folterverbots als von untergeordneter Bedeutung angesehen werden.

Cocks erwiderte daraufhin, er habe sich bewusst dafür entschieden dem Folterverbot besondere Aufmerksamkeit zu widmen, da dieses fundamentale Recht das wichtigste sei.[184]

Pierre-Henri Teitgen, ein französischer Abgesandter, erhob jedoch große Bedenken gegenüber *Cocks* Stellungnahme. Würden dem ursprünglichen Vorschlag, in dem ein Verweis auf Art. 5 AEM enthalten war, noch Worte zugefügt, hätte dies eine Einschränkung des Anwendungsbereichs des Artikels zur Folge.[185]

---

182 ECHR, Preparatory Works, S. 4: „*I say that to take the straight beautiful bodies of men and women and to maim and mutilate them by torture is a crime against high heaven and the holy spirit of man. I say that it is a sin against the Holy Ghost for which there is no forgiveness. I declare that it is imcompatible with civilisation.*"

183 ECHR, Preparatory Works, *S. 5.*

184 ECHR, Preparatory Works, S. 6.

185 ECHR, Preparatory Works, S. 8: „(...)*if, in our Resolution, he enumerates a certain number of means of torture which he wishes to have prohibited, he risks giving a wholly different interpretation from that which he hopes to make, namely that the other*

Teitgen schlug stattdessen vor einfach zu erklären, dass Folter verboten sei, denn damit sei bereits alles gesagt. Das Hinzufügen weiterer detaillierterer Formulierungen berge die Gefahr, den Effekt der Konvention zu limitieren.[186] Für *Teitgen* stand offensichtlich die Vermeidung jeglicher Einschränkungen des Anwendungsbereichs an erster Stelle und war ihm wichtiger als das Schaffen einer klar gezeichneten Bestimmung. *Teitgens* inhaltlich überzeugende Ansicht lässt sich gut mit dem lateinischen Spruch *„omnis definitio periculosa est"* (*„jede Definition ist gefährlich"*) zusammenfassen.[187]

Nach Abwägung der unterschiedlichen Stellungnahmen einigte sich die parlamentarische Versammlung auf einen Kompromiss: Der Verweis auf Art. 5 AEM wurde gestrichen, stattdessen wurde ein Folterverbot in die Konvention aufgenommen, das allerdings keine expliziten Beispiele verbotener Behandlungen auflistete.[188]

VI. Fazit

Die Absolutheit des Art. 3 EMRK wurde anhand am Beispiel des *„ticking bomb"* Szenarios in Frage gestellt. Die Ausnahme- und die Differenzierungslösung wurden erörtert, wobei letztlich die besseren Argumente für die Absolutheitslösung angeführt werden konnten: Erstens stützen sich sowohl die Ausnahme- als auch die Differenzierungslösung auf die – unbewiesene – Annahme, dass Folter oder unmenschliche oder erniedrigende Behandlungen wahre Geständnisse zu Tage fördern und dass die von der

---

processes of torture are not forbidden. And that is certainly the opposite of what he intends."

186 ECHR, Preparatory Works, S. 8.

187 *Cassese*, in: The European System for the Protection of Human Rights, S. 227.

188 Nachdem *Cocks* beide Änderungsvorschäge zurückgezogen hatte, reichte er folgenden ein: *„The consultative Assembly solemnly declares that any use of torture by public authorities or individuals is a crime against humanity and can never be justified on the grounds that it is being used for extracting information, to save life or to protect the interests of the state or on any other grounds whatsoever. The Assembly records its abhorrence at the subjection of any person to any form of mutilation or sterilisation or beating.*" (*ECHR, Preparatory Works*, S. 9). Die Abgesandten von Dänemark (*Kristensen*) und Norwegen (*Smitt-Ingebretsen*) befürworteten das Streichen des Sterilisationsverbots, da in diesen beiden Ländern ein Gesetz in Kraft war, das Sterilisation explizit erlaubte. Daraufhin zog *Cocks* den letzten Teil seines Vorschlags zurück (*„The Assembly records ...sterilisation or beating"*). Letztendlich wurde der ganze besprochene Text dem Komitee zur Bearbeitung vorgelegt.

Behandlung betroffene Person in der Lage ist, das „Explodieren der Bombe" zu verhindern.

Zweitens erfordern beide Theorien die Vornahme einer utilitaristischen Abwägung zweier elementarer Werte: Das Leben des Einzelnen oder Vieler gegen die Menschenwürde des Gefolterten. Eine solche Abwägung lässt sich einerseits wegen der unvergleichbaren Natur der beiden Werte prinzipiell sehr schlecht vornehmen. Andererseits macht das Recht des Art. 3 EMRK den *„normativen Ursprung grundrechtlicher Garantien"*[189] aus. Die Herabsetzung dieses Rechts würde eine Negierung des Menschseins bedeuten. Ohne Gewährleistung des Rechts aus Art. 3 EMRK kann die Souveränität eines Menschen über seine eigenen Gedanken, seinen Willen und seine Handlungen nicht geschützt werden. Schließlich wurde die mit der Ausnahme- und Differenzierungslösung zusammenhängende *„slippery slope"*-Problematik besprochen. Obwohl die Ansicht vertreten wird, dass dieses Argument auf einem logischen Fehlschluss beruht, ist es in der Praxis in jedem Fall relevant.

Es wurde weiterhin klargestellt, dass am nicht-derogierbaren Charakter des. Art. 3 EMRK nicht gerüttelt werden darf. Die einzige Flexibilität des Artikels zeigt sich in der evolutiven Auslegung seiner Begriffe.

Ein Leitfaden zur Interpretation lässt sich den Vorarbeiten der Norm entnehmen: So wurde der Vorschlag abgelehnt, konkrete Beispiele aufzunehmen, um eine Einschränkung des Anwendungsbereichs zu vermeiden. Das Argument, dass die Interpretation des EGMR zu extensiv sei, da die Konventionsgeber nie die Intention hatten die Begriffe so weit zu fassen, ist als falsch zu bewerten. Aus den Vorarbeiten ergibt sich zweifelsfrei der Wunsch, den Anwendungsbereich des Artikels in keiner Weise einzuschränken. Die Proteste innerhalb der parlamentarischen Versammlung gegen die Aufnahme konkreter Beispiele führten im Ergebnis zu einem weiten Anwendungsbereich und ermöglichten, dass in Zukunft auch solche Behandlungen unter die Norm fallen können, an die die Konventionsgeber ursprünglich nicht gedacht hatten. Die inhaltliche Ausgestaltung des Folterverbots wurde somit absichtlich den Konventionsorganen überlassen.[190] Die *„living instrument"*-Doktrin des Gerichtshofs ist damit völlig im Einklang mit dem Willen der Konventionsgeber.

Auffällig ist, dass während der Abfassung des Artikels der Unterschied zwischen den Begriffen unmenschlicher oder erniedrigender Behandlung,

---

189 S. 1, www.amnesty.de/download/aufruf-verfassungsrechtler.pdf (zuletzt abgerufen am 19.12.2014).

190 *Prosenjak*, Der Folterbegriff nach Artikel 3 EMRK, S. 23.

Strafe und Folter überhaupt nicht angeschnitten wurde. Hieraus könnte geschlussfolgert werden, dass die Konventionsgeber eine Differenzierung der Begriffe nie beabsichtigt hatten und dass das besondere Stigma des Folterbegriffs, auf das sich der EGMR im Fall *Irland vs. UK* wie selbstverständlich beruft, gar nicht gewollt war. Dieser Passage im *Irland vs. UK* Fall wird im Teil C.V.2., vertieft besprochen.[191]

191 *Evans/Morgan*, *Preventing Torture*, S. 74.

B. *„Living instrument"*-Doktrin und staatliche Souveränität

> *„However, having regard to the fact that the Convention is a living instrument which must be interpreted in the light of present-day conditions (...), the Court considers that certain acts which were classified in the past as inhuman and degrading treatment as opposed to torture could be classified differently in the future. It takes the view that the increasingly high standard being required in the area of the protection of human rights and fundamental liberties correspondingly and inevitably requires greater firmness in assessing breaches of the fundamental values of democratic societies."*[192]

Die sogenannte *„living instrument"*-Doktrin wurde vom EGMR im Urteil *Tyrer vs. UK* eingeführt.[193] Der Sachverhalt dieses Falles wird in Teil C.IV. „erniedrigende Behandlung" ausführlich besprochen. Die *„living instrument"*-Doktrin wurde dann in späterer Rechtsprechung mehrmals bestätigt.[194]

Die *„living-instrument"*-Doktrin sei notwendig, so das Straßburger Gericht, weil die Anforderungen an den Menschenrechtsschutz mit fortlaufender Zeit anstiegen. Hieran müssten sich auch die Rechtsprechung des Gerichtshofs und der daraus folgende Prüfungsmaßstab der Konventionsgarantien anpassen.[195] Um eine solche Anpassungsfähigkeit gewährleisten zu können, müssten die Bestimmungen der Konvention im Lichte der heutigen Verhältnisse flexibel, auf evolutiv-dynamische Weise interpretiert werden, sodass sie *„dem jeweils geltenden Standard der europäischen öffentlichen Ordnung"*[196] entsprächen. Die EMRK solle ein gegenüber den gesellschaftlichen Wandlungsprozessen sensibles und praktikables Instrument

---

192 EGMR Urt. v. 28.7.1999, *Selmouni vs. Frankreich*, Nr. 25803/94, Rn. 101. Vgl. *Addo/Grief*, ELR 1995, S. 178: *„The threshold of seriousness required and the need to consider the relative nature of the conduct in the context indicate that the prohibition of article 3 is not a static one, but receives a living interpretation and must be considered in the light of present day circumstances."*

193 EGMR Urt. v. 25.4.1978, *Tyrer vs. UK*, Nr. 5856/72, Rn. 183.

194 EGMR Urt. v. 28.7.1999, *Selmouni vs. Frankreich*, Nr. 25803/94, Rn. 101; EGMR Urt. v. 7.7.1989, *Soering vs. UK*, Nr. 14038/88, Rn. 104.

195 Vgl. *Ryssdal*, in: Recht zwischen Umbruch und Bewahrung, S. 2: *„Democratic society and its underlying values move on, and so, accordingly, should the Convention if it is not to lose contact with the forces that invest it with legitimacy."*

196 *Frowein/Peukert*, Europäische Menschenrechtskonvention, S. 43.

darstellen.[197] Fraglich bleibt aber, wie sich dieser jeweils geltende Standard bestimmen lässt. Der EGMR etablierte hierfür im Leitfall *Marckx*[198] drei Anhaltspunkte. Erstens wird ein Rechtsvergleich der vertragsstaatlichen Gesetze und Rechtspraxen vollzogen, zweitens die Entwicklungen im Völkerrecht berücksichtigt und drittens, die Stellungnahmen des Ministerkomitees des Europarates zur Hilfe genommen.[199] Die Wichtigkeit des ersten Anhaltspunkts macht deutlich, dass ein Zusammenhang zwischen der *„living instrument"*-Doktrin und der Suche nach einem europäischen Konsens existiert.[200]

Die dynamische Auslegung lässt sich als Ausprägung der teleologischen Auslegungsmethode verstehen[201] und ist eine Art autonome Interpretation im weiten Sinne (*„autonomous interpretation in the organic sense"*).[202] Sie steht in direktem Zusammenhang mit der effektiven und praktischen Gewährleistung der Konventionsrechte. Es handelt sich um eine progressive Interpretationsmethode. Dies bedeutet, dass die Auslegung immer auf einem textuellen Ausgangspunkt beruhen muss.[203] Die dynamische Auslegungsmethode spielt insbesondere bei den Begriffen eine Rolle, die auf Außerrechtliches verweisen, sodass vor allem Art. 8 EMRK mit seinen Begriffen wie *„private life and family"* und *„the economic well-being of the coun-*

---

197 U.a. *Riedel*, bezüglich der Entscheidung des EGMR im Urt. v. 25.4.1978, *Tyrer vs. UK*, Nr. 5856/72. Vgl. S. 22, http://www.echr.coe.int/Documents/Annual_report_2002_ENG.pdf (zuletzt abgerufen am 8.7.2015): *„On the question of evolutive interpretation, it is precisely the genius of the Convention that it is indeed a dynamic and a living instrument, which has shown its capacity to evolve in the light of social and technological developments that its drafters, however far-sighted, could never have imagined. The Convention has shown that it is capable of growing with society; and in this respect its formulations have proven their worth over five decades. It has remained a live and modern instrument. The "living instrument" doctrine is one of the best known principles of Strasbourg case-law, the principle that the Convention is interpreted "in the light of present day conditions", that it evolves, through the interpretation of the Court."*

198 EGMR Urt. v. 13.6.1979, *Marckx vs. Belgien*, Nr. 6833/74, Rn. 41.

199 *Nußberger*, RW 2012, S. 197, 202.

200 Vgl. EGMR Urt. v. 16.12.2010, *A, B und C. vs. Irland*, Nr. 25579/05, Rn. 234: *„The existence of a consensus has long played a role in the development and evolution of Convention protections (...)Consensus has therefore been invoked to justify a dynamic interpretation of the Convention (...)"*

201 *Grabenwarter/Pabel*, EMRK, S. 34.

202 *Brems*, Human Rights: Universality and Diversity, S. 396. N.B. In der Literatur wird vertreten, dass die *„living instrument"*-Doktrin die freiste der autonomen Interpretationsmethoden darstelle.

203 *Grewe*, ZaöRV 2001, S. 459, 466.

try and the protection of health or morals" sehr extensiv und evolutiv interpretiert werden kann bzw. muss.[204] Das Erfordernis einer dynamischen Auslegung gilt aber nicht nur bei der Interpretation außerrechtlicher Begriffe, sondern auch für unbestimmte Rechtsbegriffe wie „unmenschliche Behandlung oder Strafe" oder „erniedrigende Behandlung oder Strafe".

Innerhalb des Anwendungsbereichs von Art. 3 EMRK soll also Flexibilität gewährleistet werden: Behandlungen, die in früherer Rechtsprechung nicht gegen Art. 3 EMRK verstießen, könnten in späterer Rechtsprechung dennoch als Verletzung angesehen werden. Früher lediglich als unmenschlich eingestufte Behandlungen könnten in neuerer Rechtsprechung als Folter kategorisiert werden. Es ist damit unmöglich anhand älterer Urteile des EGMR mit Sicherheit vorherzusagen, wie das Ergebnis in zukünftigen Fällen sein wird.[205] Der EGMR geht in seiner Rechtsprechung davon aus, dass die modernen Denkweisen, die bei der Interpretation eines problematischen Begriffs angewandt werden, nicht nur *anders* als die altmodischen Denkweisen, sondern auch *besser* seien.[206]

Eine Verletzung des Art. 3 EMRK könnte heutzutage bereits dann vorliegen, wenn nur ein seelisches Leiden nachgewiesen wird.[207] Damit könnte z.B. schon die Androhung einer Foltermaßnahme als Verletzung des Art. 3 EMRK[208] eingestuft werden.[209] In der Rechtsprechung wird bislang für eine Kategorisierung als Folter noch eine Kombination aus physischen und psychischen Leiden gefordert.[210]

Auf den ersten Blick scheint es, als sei die *„living instrument"*-Doktrin das genaue Gegenteil der Theorie des Originalismus.[211] Diese letzte Theorie er-

---

204 *Schiedermair*, Der Schutz des Privaten als Internationales Grundrecht, S. 176.

205 *Ovey/White*, ECHR, S. 61, die Konventionsgeber hätten nie alle Fallgruppen, in denen Art. 3 EMRK heutzutage anwendbar ist - wie z.B. die Verletzung des Artikels 3 durch das „Verschwindenlassen" von Familienmitgliedern oder durch Verstoß gegen das *„refoulement"*-Verbot - vorhersehen können.

206 Vgl. *Letsas*, EJIL 2004, S. 279, 302: *„So it is not enough that a different understanding has evolved, this understanding must also be better, i.e. towards the truth of the substantive protected right."*

207 *Van Dijk/Van Hoof/Van Rijn/Zwaak*, Theory and Practice of the ECHR, S. 417, m.w.N.

208 Möglicherweise sogar als Folter.

209 *Grabenwarter*, NJW 2010, S. 3128; EGMR Urt. v. 1.6.2010, *Gäfgen vs. Deutschland*, Nr. 22978/05, Rn. 108.

210 EGMR Urt. v. 28.7.1999, *Selmouni vs. Frankreich*, Nr. 25803/94; EGMR Urt. v. 25.9.1997, *Aydin vs. Türkei*, Nr. 23178/94; EGMR Urt. v. 26.3.1985, *X und Y vs. Niederlande*, Nr. 8978/80.

211 Auch bekannt unter dem Namen „subjektive Theorie" und „subjektiv-historische Interpretation".

fordert, dass eine Bestimmung so ausgelegt wird, wie sie auch von den historischen Konventionsgebern ausgelegt worden wäre.[212] Diese Schlussfolgerung ist aber zu kurzsichtig. Nach einer Untersuchung der Vorarbeiten wird klar, dass die Konventionsgeber die Begriffe der Konvention – insbesondere die des Art. 3 EMRK – absichtlich unbestimmt ließen, um dadurch viel Raum für Interpretation zu schaffen. Die Konventionsgeber blickten in die Zukunft und wollten gerade ermöglichen, dass die Konvention auch in späteren Zeiten nicht an Relevanz verlieren würde.[213] Wenn man dies berücksichtigt, lässt sich schlussfolgern, dass die *„living instrument"*-Doktrin gar eine Ausprägung des Originalismus darstellt.

I. Kritik an der „living instrument"-Doktrin: mögliche Probleme

Die Doktrin wurde in der Literatur und in der akademischen Welt größtenteils mit offenen Armen empfangen.[214] Einige Autoren warnten und warnen jedoch vor einer zu großen Freiheit der Richter und weisen auf die Gefahr einer möglichen Unrechtmäßigkeit der Jurisprudenz hin.[215]

1. Kehrseite der Medaille

Wenn die Bestimmungen der Konvention im Lichte sozialer und politischer Verhältnisse einer modernen Gesellschaft zu flexibel und dynamisch ausgelegt werden, könnte dies dazu führen, dass die Artikel, insbesondere der uneinschränkbare Art. 3 EMRK, ihre Schutzfunktion in schwierigen Zeiten - man muss hier z.B. an den heutzutage wütenden *„War on Terror"*

212 Originalismus ist in zwei Kategorien unterteilt: Textualismus - eine Bestimmung soll bedeuten, was sie ursprünglich bedeuten sollte („hätte man 1950 eine körperliche Bestrafung eines 15-Jährigen als erniedrigende oder unmenschliche Behandlung angesehen?") und Intentionalismus - eine Bestimmung darf nur in den Fällen angewendet werden, wofür die Konventionsgeber sie geschaffen haben („hätte der Konventionsgeber gewollt, dass Art. 3 EMRK auf Fälle anwendbar ist, in denen es sich um körperliche Bestrafung handelt?" Vgl. *Letsas* in: EJIL 2010, S. 509, 513.

213 Vgl. *Letsas*, EJIL 2010, S. 509, 536.

214 *Dzehtsiarou*, GLJ 2011, S. 1730, 1732; *Letsas*, A Theory of Interpretation, S. 79; *Varju*, EHRLR 2009, S. 170, 172.

215 *Letsas*, EJIL 2004, S. 279, 280; *Mahoney*, HRLJ 1998, S. 1, 2; *Mahoney*, HRLJ 1990, S. 57, 68; *De Blois* in: *Lawson/De Blois*, The Dynamics of the Protection of Human Rights in Europe, S. 51; *Helfer*, CILJ 1993, S. 133, 135.

denken - nicht erfüllen können.[216] Der EGMR ging bei der Einführung der Doktrin höchstwahrscheinlich davon aus, dass die Anforderungen an den Menschenrechtsschutz mit der Zeit steigen würden, und dass damit die Wichtigkeit der absoluten Geltung des Folterverbots nur fester verankert werden würde. Wie aber müssen die Bestimmungen der Konvention interpretiert werden, wenn die moderne gesellschaftliche Lage es sogar erfordern würde, dass Staaten foltern dürfen? Wegen der Absolutheit des Artikels kann Folter niemals gerechtfertigt werden; die einzige Möglichkeit zur Umgehung einer Verletzung der Konvention in diesem Fall würde darin bestehen, die *„living instrument"*-Doktrin auf umgekehrte Weise anzuwenden: Es könnte argumentiert werden, dass der Menschenrechtsschutz es jetzt erfordere, die Bürger der Vertragsstaaten vor möglichen terroristischen Anschlägen besser zu schützen.[217] Um solch einen Schutz zu gewährleisten, müsse der EGMR die Begriffe des Art. 3 EMRK evtl. weniger extensiv interpretieren. Behandlungen, die bisher als Folter eingestuft wurden, würden dann als leichter hinnehmbare unmenschliche Behandlung kategorisiert, sodass bisher als unmenschlich eingestufte Behandlungen ganz aus dem Anwendungsbereich des Art. 3 EMRK fallen könnten.

Ein solcher Trend ist in der heutigen Rechtsprechung des EGMR allerdings nicht zu erkennen. Der Schutz, der aus Art. 3 EMRK folgt, wurde bislang nur ausgeweitet. So wurde im Fall *Gäfgen*[218] entschieden, dass bereits die Androhung von Folter eine unmenschliche Behandlung darstellen könne. Auch in Zeiten des „Krieges gegen Terrorismus" wurde das Folterverbot nie abgeschwächt. Im Gegenteil: Es wurde nicht nur regelmäßig wiederholt, dass Art. 3 EMRK absolut gewährleistet werden solle, sondern die Interpretation der Begriffe des Artikels zeigt sogar, dass mehr und mehr Fälle in den Anwendungsbereich des Artikels aufgenommen und der Folterbegriff immer weiter ausgelegt wurde. Die Kehrseite der *„living instrument"*-Medaille ist also nicht sichtbar geworden.

Die Befürchtung, dass sie sich zeigen wird, ist auch aus systematischer Sicht nicht real. Der EGMR hat bei der Einführung der Doktrin klargestellt, dass sie nur dann Geltung beansprucht, wenn sie dazu dient, die Be-

216 Vgl. *Cassese*, in: The European System for the Protection of Human Rights, S. 256.

217 Dieses Erfordernis lässt sich sogar aus Art. 3 EMRK ableiten. Auf dem Staat ruht die positive Verpflichtung, seine Bürger vor Folter durch Privatpersonen zu schützen.

218 EGMR Urt. v. 1.6.2010, *Gäfgen vs. Deutschland*, Nr. 22978/05, Rn 131.

stimmungen des Art. 3 EMRK *auszuweiten*, um auf diese Weise mehr Schutz zu bieten:

> *“(...) the increasingly high standard being required in the area of the protection of human rights and fundamental liberties correspondingly and inevitably requires greater firmness in assessing breaches of the fundamental values of democratic societies.“*[219]

Der EGMR stellt in diesem Zitat fest, dass die erhöhten Anforderungen an den Menschenrechtsschutz nur dazu führen können, dass mehr Behandlungen als Verletzungen der Konventionsbestimmungen angesehen werden sollen, nicht aber, dass zuvor als Konventionsverletzungen klassifizierte Behandlungen nun durch das Raster fallen und nicht länger vom Schutzbereich des Art. 3 EMRK erfasst sind.

2. Mangel an Akzeptanz unter den Vertragsstaaten

Das reale Problem, mit dem sich die „*living instrument*“-Doktrin auseinandersetzen muss, ist der mögliche Mangel an Akzeptanz unter den Vertragsstaaten.[220] Wenn die menschenrechtlichen Ansprüche mittels Auslegung der Konventionsbegriffe immer nur gesteigert werden und damit weit über das hinausgehen, was die EMRK-Staaten bei Ratifizierung der Konvention erreichen wollten, könnte dies zum Widerstand der Staaten führen.[221]

---

219 EGMR Urt. v. 28.7.1999, *Selmouni vs. Frankreich*, Nr. 25803/94, Rn. 101.

220 Scottish Privy Council Urt. v. 5.12.2000, *Brown vs. Stott*, 1 AC 681, Rn. 703, Lord *Bingham*: *„In interpreting the Convention, as any other treaty, it is generally to be assumed that the parties have included the terms which they wished to include and on which they were able to agree, omitting other terms which they did not wish to include or on which they were not able to agree. Thus particular regard must be had and reliance placed on the express terms of the Convention, which define the rights and freedoms which the contracting parties have undertaken to secure. This does not mean that nothing can be implied into the Convention. The language of the Convention is for the most part so general that some implication of terms is necessary, and the case law of the European court shows that the court has been willing to imply terms into the Convention when it was judged necessary or plainly right to do so. But the process of implication is one to be carried out with caution, if the risk is to be averted that the contracting parties may, by judicial interpretation, become bound by obligations which they did not expressly accept and might not have been willing to accept.“*

221 *Schiedermair*, Der Schutz des Privaten als Internationales Grundrecht, S. 175: *„Die dynamische Auslegung darf allerdings nicht die Grenze der Vertragsauslegung im*

Das Konventionssystem ist ein sensibles System, dessen Funktionieren größtenteils auf der Kooperation der Vertragsstaaten beruht. Wenn der EGMR mittels der *„living instrument"*-Doktrin zu tief in die Souveränität der Vertragsstaaten eingreift und das Prinzip der Subsidiarität nicht hinreichend berücksichtigt, könnte dies erhebliche Probleme verursachen.[222] Es ist interessant, sich eine hypothetische Situation vorzustellen, in der ein Vertragsstaat ein Urteil des EGMR ignoriert und den konventionswidrigen Zustand nicht beendet. Dem Ministerkomitee des Europarates stehen in diesem Fall verschiedene Möglichkeiten zur Verfügung, mit denen ein Staat dazu gebracht werden kann ein Urteil zu respektieren. Als extremstes Mittel kann die Mitgliedschaft dieses Staates im Europarat beendet werden.[223] Auch wenn das Ministerkomitee nicht selbst über die Beendigung der Mitgliedschaft entscheidet, existiert doch die Möglichkeit, dass der Vertragsstaat freiwillig aus dem Europarat zurückzutritt.[224] Das ganze Konven-

---

Rechtssinn überschreiten. Insbesondere dürfen die menschenrechtlichen Anforderungen nicht stetig gegenüber dem erhöht werden, was die Vertragsstaaten bei Abschluss des Menschenrechtsabkommens angestrebt hatten. Eine so praktizierte dynamische Auslegung würde zu Rechtsunsicherheit führen und könnte darüber hinaus abschreckende Wirkung auf potenzielle Vertragsstaaten entfalten." Eine Auslegung *„contra legem"* ist selbstverständlich unzulässig. Vgl. *Dröge*, Positive Verpflichtungen der Staaten, S. 387.

222 Vgl. *Hoffmann*, LQR 2009, S. 416, 428, der Kritik an dem Eingriff des Gerichtshofs in die Souveränität der Vertragsstaaten äußert: *„The proposition that the Convention is a "living instrument" is the banner under which the Strasbourg Court has assumed power to legislate what they consider to be required by "European public order"*."
N.B. Für *Hoffmann* fällt die Kritik an der *„living instrument"*-Doktrin zusammen mit der Kritik an der Existenz des EGMR überhaupt. Vgl. EGMR Urt. v. 18.12.1986, *Johnston vs. Irland*, Nr. 9697/82, Rn. 53: *„It is true that the Convention and its Protocols must be interpreted in the light of present-day conditions (...) However, the Court cannot, by means of an evolutive interpretation, derive from these instruments a right that was not included therein at the outset. This is particularly so here, where the omission was deliberate.*"

223 Art. 8 der Satzung des Europarates lautet: *„Jedem Mitglied des Europarats, das sich eines schweren Verstoßes gegen die Bestimmungen des Artikels 3 schuldig macht, kann sein Recht auf Vertretung vorläufig abgesprochen und es kann vom Minister-Komitee aufgefordert werden, gemäß den Bestimmungen des Artikels 7 auszutreten. Wird dieser Aufforderung nicht Folge geleistet, so kann das Minister-Komitee beschließen, dass das betreffende Mitglied, von einem durch das Komitee selbst bestimmten Zeitpunkt ab, dem Europarat nicht mehr angehört.*" Vgl. *Lambert-Abdelgawad*, S. 36-38, http://www.echr.coe.int/LibraryDocs/DG2/HRFILES/DG2-EN-HRFILES-19(2002).pdf (zuletzt abgerufen am 9.7.2015).

224 Es ist nicht möglich, die EMRK aufzugeben, ohne aus dem Europarat auszutreten.

tionssystem würde wie ein Kartenhaus in sich zusammenstürzen, wenn ein Großteil der Vertragsstaaten nach einer Verurteilung die gegen Art. 3 EMRK verstoßenden Zustände nicht beenden würde und – entweder aus eigener Entscheidung oder nach Aufforderung des Ministerkomitees – die Beendigung der Mitgliedschaft eintreten würde.[225] Dieses Gedankenspiel verdeutlicht, dass die Konventionsbestimmungen ohne die Akzeptanz der Vertragsstaaten und deren Befolgung der Urteile des EGMR nicht umgesetzt werden können.

Es darf nicht vergessen werden, dass eben die Unbestimmtheit der Konventionsbegriffe, insbesondere die des Art. 3 EMRK, den Richtern des EGMR die Befugnis verleiht, die Normen extensiv zu interpretieren.[226] Wenn jetzt aber die Rechtsprechung des EGMR durch unbegrenzte Anwendung der „*living instrument*"-Doktrin völlig unvorhersehbar wird, ist die Chance groß, dass die Staaten sie nicht mehr respektieren. Auch dem Bedürfnis nach Rechtssicherheit und Stringenz in der Rechtsprechung könnte durch die Unvorhersehbarkeit der Urteile nicht mehr beigekommen werden.[227] Dieses Bedürfnis wird andererseits schon dadurch erfüllt, dass der EGMR von seiner konstanten Linie in der Rechtsprechung nicht ohne Angabe von guten Gründen abweichen darf. Nur wenn sich große Änderungen in den Rechtssystemen der Vertragsstaaten ergeben haben oder es zu sozialen oder technologischen Entwicklungen etc. gekommen ist, weicht der EGMR von seiner früheren Rechtsprechung ab.[228]

Eine kleine Menge an Unvorhersehbarkeit muss auch hingenommen werden, da die effektive Gewährleistung der Menschenrechte in den sich ständig entwickelnden Vertragsstaaten von höherem moralischem Wert ist

---

225 Vgl. Präsident des Gerichtshofs *Dean Spielmann* in einem Interview mit HARDtalk im Januar 2014 über den drohenden Rücktritt des Vereinten Königreichs: „*If Britain would leave the European Convention it would be a political disaster(...) for everyone who is dedicated to the effective protection of human rights, not only in Europe but also in the rest of the world because we have a unique system of protecting human rights.*" http://www.mirror.co.uk/news/uk-news/david-cameron-told-risking-disaster-3023175 (zuletzt abgerufen am 9.7.2015).

226 *Grewe, ZaöRV 2001*, S. 459, 466. Vgl. die Vorarbeiten zum Art. 3 EMRK. Daraus wird deutlich, dass die Konventionsgeber z.B. den Begriff der Folter absichtlich nicht spezifizierten oder definierten, damit bei Bedarf auch bisher unbekannte Behandlungsarten als Folter kategorisiert werden können.

227 *Gribnau*, EJCL 2002, S. 26, 28 ff., 6; *Dzehtsiarou*, GLJ 2011, S. 1730, 1741: „*Process legitimacy of judicial rulings is guarded by the principles of consistency, legal certainty and predictability of the case-law.*"

228 *Dzehtsiarou*, GLJ 2011, S. 1730, 1741, m.w.N.

als eine konsequente Rechtsprechung und die Vorhersehbarkeit der Urteile.[229]

Die *„living instrument"*-Doktrin und das Erfordernis einer dynamischen, evolutiven Interpretation der Konventionsbegriffe wurde mehrmals aufgegriffen, um die Rechtsprechung des EGMR auf neue Themen auszuweiten.[230] Bei einer so extensiven Anwendung der Doktrin taucht die Frage auf, ob der Gerichtshof hier nicht die Kompetenzen überschreitet, die ihm mit dem Inkrafttreten der EMRK im Jahr 1953 erteilt wurden.[231]

Es muss bei der Anwendung der *„living instrument"*-Doktrin also nach dem goldenen Mittelweg gesucht werden, zwischen einer konsequenten und stringenten Rechtsprechung – die möglicherweise nicht mehr zu den modernen Gesellschaften passt – und einer dynamischen Interpretation der EMRK, die eventuell zu einer Unvorhersehbarkeit der Rechtsprechung führt.[232]

a) *„Common European ground"*

Eines der wichtigsten Instrumente auf der Suche nach diesem Mittelweg, ist die Berücksichtigung des *„common European ground"*.[233] Dieser europäische Konsens lässt sich als eine allgemeine Einigung der Mehrheit der Vertragsstaaten des Europarates über bestimmte Regeln und Prinzipien definieren. Er wird mittels eines Vergleichs der nationalen und internationalen

229 *Letsas*, A Theory of Interpretation, S. 74.

230 So wurden in der Konvention ursprünglich keine Bestimmungen über das Umweltrecht aufgenommen, sodass der EGMR hierüber zunächst keine Aussage treffen konnte. Der Gerichtshof hat aber Art. 8 EMRK so interpretiert, dass dieser auch das Recht auf ein gesundes Umfeld erfasst. Die Mitgliedstaaten sind in der Konsequenz dazu aufgerufen, ihre Bürger vor Umweltverschmutzung, Belästigungen durch schädliche Chemikalien, Geruchsbelästigung, Lärm etc. zu schützen.

231 *Hoffmann*, LQR 2009, S. 416, 428,429.

232 *Dzehtsiarou*, GLJ 2011, S. 1730, 1731: *„If proper balance is achieved, the case law of the EctHR will attain two purposes at the same time: firstly, the practical and effective nature of rights provisions will be maintained, and secondly, acceptance and domestic implementation of judgments by the Contracting Parties to the ECHR will be ensured. An evolutive interpretation of the ECHR is the tool that keeps the meaning of the rights both contemporary and effective. European consensus injects European context and predictability into the EctHR's reasoning."*

233 *Dröge*, Positive Verpflichtungen der Staaten, S. 387; Vgl. auch *Letsas*, EJIL 2004, S. 279, 296.

Rechtssysteme und Rechtspraxen ermittelt,[234] da es praktisch unmöglich ist, durch Umfragen die tatsächliche Meinung der Bürger der Mitgliedstaaten herauszufinden.[235] Der EGMR versucht gelegentlich, seine Entscheidungen und Interpretationen der Konventionsbestimmungen in eine Linie mit diesem europäischen Konsens zu bringen, um eine höhere Akzeptanz zu garantieren. Wenn eine Änderung in der Interpretation der Konventionsbegriffe in Übereinstimmung mit dem europäischen Konsens vorgenommen wird, lässt sich darin eine implizite Gutheißung dieser Interpretation durch die Vertragsstaaten vermuten.[236] Der europäische Konsens wurde in der Vergangenheit bei der Beantwortung verschiedener Rechtsfragen berücksichtigt, konkret in Fällen bezüglich des Rechts auf Leben,[237] des Folterverbots,[238] des Rechts auf Freiheit und Sicherheit,[239] des Rechts auf einen fairen Prozess,[240] der Rechte der Artikel 8-11 EMRK[241] der Eigentumsrechte,[242] des Rechts auf Bildung[243] und der Stimmrechte.[244]

Die Berücksichtigung des europäischen Konsenses verstärkt die demokratische Legitimation der Entscheidungen des EGMR, da diese Entscheidungen auf nationalrechtlichen Rechtspraxen gefußt werden. Die nationalen Rechtspraxen wurden von demokratisch gewählten innerstaatliche Or-

234 *Dzehtsiarou*, GLJ 2011, S. 1730, 1733; *Nußberger*, RW 2012, S. 197, 200: Es kann ein Unterschied gemacht werden zwischen drei Arten von Konsensus: 1. dem historischen Konsens („was haben die Vertragsstaaten bei Schaffung der Konvention gewollt?“), 2. dem individualstaatlichen Konsens (dieser lässt sich den bei der Ratifikation gemachten Vorbehalten entnehmen. Der Gerichtshof ignoriert diese Vorbehalte manchmal und stellt eine Verletzung der Konvention fest, auch wenn der Mitgliedstaat meint, in diesem Fall überhaupt nicht an diese gebunden zu sein. Vgl. EGMR Urt. v. 29.4.1988, *Belilos vs. Schweiz*, Nr. 10328/83) und 3. dem lebendigen Konsens („Wie würde die Mehrheit der Vertragsstaaten heutzutage entscheiden?“). In der Rechtsprechung des EGMR ist nur diese letzte Art relevant.

235 *Nußberger*, RW 2012, S. 197, 201.

236 *Dzehtsiarou*, GLJ 2011, S. 1730, 1743.

237 EGMR Urt. v. 8.7.2004, *Sürmeli vs. Deutschland*, Nr. 42346/98, Nr. 53924/00, Rn. 82.

238 EGMR Urt. v. 28.7.1999, *Selmouni vs. Frankreich*, Nr. 25803/94, Rn. 96-100.

239 EGMR Urt. v. 28.5.2002, *Stafford vs. UK*, Nr. 46295/99, Rn. 68, 69.

240 EGMR Urt. v. 15.10.2009, *Micallef vs. Malta*, Nr. 17056/06, Rn. 78.

241 EGMR Urt. v. 7.12.1976, *Handyside vs. UK*, Nr. 5493/72, Rn. 48; EGMR Urt. v. 27.3.1996, *Goodwin vs. UK*, Nr. 17488/90, Rn. 85,86; EGMR Urt. v. 16.11.2004, *Tekeli vs. Türkei*, Nr. 29865/96, Rn. 61; EGMR Urt. v. 10.12.2007, *Stoll vs. Schweiz*, Nr. 69698/01, Rn. 155.

242 EGMR Urt. v. 1.2.2000, *Mazurek vs. Frankreich*, Nr. 34406/97, Rn. 31.

243 EGMR Urt. v. 13.11.2007, *D.U. u.a. vs. Tschechien*, Nr. 57325/00, Rn. 181.

244 EGMR Urt. v. 6.10.2005, *Hirst vs. UK*, Nr. 74025/01, Rn. 81.

ganen entwickelt und gewährleistet.[245] Diese Erwägung bedeutet aber im Umkehrschluss nicht, dass es der Jurisprudenz des EGMR, an demokratischer Legitimation *fehlt*, wenn die Urteile nicht allein auf Basis des europäischen Konsenses getroffen werden. Denn die Konvention selbst ist das Produkt eines demokratischen Prozesses: Die EMRK wurde unterzeichnet und ratifiziert durch alle Vertragsstaaten, wobei auch die Parlamente diesem völkerrechtlichen Vertrag zustimmen mussten. Die Konvention wäre ohne Demokratie nicht zustande gekommen. Umgekehrt kann die Demokratie nur dann gedeihen, wenn sie die persönlichen Freiheiten respektiert, die in der Konvention garantiert werden.[246]

Die Berücksichtigung des europäischen Konsenses scheint daher die Lösung der Interpretationsprobleme zu sein. Leider sind dem Konzept des Konsenses einige Defizite inhärent, die sich nicht eliminieren lassen. So ist nicht klar, wie der europäische Konsens gestaltet werden soll. Muss der EGMR vorhersagen, wie die rationalen und intelligenten Bürger der Vertragsstaaten entscheiden würden oder wie die Mehrheit aller Bürger entscheiden würde? Wie soll der Gerichtshof wissen, auf welche Prinzipien und Regeln sich die Bürger der Vertragsstaaten einigen können? Sollte die Ansicht der Mehrheit der Bürger mittels Umfragen ermittelt werden[247] oder sollte der EGMR sich an den Ansichten der nationalen Gerichte orientieren? Neben diesen praktischen Problemen existieren weitere theoretische Probleme. Was, wenn die Mehrheit der Vertragsstaaten Regeln akzeptiert, die moralisch fragwürdig sind? *Nußberger* skizziert hierzu eine hypothetische Situation, in der die Mehrheit der Vertragsstaaten Verhöre nach dem Vorbild der Praktiken in „*Guantanamo Bay*" durchführt. Diese Praxis könnte offensichtlich nicht als moralisch oder rechtlich korrekt bewertet werden[248] Außerdem darf nicht vergessen werden, dass die EMRK nur einen Mindeststandard garantiert. Dies bedeutet, dass es den Mitgliedstaa-

245 Vgl. die abweichende Meinung von Richter *Matscher* in EGMR Urt. v. 23.10.1984, *Ozturk vs. Deutschland*, Nr. 8544/79, bezüglich der Gefahr, die sich in der autonomen Auslegung der Konventionsbegriffe versteckt: „*Even if it is necessary, for purposes of autonomous qualification, to depart from the formal qualification given to an institution in the legislation of a given state and to analyse its real nature, this process must never go too far – otherwise there is a danger of arriving at an abstract qualification which may be philosophically valid, but which has no basis in law.*"

246 *Dworkin*, Law's Empire, S. 24 ff.

247 Die Feststellung der Ansicht der Bürger mittels Umfragen würde sich als praktisch unmöglich erweisen.

248 *Nußberger*, RW 2012, S. 197, 206.

ten freisteht, auch weit über dieses Minimum hinauszugehen. Fraglich ist, ob ein solches Verhalten zur Folge hätte, dass alle übrigen Vertragsstaaten verpflichtet wären, sich ebenfalls diesen vorgelebten höheren Menschenrechtsanforderungen anzupassen?[249]

Letztlich könnte man dem Erfordernis, den europäischen Konsens zu berücksichtigen, die Autonomie des EGMR im Rahmen der Begriffsbildung gegenüberstellen.[250]

b) Doktrin der autonomen Begriffsbildung

Der EGMR ist in seiner Interpretation der Konventionsbegriffe autonom.[251] Die Ansichten der nationalen Gerichte und der übrigen nationalen Instanzen sind zwar zu berücksichtigen, sie sind aber nicht ausschlaggebend für die Entscheidung des Gerichts.[252] Der EGMR hat bislang bei lediglich acht Konventionsbegriffen[253] explizit festgestellt, dass eine auto-

---

249 *Nußberger*, RW 2012, S. 197, 206.

250 Vielleicht ist es aber auch besser, die beiden Konzepte der „autonomen Begriffsbildung" und der *„common European ground"* als sich ergänzende Konzepte anzusehen, vgl. *Letsas*, EJIL 2004, S. 279, 296: *„What most states do, would then be a way to construe autonomous concepts in a way that is capable of resolving disagreement. That would in turn mean that in autonomous concepts the court departs from domestic classification in a limited sense. It partly departs from a minority classification only to meet the standards of majority classification. Moreover, the result of the the 'common denominator approach' might surprise some contracting state (…), it cannot surprise most of them."*

251 Die Autonomie des Gerichtshofs wurde im Fall *Engel u.a. vs. Niederlande*, EGMR Urt. v. 08.06.1976, Nr. 5100/71, 5101/71, 5102/71, 5354/72, 5370/72 eingeführt. Die Autonomie steht im krassen Widerspruch zu der *„margin of appreciation"*-Doktrin. Diese gibt Staaten die Freiheit, eigene Interpretationen zu entwickeln und verteidigt Diversität und Pluralismus in Auslegungen. Die Autonomie des EGMR zentralisiert die Auslegung und gibt nur dem Gerichtshof das Recht, einen Begriff mit Autorität auszulegen. Vgl. *Brems*, S. 396.

252 *Letsas*, EJIL 2004, S. 279, 282 *„(...) domestic law classification is relevant but not decisive for the meaning of the concepts of the Convention."* *Letsas* (*Letsas*, A Theory of Interpretation, S. 285) erwähnt, dass es möglich sei, dass viele Konventionsbegriffe nur in nationalen Rechtspraxen existierten. Die Bestimmungen würden ihre Bedeutung dann aus diesen Praxen übernehmen. *Letsas*, A Theory of Interpretation, S. 292: *„(...) legal truth transcends communal understanding and acceptance."*

253 *„arrest"* (Art. 5 Abs. 2 EMRK, EGMR Urt. v. 21.2.1990, *Van der Leer vs. Niederlande*, Nr. 11509/85, Rn. 27), *„civil rights and obligations"* (Art. 6 Abs. 1 EMRK, EGMR Urt. v. 28.6.1978, *König vs. Deutschland*, Nr. 6232/73, Rn. 88,89), *„cri-*

nome Auslegung angewandt werden soll. Keiner dieser Begriffe stammt aus Art. 3 EMRK. Es besteht jedoch die Möglichkeit, dass der Gerichtshof in Zukunft auch andere Begriffe explizit autonom auslegen wird; außerdem ist die Theorie der autonomen Interpretation bei der Auslegung der Konvention im allgemeinen Sinne von großer Bedeutung. Der Prozess autonomer Interpretation lässt sich in zwei Kategorien unterteilen, die *„autonomous interpretation in the organic sense“* und die *„substantive autonomous interpretation“*. Die *„autonomous interpretation in the organic sense“* lässt sich mit der „normalen“ Ausübung der Rechtsprechungsfunktion gleichsetzen. Das bedeutet, dass der EGMR selbständig entscheidet, wie der Begriff ausgelegt werden soll, ohne dass es auf den europäischen Konsens ankommt. Bei der *„substantive autonomous interpretation“* wird explizit und bewusst von der im Recht der Mitgliedstaaten akzeptierten Auslegung abgewichen, um einen Begriff autonom zu gestalten.[254]

Der EGMR entscheidet sich auch bisweilen dafür, nicht dem europäischen Konsens zu folgen, sondern nach dem „moralischen Kern des geschützten Rechts“ (*„moral truth of the protected right“*)[255] zu suchen, indem er vom nationalen Recht abweicht und eine substantiv autonome Auslegung vornimmt. Wenn man sich den Fall *Tyrer vs. UK*[256] näher anschaut, wird klar, dass letztlich nur auf Basis von moralischen und objektiven Erwägungen entschieden wurde. Nach Ansicht des EGMR war es von größter Bedeutung hier klar zu stellen, dass körperliche Bestrafung einen insti-

---

minal“ (Art. 6 Abs. 1 EMRK, EGMR Urt. v. 27.6.1968, *Neumeister vs. Österreich*, Nr. 1936/63, Rn. 18), *„charge“* (Art. 6 Abs. 1 EMRK, EGMR Urt. v. 27.2.1980, *Deweer vs. Belgien*, Nr. 6903/75, Rn. 42), *„witnesses“* (Art. 6 Abs. 3 EMRK, EGMR Urt. v. 6.5.1985, *Bönisch vs. Österreich*, Nr. 8658/79, Rn. 31,32), *„penalty“* (Art. 7 Abs. 1 EMRK, EGMR Urt. v. 26.4.1991, *Asch vs. Österreich*, Nr. 12398/86, Rn. 25), *„possessions“* (Art. 1 Protocol Nr. 1, EGMR Urt. v. 9.2.1995, *Welch vs. UK*, Nr. 17440/90, Rn. 27), und *„association“* (Artikel 11 EMRK, EGMR Urt. v. 29.4.1999, *Chassagnou u.a. vs. Frankreich*, Nr. 25088/94, 28331/95, 28443/95, Rn. 100.)

Außer diesen acht Begriffen gibt es noch einige Begriffe, die nach Ansicht bestimmter Autoren vom EGMR autonom interpretiert werden, nämlich *„home“*, *„private life“* (Art. 8 EMRK), *„detention“*, *„deprivation of liberty“*, *„court“*, *„conviction“*, *„person of unsound mind“*, *„vagrant“*, *„officer“* (Art. 5 EMRK), *„tribunal“* (Art. 6 EMRK), *„authority and impartiality of the judiciary“* (Art. 10 Abs. 2 EMRK), *„law“* (Art. 8, 9, 10, 11 EMRK), *„victim“* (Art. 34 EMRK) und *„injured party“* (Art. 41 EMRK).

254 *Brems*, Human Rights: Universality and Diversity, S. 395.

255 *Letsas*, EJIL 2004, S. 279, 297.

256 EGMR Urt. v. 25.4.1987, *Tyrer vs. UK*, Nr. 5856/72.

tutionalisierten Angriff auf die Menschenwürde darstellt und damit zugleich eine Verletzung des Art. 3 EMRK bedeutet.

Die Richtigkeit der Suche nach einem europäischen Konsens lässt sich aus ideologischen Gründen bezweifeln. Es passt schlichtweg nicht in die Rolle eines unabhängigen Organs, auf Basis eines – oft künstlich kreierten – Konsens zu entscheiden. Der EGMR ist dazu berufen, das Individuum gegen die Allmacht der Vertragsstaaten zu schützen. Ihm wurde die Befugnis verliehen, über Rechtsfragen zu entscheiden, die den Kern der Menschenwürde betreffen. Das *„common European ground"*-Prinzip wird aber aus der Unsicherheit darüber eingesetzt, was die moralisch richtige Entscheidung ist.

Die Notwendigkeit einer Autonomie des EGMR lässt sich teilweise dadurch erklären, dass die Vertragsstaaten untereinander nicht die gleiche juristische Sprache sprechen. Obwohl sich die Rechtspraktiken der EMRK-Staaten im Laufe der Jahre angenähert haben, gibt es noch immer große kulturelle und juristische Unterschiede. So gesehen besteht in vielen Rechtsfragen nach wie vor kein klarer europäischer Konsens.[257] Würde der EGMR der Ansicht des einen Staates folgen, könnte dies zugleich eine offensichtliche Ablehnung der Ansicht eines zweiten Staates bedeuten.[258] Es ist jedoch gerade die Aufgabe des EGMR, nationale Ansichten zu überwinden und eine für alle Staaten gültige Interpretation der Bestimmungen zu

---

257 Vgl. EGMR Urt. v. 24.6.2010, *Schalk u. Kopf vs. Österreich*, Nr. 30141/04.

258 Dies lässt sich mit der Passage des Essays von *Letsas* über theoretische Meinungsverschiedenheiten zwischen Individuen vergleichen, *Letsas*, EJIL 2004, S. 279, 291, m.w.N.: *„Practitioners take the legal cases that they disagree theoretically about as being testing or pivotal: they are pivotal in the sense that they involve disagreement over the whole point, nature or character of the law at issue rather than merely a borderline classification or instance of it. Since the disagreement is precisely about the central point or character of the law, it could not be the case that core meaning is settled by shared criteria whereas marginal cases allow for disagreement. Disagreement is not just in the margin but in de the core as well. The theory of autonomous concepts illustrates, at the international level, this broader jurisprudential claim. It shows that legal practitioners disagree about what the legal concepts mean and do not share any common criteria to identify their meaning: they intelligibly challenge any part of the conventionally accepted meaning of a legal concept and put forward fresh theories that try to capture the substance of the concept at issue."*
Es wird in der Literatur vertreten, dass der EGMR dem Vertragsstaat eine größere *„margin of appreciation"* zuteilen sollte, wenn kein klarer europäischer Konsens gefunden werden kann. Vgl. *Brems*, Human Rights: Universality and Diversity, S. 404. Diesen Gedanken befolgt der EGMR regelmäßig, u.a. in EGMR Urt. v. 7.7.2011, *Stummer vs. Österreich*, Nr. 37452/02.

schaffen.[259] *Letsas* nennt diese Billigung der autonomen Interpretation *„international theorist argument"*. Er bemerkt aber sehr richtig, dass eine solche Aufgabe die autonome Auslegung nicht vollständig rechtfertigen kann. So erklärt dies beispielsweise nicht, warum der Gerichtshof auch in solchen Fällen eine autonome Begriffsbildung vornehmen darf, in denen ein klarer europäischer Konsens als Interpretationshilfe zur Verfügung stünde. Noch häufiger kommt es sogar vor, dass der EGMR einen eventuell bestehenden europäischen Konsens in seiner Auslegung nicht einmal zu ermitteln versucht.[260]

Es lässt sich somit festhalten, dass der EGMR an der Erforschung allgemein akzeptierter Standards nur wenig Interesse zeigt. Er strebt aber danach, seine Entscheidungen am ideologischen und moralischen Kern des geschützten Rechts zu orientieren.[261]

Die Entscheidung des EGMR, dem europäischen Konsens keine ausschlaggebende Bedeutung zu verleihen, ist im Lichte des Spannungsverhältnisses zwischen diesem Konsens und der *„living instrument"*-Doktrin zu begrüßen. Die *„living instrument"*-Doktrin erteilt dem Gerichtshof die Aufgabe, mit den sich ständig ändernden und sich entwickelnden *moralischen* Ansichten Schritt zu halten, nicht aber mit den existierenden Gesetzen oder Praktiken der Vertragsstaaten.[262]

Das Bestreben, lieber „moralisch" richtige anstatt populärer Entscheidungen zu treffen birgt – wie festgestellt – die Gefahr in sich, dass die Interpretation der Normen bei den Vertragsstaaten auf Nicht-Akzeptanz stößt. Es lässt sich aber aus prinzipiellen Gesichtspunkten nicht nachvollziehen, warum der EGMR als Hüter persönlicher Freiheiten und fundamentaler Menschenrechte nur nach europäischem Konsens über eine Rechtsfrage befinden soll und nicht danach, was moralisch als richtig zu bewerten ist.[263] Durch Anwendung einer autonomen Interpretationsme-

---

259 *Letsas*, EJIL 2004, S. 279, 286.

260 *Letsas*, EJIL 2004, erwähnt auf S. 286 den Fall *Chassagnou u.a. vs. Frankreich*, EGMR Urt. v. 29.04.1999, Nr. 25088/94, 28331/95, 28443/95, und merkt an, dass der EGMR in diesem Fall feststellt, dass die Behauptung des Beschwerdeführers legitim sei, bevor er sich mit den Rechtspraktiken der Vertragsstaaten auseinandersetzt.

261 *Letsas*, EJIL 2004, S. 279, 302.

262 *Letsas*, EJIL 2010, S. 509, 530.

263 Obwohl bezweifelt werden kann, ob sich diese moralische Richtigkeit objektiv feststellen lässt.

thode werden die Konventionsrechte effektiv gesichert.[264] Außerdem ist es manchmal auch Aufgabe des EGMR, das Individuum vor dem Willen der Mehrheit zu schützen. Diese Aufgabe ließe sich unmöglich erfüllen, wenn der Gerichtshof immer dem Willen der Mehrheit der Vertragsstaaten folgen müsste.[265]

Ein bereits kurz erwähntes Problem dieser Vorgehensweise besteht darin, dass auch für den EGMR nicht immer eindeutig ist was moralisch richtig ist. *Letsas*, ein Befürworter der autonomen Interpretation über die *„common European ground"*-Doktrin, untermauert seine Ansicht durch den Vorhalt „einfacher" Sachverhalte: Wenn es sich um Folter im klassischen, mittelalterlichen Sinne handele, sei es einfach, diese Behandlung als unmoralisch und konventionsverletzend einzustufen. Dies sei auch in dem hypothetischen Fall anzunehmen, dass die Mehrheit der Vertragsstaaten eine solche Folteranwendung für rechtmäßig erachte.[266] Ein solches Urteil lasse sich hingegen schwieriger treffen, wenn die Verletzung subtiler sei, wenn sie also zum Beispiel in der Anwendung von Desorientierungsmethoden während eines Verhörs oder in dem „Verschwindenlassen" eines Familienmitglieds liege. Der „moralische Kern" sei in diesen Fällen nicht so leicht zu identifizieren, sodass der Europäische Konsens hier an Bedeutung gewinne.

Die Gefahr der Akzeptanzverweigerung seitens der Vertragsstaaten als mögliche Folge der Nicht-Befolgung des Europäischen Konsens kann durch die Gewährleistung einer gewissen Vorhersehbarkeit der Urteile des Gerichtshofs gemildert werden. Es sollte daher eine konsequente Linie in

---

264 S. 1, http://smartsheep.org/general-doctrine-developed-by-the-european-court-of-human-righ (zuletzt abgerufen am 8.7.2015).

265 *Letsas*, EJIL 2004, S. 279, 304: *„If it makes no sense to let the majorities decide what rights individuals have, then it makes no sense either to resolve legal disagreement in human rights cases by appealing to what the majorities now believe or have legislated (…) Member states came together some decades ago and decided to undertake the obligation to respect human rights; it would defeat their own more abstract intentions to say that they undertook the obligation to respect what, at each given time, their dominant majorities take these rights to be."*

266 *Letsas*, EJIL 2010, S. 509, 539: *„(...) individuals have a general moral right not to be tortured and everybody has a general moral duty not to torture; (...)The truth of these general moral propositions does not depend on institutional recognition or communal acceptance. Governments have a duty to treat individuals as equals and to respect their autonomy regardless of whether they believe they have such duty (...) moreover, these are not just any moral truths (…), but ones which have a special kind of weight and urgency: a state which mistreats individuals by murdering and torturing them and which treats some person as less than other human commits a grave moral wrong which entitles other states to hold it to account."*

der Rechtsprechung des EGMR geschaffen werden. Der Philosoph *Dworkin* stellt zu diesem Zwecke zwei Kriterien für die autonome Interpretation auf: Eine Auslegung müsse wenigstens in einige der vorangegangenen Rechtssachen angewandt sein („*fit*"). Daneben müsse die gewählte Auslegung besser sein als andere Auslegungen, die auch das erste Kriterium erfüllen („*substance*").[267] Das „*fit*"-Erfordernis garantiert eine gewisse Konstante, während das „*substance*"-Erfordernis als Ausprägung der teleologischen Auslegung der Konvention[268] und – spezifischer - der „*living instrument*" Doktrin[269] anzusehen ist.

Matscher beschreibt eine zusätzliche, der autonomen Interpretation innewohnende Gefahr: Er warnt vor dem Risiko, eine abstrakte Definition zu schaffen, die zwar philosophisch vertretbar sei, aber keine Begründung im Recht erfahre.[270]

Letsas versucht diese Gefahr zu mildern und plädiert dafür, den Rechtsstreit, der sich vor dem EGMR abspielt, als juristische Uneinigkeit anzusehen. Es handele sich nicht um eine Unsicherheit oder Ungenauigkeit eines Rechtsbegriffs, sondern um die Wahl zwischen zwei Optionen: entweder nach Meinung des Vertragsstaates oder nach Meinung des Beschwerdeführers zu entscheiden.[271] So werde die Gefahr, dass durch eine autonome Interpretation eine Auslegung ohne juristische Basis geschaffen werde, seiner Ansicht nach eliminiert. Dies ist eine interessante Herangehensweise, *Matschers* Problem zu umgehen. Sie entpuppt sich jedoch bei genauerer Betrachtung als reines Ablenkungsmanöver. Denn *Matschers* Bedenken existieren weiter und verstecken sich lediglich hinter einer der beiden Optionen. Der Beschwerdeführer möchte in den allermeisten Fällen - ganz einfach gesagt - dass der EGMR die entscheidenden Begriffe autonom interpretiert und dabei feststellt, dass der angeklagte Staat eine falsche Ausle-

267 *Dworkin*, Law's Empire, S. 67.

268 Laut Präambel der Konvention sind die Ziele der Konvention der praktische und effektive Schutz des Individuums und seiner Grundrechte im Rahmen einer demokratischen Gesellschaft.

269 Die Bestimmungen sollten generell weiterentwickelt werden können.

270 EGMR Urt. v. 23.10.1984, *Oztürk vs. Deutschland*, Nr. 8544/79, abweichende Meinung des Richters *Matscher*: „*Even if it is necessary, for purposes of autonomous qualification of a concept in an international convention, to depart from the formal qualification given to an institution in the legislation of a given State and to analyse its real nature, this process must never go too far - otherwise there is a danger of arriving at an abstract qualification which may be philosophically valid, but which has no basis in law. In point of fact, the "real nature" of a legal institution is conditioned above all by the legal effects to which it gives rise under the legislation concerned.*"

271 *Letsas*, EJIL 2004, S. 279, 289.

gung gewählt hat. Hierbei besteht aber weiterhin das Risiko, dass der Gerichtshof bei der Suche nach der wahren Natur eines Begriffs - da er von der offiziellen Qualifikation, die dem Begriff von einer nationalen Instanz verliehen wurde, abweicht – zu weit geht und den Begriff so abstrakt auslegt, dass diese Auslegung gar keine juristische Begründung mehr hat.

c) Austritt aus dem Europarat aus Unzufriedenheit: eine leere Drohung?

Fehlende Akzeptanz seitens der Staaten bezüglich der Urteile des EGMR birgt nicht nur eine Gefahr für die Rechtssicherheit, sondern könnte im schlimmsten Fall sogar zu einem Zusammenbruch des Konventionssystems führen, falls die Mehrheit der Mitgliedstaaten aus Unzufriedenheit den Verbund verlassen sollte.

In den Jahrzehnten seit der Gründung des Europarates ist nur Griechenland einmal temporär ausgetreten.[272] Weiterhin kam es zu Änderungen in den Hoheitsgebieten einiger anderer Staaten, sodass neue Beitritte und Änderungen der Bestehenden Mitgliedschaften notwendig wurden.[273] Art. 8 der Satzung des Europarates[274] wurde nie angewandt und kein Vertragsstaat hat je permanent– aus Unzufriedenheit über die Rechtsprechung des EGMR oder aus anderen Gründen – den Europarat verlassen. Fraglich ist damit, ob die Verwirklichung der oben beschriebenen Gefahr wirklich unmittelbar bevorsteht oder ob es sich lediglich um eine abstrakte Möglichkeit handelt.

In diesem Zusammenhang sollten die durch das Vereinigte Königreich eingereichten Beschwerden näher betrachtet werden. In den gängigen Medien wurden bislang zwei konkrete Streitpunkte, in denen die Ansicht der britischen Regierung mit der Ansicht des EGMR kollidierte, in den Mittelpunkt gestellt: Das pauschale Stimmverbot für Häftlinge als Konventionsverletzung und das sich aus dem „*refoulement*“-Prinzip ableitende Verbot

---

272 Während der Militärdiktatur von 1967-1974.

273 Die Tschechoslowakei wurde in die Tschechische Republik und die Slowakei aufgeteilt, Serbien und Montenegro in zwei separate Staaten geteilt.

274 „*Jedem Mitglied des Europarats, das sich eines schweren Verstoßes gegen die Bestimmungen des Artikels 3 schuldig macht, kann sein Recht auf Vertretung vorläufig abgesprochen und es kann vom Minister-Komitee aufgefordert werden, gemäß den Bestimmungen des Artikels 7 auszutreten. Wird dieser Aufforderung nicht Folge geleistet, so kann das Minister-Komitee beschließen, daß das betreffende Mitglied, von einem durch das Komitee selbst bestimmten Zeitpunkt ab, dem Europarat nicht mehr angehört.*“

bestimmte – evtl. gefährliche – Individuen zu vertreiben. Die zugrundeliegende Ursache für die Debatte lag im Streit um die staatliche Souveränität Großbritanniens.[275]

Nach Ansicht des ehemaligen Justiz-Sekretärs *Chris Grayling* hatte der EGMR seine demokratische Legitimation verloren.[276] Viele bedeutende Politiker und Juristen stärkten *Grayling* den Rücken: So behauptete der damalige *„lord chief justice"* *Lord Judge*, dass die *„living instrument"*-Doktrin vom Gerichtshof angewandt worden sei, um die Souveränität der Vertragsstaaten auszuhöhlen und die Demokratie zu untergraben.[277]

Der damalige britische Generalstaatsanwalt *Dominic Grieve* warnte jedoch vor den negativen Konsequenzen der Nicht-Befolgung der Straßburger Urteile und vertrat die Ansicht, dass ein Austritt aus dem Europarat verheerende Folgen nach sich ziehen würde.[278] *Thorbjørn Jagland*, Generalsekretär des Europarates, behauptete, dass die Nicht-Befolgung und der Austritt angesichts der Rolle des Vereinigten Königreichs als Gründervater des Europarates undenkbar seien.[279] In den Augen des damaligen Präsidenten des EGMR, *Dean Spielman*, wäre der Austritt des Vereinten Königreichs aus den Europarat mit einer politischen Katastrophe gleichzusetzen; er zielte dabei auf die Folgen für die europäische Gemeinschaft ab.[280] Ein

275 So wurden vor einigen Jahren die Umstände von Häftlingen noch von Fall zu Fall geprüft, um zu bestimmen, ob dem Häftling ein Stimmrecht zukam oder nicht. Der Unwille des Vereinigten Königreichs, die europäischen Urteile bezüglich des pauschalen Stimmverbots für Häftlinge zu befolgen, ist damit höchstwahrscheinlich politisch motiviert gewesen.

276 http://www.theguardian.com/politics/2014/oct/03/tories-plan-uk-withdrawal-european-convention-on-human-rights (zuletzt abgerufen am 8.7.2015).

277 http://www.theguardian.com/law/2014/sep/01/human-rights-legislation-uk-council-european-convention (zuletzt abgerufen am 8.7.2015).

278 http://www.laws.ucl.ac.uk/news-article/dominic-grieve-mp-uk-withdrawal-echr-devastating/ (zuletzt abgerufen am 8.7.2015).

279 http://www.humanrightseurope.org/2013/11/thorbjorn-jagland-gives-evidence-to-uk-parliamentary-committee-on-votes-for-prisoners/ (zuletzt abgerufen am 8.7.2015).

280 http://www.lawgazette.co.uk/people/profile-dean-spielmann/5047470.fullarticle (zuletzt abgerufen am 8.7.2015): *„(...) it would be particularly disastrous if the UK, with its noble history of civil liberties, pulled out. It would give the wrong political signal to other states with less mature democracies if the state that designed the convention was to turn its back. The UK is responsible for promoting human rights all over the world."*

Austritt aus dem Europarat könne der internationalen Glaubwürdigkeit auf dem Gebiet der Menschenrechte nur schaden.[281]

Die britische Regierung ist bis heute geteilter Meinung. So erklärte Außenminister *Philip Hammond* im Juni 2015, dass ein Austritt nicht zur Debatte stünde. Einige Tage später äußerte sich *David Cameron* jedoch wie folgt:

> *„Now our plans set out in our manifesto do not involve us leaving the European Convention on Human Rights. But if we can't achieve what we need ... when we've got these foreign criminals committing offence after offence and we can't send them home because of their right to a family life, that needs to change. I rule out absolutely nothing in getting that done.*"[282]

Es scheint jedoch, als wöllten die Befürworter eines britischen Austritts aus dem Europarat, zu denen auch die amtierende Premierministerin, *Theresa May*, zählt, diese Maßnahme nur dann ergreifen, wenn sich dieser Schritt als absolut notwendig erweist. Sowohl *May* als auch *Cameron* blieben jedoch bei ihrer Aussage, dass sie diese Option *nicht ausschließen* wollten.[283] Eine konkrete Absicht wurde jedoch nicht geäußert. Aufgrund der Uneinigkeit innerhalb der britischen Regierung bezüglich eines Austritts und der Tatsache, dass auch die Fürsprecher des Austritts diese Maßnahme nur ergreifen wollen, wenn keine anderen Möglichkeiten zur Zielerreichung mehr vorhanden sind, ist ein baldiger Austritt aus dem Europarat nicht zu erwarten. Es scheint sich hierbei also lediglich um eine Drohung zu handeln und nicht um eine reelle, unmittelbar bevorstehende Gefahr.[284]

Hieraus darf jedoch nicht abgeleitet werden, dass der Kooperation der Vertragsstaaten überhaupt keine Bedeutung zukommt: Denn die Weigerung des Vereinigten Königreichs, die Urteile des EGMR[285] bezüglich der Stimmrechte für Häftlinge zu befolgen und die Gesetzeslage so zu ändern,

281 Der damalige Präsident des EGMR, *Dean Spielmann*, in einem Interview mit HARDtalk in Januar 2014; http://www.lawgazette.co.uk/people/profile-dean-spielmann/5047470.fullarticle (zuletzt abgerufen am 9.7.2015).

282 http://www.theguardian.com/law/2015/jun/03/cameron-refuses-to-rule-out-leaving-european-convention-on-human-rights (zuletzt abgerufen am 8.7.2015).

283 *Theresa May* im März 2013: *„And yes, I want to be clear that all options – including leaving the Convention altogether – should be on the table.*"

284 Vgl. S. 2, http://www.coe.int/t/policy-planning/ALER_T/Synopses/ALER-T_44.pdf (zuletzt abgerufen am 8.7.2015).

285 EGMR Urt. v. 6.10.2005, *Hirst vs. UK* (no. 2), Nr. 74025/01; EGMR Urt. v. 23.11.2010, *Greens u. M.T. vs. UK*, Nr. 60041/08, 60054/08; EGMR Urt. v. 12.8.2014, *Firth u.a. vs. UK*, Nr. 47784/09, 47806/09, 47812/09, 47818/09,

dass ein pauschales Stimmverbot für Häftlinge gestrichen wird, ist und bleibt sehr problematisch.

So erklärte Generalsekretär des Europarates *Jagland: „If we start to pick and choose the judgments from the court, then the court will be weakened and have no meaning(...)* “[286]

3. Der Wille des historischen Konventionsgebers

Es wird vertreten, dass die historischen Konventionsgeber die Einführung der, *„living instrument*“-Doktrin nie gewollt hätten. In diese Richtung gehen etwa die Betrachtungen von *Lords Hoffmann* und *Wicks*.[287] Danach habe das Vereinigte Königreich beispielsweise nie Vertragsstaat der EMRK werden wollen um letztendlich das eigene Gesetz anpassen zu müssen, sondern sei nur beigetreten, um als leuchtendes Beispiel für die übrigen Vertragsstaaten zu dienen.[288] Hiergegen ist einzuwenden, dass die Präambel der EMRK sehr deutlich die Erhaltung und Weiterentwicklung der Menschenrechte und fundamentalen Freiheiten als eines der Konventionsziele proklamiert. Das Kernziel der *„living instrument*“-Doktrin ist die effektive Gewährleistung der Konventionsrechte,[289] die sich nur mit Hilfe dieser Auslegungsmethode weiter entwickeln können. Die *„living instrument*“-Doktrin ist mit den in der Präambel genannten Zielen der Konvention auf einer Linie.[290] Wenn die Einführung der *„living instrument*“-Doktrin aber von den Konventionsgebern gewollt war, so muss in logischer Konsequenz auch die aus dieser Doktrin entwickelte Auslegung der Konventionsbestimmungen dem Willen der Konventionsgeber entsprechen. Vielleicht schätzten die Konventionsgeber damals die Anforderungen an den Menschenrechtsschutz schlichtweg falsch ein, vielleicht haben sich diese in den vergangenen 50 Jahren aber auch einfach stark verändert. *Letsas* wirft dies-

---

47829/09, 49001/09, 49007/09, 49018/09, 49033/09, 49036/09; EGMR Urt. v. 10.2.2015, *McHugh u.a. vs. UK*, Nr. 51987/08 u. 1014 andere Beschwerdeführer und Applikationsnummer

286 http://www.humanrightseurope.org/2013/11/thorbjorn-jagland-gives-evidence-to-uk-parliamentary-committee-on-votes-for-prisoners/ (zuletzt abgerufen am 8.7.2015).

287 *Hoffmann*, LQR 2009, S. 416, 428, 429; *Wicks*, The UK's Perceptions of the ECHR, S. 447.

288 *Hoffmann*, MLR 1999, S. 159.

289 *Letsas*, A Theory of Interpretation, S. 79.

290 *Dzehtsiarou*, GLJ 2011, S. 1730, 1739; *Grewe*, ZaöRV 2001, S. 459, 467.

bezüglich eine rhetorische Frage auf, welche die Suche nach den Ansichten der Konventionsgeber in den 1950'er Jahren irrelevant macht. Er fragt, ob es überhaupt erstrebenswert sei, die Ansichten dieser Menschen bezüglich einzelner Konventionsbegriffe herleiten zu wollen. Sei es nicht sinnvoller, die Rechte und Ansprüche zu untersuchen, die heutzutage tatsächlich gewährt und erfüllt werden müssen?[291]

II. Fazit

Zusammenfassend kann festgehalten werden, dass die Probleme, die mit der *„living instrument"*-Doktrin einhergehen auf relativ einfache Weise gelöst werden können. Zuerst sollte vermieden werden, dass eine extensive Auslegung der Konventionsbestimmungen durch Anwendung der Doktrin die Fortschritte, die der EGMR im Laufe der Jahre gemacht hat, zurückgedreht werden können. Die Doktrin darf nur eingesetzt werden, um die Behandlungen, die unter Art. 3 EMRK fallen auszuweiten, nicht umgekehrt.

Das zweite Problem – einerseits eine Balance zu finden zwischen der Souveränität der Mitgliedstaaten und deren Akzeptanz des Gerichtshofs und andererseits dem Erfordernis einer dynamischen Interpretation gerecht zu werden – kann dadurch gelöst werden, dass die EMRK als *„law-making treaty"* gerade dazu berufen ist, die in ihr aufgezählten Rechte so umfassend wie möglich zu schützen. Durch die Erforschung der Vorarbeiten und der Präambel der EMRK wird klar, dass eines der Ziele in der Weiterentwicklung der Konventionsrechte liegt. Die Begriffe der Konvention müssen im Lichte dieses Ziels ausgelegt werden. Die Konventionsbegriffe wurden absichtlich unbestimmt formuliert, damit sie mit den erhöhten Erfordernissen des Menschenrechtsschutzes in modernen Demokratien mitwachsen können. Diese dynamische Interpretation findet ihre Grenzen in der Einführung völlig neuer Konzepte, die in der Konvention nicht erwähnt werden, oder deren Einführung gar *„contra legem"* ist.[292]

Wenn bei der evolutiven Auslegung der europäische Konsens berücksichtigt wird,[293] ist damit eine Billigung aller Vertragsstaaten impliziert.

---

291 *Letsas*, EJIL 2004, S. 279, 294.

292 Lord *Hoffmann* äußerte sich während eines Vortrags vor dem *„Judicial Studies Board"* am 19.4.2009 kritisch: *„[The ECHR] has been unable to resist the temptation to aggrandise its jurisdiction and to impose uniform rules on member states. (…) It considers itself the equivalent of the Supreme Court of the United States, laying down a federal law of Europe."*

293 N.B. dies ist fakultativ, der Gerichtshof bleibt ein unabhängiges Organ.

Auch wird dem Urteil des EGMR damit eine gewisse demokratische Legitimation verliehen, da die nationalen Behörden ihrerseits selbst demokratische Institutionen darstellen. Der europäische Konsens sollte aber für ein Urteil nie ausschlaggebend sein. Auch zeigt sich in der Rechtsprechung des EGMR eine gewisse Zurückhaltung bei der Suche nach diesem europäischen Konsens.[294] Wie oben kurz besprochen, bleibt der Konsens in den gerichtlichen Entscheidungen regelmäßig unerwähnt; gelegentlich wird er kurz angeschnitten, aber nicht näher erforscht.

294 EGMR Urt. v. 11.7.2002, *Christine Goodwin vs. UK*, Nr. 28957/95, Rn. 85.

C. Definitionen der Begriffe des Art. 3 EMRK

Art. 3 EMRK ist notstandsfest und muss absolut gewährt werden. Darüber hinaus wendet der EGMR die sog. „*living instrument*"-Doktrin an, die dem Gerichtshof gebietet, die Begriffe flexibel auszulegen, um der Konvention die Möglichkeit zu geben, mit den Gesellschaften ihrer Mitgliedsstaaten mitzuwachsen und damit den Anforderungen unseres Zeitalters gerecht zu werden. Die Relevanz dieser beiden Phänomene macht klar, dass die Definitionen der einzelnen Konventionsbegriffe von zentraler Bedeutung sind. Dies trifft auch auf den kurz gefassten und daher so offenen Art. 3 EMRK zu. Der einzige Interpretationsspielraum, den dieser Artikel bietet verbirgt sich in der Auslegung der einzelnen Begriffe. Zur Einleitung dieses Kapitels soll der Wortlaut dieser Norm noch einmal vor Augen geführt werden:

> „*No one shall be subjected to torture or to inhuman or degrading treatment or punishment*".[295]

I. Behandlung oder Strafe

Durch die Nennung beider Begriffe wird der Eindruck erweckt, die Norm unterscheide zwischen einer *Behandlung* und einer *Strafe*. Allerdings handelt es sich hier lediglich um einen Pleonasmus: Wie bereits die historischen Konventionsgeber, geht auch der EGMR davon aus, dass eine Strafe als „*species*" des „*genus*" der Behandlung anzusehen ist und prüft die Begriffe daher nicht gesondert. Eine unmenschliche oder erniedrigende Strafe stellt damit automatisch auch eine unmenschliche oder erniedrigende Behandlung dar.[296]

---

295 Art. 3 EMRK. Nur die englischen und französischen Fassungen der EMRK genießen völkerrechtliche verbindlichkeit. Deutsche Fassung: „*Niemand darf der Folter oder unmenschlicher oder erniedrigender Strafe oder Behandlung unterworfen werden.*"

296 *Ovey/White*, ECHR, S. 65.

II. Eröffnung des Anwendungsbereichs

Es ist wichtig, zwischen solchen Behandlungen zu unterscheiden, die zwar ethisch verabscheuungswürdig sind, aber nicht in den Anwendungsbereich des Art. 3 EMRK fallen, und solchen Behandlungen, die Art. 3 EMRK verletzen.[297] Eine Behandlung fällt nur dann in die zweite Kategorie, wenn ein „*minimum level of severity*", ein Mindestmaß an Schwere, erreicht wurde.[298] Um zu beurteilen, ob dieses Erfordernis erfüllt ist, muss eine Gesamtwürdigung aller Einzelumstände vorgenommen werden: Es lässt sich nicht auf abstrakte Weise festlegen, welches Verhalten der Konvention entgegensteht und welches Verhalten zulässig ist.[299]

Einige Faktoren, die bei der Gesamtwürdigung laut der Rechtsprechung des EGMR berücksichtigt werden sollen sind Art, Dauer sowie physische und psychische Folgen der Behandlung, der Zusammenhang, in dem sie vorgenommen wird, die konkreten Methoden die angewandt werden, das Geschlecht, das Alter sowie der Gesundheitszustand des Opfers.[300] Andere relevante Faktoren können das Verhalten und die Motive des Täters sowie eine eventuelle Erniedrigungsabsicht sein.[301] Die Verhängung einer unverhältnismäßig harten Strafe für eine relativ geringfügige Tat kann z.B. eine Verletzung des Art. 3 EMRK bedeuten, obwohl die Verhängung dieser Strafe für schwere Straftaten zulässig sein könnte.[302] Dies ist abhängig von den Umständen des Falles.[303]

---

297 *Van Dijk/Van Hoof/Van Rijn/Zwaak*, Theory and Practice of the ECHR, S. 411; EGMR Urt. v. 25.4.1987, *Tyrer vs. UK*, Nr. 5856/72, Rn. 30.

298 EGMR Urt. v. 18.1.1978, *Irland vs. UK*, Nr. 5310/71, Rn. 162: „*Ill-treatment must attain a minimum level of severity if it is to fall within the scope of article 3*"; EGMR Urt. v. 25.4.1987, *Tyrer vs. UK*, Nr. 5856/72, Rn. 30; *Meyer-Ladewig*, EMRK Handkommentar, S. 68.

299 „*Living instrument*"-Doktrin: Die Begriffe des Artikels 3 werden nach den herrschenden Ansichten des Zeitalters ausgelegt.

300 EGMR Urt. v. 25.2.1982, *Campbell and Cosans vs. UK*, Nr. 7511/76, Rn. 30; EGMR Urt. v. 7.7.1989, *Soering vs. UK*, Nr. 14038/88, Rn. 100; EGMR Urt. v. 27.6.2000, *Ilhan vs. Türkei*, Nr. 22277/93, Rn. 84; EGMR Urt. v. 3.4.2001; *Keenan vs. UK*, Nr. 27229/95, Rn. 108; EGMR Urt. v. 2.12.2003, *Farbtuhs vs. Litauen*, Nr. 4672/02, Rn. 56; EGMR Urt. v. 13.5.2008, *Juhnke vs. Türkei*, Nr. 52515/99, Rn. 69; EGMR Urt. v. 15.10.2008, *Renolde vs. Frankreich*, Nr. 5608/05, Rn. 119.

301 *Gollwitzer*, Menschenrechte im Strafverfahren, Rn. 22; EGMR Urt. v. 16.12.1997, *Raninen vs. Finnland*, Nr. 20972/92; EGMR Urt. v. 26.10.2000, *Kudla vs. Polen*, Nr. 30120/96.

302 EGMR Urt. v. 9.2.1973, *X vs. UK*, Nr. 5471/71.

303 Z.B. dem Alter, Geschlecht und Gesundheitszustand des Betroffenen oder die Umstände des Verfahrens.

Richter *Zekia* bemerkte in seinem Sondervotum zum Fall *Irland vs. UK*, dass sowohl ein objektiver als auch ein subjektiver Test vollzogen werden müsse, um festzustellen, wie die beklagte Behandlung einzustufen sei.[304] Anhand des Beispiels eines alten Mannes, der über Stunden hinweg geschlagen, getreten und über einem Flur gezogen wird, verdeutlichte *Zekia* die Bedeutung des subjektiven Tests: Es fiele dem Zuhörer in diesem Fall leicht, die Behandlung als Folter zu kategorisieren. Handele es sich nun um einen jungen, gesunden Ringer oder Athleten, wäre es – zumindest aus seiner Sicht – sogar schwierig zu entscheiden, ob Art. 3 EMRK überhaupt anwendbar sei.[305]

Die Notwendigkeit, den Konventionsbegriffen durch Auslegung einen Inhalt zu verleihen, macht deutlich welch wichtige Rolle dem EGMR zuteilwird. Nur dieses Rechtsprechungsorgan[306] ist dazu berufen, das Erfordernis des Mindestmaßes der Schwere zu definieren und damit den Schutzbereich des Art. 3 EMRK zu bestimmen.[307]

Die relative Gesamtbetrachtung aller Faktoren wurde ursprünglich nur angewandt, um zu bestimmen, ob der Anwendungsbereich des Art. 3 EMRK betroffen war. In späterer Rechtsprechung hat der EGMR diese Betrachtung auch verwendet, um die Foltereigenschaft einer Behandlung zu bestimmen.[308]

Art. 3 EMRK wurde ursprünglich nur für solche Fälle angewandt, in denen das Opfer seiner Freiheit beraubt worden war. Sämtliche angeklagte Behandlungen wurden ausgeführt, während das Opfer in Polizeigewahr-

---

304 EGMR Urt. v. 18.1.1978, *Irland vs. UK*, Nr. 5310/71, Abweichende Meinung Richter *Zekia*: „*As an example I can refer to the case of an elderly sick man who is exposed to a harsh treatment - after being given several blows and beaten to the floor, he is dragged and kicked on the floor for several hours. I would say without hesitation that the poor man has been tortured. If such treatment is applied on a wrestler or even a young athlete, I would hesitate a lot to describe it as an inhuman treatment and I might regard it as a mere rough handling. Another example: if a mother, for interrogation, is separated from her suckling baby by keeping them apart in adjoining rooms and the baby, on account of hunger, starts yelling for hours within the hearing of the mother and she is not allowed to attend her baby, again I should say both the mother and the baby have been subjected to inhuman treatment, the mother by being agonized and the baby by being deprived of the urgent attention of the mother. Neither the mother nor the child has been assaulted.*“

305 EGMR Urt. v. 18.1.1978, *Irland vs. UK*, Nr. 5310/71, Abweichende Meinung Richter *Zekia*.

306 Früher auch die Kommission.

307 *Prosenjak*, Der Folterbegriff nach Artikel 3 EMRK, S. 9; *Villiger*, Handbuch der EMRK, Par. 15, Rn. 276.

308 Vgl. Teil C.VI.3.d „*Selmouni vs. Frankreich*“.

sam, in einem Gefängnis oder in einer psychiatrischen Anstalt war. Erst ab den 1980'er Jahren wurde der Anwendungsbereich des Art. 3 EMRK stark ausgeweitet. Immer mehr Fallgruppen, die in Teil D. „Fallgruppen“ ausführlich besprochen werden, wurden in den Schutzbereich des Art. 3 EMRK aufgenommen. Es ist zu erwarten, dass sich dieser - aus der *„living instrument“*- Doktrin kommende - Trend auch in Zukunft weiter durchsetzen wird.[309]

In einem Fall aus dem Jahr 1992 verneinte der EGMR eine Verletzung des Art. 3 EMRK, obwohl die Beschwerdeführerin bei ihrer Festnahme Verletzungen am Körper und im Gesicht erlitten hatte. Das Gericht urteilte, dass die nationalen Behörden nicht über das – in der konkreten Situation erforderliche – Maß an Gewalt hinausgegangen waren.[310]

In einem anderen Fall wurde das Anlegen von Handschellen im Rahmen einer rechtmäßigen Festnahme entgegen der Ansicht des Beschwerdeführers nicht als erniedrigende Behandlung angesehen.[311] Wäre diese Maßnahme aber im Zusammenhang mit öffentlicher Gewalt oder öffentlichen Aufsehens angewandt worden,[312] hätte ein Verstoß gegen Art. 3 EMRK bejaht werden können. Hierfür müsste das öffentliche Aufsehen jedoch vermeidbar gewesen sein. Entscheidend sei, ob die Öffentlichkeit der Behandlungsanwendung unter den Umständen des Falles notwendig war oder sich hätte umgehen lassen.[313]

Auch im Fall *Öcalan vs. Türkei*[314] verneinte der EGMR eine erniedrigende oder unmenschliche Behandlung. Der Beschwerdeführer war mit Handschellen gefesselt und mit verbundenen Augen den Medien vorgeführt worden. Das Problem lag darin, dass nicht bewiesen werden konnte, dass der zu erwartende Grad an Demütigung, der jeder Art der Bestrafung oder Inhaftierung inhärent ist, in diesem Fall überschritten wurde.[315] Interessant ist auch der Fall *Raninen vs. Finnland*: Dem Beschwerdeführer

---

309 *Cassese*, in: The European System for the Protection of Human Rights, S. 253.

310 EGMR Urt. v. 21.5.1992, *Klaas vs. Deutschland*, Nr. 15473/89, Rn. 31.

311 EGMR Urt. v. 11.10.2011, *Portmann vs. Schweiz*, Nr. 38455/06.

312 Öffentliches Aufsehen ist von großer Bedeutung, da dies dazu führen kann, dass die Behandlung vom Opfer als erniedrigend empfunden wird.

313 EGMR Urt. v. 12.5.2005, *Öcalan vs. Türkei*, Nr. 46221/99, Rn. 182: Umstände, die eine solche Behandlung notwendig machen können wären z.B. in der Gefährlichkeit des Opfers oder eine Fluchtgefahr.

314 EGMR Urt. v. 5.5.2005, *Öcalan vs. Turkei*, Nr. 46221/99, Rn. 182.

315 EGMR Urt. v. 26.10.2000, *Kudla vs. Polen*, Nr. 30210/96, Rn. 92: *„On the other hand, the Court has consistently stressed that the suffering and humiliation involved must in any event go beyond that inevitable element of suffering or humiliation connected with a given form of legitimate treatment or punishment.“*

wurden vor den Augen der Öffentlichkeit Handschellen angelegt. Der EGMR verneinte in seinem Urteil zwar einerseits die Notwendigkeit dieser Maßnahme. Andererseits befand er auch, dass ein Konventionsbruch mangels Erniedrigungsabsicht seitens der Behörden nicht gegeben sei.[316] Im Fall *X. vs. Schweden*[317] beklagte der Beschwerdeführer, dass ihm von staatlicher Seite die Durchführung eines Vaterschaftsfeststellungsverfahrens untersagt wurde. Diese Behinderung sei zwar unerwünscht, ließe sich aber nicht als unmenschliche Behandlung bezeichnen, so der EGMR. Schließlich wurde Herrn *Hendriks* auch der Zugang zu seinen Kindern versagt. Auch hierin sah die Kommission keine Verletzung des Art. 3 EMRK.[318]

Das *„minimum level of severity"* wurde auch in den folgenden Fallgruppen nicht als erfüllt angesehen:

- Mangel an vegetarischer Kost für Inhaftierte;[319]
- Einsatz von Tränengas, wenn dies keine ernsthaften physischen Probleme verursachte;[320]
- Beschimpfungen eines Inhaftierten;[321]
- Belegung einer Zelle mit Rauchern und Nichtrauchern;[322]
- Durchführung einer rektalen Untersuchung, wenn diese zu einem berechtigten Ziel eingesetzt und mittels einer geeigneten Methode vollzogen wird. Erforderlich sei auch der konkrete Verdacht, dass ein Objekt im After versteckt sei. Denn die mögliche Gefährdung der Menschenwürde stehe hier zentral im Vordergrund;[323]
- Bestellung eines psychiatrischen Gutachtens über den Beschwerdeführer;[324]
- Operation eines Beschuldigten, wenn diese medizinisch notwendig war und ohne Misshandlungsabsicht durchgeführt wurde. Von zentraler Bedeutung sei die Tatsache, dass die Behandlung aus therapeutischen, nicht aus strafprozessualen Gründen ausgeführt wurde. In diesem Fall blieb allerdings unklar, ob die Behandlung in Übereinstimmung mit dem Willen des Beschwerdeführers vollzogen wurde und ob die Be-

316 EGMR Urt. v. 16.12.1997, *Raninen vs. Finnland*, Nr. 20972/92, Rn. 56.
317 EGMR Urt. v. 6.10.1982, *X. vs. Schweden*, Nr. 9707/82
318 Rapport der Kommission v. 8.3.1982, *Hendriks vs. Niederlande*, Nr. 201/1985.
319 EGMR Urt. v. 16.10.2007, *Krowiak vs. Polen*, Nr. 12786/02, Rn. 34.
320 EGMR Urt. v. 6.3.2007, *Ciloglu vs. Türkei*, Nr. 73333/01, Rn. 25-27.
321 EGMR Urt. v. 17.7.2008, *Camdereli vs. Türkei*, Nr. 28433/02, Rn. 25.
322 EGMR Urt. v. 26.11.2009, *Dolenec vs. Kroatien*, Nr. 25282/06, Rn. 235.
323 EGMR Urt. v. 11.12.2003, *Yankov vs. Bulgarien*, Nr. 70204/01, Rn. 41, 47 ff.
324 EGMR Urt. v. 7.5.1981, *X. vs. Deutschland*, Nr. 8334/78.

handlung negative Wirkungen auf den Gesundheitszustand des Beschwerdeführers hatte.[325]

III. Das Verhältnis der drei Kategorien untereinander

Es kann zwischen zwei Gesichtspunkten bezüglich des Verhältnisses der Kategorien des Art. 3 EMRK zueinander unterschieden werden. Eine verbreitete Ansicht lautet, dass Folter sowohl unmenschliche als auch erniedrigende Behandlungen in sich trage. Denn jede unmenschliche Behandlung sei auch notwendigerweise eine erniedrigende Behandlung.[326] Es handele sich um *„konzentrische, sich stets erweiternde Rechtskreise“*.[327] Man müsse die Begriffe des Art. 3 EMRK als verschiedene Stufen einer Leiter sehen, bei der auf der höchsten Stufe die Folter als schwerster Verstoß stehe und auf der untersten Stufe die erniedrigende Behandlung als Ausgangspunkt.[328]

Eine andere Ansicht meint, die obengenannte Theorie fände vielmehr Anwendung auf die Begriffe der unmenschlichen Behandlung und der Folter.[329] Diese Begriffe trenne nur ein gradueller Unterschied, der in der Schwere der Verletzung zu finden sei. Kennzeichnend sowohl für eine unmenschliche Behandlung als auch für Folter sei, dass die Zufügung von *„intensiven körperlichen und seelischen Leiden“*[330] im Vordergrund stehe. Es müssten entweder körperliche Verletzungen oder heftige physische bzw. psychische Leiden verursacht worden sein.[331] Die erniedrigende Behandlung stelle gegenüber den beiden anderen Begriffen eine selbständige Kategorie dar. Sie erfordere nicht das Hervorrufen eines Leidens, sondern ver-

---

325 EGMR Urt. v. 7.10.2008, *Bogumil vs. Portugal*, Nr. 35228/03.

326 *Davy*, in: Menschenrechte in der Bewahrung, S. 185; EGMR Urt. v. 14.12.1959, *Griechenland vs. UK*, Nr. 176/56, (1958-59), 2. Jahrbuch, S. 186.:„*(...) there may be treatment to which all these descriptions apply, for all torture must be inhuman and degrading treatment, and inhuman treatment also degrading.*“

327 *Prosenjak*, Der Folterbegriff nach Artikel 3 EMRK, S. 10, m.w.N.

328 *Evans, ICLQ 2002*, S. 365, 370; *Jerouschek/Kölbel*, JZ 2003, S. 613, 617; *Göllwitzer*, Menschenrechte im Strafverfahren, S. 178; *Treiber*, Die Asylrelevanz, S. 9; *Gomien/Harris/Zwaak*, Law and Practice, S. 106.

329 *Evans, ICLQ 2002*, S. 365, 370; *Jerouschek/Kölbel*, JZ 2003, S. 613, 617; *Göllwitzer*, Menschenrechte im Strafverfahren, S. 178; *Treiber*, Die Asylrelevanz, S. 9; *Gomien/Harris/Zwaak*, Law and Practice, S. 106.

330 *Grabenwarter/Pabel*, EMRK, S. 167.

331 EGMR Urt. v. 29.4.2002, *Pretty vs. UK*, Nr. 2346/02, Rn. 52.

lange stattdessen ein Mindestmaß an Demütigung.[332] Diese zweite Ansicht ist überzeugender: Die einzelnen Definitionen der Begriffe des Artikels 3 zeigen deutlich, dass die erniedrigende Behandlung gänzlich anders konstruiert ist als die übrigen zwei Kategorien und somit keine vergleichbaren Voraussetzungen enthält.

Der EGMR unterscheidet allerdings nicht immer zwischen den Begriffen „unmenschlicher“ und „erniedrigender“ Behandlung. Bisweilen wird eine Behandlung sowohl als erniedrigend, als auch als unmenschlich eingestuft.[333]

IV. Erniedrigende Behandlung

Die Begriffe der unmenschlichen und erniedrigenden Behandlung lassen sich nur schwer definieren. Während dem Folterbegriff eine große Menge an völkerrechtlicher Gesetzgebung, Rechtsprechung und Literatur gewidmet wurde, mussten die Konzepte der unmenschlichen und erniedrigenden Behandlung durch die Konventionsorgane von Grund auf neu entwickelt werden. Mangels anderweitiger Anhaltspunkte waren die Konventionsorgane andererseits weitgehend frei in ihrer Interpretation der Begriffe.[334]

---

332 EGMR Urt. v. 25.4.1987, *Tyrer vs. UK*, Nr. 5856/72; Vgl. *Ovey/White*, ECHR, S. 60: „*If the distinction between torture and inhuman treatment is frequently one of degree, this may not be the case with degrading treatment, which requires the presence of gross humiliation before others or being driven to an act against will or conscience.*“ N.B. Das Wort „*frequently*“ ist sehr passend, da der Unterschied zwischen unmenschlicher Behandlung und Folter nur graduell ist, wenn die unmenschliche Behandlung absichtlich ausgeführt wurde. *Cassese*, in: The European System for the Protection of Human Rights, S. 229: „*Degrading treatment is a category by itself.*“

333 EGMR Urt. v. 26.10.2000, *Kudla vs. Polen*, Nr. 30210/96, Rn. 92: „*(...) has considered to be inhuman because, inter alia, it was premediated, applied for hours at a stretch and caused either actual bodily injury or intense physical or mental suffering. It has deemed to be degrading because it was as such to arouse in the victims feelings of fear, anguish and inferiority, capable of humiliating and debasing them.*“ EGMR Urt. v. 9.6.2005, *I.I. vs. Bulgarien*, Nr. 44082/98; EGMR Urt. v. 20.1.2005, *Mayzit vs. Rusland*, Nr. 63378/00. Vgl. auch EGMR Urt. v. 25.4.1987, *Tyrer vs. UK*, Nr. 5856/72 und EGMR Urt. v. 3.7.2008, *Chamber vs. Russland*, Nr. 7188/03.

334 *Cassese* in: The European System for the Protection of Human Rights, S. 225: „*It stands to reason that the looser the purport of legal rules, the greater is the power of supervisory bodies to authoritatively lay down what those legal rules aim to provide.*“

Der Begriff erniedrigende Behandlung wurde vom EGMR wie folgt definiert:

> „*Where treatment humiliates or debases an individual, showing a lack of respect for, or diminishing, his or her human dignity, or arouses feelings of fear, anguish or inferiority capable of breaking an individual's moral and physical resistance, it may be characterised as degrading and also fall within the prohibition of Article 3.*“[335]

Eine Behandlung wird danach als erniedrigend angesehen, wenn das Opfer in seiner Menschenwürde angegriffen wurde[336] oder wenn die Behandlung das Opfer in seiner Persönlichkeit oder Integrität verletzt hat.[337] Die Europäische Kommission für Menschenrechte definierte den Begriff „erniedrigende Behandlung“ im Griechenlandfall so, dass eine solche dann vorliege, wenn „*it grossly humiliates him before others or drives him to act against his will or conscience.*“[338] Langfristige negative Folgen seien nicht notwendig.[339]

Ausschlaggebend sei vielmehr, wie das Opfer die Behandlung wahrgenommen habe: Weckte sie in ihm Gefühle von Zerbrechlichkeit, Ohnmacht und Verletzung der Ehre?[340] Außerdem müsse auch in gewissem Maße berücksichtigt werden, wie ein objektiver Dritter die Behandlung erlebt hätte.[341] Ein wichtiger Faktor sei, ob die Behandlung darauf abziele,

---

335 EGMR Urt. v. 29.4.2002, *Pretty v. the United Kingdom*, no. 2346/02, Rn. 52; EGMR Urt. v. 26.10.2000, *Kudla vs. Polen*, Nr. 30210/96, Rn. 92.

336 *Meyer-Ladewig*, EMRK Handkommentar, S. 981; EGMR Urt. v. 24.7.2001, *Valasinas vs. Litauen*, Nr. 44558/98, Rn. 102, 117; EGMR Urt. v. 11.12.2003, *Yankov vs. Bulgarien*, Nr. 39084/97, Rn. 104.

337 EGMR Urt. v. 21.2.2011, *G.K.M.S.S. vs. Belgien und Griechenland*, Nr. 30696/09.

338 EGMR Urt. v. 14.12.1959, *Griechenland vs. UK*, Nr. 176/56, (1958-59), 2. Jahrbuch, Rn. 186.

339 EGMR Urt. v. 25.4.1987, *Tyrer vs. UK*, Nr. 5856/72, Rn. 33.

340 EGMR Urt. v. 10.7. 2001, *Price vs. UK*, Nr. 33394/96, Rn. 24-30; EGMR Urt. v. 24.7.2001, *Valasinas vs. Litauen*, Nr. 44558/98, Rn. 117; EGMR Urt. v. 29.4.2002, *Pretty vs. UK*, Nr. 2346/02, Rn. 52; EGMR Urt. v. 28.7.2009; *Rachwalski und Ferenc vs. Polen*, Nr. 47709/99, Rn. 61.

341 Insbesondere wenn die Reaktion des Betroffenen der durchschnittlichen Reaktion eines Dritten in der gleichen Situation nicht ähnelt.

das Opfer zu erniedrigen.[342] Im Fall *Albert und Le Compte vs. Belgien*[343] wurde das Opfer aus dem Register dem Ärztekammer (*„ordre des medicins“*) gelöscht. Diese Behandlung verfolgte jedoch den Zweck das Opfer zu bestrafen, nicht es zu demütigen, sodass der EGMR in konsequenter Anwendung seiner Definition urteilte, dass der Schutzbereich des Art. 3 EMRK nicht betroffen sei.

Essentiell ist, ob das *„minimum level of severity“*, die Eingangsstufe zu Art. 3 EMRK, überschritten wurde. Dies wird, wie besprochen, anhand einer Gesamtbetrachtung aller Einzelumstände des Falles beurteilt. Die *„severity“* muss aber nicht unbedingt in körperlichen Schmerzen liegen: Ein Individuum kann auch auf gravierender Weise demütigt werden, ohne dass dabei körperliche Schmerzen verursacht werden.[344] Eine erniedrigende Behandlung kann nur dann bejaht werden kann, wenn das Maß an Demütigung, das durch die Verhängung oder den Vollzug einer Strafe natürlicherweise hervorgerufen wird, übertroffen wird.[345]

---

342 EGMR Urt. v. 12.5.2005, *Öcalan vs. Türkei*, Nr. 46221/99, Rn. 181; S. 16, http://www.echr.coe.int/LibraryDocs/DG2/HRHAND/DG2-EN-HRHAND-06(2003).pdf (zuletzt abgerufen am 8.7.2015): *„In considering whether a punishment or treatment is "degrading" within the meaning of Article 3, regard should be had as to whether its object is to humiliate and debase the person concerned and whether, as far as the consequences are concerned, it adversely affected his or her personality in a manner incompatible with Article 3. However, the absence of such a purpose cannot rule out a finding of a violation of Article 3.“*

343 EGMR Urt. v. 10.2.1982, *Albert und Le Compte vs. Belgien*, Nr. 7299/75, 7496/76.

344 *Wenz*, Forschung mit einwilligungsfähigen Personen, S. 59.

345 Die durch die Behandlung verursachten Leiden oder Erniedrigungen müssen über das unvermeidliche, einer Bestrafung für gewöhnlich innewohnende Maß an Erniedrigung hinausgehen. *Frowein/Peukert, Europäische Menschenrechtskonvention*, S. 48; *Bank*, in: EMRK/GG Konkordanzkommentar, S. 493; *Haefliger/Schürmann*, Die EMRK und die Schweiz, S. 63; EGMR Urt. v. 7.7.1989, *Soering vs. UK*, Nr. 14038/88, Rn. 100; EGMR Urt. v. 25.3.1993, *Costello-Roberts vs. UK*, Nr. 13134/87, Rn. 30; EGMR Urt. v. 16.12.1997, *Raninen vs. Finnland*, Nr. 20972/92; EGMR Urt. v. 9.6.1998, *Tekin vs. Türkei*, Nr. 22496/93; EGMR Urt. v. 26.10.2000, *Kudla vs. Polen*, Nr. 30120/96, Rn. 92; EGMR Urt. v. 20.1.2005, *Mayzit vs. Rusland*, Nr. 63778/00, Rn. 36.

1. Erniedrigende Bestrafungen: *Tyrer vs. UK*, *Costello-Roberts vs. UK*, *Warwick vs. UK*, *Y vs. UK*

Der Sachverhalt im Fall *Tyrer*[346] wurde im Teil *„margin of appreciation"* schon kurz besprochen. Es stellte sich in diesem Fall jedoch nicht nur die Frage nach der Berücksichtigung gesellschaftlicher Besonderheiten auf der Insel Man, sondern auch nach der erniedrigenden Qualität der durchgeführten Behandlung. Beschwerdeführer war ein 15-jähriger Bürger der Insel Man, der wegen Körperverletzung von einem Jugendgericht verurteilt wurde. Die Strafe, bestehend aus drei Birkenrutenschlägen auf das entblößte Gesäß, wurde von dem auf der Insel Man zuständigen Gericht angeordnet und in einer Polizeidienststelle vollzogen. Der Beschwerdeführer war vor der Durchführung von einer Ärztin untersucht worden und sein Vater war beim Vollzug der Strafe anwesend.

Der EGMR stufte die Behandlung als erniedrigend ein, obwohl sie auf einer gesetzlichen Grundlage beruhte.[347] Nach englischem Recht war es Lehrern erlaubt, körperliche Züchtigungen aufzuerlegen und zu vollziehen. Auch den Eltern stand per Gesetz ein derartiges Züchtigungsrecht zu.[348]

Der EGMR urteilte, dass es sich um richterlich angeordnete und durch eine staatliche Stelle ausgeübte Gewalt gehandelt habe. Ins Gewicht fiel außerdem, dass die Beamten, die die Strafe vollzogen, dem Beschwerdeführer unbekannt waren und dass die Aura des behördlichen Verfahrens eine einschüchternde Qualität erzeugt habe. Auch sei zwischen der Urteilsverkündung und dem tatsächlichen Vollzug der Strafe ein erheblicher Zeitraum vergangen, sodass *Tyrer* auch durch das Warten psychische Schmerzen erlitten habe.[349]

---

346 EGMR Urt. v. 25.4.1987, *Tyrer vs. UK*, Nr. 5856/72.

347 Und etwa 50% der lokalen Bevölkerung zu jener Zeit dafür waren, die Prügelstrafe grundsätzlich beizubehalten:

348 Sowohl Lehrern als auch Eltern war körperliche Züchtigung jedoch nur erlaubt, wenn die Bestrafung als *„reasonable"* anzusehen war. Die Erlaubnis für Lehrer wurde 1986 aus dem Gesetz gestrichen.

349 Essentiell war in den Augen des Gerichtshofs, dass es sich um staatlich institutionalisierte Gewalt handelte und, dass das erforderliche Mindestmaß an Schwere der Leiden erreicht wurde. Der Verletzung der Menschenwürde an sich kam keine ausgeprägte Rolle zu, sie wurde lediglich als zusätzlicher Umstand gewürdigt. Vgl. *Pösl*, Das Verbot der Folter in Art. 3 EMRK, S. 168.

Ein ganz anderes Bild zeichnet jedoch der Fall *Costello-Roberts vs. UK* aus 1993.[350] Der zur Tatzeit 7-jährige Beschwerdeführer aus England, wurde zur Strafe drei Mal mit der Gummisohle eines Schuhs auf das Gesäß geschlagen. Die Strafe wurde vom Rektor seiner Schule drei Tage nach ihrer Anordnung vollzogen. Die Züchtigung erfolgte als gängige Strafe für ein von *Costello-Roberts* begangenes Vergehen, obgleich der Junge erst seit 5 Wochen Schüler auf dieser Schule war. Der EGMR sah in dieser Behandlung keine Verletzung des Art. 3 EMRK, da das Mindestmaß an Demütigung, die Üblicherweise mit der Auferlegung einer Strafe verknüpft ist, nicht überschritten wäre.

Die Richter *Ryssdal*, *Vilhjalmsson*, *Matscher* und *Wildhaber* schlossen sich der Entscheidung des Gerichts in diesem Fall nicht an. Eine derartige Bestrafung wäre allenfalls dann zulässig, wenn der Lehrer oder Rektor den Beschwerdeführer unmittelbar im Anschluss an sein Vergehen bestraft hätte. Der Zeitraum von drei Tagen zwischen Vergehen und Bestrafung sei jedoch inakzeptabel. Außerdem sei das junge Alter des Kindes ein erschwerender Faktor. Der Rektor habe ein unsicheres und eingeschüchtertes Kind geschlagen. Die Richter machten darauf aufmerksam, dass Prügelstrafen in den meisten europäischen Staaten bereits aus dem Gesetz gestrichen seien und als unzulässig angesehen wurden. Dies mache die Prügelstrafe an Privatschulen in Großbritannien, wo diese Strafen aufgrund der Gesetzeslage noch rechtmäßig angewandt würden, zusätzlich erniedrigend.

Der EGMR erkannte zwischen diesem Fall und dem Fall *Tyrer* einen klaren Unterschied: Im Fall *Costello-Roberts* habe es sich um die Bestrafung eines 7-jährigen Kindes entsprechend den gängigen Regeln seiner Schule gehandelt. Die Strafe wurde schon drei Tage nach ihrer Verhängung vom Rektor vollzogen, es war sonst niemand anwesend. *Tyrer* hingegen war zur Zeit der Bestrafung 15 Jahre alt. Er wurde von einem Jugendgericht verurteilt und seine Strafe wurde erst drei Wochen später vollzogen, indem zwei Polizeibeamte ihn festhielten und ein Dritter die Bestrafung durchführte.

Eine Erklärung für die unterschiedlichen Ergebnisse in beiden Fällen könnte in der Vollzugsperson zu sehen sein. In *Tyrer vs. UK* wurde die Prügelstrafe von einem Polizisten vollzogen, nachdem sie von einem staatlichen Gericht auferlegt worden war. Der Sachverhalt im Fall *Costello-Roberts vs. UK* spielte sich dagegen nur innerhalb der Schule ab. Eine staatliche Instanz war hier nie involviert. Für die Handhabung eines Falles vor dem EGMR mag es „einfacher" sein, einen Staat für ein Fehlverhalten zu bestrafen, das direkt durch staatliche Stellen ausgeübt wird. Schwieriger er-

350 EGMR Urt. v. 25.3.1993, *Costello-Roberts vs. UK*, Nr. 13134/87.

scheint es, wenn eine Privatperson die verletzende Handlung vornimmt, der Staat hiervon aber Kenntnis hätte haben müssen, so wie im Fall *Costello-Roberts*[351] Eine solche Betrachtungsweise steht jedoch in krassem Widerspruch zu einer effektiven Durchsetzung des Rechts, das nach Art. 3 EMRK absolut zu gewährleisten ist. Vertragsstaaten sollten sicherlich für Behandlungen, die sich in ihrem Hoheitsgebiet abspielen, zur Verantwortung gezogen werden können. Es sollte hierbei irrelevant sein, ob sich der Sachverhalt auf einer staatliche oder eine Privatschule abgespielt hat.

Außerdem kann vertreten werden, dass der EGMR die Behandlung, die gegenüber *Tyrer* ausgeführt wurde, als konventionswidrig ansah, im Gegensatz zu der, die gegenüber *Costello-Roberts* vollzogen wurde, da die Situation und damit die Bedrohung der Menschenrechte im Fall *Tyrer* gravierender war als im Fall *Costello-Roberts*: Die bei *Tyrer* verursachte Leiden wären von gravierender Art als die, die bei *Costello-Roberts* hervorgerufen wären. Diese zweite Antwort ist im Lichte der Kritik auf der ersten Antwort befriedigender.

Im Fall *Warwick vs. UK*[352] aus 1986, der nur von der Kommission beurteilt wurde, wurde eine 16-jährige Schülerin beim Rauchen ertappt. Als Strafe erhielt sie einen Stockschlag auf die Hand. Beim Vollzug dieser Strafe waren der Direktor, der stellvertretende Direktor und eine Mitschülerin anwesend. Die Strafe hatte Schmerzen und einen Bluterguss zur Folge. Die Kommission befand, es habe sich bei dieser Bestrafung um eine erniedrigende Behandlung gehandelt. Entscheidender Faktor war, dass es sich hier handelte um ein 16-jähriges Mädchen, *„a woman of marriable age"*, das von einem Mann auf nicht triviale Weise verletzt wurde: Der Bluterguss blieb länger als eine Woche sichtbar.[353]

Der Sachverhalt des Falles *Costello-Roberts* weicht erheblich von dem im *Warwick* Fall ab, da Schläge auf das Gesäß mit einem Gummischuh im Allgemeinen weniger peinlich sind als ein Stockschlag auf die Hand.[354] Fraglich ist aber, ob ein Unterschied bezüglich der Schmerzen oder Verletzungen darüber entscheiden sollte, ob eine Behandlung als erniedrigend einzustufen ist. Denn ein höheres Maß an Schmerzen oder der Existenz von Verletzungen bedeutet nicht automatisch, dass die Behandlung aus der Sicht des Opfers auch herabsetzender oder entwürdigender war.

351 *Addo/Grief*, EJIL 1998, S. 510, 518.

352 Rapport der Kommission vom 18.7.1986, *Warwick vs. UK*, D.R. 60.

353 Rapport der Kommission vom 18.7.1986, *Warwick vs. UK*, S. 16.

354 Hier kann auf die bei *Costello-Roberts* nicht-hervorgerufene, und bei *Warwick* verursachte körperliche Verletzungen abgestellt werden.

Wichtiger ist, dass im Fall *Costello-Roberts* nur der Direktor der Schule anwesend war. Im Fall *Warwick* aber wurden gleich drei Personen Zeuge des Geschehens, u.a. eine Mitschülerin des Opfers. Diese Tatsache dürfte den erniedrigenden Charakter der Behandlung verstärkt haben. Die Sache wurde nicht an den EGMR verwiesen, da das Vereinigte Königreich dies aus politischen Gründen - insbesondere nach dem Urteil im Fall *Costello-Roberts* - vermeiden wollte. Denn es war absehbar, dass der EGMR sich nicht nur zur Frage einlassen würde, ob in diesem Fall eine erniedrigende Behandlung vorgelegen habe, sondern auch darüber befinden würde, ob die Verhängung von Prügelstrafen an Schulen allgemein als erniedrigend kategorisiert werden müsste und als Folge ggf. eine Pflicht zur Einstellung dieser Praxis auferlegen würde.

Nach der Mindermeinung der Richter *Schermers*, *Batliner*, *Vandenberghe* und *Hall* hätte auch im Fall *Warwick* keine Verletzung von Art. 3 EMRK festgestellt werden dürfen. Die Behandlung sei zwar verabscheuungswürdig und habe bei dem Opfer Schmerzen und ein Gefühl von Demütigung hervorgerufen. Die Behandlung habe aber nicht das *„minimum level of severity"* erreicht, da die Demütigung nicht das Maß an Demütigung überschritten habe, das jede Bestrafung notwendigerweise hervorrufe.[355] Die Richter warnten vor einer Abschwächung des Art. 3 EMRK, wenn derartige Behandlungen bereits als Verletzung eingestuft würden. Wenn weniger gravierende Behandlungen geeignet wären, eine Verletzung des Art. 3 EMRK zu bewirken, würde die ernsthafte Natur dieses Artikels gemindert.[356]

Casesse argumentiert überzeugend, dass es keinerlei kodifizierte Grundlage für die Behauptung gebe, dass Art. 3 EMRK nur bei sehr grausamen Behandlungen anwendbar sei.[357] Obwohl das *„minimum level of severity"*-Erfordernis nicht ohne Nutzen sei - schlichtweg unerwünschte, verab-

---

355 Rapport der Kommission vom 18.7.1986, *Warwick vs. UK*, S. 21, abweichende Meinungen *Schermers*, *Batliner*, *Vandenberghe* und *Hall*: *„There might be to some extent two dangers in weakening the protection of Article 3. The one would be to interpret it too flexibly in following changing social and political conditions which would result in the adverse effect that in difficult times the Article might lose a great deal of its protection. The other risk consists in overloading the content and of amplifying the Article with matters of a lesser degree of severity and thus weakening the very serious nature of a breach of Article 3. In the Tyrer judgment the Court held that "in order for a punishment to be 'degrading' and in breach of Article 3, the humiliation or debasement involved must attain a particular level" (l.c., p. 15 para 30). In our view this particular level is not reached in the present case."*

356 Rapport der Kommission vom 18.7.1986, *Warwick vs. UK*, S. 21.

357 *Cassese*, in: The European System for the Protection of Human Rights, S. 256.

scheuungswürdige Behandlungen, die lediglich Unwohlsein beim Opfer hervorrufen, sollten nicht in den Anwendungsbereich des Folterverbots fallen -, dürften an dieses Erfordernis auch keine zu hohen Anforderungen in dem Sinne gestellt werden, dass nur sehr ernsthafte, fast barbarische Behandlungen die Bezeichnung „unmenschliche Behandlung" verdienten. In diesem Zusammenhang sind auch die Vorarbeiten zu Art. 3 EMRK und insbesondere die Rede von Sir *Maxwell-Fyfe* sehr aufschlussreich. Er machte die Kommission darauf aufmerksam, dass die explizite Aufnahme von Beispielen von Folteranwendungen ungewünscht sei, um zu gewährleisten, dass zukünftig nicht nur die barbarischen Behandlungsarten, die als Beispiele vorgeschlagen wurden, als Art. 3-widrig eingestuft werden könnten. [358]

Der Gerichtshof sollte explizit klarstellen, dass nicht nur sehr grauenhafte Behandlungen Art. 3 EMRK verletzen können und, dass das *„minimum level of severity"*-Kriterium keine äußerst grausame Misshandlung erfordert. Unklar ist, woher die zweifelhafte Annahme überhaupt kommt, dass Art. 3 EMRK nur in äußerst abscheulichen, furchtbaren Situationen gewährleistet werden muss, nicht aber, wenn subtilere Manifestationen von Unmenschlichkeit oder Erniedrigung festgestellt werden. Denkbar wäre, dass die Annahme ihren Ursprung im Spannungsverhältnis zwischen der extensiven Auslegung der Konventionsbegriffe und der Souveränität der EMRK-Staaten findet. Selbstverständlich ist die Akzeptanz der Rechtsprechung des EGMR und die Befolgung seiner Urteile durch die Mitgliedstaaten für die Umsetzung der Konvention von Bedeutung. Der Wunsch nach Akzeptanz darf jedoch nicht auf Kosten einer unabhängigen, konsequenten und europaweit geltenden Rechtsprechung erfüllt werden. *Cassese* bemerkt, dass auch nicht sicher sei, dass die Vertragsstaaten sich heftig gegen eine Ausweitung des Art. 3 EMRK aussprechen würden. Es zeige sich vielmehr, dass die Staaten heutzutage vehementer gegen Misshandlungen vorgehen wöllten.[359] Dieser gesteigerte Widerstandswille zeige sich u.a. in der Schaffung der Europäischen Konvention zur Verhütung von Folter und unmenschlicher, erniedrigender Behandlung oder Strafe, in Kraft getreten in Februar 1989, sowie in der Errichtung des Europäischen Komitees zur Ver-

358 Vgl. Teil A.V. „Vorarbeiten zu Art. 3 EMRK". *ECHR, Preparatory Works, S. 5,* Sir Maxwell-Fyfe: *„If in this introductory paragraph we were to pick out one of the freedoms and include a special provision with regard to it, it would not only throw out of balance our whole draft, but it might, by the inclusion of this serious point, make weaker and throw doubt upon the other points which are not specifically mentioned."*

359 *Cassese*, in: The European System for the Protection of Human Rights, S. 258, 259.

hütung von Folter und unmenschlicher, erniedrigender Behandlung oder Strafe (CPT) im Jahr 1987. Hieraus könnte gefolgert werden, dass die Staaten auch dazu bereit wären, den Anwendungsbereich des Art. 3 EMRK in dem Sinne auszuweiten, dass auch subtilere, weniger grauenhafte Misshandlungen von der Norm erfasst wären.

Die ehemals angewandten, fast mittelalterlichen Methoden, die ohne Weiteres unter Art. 3 EMRK subsumiert werden konnten,[360] wurden in neuerer Zeit mit zunehmender Professionalität der Strafverfolgungsbehörden von wissenschaftlich entwickelten und sorgfältig geplanten modernen Vernehmungsmethoden abgelöst, die mittels einer Kumulation verschiedener, sowohl körperlicher als auch mental wirkender Behandlungen den Willen ihres Opfers brechen, ohne Spuren zu hinterlassen.[361] Die Misshandlungsmethoden sind heute physisch weniger schmerzhaft, weniger auffällig, aber weitaus effektiver.[362] Wenn der Anwendungsbereich des Art. 3 EMRK nicht angepasst werden darf, um auch solche, die Menschenwürde verachtende Behandlungen als Verletzung des Art. 3 EMRK anzusehen, dann kann den Bürgern der Vertragsstaaten kein effektiver, umfassender Menschenrechtsschutz geboten werden.

Der Fall *Y. vs. UK*[363] wurde 1992 vor dem Gerichtshof gütlich beigelegt. Im zugrunde liegenden Sachverhalt hatte der Schüler einer Privatschule den Ordner eines Mitschülers zerfetzt. Der 15-jährige Täter wurde hierfür mit vier kräftigen Stockschlägen auf das Gesäß bestraft. Der EGMR entschied, dass der Staat auch für solche Vorfälle verantwortlich sei, die sich an Privatschulen abspielten[364] Schullehrer die an Privatschulen tätig sind, übten nach Ansicht des EGMR eine Rolle, vergleichbar mit der Rolle der

360 *Falvey/Eck*, Cam. LR 2010, S. 561, 572, m.w.N.: „*Accordingly, the techniques forbidden by the Convention on Torture are only likely to be employed by unsophisticated agents.*"

361 Da die modernen Foltermethoden keine - oder nur wenige - sichtbare Spuren hinterlassen, werden sie auch unter dem Namen „*clean torture*" zusammengefasst: *Waldron*, IHR 2010, S. 584 ff.

362 Vgl. C.V.2.b Teil „moderne Folter".

363 EGMR Urt. v. 29.10.1992, *Y. vs. UK*, Nr. 14229/88.

364 EGMR Urt. v. 29.10.1992, *Y. vs. UK*, Nr. 14229/88: „*The Commission also notes that the State obliges parents to educate their children, or have them educated in schools, and that the State has the function of supervising educational standards and the suitability of teaching staff even in independent schools. Furthermore, the effect of compulsory education is that parents are normally obliged to put their children in charge of teachers. If parents choose a private school, the teachers assume the parental role in matters of discipline under the national law while the children are in their care, by virtue of the "in loco parentis" doctrine. In these circumstances the Commission con-*

Eltern aus, so dass der Staat dafür sorg zutragen habe, dass Schülern von diesen Lehrern nicht auf Art. 3-entgegenstehende Weise behandelt werden. Er war der Ansicht, dass der Schüler durch die Schläge vom Direktor schikaniert worden war. Die Behandlung stelle eine vergleichbare Qual dar wie diejenige, die der Schüler durch seine Tat bei seinem Mitschüler hervorgerufen hatte. Da die Sache gutlich beigelegt wurde,[365] legte der Gerichtshof lediglich fest, dass der Staat dem Opfer eine Summe von 8000 Pfund zu zahlen habe, ohne gleichzeitig eine Konventionsverletzung festzustellen.

In *Campbell* & *Cosans vs. UK*[366] klagten die Mütter zweier Schüler staatlicher Schulen, in denen Prügelstrafen angewandt wurden, mit dem Ziel feststellen zu lassen, dass bereits die Androhung einer Prügelstrafe als erniedrigende Behandlung im Sinne des Art. 3 EMRK zu qualifizieren sei. Zu dieser Zeit räumte das *„common law"*-System Lehrern noch das Recht ein, Schüler mit körperlichen Schmerzen zu bestrafen, solange dieses Recht nicht auf exzessive, willkürliche oder grausame Weise missbraucht wurde.

Sowohl die Kommission als auch der EGMR waren der Ansicht, dass Art. 3 EMRK in diesem Fall nicht als verletzt anzusehen sei. *Gordon Campbell* und *Jeffrey Cosans* wurden tatsächlich nicht misshandelt, da an ihnen keine Prügelstrafe vollzogen wurde. Der EGMR nutzte dennoch die Gelegenheit, um zu verdeutlichen, dass die unmittelbare Androhung einer nach Art. 3 EMRK verbotenen Behandlung grundsätzlich geeignet sei, eine Konventionsverletzung zu begründen. Konkreter wurde erklärt, dass die Androhung einer Foltermaßnahme als unmenschliche Behandlung gesehen werden könne.[367] Obwohl die Existenz der Prügelstrafe in einer Schule geeignet sei, ein bestimmtes Maß an Furcht bei den Schülern hervorzurufen, stellte der Gerichtshof auch klar, dass dieses Maß an Furcht im Falle von *Campbell* und *Cosans* noch nicht gravierend genug gewesen sei, um den Anwendungsbereich des Art. 3 EMRK zu eröffnen. Die beiden Schüler hätten nicht so stark unter der abstrakten Androhung einer Prügelstrafe

---

siders that the United Kingdom has a duty under the Convention to secure that all pupils, including pupils at private schools, are not exposed to treatment contrary to Article 3 (Art. 3) of the Convention."

365 Art. 15 des Protokolls 14 zur EMRK lautet: *„If a friendly settlement is effected, the Court shall strike the case out of its list by means of a decision which shall be confined to a brief statement of the facts and of the solution reached."*

366 EGMR Urt. v. 25.2.1982, *Campbell & Cosans vs. UK*, Nr. 7511/76, 7743/76.

367 EGMR Urt. v. 25.2.1982, *Campbell & Cosans vs. UK*, Nr. 7511/76, 7743/76, Rn. 26.

gelitten, als dass von unmenschlicher Behandlung die Rede sein könnte.[368] Die bei den Schülern freigesetzten Angstgefühle seien von gänzlich anderer Qualität als die Gefühle, die notwendig seien, um eine erniedrige Behandlung zu begründen.[369]

2. Diskriminierung als erniedrigende Behandlung

Auch Diskriminierung kann eine erniedrigende Behandlung darstellen. Dies ist dann der Fall, wenn ein Opfer hinsichtlich seiner Position, seines Ranges oder seines Rufes gedemütigt oder herabgesetzt wird. Ausschlaggebend ist hierbei wieder das Maß an Demütigung aus Sicht des Opfers und in den Augen anderer Menschen.[370] Im Fall *Abdulaziz*, *Cabales* und *Balkandali vs. UK*[371]wurde darüber Beschwerde geführt, dass für Männer andere Regeln galten als für Frauen: Die Ehemänner der Beschwerdeführern wurde den Erlaubnis versagt bei ihnen zu bleiben bzw. zu ihnen zu ziehen, in einer umgekehrten Situation wäre es den Frauen jedoch erlaubt gewesen zu ihren Ehemännern zu ziehen. Diese unterschiedliche Behandlung erfolgte jedoch in Übereinstimmung mit der britischen Immigrationspolitik, sodass die Behandlung nicht angewandt wurde, um die Betroffenen herabzusetzen. Ein Verstoß gegen Art. 3 EMRK wurde vom EGMR verneint.

Interessant ist auch der Fall *East African Asians vs. UK*.[372] In Ostafrika leben noch heute viele Menschen asiatischer Herkunft. Dieser Umstand rührt aus der Zeit, als die Briten viele asiatische Arbeiter in ihre Kolonie Ostafrika verbrachten. Nachdem Ostafrika selbständig wurde behielt ein Teil der Einwohner die britische Staatsbürgerschaft. Als einige Jahre später die asiatischen Bewohner Ostafrikas verfolgt wurden, zogen viele zurück in das Vereinigte Königreich. Hier erließ aber das Parlament ein Gesetz, das

---

368 EGMR Urt. v. 25.2.1982, *Campbell & Cosans vs. UK*, Nr. 7511/76, 7743/76, Rn. 27.

369 EGMR Urt. v. 25.2.1982, *Campbell & Cosans vs. UK*, Nr. 7511/76, 7743/76, Rn. 30.

370 *Wenz*, Forschung mit einwilligungsfähigen Personen, S. 59.

371 EGMR Urt. v. 28.5.1985, *Abdulaziz, Cabales u. Balkandali vs. UK*, Nr. 9214/80, 9473/81, 9474/81.

372 Rapport der Kommission von 14.12.1973, *East African Asians vs. UK*, Nr. 4403/70, 4404/70, 4405/70, 4406/70, 4407/70, 4408/70, 4409/70, 4410/70, 4411/70, 4412/70, 4413/70, 4414/70, 4415/70, 4416/70, 4417/70, 4418/70, 4419/70, 4422/70, 4423/70, 4434/70, 4443/70, 4476/70, 4477/70, 4478/70, 4486/70, 4501/70, 4526/70, 4527/70, 4528/70, 4529/70, 4530/70, S. 5, 57.

diesen asiatischen Ostafrikanern britischer Nationalität das Recht nahm, in das Vereinigte Königreich einzureisen. Diese Behandlung wurde vom EGMR als erniedrigende Behandlung angesehen.

Des Weiteren muss auf den Fall *Marckx vs. Belgien* hingewiesen werden.[373] Die Beschwerdeführerin, Frau *Marckx*, gebar im Jahr 1973 eine Tochter. Da sie unverheiratet war und deswegen nach nationalem Recht keine legale Verbindung zwischen ihr und ihrer Tochter bestand, wurde sie zum Zwecke der Herstellung dieser Verbindung gezwungen, entweder die Mutterschaft anzuerkennen oder das Kind zu adoptieren. Auch wenn auf diese Weisen eine legale Verbindung zwischen Mutter und Tochter geschaffen wurde, erhielt das Kind dennoch weniger Erbrechte als den Kindern einer verheirateten Mutter zugestanden hätten. Diese rechtlichen Nachteile wurden vom EGMR nicht als Verletzung des Art. 3 EMRK eingestuft;[374] eine Begründung für diese Entscheidung wurde nicht gegeben. Eine mögliche Erklärung für das Fehlen einer Begründung könnte darin liegen, dass die Kommission sich mit einer Verletzung des Art. 3 EMRK nicht weiter beschäftigte, da bereits eine Verletzung des Art. 8 in Verbindung mit Art. 14 festgestellt worden war. *Cassese* empfahl dem EGMR daraufhin, in Zukunft darauf zu verzichten, Urteile ohne Begründung zu erlassen.[375] Grundsätzlich darf die Begründung in bestimmten Art. 3-Fällen etwas kürzer ausfallen, z.B. wenn die Anwendung einer „klassischen" Foltermethode bejaht wird, da dieser Terminus die Foltereigenschaft bereits impliziert.

Wie bereits erwähnt, stellt das Absichtskriterium bei der erniedrigenden Behandlung kein unabdingbares Erfordernis dar. Als Beispiele absichtsloser, erniedrigender Behandlungen gelten z.B. die Fälle, in denen der Staat schlechte Haftbedingungen unverändert fortdauern lässt. Im Fall *Peers*[376] stellte der EGMR ausdrücklich fest, dass ein fehlender Demütigungsabsicht die Ermittlung einer erniedrigenden Behandlung nicht zwangsläufig ausschließe. Der EGMR hält es in ständiger Rechtsprechung für ausreichend, wenn der Betroffene sich in *seinen Augen* herabgesetzt fühlt.[377] Ausschlaggebend ist kurzum nicht das Vorhaben der behandelten Person, son-

---

373 EGMR Urt. v. 13.6.1979, *Marckx vs. Belgien*, Nr. 6833/74.

374 EGMR Urt. v. 13.6.1979, *Marckx vs. Belgien*, Nr. 6833/74, Rn. 66.

375 *Cassese*, in: The European System for the Protection of Human Rights, S. 225 ff.: Als Beispiel solcher unerwünschten, nicht hinreichend begründeten Urteile nennt er u.a. den Fall *Van Volsen*, Komm. Urt. v. 9.5.1990, *van Volsen (Francine) vs. Belgien*, Nr. 14641/89.

376 EGMR Urt. v. 19.4.2001, *Peers vs. Griechenland*, Nr. 28524/95.

377 EGMR Urt. v. 27.9.1999, *Smith and Grady vs. UK*, Nr. 33985/96, Rn. 120.

dern die Wirkung, die die Behandlung auf das Opfer hat.[378] Es zählt die Erheblichkeit des Eingriffs auf die Integrität des Opfers.[379]

3. Zwischenergebnis

Um den erniedrigenden Charakter einer Behandlung zu beurteilen, muss in erster Linie auf die Erfahrungswelt des Opfers eingegangen werden. Außerdem sollte die hypothetische Erfahrungswelt eines objektiven Dritten in Betracht gezogen werden. Obwohl eine Erniedrigungsabsicht ein wichtiges Indiz dafür sein kann, dass eine Verletzung des Art. 3 EMRK vorliegt, kann eine erniedrigende Behandlung auch ohne Erniedrigungsabsicht gegeben sein. Obwohl anerkannt wurde, dass die *„minimum level of severity“*-Formel von Bedeutung ist, um banale Behandlungen aus dem Anwendungsbereich des Art. 3 EMRK auszuschließen, darf sie nicht so streng interpretiert werden, dass nur fast barbarische Behandlungen von der Norm erfasst sind. Den Vorarbeiten und dem Ziel und Zweck der Konvention lässt sich entnehmen, dass eine solche Auslegung nicht gewollt ist. Auch subtilere Entfaltungen von Erniedrigung oder Unmenschlichkeit müssen erfasst sein. Obwohl die Akzeptanz der EMRK-Staaten ein notwendiger Bestandteil des Konventionssystems ist, darf dem nicht derartig großes Gewicht beigemessen werden, dass der Gerichtshof seine Rolle als unabhängiges Rechtsprechungsorgan, nicht mehr effektiv ausüben kann. Außerdem kann festgehalten werden, dass Staaten immer stärker gegen Misshandlungen vorgehen möchten und damit auch „leichtere“ Misshandlungen – wie sie bspw. bei modernen Vernehmungsmethoden zu finden sind – unter das Folterverbot fassen würden.

Wenn eine Diskriminierung das Opfer hinsichtlich seines Rufes, seines Ranges oder seiner Position herabsetzt, kann sie als erniedrigende Behandlung kategorisiert werden.

---

378 *Van Dijk/Van Hoof/Van Rijn/Zwaak*, Theory and Practice of the ECHR, S. 418.

379 *Esser*, EMRK/IBPR, S. 381; EGMR Urt. v. 18.1.1978, *Irland vs. UK*, Nr. 5310/71; EGMR Urt. v. 20.3.1991, *Cruz Varas u.a. vs. Schweden*, Nr. 15576/89,

V. Unmenschliche Behandlung

> *„The notion of inhuman treatment covers at least such treatment as deliberately causes severe suffering, mental of physical, which, in the particular situation is unjustifiable.“*[380]

Aus dieser Ansatz Definition lassen sich einige Voraussetzungen destillieren. Eine unmenschliche Behandlung wird im Regelfall absichtlich durchgeführt. Dieses Absichtskriterium ist jedoch abdingbar: Es gibt einige Fallgruppen, bei denen das Vorliegen einer unmenschlichen Behandlung bejaht wurde, ohne dass eine dahingehende Absicht festgestellt werden konnte.[381] Eine unmenschliche Behandlung verursacht schwere Leiden. Diese Leiden können sowohl physischer als auch psychischer Natur sein.[382] Der Verweis auf das Fehlen einer Rechtfertigungsmöglichkeit ist selbstredend.

1. Der Griechenland-Fall

Am Morgen des 21. April 1967 fand in Athen ein Militärputsch statt. Eine Gruppe von Generälen übernahm die Herrschaft und setzte zeitweise die Demokratie in Griechenland außer Kraft. Das Parlament wurde geschlossen, politische Parteien aufgelöst, die Presse wurde zensuriert, sowie viele Journalisten und Politiker inhaftiert und systematisch gefoltert. Sowohl die skandinavischen Regierungen als auch die niederländische Regierung wandten sich an die Kommission und rügten, dass der griechische Staat Art. 3 EMRK verletzt habe.

Die Kommission antwortete, dass eine unmenschliche Behandlung i.d.R. die absichtliche Zufügung schwerer körperlicher oder seelischer Leiden bzw. Schmerzen verlange und im Lichte der Umstände des Falles nicht zu rechtfertigen sei.[383] Im Fall *Irland vs. UK*[384] führte die Kommission diese Definition weiter aus und merkte an, dass der Verweis auf eine Rechtferti-

---

380 EGMR Urt. v 14.12.1959, *Griechenland vs. UK*, Nr. 176/56, (1958-59), 2. Jahrbuch, Rn. 186, Definition der Kommission.

381 Vgl. Teil C.VI.2. „Stigma“.

382 Griechenland-Fall, Jahrbuch der Europäischen Konvention für Menschenrechte 1969, S. 461: *„Non-physical torture (is) the infliction of mental suffering by creating a state of anguish and stress by means other than bodily assault.“*

383 EGMR Urt. v 14.12.1959, *Griechenland vs. UK*, Nr. 176/56, (1958-59), 2. Jahrbuch, Rn. 186, Definition der Kommission.

384 EGMR Urt. v. 18.1.1978, *Irland vs. UK*, Nr. 5310/71.

gungsmöglichkeit nicht so aufgefasst werden dürfe, dass eine unmenschliche Behandlung in bestimmten Fälle zulässig sei. Art. 3 EMRK sei notstandsfest, wie es u.a. in Art. 15 Abs. 2 eindeutig kodifiziert sei.

Die Kommission kam im Griechenland-Fall zu dem Schluss, dass in verschiedenen Einzelfällen tatsächlich Folter oder eine unmenschliche Behandlung angewandt worden sei und dass diese *„practice of torture and ill-treatment“*[385] entweder von der Athener Sicherheitspolizei ausgeführt oder zumindest geduldet worden war.

2. *Irland vs. UK*

Dieser Fall drehte sich um die Verleihung spezieller Befugnisse an dem Britischen Armee,[386] welche diesen befähigten, Personen ohne vorheriges Verfahren im Rahmen der Bekämpfung terroristischer Angriffe, die von Mitgliedern der IRA und damit verwandten Gruppierungen in Nord-Irland ausgeführt wurden, zu verhaften. Die damit einhergehende Einschränkung des Art. 5 EMRK (Recht auf Freiheit und Sicherheit) wurde nach Ansicht der britischen Regierung durch die Anwesenheit einer *„public emergency threatening the life of the nation“* (Art. 15 Abs. 1 EMRK) gerechtfertigt. Die Republik Irland wandte sich an den EGMR und warf der britischen Regierung u.a. eine Verletzung des Folterverbots vor. Die beklagten Behandlungen, die vom britischen Sicherheitsdienst und der *Northern Irish Royal Ulster Constabulary* angewandt wurden, sind als „die fünf Techniken“ bekannt geworden. Diese umfassen:

1. *„Wall-standing“*: Die Opfer werden dazu gezwungen, stundenlang in einer sogenannten *„stressposition“* zu stehen, Füße und Hände weit auseinander, die Finger weit über dem Kopf gegen die Mauer gedrückt.
2. *„Hooding“*: Den Opfern werden dunkle Kapuzen über den Kopf gezogen, die nur während der Vernehmungen abgenommen werden.
3. *„Subjection to noise“*: Die Opfer befinden sich in einem Raum, der mit einem lauten, pfeifenden Geräusch beschallt wird.
4. *„Deprivation of sleep“*: Den Opfern wird der Schlaf verweigert.
5. *„Deprivation of food and drink“*: Wasser und Nahrungsmittel werden herabgesetzt.

Nachdem bekannt wurde, wie die Verhöre durchgeführt wurden, setzte die britische Regierung das *Compton* Komitee unter Leitung von Sir *Edmund*

385 *Van Dijk/Van Hoof/Van Rijn/Zwaak*, Theory and Practice of the ECHR, S. 406.
386 Gestützt auf den *Civil Authorities (Special Powers) Act (Northern Ireland)*.

Compton zur Klärung der Frage ein, ob die Behandlungen physisch brutal gewesen waren. Wenn eine Brutalität verneint werden könnte, dann wären die Behandlungen im Interesse der nationalen Sicherheit als gerechtfertigt anzusehen. Um zu bestimmen, ob eine solche Brutalität vorgelegen hatte, wurde das Maß an physischer Gewalt untersucht. Ausgangspunkt war die Einschätzung des Komitees, nicht die Sicht des Opfers. Aus den Erwägungen des Komitees kann geschlussfolgert werden, dass *„jedes Handeln, das nicht [primär] sadistischen oder zumindest menschenverachtenden Motiven entspricht, (...) nach dieser Definition auch nicht brutal sein [kann].*"[387]

Das nach Auflösung des *Compton* Komitees geschaffene *Parker* Komitee konzentrierte sich auf zwei Punkte. Zuerst wurde untersucht, ob die Verhörmethoden gemäß einem Leitfaden für militärische Verhöre zulässig gewesen wären, anschließend, ob sich die beklagten Vernehmungstechniken auch in einer humanistischen, demokratischen Gesellschaft moralisch rechtfertigen ließen.[388] Das *Parker* Komitee argumentierte, dass sich Folter – im Gegensatz zu unmenschlichen oder erniedrigenden Behandlungen – nie rechtfertigen ließe. Im Mittelpunkt stand somit wieder die Auslegung der Begriffe Folter, „erniedrigende" und „unmenschliche" Behandlung.[389] Das *Parker* Komitee war der Ansicht, dass Begriffe wie „unmenschlich" und „erniedrigend" im Lichte der Umstände des Einzelfalls ausgelegt werden müssten. Das Komitee zog daher im Rahmen dieser Erwägung in Betracht, dass die Behandlung aufgrund des Guerilla-Krieges angewandt wurde, der viele unschuldige Leben aufs Spiel setzte. Es habe somit ein bestimmtes Maß an Dringlichkeit vorgelegen. Damit wäre die Anwendung der beklagten Verhörmethoden sowohl mit dem Leitfaden für militärische Verhöre in Einklang zu bringen als auch moralisch in einer humanistischen, demokratischen Gesellschaft zu rechtfertigen.

Diese Argumentation läuft auf eine Notstandsargumentation hinaus. Fundamentale Menschenrechte wurden in der Vergangenheit insbesondere in Zeiten der Macht totalitärer Regime mit Verweis auf eine Notsituation außer Kraft gesetzt.[390]

---

387 *Prosenjak*, Der Folterbegriff nach Artikel 3 EMRK, S. 41.

388 *Parker Report*, Rn. 8.

389 *Parker Report*, Rn. 9: *„Equally, everyone would agree that torture, whether physical or mental, is not justified under any conditions (...) Where, however, does hardship and discomfort end and for instance humiliating treatment begin, and where does the latter end and torture begin? Whatever words of definition are used, opinions will inevitably differ as to whether the action under consideration falls within one or the other definition.*"

390 U.a. während des Stalinismus und des Nationalsozialismus.

Die Kommission reagierte scharf auf das Urteil des *Parker* Komitees. Art. 3 EMRK sei notstandsfest.[391] Die in diesem Artikel garantierten Rechte dürften in keinem Fall eingeschränkt werden; dies schließe gerade auch solche Situationen ein, in denen die Sicherheit des Staates gefährdet sei.

Hätte das *Parker* Komitee seine Ansichten in andere Worte gefasst, wäre die Reaktion der Kommission möglicherweise anders ausgefallen. Der Fehler, den *Parkers* Team beging lag darin, dass sie sich bemüht hatten, die Behandlung zu rechtfertigen, was im Lichte der Rechtsprechung des EGMR und der Gesetzeslage nie zum Erfolg führen konnte. Es hätte besser argumentiert werden können, dass Art. 3 EMRK in der gegebenen Situation überhaupt nicht anwendbar gewesen wäre, da dessen Begriffe unter Berücksichtigung aller Umstände des Einzelfalls hätten ausgelegt werden müssen. Hätte das Komitee darlegen können, dass eine unmenschliche Behandlung unter Abwägung der vorliegenden Umstände – des andauernden Guerilla-Krieges – überhaupt nicht vorgelegen habe, hätte höchstens das Ergebnis dieser Abwägung kritisiert werden können, nicht aber die Abwägung an sich.

Zwar konnten keine körperliche Verletzungen als Folgen der fünf Behandlungen nachgewiesen werden, doch die Opfer litten unter Gewichtsverlust und akuten psychischen Störungen. Allerdings war die Kommission nicht in der Lage das genaue Ausmaß der psychischen Auswirkungen herauszufinden. Sie übernahm jedoch eine medizinische Diagnose, wonach psychische Schäden bei 14 Opfer aus den 16 "illustrativen" Fällen[392] diagnostiziert worden waren.

Nach Ansicht der Kommission musste im Fall *Irland vs. UK* sogar von Folter gesprochen werden. Sie kam zu diesem Schluss, da *„die kombinierte Anwendung, die die Benutzung der Sinne unmöglich mache, die Persönlichkeit physisch und psychisch unmittelbar beeinträchtige. Der Wille zu widerstehen könnte mit keinerlei Unabhängigkeit gebildet werden.*"[393] Gegenstand der Erforschung war also der kumulative Effekt der fünf Vernehmungstechniken. Die Kommission griff zwei wichtige Elemente heraus, die auch schon im Griechenland-Fall näher beleuchtet worden waren, namentlich die Zufü-

---

391 EGMR Urt. v. 18.1.1978, *Irland vs. UK*, Nr. 5310/71, Rn. 163: *„The Convention prohibits in absolute terms torture and inhuman or degrading treatment or punishment, irrespective of the victim's conduct. Unlike most of the substantive clauses of the Convention and of Protocols Nos. 1 and 4 (P1, P4), Article 3 (art. 3) makes no provision for exceptions and, under Article 15 para. 2 (art. 15-2), there can be no derogation therefrom even in the event of a public emergency threatening the life of the nation.*"

392 EGMR Urt. v. 18.1.1978, *Irland vs. UK*, Nr. 5310/71, Rn. 93.

393 *Frowein/Peukert, Europäische Menschenrechtskonvention*, S. 47.

gung von *„schweren Leiden"* und das Zweckelement, das logischerweise auch Absicht unterstellt.

Die fünf Vernehmungstechniken seien, so die Kommission, systematisch eingesetzt worden. Damit sei es bedeutungslos, dass die schweren Folgen, die eine Folteranwendung normalerweise nach sich ziehe, in diesem Fall nicht festgestellt werden konnten. Das Kriterium der Schwere der Leiden oder Schmerzen sei hier der hervorgehobenen Bedeutung der systematischen Anwendung unterzuordnen.[394]

Aus diesen Ergebnissen kann abgeleitet werden, dass die Kommission die schweren körperlichen oder seelischen Leiden zwar als wichtigen Faktor in ihre Überlegungen miteinbezog. Dieses Kriterium sollte allein jedoch nicht ausschlaggebend sein. Wichtiger sei, dass die fünf Vernehmungstechniken eine Verletzung der Integrität der Opfer bewirkten, sodass diese ihren Willen zum Widerstand nicht länger aufrechthalten konnten.[395]

Es kann also festgehalten werden, dass die Kommission die Willensfreiheit des Opfers als bedeutungsvoller ansieht als der EGMR dies in seiner Rechtsprechung zu tun pflegt.[396] Und in der Tat teilte der EGMR die Betrachtungsweise der Kommission nicht. Das *„minimum level of severity"* sei hier zweifellos erreicht, da die fünf Techniken erhebliche psychische und physische Leiden hervorgerufen hätten;[397] eine Folteranwendung konnte der EGMR jedoch nicht feststellen. Es müsse auf die evtl. besonders intensiven und grausamen – entweder seelischen oder körperlichen – Leiden abgestellt werden, so der EGMR. Da solche nicht positiv festgestellt werden

---

394 EGMR Urt. v. 18.1.1978, *Irland vs. UK*, Nr. 5310/71, Jahrbuch, Europäische Kommission für Menschenrechte, S. 512, 748, 788-794.

395 *Prosenjak*, Der Folterbegriff nach Artikel 3 EMRK, S. 49, 50; *Frowein/Peukert*, *Europäische Menschenrechtskonvention*, S. 47: *„Moderne Vernehmungs- und Manipulationstechniken brauchen in die körperliche Integrität nicht mehr unmittelbar einzugreifen. Dennoch können sie für den Betroffenen in der Wirkung herkömmlichen Foltermethoden gleichkommen. Die Kommission bewertete die Freiheit der Willensentscheidung des Verhörten höher als der Gerichtshof. Sie betrachtete als Folter sowohl den massiven Eingriff in die körperliche Integrität, der diese Freiheit aufhebt, als auch moderne Techniken, die zwar nicht unmittelbar in die körperliche Integrität eingreifen, aber ebenfalls diese Freiheit aufheben, indem sie schwere geistige und psychische Störungen verursachen."*

396 *Frowein/Peukert*, Europäische Menschenrechtskonvention, S. 48.

397 EGMR Urt. v. 18.1.1978, *Irland vs. UK*, Nr. 5310/71, Rn. 167.

konnten, wäre lediglich eine Qualifizierung als unmenschliche und erniedrigende Behandlung zu rechtfertigen.[398]

In diesem Zusammenhang muss angemerkt werden, dass der EGMR in seinem Urteil den Begriff „Grausamkeit" („*cruelty*") verwendet. Diesen Begriff findet man in vielen völkerrechtlichen Folterdefinitionen;[399] auf ihn wurde in Art. 3 EMRK jedoch verzichtet. Ein Grund für diesen Verzicht lässt sich den Vorarbeiten zu Art. 3 EMRK nicht entnehmen.[400]

In der Literatur[401] wird vertreten, dass der EGMR im Fall *Irland vs. UK* den Folterbegriff weiter ausgelegt habe, als die Folterdefinition des Art. 1 des UN Antifolterabkommens dies tue, sodass nach der Definition des EGMR bereits weniger schwerwiegende Behandlungen als Folter eingestuft werden könnten. Diese Behauptung ist nicht überzeugend. Der EGMR verweist vielmehr auf Art. 1 des UN-Übereinkommens[402] und stellt fest, dass die beklagten Behandlungen gerade nicht die notwendige Intensität des Leidens und der Grausamkeit („*suffering of the particular intensity and cruelty*") erreicht hätten, die von der UN-Definition nach dem Verständnis des Gerichts („*as so understood*"[403]) gefordert würde.[404] Damit folgt der EGMR der Definition des UN-Abkommens, in welchem die Worte „*severe pain or suffering*" (schwere Schmerzen oder Leiden) verwendet werden. Außerdem verbietet Art. 3 EMRK die unmenschliche, erniedrigende Behandlung oder Strafe ebenso so strikt wie Folter: alle drei Behandlungstypen verletzen den Artikel gleichermaßen. Die UN Anti-Folter-Konvention schreibt zwar vor, dass unmenschliche und erniedrigende Behandlungen vermieden und bestraft werden sollen. Die Verletzung dieses Ge- und Verbots ist jedoch weniger schwerwiegend als eine Verletzung des Folter-

---

398 EGMR Urt. v. 18.1.1978, *Irland vs. UK*, Nr. 5310/71, Rn. 167: „*Although the five techniques, as applied in combination, undoubtedly amounted to inhuman and degrading treatment, although their object was the extraction of confessions, the naming of others and/or information and although they were used systematically, they did not occasion suffering of the particular intensity and cruelty implied by the word torture as so understood.*"

399 Vgl. Teil A.IV. „Das Folterverbot im Völkerrecht".

400 *Klaymann*, TLQ 1978, S. 449, 474.

401 *Prosenjak*, Der Folterbegriff nach Artikel 3 EMRK, S. 50.

402 Convention Against Torture and Other Cruel, Inhuman or Degrading Treatment or Punishment, U.N.T.S. 85, ratifiziert am 10.12.1984, in Kraft getreten am 27.6.1987.

403 EGMR Urt. v. 18.1.1978, *Irland vs. UK*, Nr. 5310/71, Rn. 167.

404 EGMR Urt. v. 18.1.1978, *Irland vs. UK*, Nr. 5310/71, Rn. 167.

verbots.[405] Art. 3 EMRK gewährleistet nach Ansicht des EGMR im Fall *Irland vs. UK* also einen umfassenderen Menschenrechtsschutz wie Art. 1 des UN Anti-Folter-Abkommens. Mit der Formel *„as so understood"* betont der Gerichtshof aber, dass er der allgemein akzeptierten Folterdefinition folgt.

Die Anwendung einer engeren, den Menschenrechtsschutz in geringerem Maße gewährleistenden Definition würde mit der grundsätzlichen Einstellung des EGMR kollidieren: Wegen der größeren Homogenität der EMRK Vertragsstaaten im Vergleich zu den UN-Mitgliedstaaten ist es Aufgabe des Gerichtshofs einen umfassenderen Grundrechtsschutz zu gewährleisten. Der EGMR darf daher keine Definition verwenden, die den Schutz unterläuft, welcher im UN-Übereinkommen kodifiziert wurde.

In der Literatur werden zum Teil politische Gründe angeführt, um zu erklären, warum der EGMR die fünf Techniken nicht als Folter eingestuft hat. Es wurde unter anderem vorgetragen, eine solche Einstufung würde eine öffentliche, allgemeine Empörung gegenüber den Folterern auslösen. Es bestünde die realistische Angst, dass eine solche Entwicklung die Situation nur verschlimmern könnte. Die Einstufung als unmenschliche Behandlung mache das Urteil wesentlich leichter hinnehmbar.[406] Diese politischen Gründe könnten auch die Antwort darauf sein, warum der EGMR bislang keine der sog. modernen Vernehmungsmethoden als Folter eingestuft hat.

a) Abweichende Meinungen

Richter *Fitzmaurice* vertrat in seiner abweichenden Ansicht, eine Präferenz für eine restriktive Auslegung des Begriffs „unmenschliche Behandlung". Die fünf Techniken stellten nicht nur keine Folter dar, sie fielen überhaupt

---

405 Art. 16 Abs. 1 UN Anti-Folter Abkommen, in welchem die unmenschliche und erniedrigende Behandlung beschrieben stehen, erhält keinerlei Verweis auf nicht-derogierbarkeit: *„Each State Party shall undertake to prevent in any territory under its jurisdiction other acts of cruel, inhuman or degrading treatment or punishment which do not amount to torture as defined in article I, when such acts are committed by or at the instigation of or with the consent or acquiescence of a public official or other person acting in an official capacity. In particular, the obligations contained in articles 10, 11, 12 and 13 shall apply with the substitution for references to torture of references to other forms of cruel, inhuman or degrading treatment or punishment."*

406 *Spjut*, AJIL 1979, S. 267, 270.

nicht in den Anwendungsbereich des Art. 3 EMRK.[407] Wo könnten noch Nuancen angebracht werden, wenn der Entzug von Schlaf, von Nahrung und all das als unmenschlich angesehen würde, was eine nennenswerte Menge an Schmerzen, Unbehagen oder Belastung hervorruft? Welche Worte könnten dann noch für gravierendere Behandlungen gefunden werden, die schwere mentale oder körperliche Leiden bzw. Schmerzen hervorriefen? Der Begriff „unmenschliche Behandlung“ dürfe daher nur für solche Behandlungen verwendet werden, die *„no member of the human species ought to inflict on another or could so inflict without doing grave violence to the human, as opposed to the animal element in his or her make-up.“*[408] Wie oben besprochen ist diese Ansicht nicht überzeugend. So lässt sich den Vorarbeiten zu Art. 3 EMRK und dem Zweck der Konvention eindeutig entnehmen, dass der Artikel extensiv ausgelegt werden soll.

In den übrigen abweichenden Ansichten wurde dagegen für eine extensivere Interpretation plädiert:

Richter *Zekia* wies treffend darauf hin, dass die Folterdefinition des EGMR zu eindimensional sei.[409] Obwohl die Intensität und Dauer des Leidens wichtige Faktoren seien, die bei der Beurteilung einer Behandlung berücksichtigt werden müssten, dürfte nicht vergessen werden, dass auch alle anderen relevanten Umstände des Einzelfalls in die Gesamtbetrachtung einbezogen werden müssten.[410]

Richter *Evrigenis* schloss sich inhaltlich der Auffassung der Kommission an. Zuerst bestritt er einen der Gründe, der vom EGMR vorgetragen wor-

---

407 EGMR Urt. v. 18.1.1978, *Irland vs. UK*, Nr. 5310/71, abweichende Meinung Richter *Fitzmaurice.*

408 EGMR Urt. v. 18.1.1978, *Irland vs. UK*, Nr. 5310/71, abweichende Meinung Richter *Fitzmaurice.*

409 EGMR Urt. v. 18.1.1978, *Irland vs. UK*, Nr. 5310/71, abweichende Meinung Richter *Fitzmaurice*: *„I do not share the view that extreme intensity of physical or mental suffering is a requisite for a case of ill-treatment to amount to "torture" within the purport and object of Article 3 (art. 3) of the Convention. The nature of torture admits gradation in its intensity, in its severity and in the methods adopted.“*

410 EGMR Urt. v. 18.1.1978, *Irland vs. UK*, Nr. 5310/71, abweichende Meinung Richter *Fitzmaurice*: *„Although the degree of intensity and the length of such suffering constitute the basic elements of torture, a lot of other relevant factors had to be taken into account. Such as: the nature of ill-treatment inflicted, the means and methods employed, the repetition and duration of such treatment, the age, sex and health condition of the person exposed to it, the likelihood that such treatment might injure the physical, mental and psychological condition of the person exposed and whether the injuries inflicted caused serious consequences for short or long duration are all relevant matters to be considered together and arrive at a conclusion whether torture has been committed (...)“*

den war, um eine Kategorisierung als unmenschliche Behandlung zu rechtfertigen: Der Gerichtshof hatte festgestellt, dass mit dem Folterbegriff ein Stigma verbunden werden müsse. Folter stelle eine *„aggravated form"* der unmenschlichen Behandlung dar. Richter *Evrigenis* hielt dagegen, dass die verschiedenen Arten von verletzenden Behandlungen in Art. 3 EMRK nur mit dem Ziel aufgenommen worden waren, den Anwendungsbereich des Artikels auszuweiten. Für den hypothetischen Fall, dass Art. 3 EMRK nur Folter verbieten würde, hätte in diesem Fall kein Zweifel bestanden, dass die fünf Techniken auch als Folter angesehen werden müssten. Andernfalls wären sie von der EMRK schließlich nicht erfassbar gewesen. Es könne aber nicht sein, dass die Addition zweier weiterer Kategorien – der erniedrigenden und der unmenschlichen Behandlung –, mit dem Ziel den Menschenrechtsschutz so umfassend wie möglich zu gestalten, nun zu einem anderen Ergebnis führe.[411]

Diese Betrachtungsweise vermag nicht zu überzeugen. Es ist irrelevant, wie die Begriffe interpretiert werden müssten, wäre Art. 3 EMRK ganz anders formuliert. Der Artikel wurde mit Absicht genau so formuliert wie er sich heute im Gesetz findet. Dadurch, dass eine unmenschliche oder erniedrigende Behandlung ebenso geeignet ist, Art. 3 EMRK zu verletzten wie Folter, wurde die Möglichkeit geschaffen, eine differenzierte Rechtsprechung zu etablieren: Behandlungen, die verhältnismäßig „leichter" sind, müssen als erniedrigend oder unmenschlich kategorisiert werden, und Behandlungen, die zweckgerichtet intensive seelische oder körperliche Leiden zufügen, als Folter.

Allerdings berief Richter *Evrigenis* sich in seiner Analyse auf die Entwicklung moderner Vernehmungstechniken. Diese Manipulationstechniken greifen nicht immer in die körperliche Unversehrtheit ein. Es bleiben jedoch – genau wie bei der Anwendung klassischer Foltermethoden – langfristige negative psychische und/oder physische Folgen. *Evrigenis* merkte auch an, dass moderne Verhörmethoden besser geeignet seien das Ziel, z.B. die Erlangung von Informationen, zu erreichen.[412]

---

411 EGMR Urt. v. 18.1.1978, *Irland vs. UK*, Nr. 5310/71, abweichende Meinung Richter *Evrigenis*: *„The clear intention of widening the scope of the prohibition in Article 3 (art. 3) by adding, alongside torture, other kinds of acts cannot have the effect of restricting the notion of torture."*

412 *Frowein/Peukert, Europäische Menschenrechtskonvention*, S. 47; *O'Boyle* , AJIL 1977, S. 674; *Spjut*, AJIL 1979, S. 267; *Frowein*, in: Freiheit von Folter oder grausamer, unmenschlicher oder erniedrigender Behandlung und Strafe, S. 69; EGMR Urt. v. 18.1.1978, *Irland vs. UK*, Nr. 5310/71, Abweichende Meinung Richter *Evrigenis*: *„Torture no longer presupposes violence, a notion to which the judgment refers ex-*

Auch Richter *Matscher*[413] wollte sich dem EGMR nicht anschließen. Seiner Ansicht nach müsse das Element der Intensität der verursachten Leiden gegenüber dem Element der systematischen Anwendung der Behandlung sekundär sein, eine Frage, die sowohl im Griechenland-Fall als auch im vorliegenden Fall eine zentrale Rolle spielte.

Matscher schrieb dazu:

> *„In my view, the distinguishing feature of the notion of torture is the systematic, calculated (hence deliberate) and prolonged application of treatment causing physical or psychological suffering of a certain intensity, the aim of which may be to extort confessions, to obtain information or simply to break a person's will in order to compel him to do something he would not otherwise do, or again, to make a person suffer for other reasons (sadism, aggravation of punishment etc.).“*[414]

Diese Interpretation benennt einige konkrete Voraussetzungen, wie z.B. die absichtliche und anhaltende Anwendung der Behandlung, das Hervorrufen physischer oder mentaler Leiden bzw. Schmerzen von einiger Heftigkeit oder das Verfolgen eines bestimmten Zwecks.

Das Erfordernis der längeren Dauer der Anwendung (*„prolonged application“*) scheint auch in den Augen des EGMR von Bedeutung zu sein, als es um die Frage ging, ob die fünf Techniken über mehrere Stunden ohne Unterbrechung (*„for hours at a stretch“*) eingesetzt wurden.[415] Fraglich bleibt jedoch, welchen Einfluss dieser Faktor tatsächlich hat. Unklar ist etwa, ab wie vielen Stunden die Behandlung *„for hours at a stretch“* eingesetzt wurde und wann sich eine Anwendung als *„prolonged“* (andauernd) bezeichnen lässt. Die Voraussetzung einer bestimmten Mindestdauer der Behandlung erscheint allerdings ohnehin abdingbar.[416] Denn Folter liegt nicht erst vor, wenn eine Behandlung über längere Zeit angewandt wird.

---

pressly and generically. Torture can be practised - and indeed is practised - by using subtle techniques developed in multidisciplinary laboratories which claim to be scientific. By means of new forms of suffering that have little in common with the physical pain caused by conventional torture it aims to bring about, even if only temporarily, the disintegration of an individual's personality, the shattering of his mental and psychological equilibrium and the crushing of his will.“

413 EGMR Urt. v. 18.1.1978, *Irland vs. UK*, Nr. 5310/71, abweichende Meinung Richter *Matscher*.

414 EGMR Urt. v. 18.1.1978, *Irland vs. UK*, Nr. 5310/71, abweichende Meinung Richter *Matscher*.

415 EGMR Urt. v. 18.1.1978, *Irland vs. UK*, Nr. 5310/71, Rn. 167.

416 *Prosenjak*, Der Folterbegriff nach Artikel 3 EMRK, S. 67

Die fünf Techniken wurden im Fall *Irland vs. UK* systematisch angewandt und formten ein modernes, raffiniertes System, das auf die Erlangung von Informationen gerichtet war. Sie wurden den polizeilichen Einsatzkräften des RUC vom *English Intelligence Centre* beigebracht. Die Einführung fand im Rahmen eines Seminars statt.[417] Hiermit fallen diese Behandlungen exakt unter *Matschers* Folterdefinition.

Die vom EGMR gegebene Definition des Folterbegriffs ist zu eng. Es wird allein auf die Schwere des Leidens abgestellt. Hieraus ergeben sich mehrere Probleme. Die Schwere der Leiden lässt sich nicht objektiv oder wissenschaftlich messen, sondern beinhaltet vielmehr eine subjektive Komponente;[418] außerdem schließt der Fokus auf die Schwere des Leidens die Mehrzahl der modernen Vernehmungsmethoden als Folter von vornherein aus, da sie nicht die erforderlichen körperlichen oder seelischen Schmerzen verursachen. Gerade in den 1970'er Jahren, dem Jahrzehnt des besprochenen Urteils, wurden immer subtilere moderne Verhörmethoden entwickelt und angewandt.[419] Der EGMR missachtete diese Entwicklung in seinem Urteil und ignorierte damit zugleich das europäische Begriffsverständnis der Folter. Die statische Folterdefinition steht im krassen Widerspruch zur Notwendigkeit einer effektiven und dynamischen Interpretation der EMRK. Heutzutage werden „klassische Foltermethoden", die ohne Zweifel unter den Folterbegriff des EGMR fallen würden, weniger angewandt. Die mittelalterlichen, rein auf körperliche Schmerzen ausgerichteten Methoden rufen eher Widerstand oder den Willen des Opfers hervor, alles zu sagen, was der Folterer hören will. Die wissenschaftlich entwickelten und tiefgehend erforschten modernen Techniken sind aber exakt so konzipiert, dass sie die Persönlichkeit des Opfers zerstören und zur Ge-

417 EGMR Urt. v. 18.1.1978, *Irland vs. UK, Nr.* 5310/71, Rn. 97.

418 *Prosenjak*, Der Folterbegriff nach Artikel 3 EMRK, S. 52.

419 Erst kürzlich wurde entdeckt, dass Großbritannien in den 1970'er Jahren ein Verhörzentrum unterhielt. Methoden wie Schlafentzug, Lärm, Herabsetzung der Nahrung sowie das erzwungene Tragen von Kapuzen wurden hier häufig angewandt. In Bezug auf wissenschaftliche Experimente sind die Versuche von Psychologe *Martin Seligman* sehr interessant. Er erforschte das Konzept der *„learned helplessness"* (gelernter Hilflosigkeit) mittels Elektroschockanwendungen bei eingesperrten Hunden. Er entdeckte, dass die Kombination aus der Wiederholung einer peinigenden Behandlung und die Unfähigkeit des Opfers, sich der Behandlung zu entziehen, einen Zustand von Hilflosigkeit hervorrufe. Dieser Zustand führte zu heftigen Depressionen. *Seligman* ist ein amerikanischer Psychologe, der sich auf dem Gebiet von Depressionen und *„Positive Psychology"* spezialisiert hat. *Seligman* war nie direkt bei der Entwicklung von modernen Vernehmungstechniken involviert.

fügigkeit führen, sodass sie besser geeignet sind, die gewünschten Informationen zu extrahieren. Genau diese Methoden werden aber regelmäßig nicht das Kriterium der Schwere der Leiden erfüllen.[420]

Auch ist die dem Urteil zugrundeliegende Argumentation des EGMR nicht überzeugend. Es wird auf Art. 1 des UN Abkommens verwiesen, der jedoch von den Aussagen der Europäischen Kommission für Menschenrechte im Griechenlandfall inspiriert ist: Die Folterdefinition der Kommission wurde im Nachgang ohne konzeptionelle Anpassungen von der UN-Generalversammlung übernommen.[421] Die Kommission war aber gerade der Ansicht, dass nicht allein auf die Schwere des Leidens abgestellt werden solle. Bedeutsamer sei vielmehr, dass die Behandlung die Verwendung der Sinne ausschließe und die Integrität des Opfers verletze. Die Ansicht des EGMR widerspricht dieser Aussage.

Auch beruft sich der EGMR unzutreffend auf die Vorarbeiten zur EMRK. Denn diesen Vorarbeiten ist nicht zu entnehmen, dass die Konventionsgeber den Folterbegriff mit einem speziellen Stigma versehen wollten, da die Unterschiede zwischen den in Art. 3 EMRK enthaltenen Begriffen nicht diskutiert wurden. Zum Schluss hatten sich die Konventionsgeber dafür entschieden, das Grausamkeitserfordernis gerade nicht in Art. 3 EMRK aufzunehmen. Der EGMR greift dieses Erfordernis aber wieder auf.

Sowohl Art. 1 des UN-Anti-Folter-Abkommens als auch die Vorarbeiten zu Art. 3 EMRK sind damit ungeeignet, um die Ansicht des EGMR in Bezug auf den Fall *Irland vs. UK* zu unterstützen.

In der Literatur wird argumentiert, dass der EGMR seit der Einführung der *„living instrument“*-Doktrin implizit einen Rückzieher gemacht habe von seiner starren, rein auf dem Element der Schwere der Leiden abgestellten, Folterdefinition.[422] Die *„living instrument“*-Doktrin sollte schließlich gerade dazu beitragen, dass die Begriffe der Konvention flexibel ausgelegt werden könnten; dies bedeutet auch, dass den Begriffen des Art. 3 EMRK in Zukunft eine veränderte Definition beigemessen werden könnte. So

---

420 Vielmehr werden die Methoden über einem Zeitraum von mehreren Monaten oder Jahren immer wieder angewandt. Die fünf Techniken aus dem Fall *Irland vs. UK*. wurden auf ähnliche Weise eingesetzt, vgl. http://www.slate.com/articles/news_and_politics/jurisprudence/2009/03/ice_water_and_sweatboxes.html?%20from=rss (zuletzt abgerufen am 9.7.2015).

421 *Rodley*, The Treatment of Prisoners under International Law, S. 93; *Evans/Morgan*, *Preventing Torture*, S. 77; *Danelius*, in: The European System for the Protection of Human Rights, S. 263.

422 *Frowein/Peukert*, Europäische Menschenrechtskonvention, S. 48.

könnten Behandlungen, die vorher als unmenschlich eingestuft wurden, in späterer Rechtsprechung als Folter qualifiziert werden.

Die nächste Frage zielt auf die Bedeutung des Zweckbegriffs bei der Interpretation des Art. 3 EMRK ab. *Matscher* begrenzt die Liste von möglichen Zwecken nicht. Vielmehr könne jeder Zweck ausreichen, sogar ein rein sadistischer.[423] Dies ist bemerkenswert angesichts der Auslegung des Zweckelements in den Definitionen der Resolution 3452 (XXX)[424] und der UN-Anti-Folter-Konvention[425]. Es sollte beachtet werden, dass die Auslegung von Art. 1 dieses Übereinkommens die Interpretation von Art. 3 EMRK direkt beeinflusst, da sich der EGMR bei der Auslegung des Konventionsartikels auf das UN-Anti-Folter-Übereinkommen beruft. Die Diskussion bezüglich der Rolle des Zweckelements in der UN-Anti-Folter-Konvention kann damit unmittelbar auf die Rolle dieses Elements in der Auslegung von Art. 3 EMRK übertragen werden.

b) Moderne Folter: vertiefter Einblick

Die abweichenden Meinungen der Richter *Matscher* und *Evrigenis* gewinnen durch die Einführung des Ansatzes, dass moderne Misshandlungsmethoden als Folter kategorisiert werden müssen, an Wichtigkeit. Moderne Vernehmungstechniken, die zu dem Zweck angewandt werden, Informationen zu erhalten, sind häufig weniger schmerzhaft als „altmodische" Foltertechniken.[426] Die Anwendung der in wissenschaftlichen Untersuchungen entwickelten Foltermethoden erfolgt geplant und ist auf ein klares Ziel ausgerichtet. Die Methoden sind so entwickelt worden, dass sie an

---

423 EGMR Urt. v. 18.1.1978, *Irland vs. UK*, Nr. 5310/71, abweichende Meinung Richter *Matscher*: *„In my view, the distinguishing feature of the notion of torture is the systematic, calculated (hence deliberate) and prolonged application of treatment causing physical or psychological suffering of a certain intensity, the aim of which may be to extort confessions, to obtain information or simply to break a person's will in order to compel him to do something he would not otherwise do, or again, to make a person suffer for other reasons (sadism, aggravation of a punishment, etc.)"*

424 Declaration of the Protection of All Persons from Being Subjected to Torture and Other Cruel, Inhuman or Degrading Treatment and Punishment, A/Res/3452 (XXX) v. 9.12.1975.

425 Convention Against Torture and Other Cruel, Inhuman or Degrading Treatment or Punishment, U.N.T.S. 85, ratifiziert am 10.12.1984, in Kraft getreten am 27.6.1987.

426 Vgl. http://www.abendblatt.de/politik/ausland/article251192/Die-moderne-Folter-ist-subtiler-als-im-Mittelalter.html(zuletzt abgerufen am 8.7.2015).

eine unbestimmte Zahl unterschiedlicher Opfern angepasst werden können. Unerheblich ist hierbei, ob sie tatsächlich mehrmals angewandt werden. Es handelt sich um komplizierte und raffinierte Methoden, die darauf abzielen, die Persönlichkeit des Opfers zu zerstören. Damit ist die Unterscheidung zwischen Folter und unmenschlicher Behandlung anhand der Intensität der zugefügten körperlichen Qualen als überholt anzusehen.

Heutzutage werden die modernen Foltermethoden tiefgehend erforscht und die Theorie, dass diese Methoden weitaus effektiver sind, die Ziele der Folterer[427] zu erreichen, ist weit verbreitet.[428] Kritik an diesem Ansatz findet sich allerdings im „*CIA torture report*“ des *Select Senate Committee on Intelligence* (SSCI) vom 9.12.2014. In dem Bericht wird die Ansicht vertreten, dass die beschriebenen Methoden häufig zu unwahren Aussagen führten.[429] In diesem Zusammenhang sollte angemerkt werden, dass viele der „*enhanced interrogation techniques*“ der CIA als moderne Foltermethoden[430] zu kategorisieren sind, wobei sich einige der benutzten Techniken jedoch wieder den „klassischen Methoden“[431] annähern. Der freigegebene Teil des Berichts des SSCI erwähnt nicht, welche Vernehmungsmethoden zu fal-

---

427 Z.B. das Erlangen von Informationen.

428 *Falvey/Eck*, Cam. LR 2010, S. 561, 575: „*(...) he* (Admiral *Stockdale*, er wurde während des Vietnam-Kriegs gefangen genommen und über sieben Jahren in einem Vietnamesischen Camp gefangen gehalten und gefoltert) *discovered in the "laboratory of human behavior" that fear and guilt— i.e., the loss of moral certainty after reaching the limits of physical endurance and cracking— are what break the will, not physical pain(...)*“; *Stockdale*, http://www.hoover.org/research/courage-under-fire-testing-epictetuss-doctrines-laboratory-human-behavior (zuletzt abgerufen am 19.12.204), S. 19: „*I'm talking about having looked over the brink and seen the bottom of the pit and realized that truth of the linchpin of Stoic thought: that the thing that brings a man down is not pain but shame!*“

429 *SSCI Report* vom 9.12.2014, S. 2, http://www.intelligence.senate.gov/press/committee-releases-study-cias-detention-and-interrogation-program (zuletzt abgerufen am 8.7.2015): die Vorsitzende des Geheimdienstausschusses des Senats, *Dianne Feinstein*, erklärte, dass die Methoden manchmal in unwahren Aussagen resultierten. Der „*CIA torture report*“ macht u.a. klar, dass die CIA die Effektivität der angewandten Methoden absichtlich falsch dargestellt hat. So wurde von der CIA behauptet, dass die Gefangennahme von *Hambali*, dem militärischen Anführer der terroristischen Gruppe *Jemaah Islamiah*, durch Informationen ermöglicht wurde, die mittels „*enhanced interrogation techniques*“ erlangt wurden. Laut dem „CIA torture report“ wurde *Hambali* jedoch dank Signalaufklärung und Nachforschungen der Thailändischen Behörden gefunden und verhaftet.

430 „*Hooding*“, „*subjection to noise*“, „*deprivation of sleep*“, „*deprivation of food and drink*“.

431 „*Waterboarding*“, rektale Fütterung und Hydration, das Stehen-Lassen auf gebrochenen Beinen.

schen Aussagen geführt haben, sodass die Effektivität der moderneren Foltermethoden auf Basis des Berichts nicht akkurat beurteilt werden kann.

Die CIA wendet in ihrem „*war on terror*" eine Mischung von fast „klassischen" und typischen modernen Foltermethoden an.[432] Diese letzte sind komplex, raffiniert und wurden großenteils von Wissenschaftlern entwickelt,[433] die sie dann den Vollzugsbeamten weitervermittelten. Sie zielen darauf ab, die Persönlichkeit des Opfers auf effiziente Weise zu brechen und ein Ziel zu erreichen, ohne erhebliche physische Schmerzen zuzufügen oder Spuren am Körper zu hinterlassen.[434] Da die USA kein Mitglied des Europarates ist, ist die an die Bestimmungen der Europäischen Men-

---

432 http://www.theguardian.com/law/2012/dec/13/cia-tortured-sodomised-terror-suspect (zuletzt abgerufen am 8.7.2015); http://www2.warwick.ac.uk/fac/soc/economics/staff/mharrison/comment/torture.pdf (zuletzt abgerufen am 8.7.2015).

433 *SSCI Report* vom 9.12.2014, S. 11, http://www.intelligence.senate.gov/press/committee-releases-study-cias-detention-and-interrogation-program (zuletzt abgerufen am 8.7.2015): „*On the CIA's behalf, the contract psychologists developed theories of interrogation based on 'learned helplessness' and developed the list of enhanced interrogation techniques that was approved for use against Abu Zubaydah and subsequent CIA detainees (…) The psychologists carried out inherently governmental functions, such as acting as liaison between the CIA and foreign intelligence services, assessing the effectiveness of the interrogation program, and participating in the interrogation of detainees held in foreign government custody. (…) In 2005, the psychologists formed a company specifically for the purpose of conducting their work with the CIA. Shortly thereafter, the CIA outsourced virtually all aspects of the program. In 2006, the value of the CIA's base contract with the company formed by the psychologists with all options excercised was in excess of ($180 million); the contractors received $81 million prior to the contract's termination in 2009. In 2007 the CIA provided a multi-year indemnification agreement to protect the company and its employees from legal liability arising out of the program. The CIA has since paid out more than $1 million pursuant to the agreement.*"

434 Typische moderne Misshandlungsmethoden wurden (werden) auch bei den Verhafteten auf „*Guantanamo Bay*" angewandt, vgl. *Terry*, Cal. LR 2010, S. 595, 601: „*The conditioning techniques included nudity, dietary manipulation, and sleep deprivation. They were described in the May 30, 2005 OLC Memorandum as placing the detainee in a "baseline" state, in order to "demonstrate to the detainee that he has no control over basic human needs.(...) Corrective techniques were used "to correct, startle, or to achieve another enabling objective with the detainee. As described, these techniques "condition[ed] a detainee to pay attention to the interrogator's questions and dislodge[d] expectations that the detainee (would) not be touched." The enhanced techniques in this category included insulting (facial) slaps, abdominal slaps, facial holds, and "attention grasps.(...)Coercive techniques, according to the OLC Memorandum, "place[d] the detainee in more physical and psychological stress" than the other techniques and were "considered to be more effective tools in persuading a resident [detainee] to participate with CIA interrogators. "The coercive techniques reportedly were*

schenrechtskonvention nicht gebunden, wohl aber an die UN-Anti-Folter-Konvention. Interessant ist, dass der Folterbegriff von einigen Verantwortlichen in den USA so interpretiert wird, dass viele moderne Methoden, wie die Vorenthaltung natürlicher Lichtquellen, von Schlaf, Nahrung, physischen Aktivitäten, Kontakt mit der Außenwelt und sogar die Praxis des „*waterboardings*",[435] nicht als Folter angesehen werden. Sie wären damit „lediglich" unmenschliche Behandlungen und dürften unter bestimmten Umständen angewandt werden.[436] Nach der Abfassung des „*CIA torture report*" durch den Amerikanischen Senat[437] ist die Diskussion über die Kategorisierung der angewandten Methoden nochmals aufgeflammt. Die Verhörmethoden, die laut des Reports eingesetzt wurden, müssten nach An-

---

not used simultaneously, and included walling, water dousing, stress positions, wall standing, cramped confinement, and waterboarding." Vgl. *Parry*, MJIL 2005, S. 516, 522: „*At Guantánamo Bay, military physicians and behavioural scientists have participated in interrogations or advised on strategies.*" Die Anwesenheit von Wissenschaftlern, um die Effektivität der Methoden zu gewährleisten, ist ein typisches Merkmal der modernen Techniken.

435 Memorandum für *John A. Rizzo*, Senior Deputy General Counsel, CIA, http://www.fas.org/irp/agency/doj/olc/techniques.pdf (zuletzt abgerufen am 8.7.2015): Die Praxis des „*waterboardings*" wird aber als die schlimmste Vernehmungsmethode angesehen, die gerechtfertigt werden kann. Die Anwendung dieser Methode ist nur zulässig, wenn starke Beweismittel vorliegen, die darauf hinweisen, dass ein terroristischer Anschlag unmittelbar bevorsteht, wenn „*substantial and credible indicators*" vorliegen, die darauf hinweisen, dass die verhaftete Person diesen Anschlag vermeiden oder vertagen kann und wenn andere Vernehmungsmethoden voraussichtlich oder mit großer Wahrscheinlichkeit nicht zum Ziel führen würden. *Turner* interpretiert diese Voraussetzungen so, dass die Technik des „*waterboardings*" nur im typischen „*ticking bomb*"-Szenario angewandt werden darf. Die Technik wurde nur gegenüber drei sogenannten „*high value detainees*" angewandt.

436 So u.a. die Meinung des ehemaligen Vizepräsidenten der Vereinigten Staaten, *Dick Cheney*, und der ehemalige CIA-Direktor *Michael Hayden*. Der UN Anti-Folter Abkommen spricht nur explizit von nicht-derogierbarkeit des Folters: In Art. 16 Abs 1 des Abkommens, in dem die unmenschliche und erniedrigende Behandlung besprochen wird, wird nicht-derogierbarkeit nicht genannt.

437 *SSCI Report* vom 9.12.2014, http://www.intelligence.senate.gov/press/committee-releases-study-cias-detention-and-interrogation-program (zuletzt abgerufen am 8.7.2015). Der Report bespricht die Vernehmungsmethoden, die von der CIA gegenüber vermeintlichen Terroristen angewandt wurden.

sicht verschiedener Menschenrechtsgruppen[438] und Politiker[439] als Folter eingestuft werden.[440]

Die Autoren *Falvey* und *Eck* etwa beschreiben die moderne Folter sehr akkurat mit folgenden Worten:

> „*Modern torture is not undertaken to punish a wrongdoer or to give pleasure to a sadist or tyrant, but rather to compel the subject to reveal secrets of tactical value. This compulsion depends on a simple calculus: the will to resist muss be less than the pressure to reveal. The former is sapped and the latter increased by breaking the subjects bonds with the outside world („regression"), totally isolating the subject within himself – a condition that is utterly abhorrent to human nature – and then re-establishing the subject's connection with the world in such a way that compliance becomes palatable („rationalization").*"[441]

---

438 http://www.hrw.org/news/2014/12/09/usa-and-torture-history-hypocrisy (zuletzt abgerufen am 9.7.2015); https://www.amnesty.org/en/latest/news/2014/12/usa-senate-summary-report-cia-detention-programme-must-not-be-end-story/ (zuletzt abgerufen am 9.7.2015).

439 Der frühere Präsident der Vereinigten Staaten, *Barack Obama* und die damalige Vorsitzende des Geheimdienstausschusses des Senats, *Dianne Feinstein*.

440 Zu den Folgen der angewandten Behandlungen: Laut dem SSCI Bericht verlor eine Betroffene während des „*waterboarding*" ihr Bewusstsein, eine andere Betroffene in Folge der Aussetzung extremer Kälte während ihrer Verhaftung in einem Kerker starb, die Verletzungen der Betroffenen sich erheblich verschlechterten und verschiedene psychische Störungen auftraten, z.B. Halluzinationen, Paranoia und Selbstverletzung.

441 *Falvey/Eck*, Cam. LR 2010, S. 561, 573: „*Focusing on the physical methods involved in coercion ignores the fundamental goal of coercive interrogation, which is the creation of unbearable psychological pressure from which the subject may escape only through compliance*." Die CIA war damit beschäftigt herauszufinden, welche Vernehmungsmethode sich als am effektivsten erweisen würden, um an Informationen zu gelangen. So wurde festgestellt, dass die Zufügung von unmittelbaren, körperlichen Schmerzen Gefühle von Widerstand im Opfer hervorruft. Um diese Gefühle zu vermeiden, muss das Opfer die Schmerzen selber hervorrufen, zum Beispiel durch das Stehen in einer „*stress-position*". Auch wurde entdeckt, dass die Folgen von psychologischer Folter langfristiger sind als die von körperlicher Folter. Die Vernehmungsmethoden seien funktional, wenn sie darauf abzielen, die Verteidigungsmechanismen eines Menschen zu zerstören, u.a. indem seine Fähigkeit mit neuen Situationen umzugehen und sich wiederholter Frustration auszusetzen, ausgelöscht wurde. Es zeigte sich, dass körperliche Ermüdung, Verwirrung, Hunger oder Schmerzen in nur geringem Maße diese Fähigkeiten bereits erheblich einschränkte, sodass Opfer, die solchen Methoden ausgesetzt wurden, Informationen preisgaben; *Falvey/Eck*, Cam. LR 2010, S. 561, 572: „*The response to coercion typically contains at least three important elements: de-*

Matscher sieht die beiden Komponenten der Foltereigenschaft – die Intensität des Leidens und die systematische, durchdachte Anwendung – als sich ergänzende Segmente einer Skala an, sodass die Intensität des Leidens weniger schwer sein muss, wenn die Methode sehr ausgeklügelt ist und umgekehrt.[442] Das „Stigma",[443] das mit dem Folterbegriff verbunden ist, wird von *Matscher* wie folgt begründet: Der Unterschied zwischen Folter und unmenschlicher Behandlung liege nicht nur in der Schwere des Leidens, sondern auch in der höheren Komplexität der Foltermethode.[444] *Prosenjak* schlussfolgert überzeugend, dass *Matscher* mittels dieser evolutiven, dynamischen Interpretation den Folterbegriff flexibler mache, womit er die Tür für ein höheres Anpassungsvermögen des Begriffs an eventuelle zukünftige Entwicklungen öffne.[445] Eine solche Interpretation des Folterbegriffs ist im Lichte des Ziels der Konvention[446] nur zu befürworten.

Die Ansichten des EGMR und der Kommission lassen sich beide als Opfer-orientiert einstufen, während die Ansichten von *Matscher* und *Evrigenis* dagegen Folge-orientiert sind[447] Für den EGMR liegt der Unterschied zwischen unmenschlicher Behandlung und Folter, wie gesagt, lediglich in der

bility, dependency, and dread. Prisoners with reduced viability, are helplessly dependent on their captors for the satisfaction of their many basic needs, and experience the emotional and motivational reactions of intense fear and anxiety. Among the American POW's pressured by the Chinese Communists, the DDD syndrome in its full-blown form constituted a state of discomfort that was well-nigh intolerable." Mit „*DDD Syndrome*" werden die Effekten von Schwäche („*debility*"), Abhängigkeit („*dependency*") and Grauen („*dread*") auf dem Opfer gemeint.

442 EGMR Urt. v. 18.1.1978, *Irland vs. UK*, Nr. 5310/71, abweichende Meinung Richter *Matscher*: „*However, I consider the element of intensity as complementary to the systematic element: the more sophisticated and refined the method, the less acute will be the pain (in the first place physical pain) which it has to cause to achieve its purpose.*"

443 Vgl. Teil C.VI.2. „Stigma".

444 EGMR Urt. v. 18.1.1978, *Irland vs. UK*, Nr. 5310/71, abweichende Meinung Richter *Matscher*: „*In my view, the distinguishing feature of the notion of torture is the systematic, calculated (hence deliberate) and prolonged application of treatment causing physical or psychological suffering of a certain intensity, the aim of which may be to extort confessions, to obtain information or simply to break a person's will in order to compel him to do something he would not otherwise do, or again, to make a person suffer for other reasons (sadism, aggravation of a punishment, etc.)*"

445 *Prosenjak*, Der Folterbegriff nach Artikel 3 EMRK, S. 71.

446 Die praktische und effektive Gewährleistung der in ihr kodifizierten Menschenrechte.

447 *Prosenjak*, Der Folterbegriff nach Artikel 3 EMRK, S. 71.

Intensität des Leidens.[448] Nach Ansicht der Kommission besteht ein weiterer Unterschied auch darin, dass Foltermethoden darauf abzielen, den Willen des Opfers zu brechen. Diese beiden Auslegungen können nur auf Basis der Erfahrung des Opfers beurteilt werden. Bei *Matscher* und *Evrigenis* ist – neben der Intensität des Leidens – die Foltermethode selbst ausschlaggebend. Die Wahl der Methode liegt völlig in der Macht des Folterers und ist unabhängig vom Opfer. Diese weniger Opfer-orientierte Ansicht ist überzeugender, da sie eine objektive Perspektive auf das Folterkonzept ermöglicht.

Matschers und *Evrigenis'* Ansicht nach ist Folter also nicht nur eine an Schmerzen gesteigerte unmenschliche Behandlung.[449] In Fortführung dieses Gedankens wäre es sogar denkbar, dass eine unmenschliche Behandlung sogar stärkeres Leiden („*more accute suffering*")[450] hervorrufe könnte als eine Behandlung, die nach der Rechtsprechung des EGMR als Folter einzustufen wäre; dies wäre davon abhängig, ob die Methode raffiniert oder ausgerichtet auf wiederholte Anwendung ist.

Andererseits scheint auch die Frage berechtigt, warum Raffinesse und Komplexität der angewandten Methode Leiden oder Schmerzen kompensierten können. *Prosenjak* gibt hierauf eine befriedigende Antwort.[451] Die modernen Foltermethoden seien darauf ausgerichtet, im Opfer Gefühle des „Ausgeliefertseins" zu erwecken. Die Methoden würden in einer wissenschaftlichen Umgebung mit dem Ziel entwickelt, den Willen des Opfers zu brechen – ohne körperliche Spuren zu hinterlassen. Die Methoden würden vom Staat entwickelt und angepasst oder ihre Entwicklung und Anwendung würden vom Staat toleriert. Das Opfer habe also keinerlei Hoffnung auf Rettung oder Gerechtigkeit, da der Staat in die Folteranwendung involviert sei. Das Opfer würde entmenschlicht, gebrochen und instrumentalisiert.[452] Die Menschenwürde sei damit auf ernsthafte Weise ver-

---

448 EGMR Urt. v. 18.1.1978, *Irland vs. UK*, Nr. 5310/71, Rn. 174: „*The severity of the suffering that they were capable of causing did not attain the particular level inherent in the notion of torture as understood by the Court (...)*"

449 Eine „*aggravated form of inhuman treatment*": Unmenschliche Behandlung „plus".

450 EGMR Urt. v. 18.1.1978, *Irland vs. UK*, Nr. 5310/71, abweichende Meinung Richter *Matscher*.

451 *Prosenjak*, Der Folterbegriff nach Artikel 3 EMRK, S. 72.

452 Vgl. auch *Jessberger/Gur-Arye*, ILR 2011, S. 229, 233: Hier wird die Instrumentalisierung als typisches Foltermerkmal genannt: „*Human dignity is violated by purposely forcing the interrogee to reveal information against his will, which turns the interrogee into an instrument being used for preventive ends. In such cases, the interrogee is treated merely as an object: he is used as an instrument.*"

letzt. Obwohl die physischen Schmerzen nicht unerträglich seien, wären die mentalen Schmerzen doch umso grauenhafter.[453]

Die Intensität der mentalen Leiden wird also größtenteils dadurch verursacht, dass die Methoden durch den Staat angewendet werden oder dieser zumindest ihre Anwendung toleriert. Eine interessante Frage ist somit, ob moderne Folter auch ohne Kenntnis des Staates vollzogen werden kann.

Die Entwicklung und Anwendung moderner Foltermethoden erfordert einen wirtschaftlichen und organisatorischen Unterbau, der von einer Privatperson unmöglich etabliert werden kann.[454] Erforderlich ist darüber hinaus ein Stab an professionellen Mitarbeitern, der die Anwendung der Methoden im nötigen Umfang auch durchführen kann. Diese Kräfte müssen auf effektive Weise geschult werden. Wichtig ist auch, dass eine bestimmte Hierarchie geschaffen wird, um alles nach Plan ablaufen zu lassen. Um diese Erfordernisse erfüllen zu können, müssen dem Organisator hinreichend finanzielle Mittel zur Verfügung stehen.[455] Es lässt sich schlussfolgern, dass die Entwicklung und Anwendung moderner Foltertechniken allein durch Privatpersonen kaum denkbar sind. Nur eine größere und mächtige Gruppierung wäre evtl. in der Lage, die entsprechenden Mittel zu mobilisieren. Denkbar wäre dies z.B. für große terroristische Vereinigungen. Zweifelhaft ist aber die Verantwortlichkeit des Staates für die Handlungen solcher Gruppierungen, sodass im Ergebnis auch die Anwendbarkeit der Menschenrechtskonvention fraglich wäre.

c) Politische Perspektive: Warum der EGMR noch immer am Kriterium der Schwere des Leidens festhält

Um zu verstehen, warum der EGMR auch Jahrzehnte nach dem Urteil im Fall *Irland vs. UK* in erster Linie auf das Erfordernis der Schwere der Leiden abstellt[456] und damit in Kauf nimmt, dass subtilere moderne Misshand-

453 *Prosenjak*, Der Folterbegriff nach Artikel 3 EMRK, S. 71.

454 *Prosenjak*, Der Folterbegriff nach Artikel 3 EMRK, S. 78, m.w.N.

455 *Prosenjak*, Der Folterbegriff nach Artikel 3 EMRK, S. 78, m.w.N.

456 Die Autoren *Falvey* und *Eck*, *Falvey/Eck*, Cam. LR 2010, S. 561, 592, beschreiben das Problem, das hinter einer zu großen Bedeutung des Elements der Schwere der Leiden steckt wie folgt: *„The overemphasis on brutality could lead policymakers to permit coercive methods that are more subtle and less likely to evoke disgust in the public. However, less innately horrifying methods can still undermine the humanity of the subject, the user, and the society which employs them— in fact, such weapons may actually be more dangerous precisely because they are less overtly harmful to their wiel-*

lungsmethoden deshalb nicht als Folter kategorisiert werden können, muss man den politischen Hintergrund der Entscheidung betrachten.

Obwohl unklar ist – und wahrscheinlich immer bleiben wird[457] – in welchem Ausmaß die modernen Misshandlungsmethoden tatsächlich – insbesondere in Polizeiverhören – angewandt werden, kann mit Sicherheit gesagt werden, dass diese gegen Art. 3 EMRK verstoßenden Praktiken auch in Europa nicht aufgegeben wurden.[458] Insbesondere im sog. Kampf gegen den Terrorismus hat sich weltweit der Gedanke verbreitet, dass moderne Misshandlungsmethoden zur Informationserlangung unentbehrlich seien und dass es keine wirksame Alternative dazu gebe.[459] Wenn moderne Misshandlungsmethoden – wie *Matscher* und *Evrigenis* vorschlagen – als Folter bezeichnet werden würden, dann müsste eine Vielzahl von EMRK-Staaten konsequenterweise auch wegen Folter angeklagt und verurteilt werden. Dies dürfte eine Welle der Kritik an der Rechtsprechung des EGMR und in der Folge eine Autoritätsverweigerung gegenüber dem Gericht hervorrufen.[460] Da die Effektivität des Menschenrechtsschutzsystems der EMRK auf

---

der. Thus, the debate should focus less on the brutality of methods and more on the fundamental nature of coercion."

457 *Einolf*, S. 104, http://www.social-sciences-and-humanities.com/PDF/fall_and_rise_of_torture.pdf (zuletzt abgerufen am 9.7.2015): „*Even in the 20th century, accurate statistics are impossible to obtain, given how careful governments have been to conceal their acts of torture from the international community.*"

458 Amnesty International Report 2011: The State of the World's Human Rights, S. 36-39, http://www.operationspaix.net/DATA/DOCUMENT/4134~v~Amnesty_International_Annual_Report_2011__The_State_of%20_the_World_s_Human_Rights.pdf (zuletzt abgerufen am 9.7.2015); Parry, MJIL 2005, S. 516, 518.

459 *Falvey/Eck*, Cam. LR 2010, S. 561, 568: „*On the other hand, a few commentators have contended that coercive methods can be properly contained and should or must be employed in the War on Terror. For instance, Professors Eric Posner and Adrian Vermeule contended that coercive interrogation should be legal and regulated.*";
Turner, Cal. LR 2010, S. 529, 539: „*But in the struggle against al Qaeda, intelligence is by far the single most important factor in preventing attacks and achieving victory. One day, if we don't prevail in this struggle, al Qaeda may be armed with biological toxins or primitive nuclear or radiological weapons.(...)*"*Turner* schreibt jedoch auch: „*Had they [lawyers charged with responding to the search for legal guidance by the CIA] advocated incarcerating tens of thousands of American Muslims in "War Relocation Camps," or authorized beheadings, branding, maiming, severe beatings, or other traditional techniques of "torture"— many used regularly by our enemies in this conflict— I hope and assume that all Americans would have voiced their disgust.*" *Posner/Vermeule*, MLR 2006, S. 672, 674; Memorandum für *John A. Rizzo*, Senior Deputy General Counsel, CIA, http://www.fas.org/irp/agency/doj/olc/techniques.pdf (zuletzt abgerufen am 8.7.2015).

460 *Hajjar*, QJAJOP 2002, S. 108, 119.

einer Balance zwischen den Anforderungen an den Menschenrechtsschutz und den daraus resultierenden Verpflichtungen der Staaten beruht und da zudem das System nicht ohne die Kooperation der Vertragsstaaten funktionieren kann, könnte eine solche Entwicklung den Zusammenbruch des gesamten Konventionssystems bewirken.[461]

Außerdem muss der europäische Konsens in dieser Sache berücksichtigt werden. Wenn der durchschnittliche europäische Bürger gefragt würde, was „schlimmer" wäre: Entweder das Opfer einer klassischen Misshandlungsmethode zu werden, bspw. des palästinischen Hängens bzw. einer Elektroschockbehandlung, oder einer modernen Misshandlungsmethode wie einer der fünf Techniken aus dem Fall *Irland vs. UK*, dann würde die Antwort unzweifelhaft auf „die klassische Methode" fallen.[462] Die „klassischen" Misshandlungsmethoden erwecken im Zuhörer nach wie vor eine heftige Abneigung gegen den verantwortlichen Staat, während eine Auflistung der typischen „modernen" Methoden eine weniger kräftige Reaktion hervorruft.[463] Ihre Anwendung stößt in der europäischen Bevölkerung sogar teilweise auf Verständnis. Die Anwendung moderner Misshandlungs-

---

461 Für Kritik an diesem Ansatz vgl. Teil B.I.2.c „Austritt aus dem Europarat aus Unzufriedenheit: eine leere Drohung?"

462 In Wirklichkeit lässt sich nicht so einfach feststellen, welche Methoden „schlimmer" sind. *Falvey/Eck*, Cam. LR 2010, S. 561, 571: *„One recent survey of refugees compared the sequelae from physical and psychological methods of torture and concluded that psychological torture produced more persistent sequelae then physical torture."* Vgl. auch http://www.psychosoziale-gesundheit.net/psychiatrie/folter2.html (zuletzt abgerufen am 9.7.2015): *„Um ihr Ziel zu erreichen, gehen die Folterer planmäßig vor. Die psychische Zermürbung muss schrittweise erfolgen. Das ist ein genau kalkulierter Prozess, der kaltblütig und den individuellen Eigenschaften des jeweiligen Opfers entsprechend durchgeführt wird. Es hätte wenig Sinn, sofort mit den härtesten Maßnahmen zu beginnen. Dem Opfer muss man genügend Zeit lassen, damit es die Qualen und Erniedrigungen ausgiebig erlebt, sich mit ihnen identifiziert und stückweise den Willen zum Widerstand verliert: Zuerst dachte ich, sie würden mich totschlagen, darauf war ich gefasst. Und hätten sie es doch nur getan. Aber das schlimmste waren die Pausen. Der Gefolterte muss völlig hilflos jeden inneren Halt und jedes Selbstbewusstsein verlieren, er muss weinen und um Gnade betteln, er muss in panischer, unkontrollierter Angst Urin und Stuhl lassen, er muss wünschen, endlich getötet zu werden, anstatt so dahinzuvegetieren."*

463 http://www.gallup.com/poll/118006/Slim-Majority-Wants-Bush-Era-Interrogations-Investigated.aspx (zuletzt abgerufen am 9.7.2015): Eine Umfrage aus dem Jahr 2009, ausgeführt von der *Gallup* Organisation, eines der führenden Markt- und Meinungsforschungsinstitute Amerikas, zeigte, dass eine Spanne von 55% bis 36% der amerikanischen Bevölkerung davon überzeugt war, dass die Anwendung von grausamen Vernehmungsmethoden, insbesondere von *„waterboarding"*, gerechtfertigt sei.

methoden wird als weniger gravierend angesehen, da sie schlichtweg nicht die grausamen körperlichen Schmerzen hervorrufen, die die „klassischen" Methoden verursachen. Die Anwendung gewisser Methoden, namentlich der modernen Techniken, wird, wie gesagt, sogar als unverzichtbar angesehen im Kampf gegen den Terrorismus.[464] Die Verknüpfung des Folter-Stigmas mit dieser Art von Misshandlungen ist somit zumindest politisch eher unerwünscht.[465]

Fraglich ist aber, ob bereits die *Kategorisierung* einer Behandlung als Folter oder ob die tatsächliche *Anwendung* der Behandlung die – hinsichtlich der Akzeptanz des Konventionssystems unerwünschte – öffentliche Empörung verursacht. Weiterhin bleibt offen, ob heutzutage – insbesondere seit der Veröffentlichung des „*CIA torture report*" – nicht auch moderne Misshandlungsmethoden geeignet sind, die Weltgemeinschaft in Aufregung zu versetzen.[466] Es muss hierbei beachtet werden, dass die öffentliche Empörung, die auf den „*CIA torture report*" folgte, eine Reaktion auf die Kombi-

---

464 Vgl. *Falvey/Eck*, Cam. LR 2010, S. 561, 586: „*If the ratchet effect is gradual enough, could each new torque give rise to a moderate level of outrage that the next generation finds palatable? Could torture become palatable as coercive interrogation becomes more distant and less gory, as its objects appear less human, and as the dangers of eschewing it become graver and more horrifyingly presented on television dramas and twenty-four hour cable news? And could the problems involved in dealing with regions of the world marked by popular adherence to tyrannical regimes that thrive on nationalism, xenophobia, and resentment ultimately lead us into using the quick solution of coercion at the cost of losing our grip on the principles and institutions that distinguish our way of life from theirs?*"; *Jones*, *Gallup*, http://www.gallup.com/poll/118006/Slim-Majority-Wants-Bush-Era-Interrogations-Investigated.aspx (zuletzt abgerufen am 9.7.2015).

465 Vgl. *Falvey/Eck*, Cam. LR 2010, S. 561, 574: „*(...) namely, if other, more subtle ways were found to commandeer a subject's will, would they be objectionable under the current understanding of torture and cruel, inhuman, and degrading conduct? (...) We can see no insurmountable obstacle to using these or similar techniques* [wie die Techniken, die in moderner, fortgeschrittener Medizin entwickelt wurden, um zum Beispiel minimal invasive Operationen durchführen zu können] *to produce the same cognitive states sought by psychological coercion, while (the practicalities of surgery aside) the people using them could claim to have clean hands. After all, they could say, all we did was strap the prisoner in a chair in front of a pair of metal coils for a few hours. He never even saw them, and we didn't put a scratch on him— just eight hours of sleep and three meals a day, which is more than we get!*|"

466 *SSCI Report* vom 9.12.2014, S. 16, http://www.intelligence.senate.gov/press/committee-releases-study-cias-detention-and-interrogation-program (zuletzt abgerufen am 8.7.2015): „*The CIA's detention and interrogation program created tensions with U.S. partners and allies, leading to formal demarches to the United States, and damaging and complicating bilateral intelligence relationships. (…) More*

nation verschiedener moderner[467] sowie eher klassischer Foltermethoden[468] war. Daher kann nicht davon ausgegangen werden, dass die Empörung allein durch die Anwendung moderner Misshandlungsmethoden hervorgerufen wurde. Ein Umschwung im allgemeinen weltlichen Konsens und damit im europäischen Konsens kann damit nicht nur auf die Reaktion auf den „*CIA torture report*" gestützt werden.

d) Zwischenergebnis

Matscher und *Evrigenis* führten im Fall *Irland vs. UK* den Begriff „moderne Foltermethoden" ein. Diese Methoden lassen sich als raffinierte Methoden definieren, die in einer wissenschaftlichen Umgebung entwickelt werden und darauf abzielen, die Persönlichkeit des Opfers zu brechen und es mit dem Ziel der Informationserlangung für staatliche Zwecke zu instrumentalisieren. Die vom EGMR als von hervorgehobener Bedeutung angesehene Intensität des Leidens wird von *Matscher* mit der Systematik der Anwendungsmethode auf die gleiche Ebene gestellt. Dadurch wird die Flexibilität des Folterbegriffs erhöht, eine Entwicklung, die im Lichte der Konventionsziele begrüßenswert ist. Außerdem wird eine objektivere Anschauung des Folterbegriffs ermöglicht: Es werden nicht nur die Folgen für das Opfer betrachtet, die ausschließlich subjektiver Natur sein können, sondern auch die Methode an sich.

Die Frage, warum der EGMR der Schwere des Leidens noch immer größere Bedeutung zumisst, lässt sich mit der Wichtigkeit der Akzeptanz seiner Entscheidungen durch die Vertragsstaaten beantworten: Ohne Befolgung der Urteile des Gerichtshofs durch die Staaten kann die konventionsmäßige Ordnung nicht erhalten werden.[469] Die modernen Vernehmungs-

broadly, the program caused immeasurable damage to the United States' public standing, as well as the United States' longstanding global leadership on human rights in general and the prevention of torture in particular."

467 „*Hooding*", „*subjection to noise*", „*deprivation of sleep*", „*deprivation of food and drink*".

468 „*Waterboarding*", rektale Fütterung und Hydration, das Stehen-Lassen auf gebrochenen Beinen.

469 Obwohl bislang keine Vertragsstaaten aus Unzufriedenheit bezüglich der Rechtsprechung des Gerichtshofs aus dem Europarat ausgetreten sind, kommt der Kooperation der Vertragsstaaten Bedeutung zu. Vgl. *Thorbjørn Jagland* „*If we start to pick and choose the judgments from the court, then the court will be weakened and have no meaning(...)*", http://www.humanrightseurope.org/2013/11/thorbjorn-jag

techniken, die von *Matscher* und *Evrigenis* als Folter kategorisiert werden, werden auch in Europa angewandt. Sie werden teilweise als einziges wirksames Mittels, angesehen, um die Bürger vor Terrorakten zu schützen. Darüber hinaus gelten sie in den Augen der Öffentlichkeit als „weniger gravierend“ im Vergleich zu den „klassischen“ Foltermethoden.

Dieses Argument, das sich lediglich auf die hypothetischen Meinungen der Vertragsstaaten stützt, aber nicht die *„moral truth of the protected rights“*[470] repräsentiert, vermag jedoch nicht zu überzeugen. Der EGMR ist dazu berufen, als Hüter der Menschenrechte aufzutreten. Das Opfer moderner Vernehmungstechniken wird entmenschlicht und psychisch zerstört. Ihm verbleibt keine Hoffnung auf Rettung, da der Staat für die Behandlung verantwortlich ist; eine Tatsache, die die mentalen Leiden erheblich erhöht. Diese Methoden könnten in bestimmten Fällen für das Opfer sogar eingreifender sein als „klassische“ Foltermethoden wegen deren erhöhten Maß an psychologische Leiden. Eine Angst vor der Nicht-Akzeptanz der Vertragsstaaten oder die Verknüpfung des Folterbegriffs mit einem negativen Stigma darf einem umfassenden Menschenrechtsschutz nicht im Wege stehen.

3. *Zypern vs. Türkei*

Der Fall bezieht sich auf die Situation in Nord-Zypern, die 1974 durch die Teilung Zyperns in Folge eines türkischen Militäreinsatzes hervorgerufen wurde. Zypern klagte vor dem EGMR, dass die Türkei seit dieser Teilung mehrere Artikel der Konvention verletzt habe.[471] Mehr als 70.000 Personen befänden sich in Konzentrationslagern, 1600 Personen seien noch immer vermisst, mehr als 5000 Menschen seien getötet und Tausende vergewaltigt worden.[472]

Der EGMR hielt nur einige der Behauptungen für bewiesen. Er urteilte, dass das „Verschwindenlassen“ von Personen eine unmenschliche Behandlung gegenüber bestimmten Verwandten darstelle.[473] Das Schweigen der türkischen Behörden über die Aufenthaltsorte der vermissten Personen in

---

land-gives-evidence-to-uk-parliamentary-committee-on-votes-for-prisoners/ (zuletzt abgerufen am 8.7.2015).

470 *Letsas*, EJIL 2004, S. 279, 297.

471 Art. 2, 3, 5, 8, 13 und 14 EMRK.

472 EGMR Urt. v. 10.05.2001, *Zypern vs. Türkei*, Nr. 25781/94, Rn. 13 ff.

473 EGMR Urt. v. 10.05.2001, *Zypern vs. Türkei*, Nr. 25781/94, Rn. 156.

Kombination mit der ernsthaften Besorgnis der Verwandten führte zu der Schlussfolgerung, dass das „*minimum level of severity*“ erreicht und die Behandlung daher als unmenschlich zu bewerten sei. Auch sei Art. 3 EMRK dadurch verletzt worden, dass die griechischen Zyprioten, die auf der Karpaz-Halbinsel in Nord-Zypern wohnhaft waren, auf schwerwiegende Weise diskriminiert würden.[474] Die Opfer würden isoliert und viele Handlungen würden ihnen verboten, sodass die auferlegten Restriktionen einen gravierenden Eingriff in die Menschenwürde darstellten. Dieses Verhalten wurde vom Gerichtshof als erniedrigend eingestuft.[475]

VI. Folter

Da Art. 3 EMRK nicht nur Folter verbietet, sondern auch die unmenschliche und erniedrigende Behandlung oder Strafe, wird die Wichtigkeit der Festlegung einer Folterdefinition beträchtlich gemindert. Trotzdem kommt der Unterscheidung zwischen „unmenschlicher oder erniedrigender Behandlung“ und „Folter“ erhebliche Bedeutung zu, da eine Verurteilung wegen Folter eine größere politische Auswirkung hat als eine Verurteilung wegen unmenschlicher oder erniedrigender Behandlung.[476]

Folter ist als eine vorsätzliche unmenschliche Behandlung definiert worden, die besonders heftige und furchtbare Leiden hervorruft,[477] oder auch als die geplante und überlegte Zufügung erheblichster physischer oder psychischer Leiden.[478] Nach Ansicht von *Haefliger* und *Schürmann* müsse man bei der Auslegung des Folterbegriffs an Misshandlungen denken, wie sie in Konzentrationslagern ausgeübt wurden.[479] Wenn die unmenschliche Behandlung absichtlich und zweckgerichtet vollzogen wurde,[480] ist der Unterschied zwischen unmenschlicher Behandlung und Folter nur ge-

---

474 EGMR Urt. v. 10.05.2001, *Zypern vs. Türkei*, Nr. 25781/94, Rn. 302-311.

475 EGMR Urt. v. 10.05.2001, *Zypern vs. Türkei*, Nr. 25781/94, Rn. 311.

476 Vgl. Teil C.VI.2. „Stigma“.

477 EGMR Urt. v. 18.12.1996, *Aksoy vs. Türkei*, Nr. 21987/93, Rn. 64: „*The Court considers that this treatment was of such a serious and cruel nature that it can only be described as torture.*“

478 *Gollwitzer*, Menschenrechte im Strafverfahren, Rn. 18.

479 *Haefliger/Schürmann*, Die EMRK und die Schweiz, S. 63; Vgl. auch die abweichenden Meinungen *Matschers* und *Evirgenis'* im Fall *Irland vs. UK*, in der der Begriff der „modernen Foltermethoden“ geprägt wurde.

480 Dies ist kein unabdingbares Erfordernis für die Kategorisierung als unmenschliche Behandlung.

ring.[481] Der Unterschied liegt vielmehr in der Heftigkeit und Dauer des Quälens und in der eventuellen Zufügung bleibender schwerer gesundheitlicher Schäden.[482] Einfacher gesagt liegt der Unterschied in der Schwere der Leiden.

Die Kommission bezeichnete Folter als *„aggravated form of inhuman treatment"*; unklar bleibt bei dieser Definition, worin diese *„aggravation"* liegen kann. Es lässt sich argumentieren, dass die Kommission diese Unklarheit absichtlich bestehen ließ, um die Dynamik der Interpretation nicht einzuschränken. In der Rechtsprechung des EGMR bezieht sich das Adjektiv *„aggravated"* jedoch nur auf das Maß der hervorgerufenen Leiden.[483]

Obwohl das UN-Anti-Folter-Übereinkommen[484] für den EGMR keine rechtliche Verbindlichkeit besitzt, wurde Art. 1 Abs. 1 des Übereinkommens in verschiedenen Urteilen des EGMR[485] als Auslegungshilfe herangezogen. Art. 1 Abs 1 des Übereinkommens lautet:

> *„For the purposes of this Convention, the term "torture" means any act by which severe pain or suffering, whether physical or mental, is intentionally inflicted on a person for such purposes as obtaining from him or a third person information or a confession, punishing him for an act he or a third person has committed or is suspected of having committed, or intimidating or coercing him or a third person, or for any reason based on discrimination of any kind, when such pain or suffering is inflicted by or at the instigation of or with the consent or acquiescence of a public official or other person acting in an official capacity. It does not include pain or suffering arising only from, inherent in or incidental to lawful sanctions."*

Aus dieser Definition können vier Foltermerkmale destilliert werden:

a. Es muss *„severe pain or suffering, whether physical or mental"* verursacht werden.

---

481 Vgl. die Diskussion in Teil C.VI.2. „Stigma"; *Gollwitzer*, Rn. 22; *Meyer-Ladewig*, EMRK Handkommentar, S. 68.

482 *Gollwitzer*, Rn. 23; EGMR Urt. v. 18.1.1978, *Irland vs. UK*, Nr. 5310/71, Rn. 167.

483 Zu dieser Feststellung des Gerichtshofs wurde in der Literatur viel Kritik geäußert (vgl. *Prosenjak*, S. 165 ff. Ebenso in den abweichenden Meinungen aus der Rechtsprechung, z.B. in den abweichenden Meinungen von Richtern Matscher und Evrigenis zum Fall *Irland vs. UK*).

484 Convention against Torture and Other Cruel, Inhuman or Degrading Treatment or Punishment, angenommen von der Generalversammlung am 10.12.1984, in Kraft getreten am 27.6.1987.

485 U.a. EGMR Urt. v. 11.7.2000, *Dikme vs. Türkei*, Nr. 20869/92, Rn. 94; EGMR Urt. v. 28.7.1999, *Selmouni vs. Frankreich*, Nr. 25803/94, Rn. 97; EGMR Urt. v. 18.1.1978, *Irland vs. UK*, Nr. 5310/71, Rn. 167.

b. Diese Schmerzen oder Leiden müssen absichtlich zugefügt werden.
c. Die Behandlung muss zu einem bestimmten Zweck ausgeführt werden, wie beispielsweise der Erlangung eines Geständnisses oder von Informationen, der Bestrafung oder Einschüchterung des Opfers etc. Die in Art. 1 Abs. 1 des UN-Abkommens genannte Liste ist nicht abschließend.
d. Die Behandlung wird – auf Aufforderung – von einer staatlichen Behörde zugefügt oder von einer Behörde geduldet.

Den Elementen a., c und d. wird später[486] - bzw. wurde bereits[487] - vertiefte Aufmerksamkeit gewidmet.[488] Element b., das Absichtselement, erfordert jedoch eine kurze Erläuterung.

1. Absicht

Die gängige Definition des Absichtsbegriffs beschreibt ein unbedingtes Wollen des Täters, es wird damit von der Belebungswelt des Täters ausgegangen

Nach herrschender Meinung in Literatur[489] sei der Folterverbot opferorientiert; nur das Erlebnis des Opfers sollte somit von Bedeutung sein, sodass die innere Erlebniswelt des Täters – in diesem Sinne sein Wissen und Wollen – irrelevant sein muss.[490] Um jedoch zu vermeiden, dass auch fahrlässiges Handeln als Folter qualifiziert werden kann, muss an das Absichtskriterium eine Bedeutung geknüpft werden.[491] Das Vorliegen von Absicht des Täters ist für erniedrigende oder unmenschliche Behandlung abdingbar, aber hilft bei der Einstufung als erniedrigend oder unmenschlich. Für eine Kategorisierung als Folter ist das Absichtskriterium unabdingbar.

486 Element c: Teil C.VI.2 „Stigma".

487 Elemente a und d: Teil A.IV.2 „Artikel 1 des Übereinkommens gegen Folter und andere grausame, unmenschliche oder erniedrigende Behandlung vom 27.6.1987".

488 In Teil A.IV.2. „Artikel 1 des Übereinkommens gegen Folter und andere grausame, unmenschliche oder erniedrigende Behandlung vom 27.6.1987".

489 *Prosenjak*, Der Folterbegriff nach Artikel 3 EMRK, S. 163; *Waldron*, Inhuman and Degrading Treatment, The Words Themselves, S. 280.

490 *Prosenjak*, Der Folterbegriff nach Artikel 3 EMRK, S. 163; *Saladin*, in: Internationale Konventionen, S. 132.

491 *Prosenjak*, Der Folterbegriff nach Artikel 3 EMRK, S. 163; *Trechsel*, ZÖR 1982, S. 245, 252; *Macdermot*, in: Internationale Konventionen, S. 140 ff.

Folter wird dadurch gekennzeichnet, dass der Folterer das Opfer als Instrument für seine eigenen Zwecke benutzt. Hierbei werden dem Opfer erhebliche Schmerzen bzw. Leiden zugefügt, seine Menschenwürde wird negiert. Genau das will der Folterer jedoch erreichen, weil er bestimmte Ziele verfolgt. Die Belange des Opfers müssen hinter die Belange des Täters zurücktreten.[492] Wichtig erscheint also[493] das Vorliegen eines Mindestgrades an Planung und Kalkulation.

2. Stigma

> *„The word torture is often used to describe inhuman treatment, which has a purpose, such as the obtaining of confessions, or the infliction of punishment, and it is generally an aggravated form of inhuman treatment.“*[494]

Die Tatsache, dass Folter die höchste Stufe innerhalb des Spektrums von Art. 3 EMRK ausmacht, ist nicht der einzige Grund, warum dieser Misshandlungsart eine besondere Position eingeräumt wird. Der EGMR verbindet mit dem Folterbegriff auch immer ein negatives Stigma – eine Verurteilung wegen Folter verursache deswegen schwerere Reputationsschaden für den verurteilten Staat als eine Verurteilung wegen unmenschliche oder erniedrigende Behandlung.[495] Der Gerichtshof gibt dabei keinerlei Erklärung, *warum* er dem Folterbegriff dieses Stigma auferlegt. Außerdem zeigt das obenstehende Zitat deutlich, dass sich Folter nicht ohne eine Definition der unmenschlichen Behandlung definieren lässt, da beide Begriffe unmittelbar miteinander verbunden sind.

Fraglich ist, an welches Element der Folterkonzeption der EGMR das Stigma knüpft, das die Differenz zwischen den Begriffen der unmenschlichen Behandlung und der Folter ausmacht. Dafür ist ein erneuter Blick da-

---

492 Auch die modernen Vernehmungsmethoden erfüllen diese Voraussetzungen. Diese zeichnen sich dadurch aus, dass das Opfer instrumentalisiert wird, um auf effektive Weise ein Ziel zu erreichen.
Vgl. *Falvey/Eck*, Cam. LR 2010, S. 561, 562.

493 Wie beim Zweckerfordernis.

494 Rapport der Kommission von 5.11.1989, Griechenland-Fall, 12. Jahrbuch, S. 186.

495 EGMR Urt. v. 18.1.1978, *Irland vs. UK*, Nr. 5310/71, Rn. 167: *„(...) it was the intention that the convention, with its distinction between torture and inhuman or degrading treatment should by the first of these terms attach a special stigma to deliberate inhuman treatment causing very serious and cruel suffering.“*

rauf hilfreich, was den klassischen Begriff der unmenschlichen Behandlung ausmacht.

Im Griechenland-Fall wurde von der Kommission die berühmte Definition der unmenschlichen Behandlung eingeführt,[496] aus der sich drei Kriterien ableiten lassen: 1. Die unmenschliche Behandlung muss absichtlich ausgeführt werden; 2. sie muss schwere körperliche oder mentale Leiden[497] verursachen und 3. ihre Anwendung darf nicht im Lichte der Umstände des Falles gerechtfertigt sein. Das letzte Kriterium wurde in späterer Rechtsprechung in dem Sinne revidiert, dass der Terminus „rechtfertigen" im Rahmen der Absolutheit des Artikels als ungeeignet empfunden wurde.[498] Abgesehen von dieser Änderung wurde der ursprüngliche Text der Kommission aus dem Griechenland-Fall beibehalten.[499] Eine klarere Definition der unmenschlichen Behandlung hingegen fehlt nach wie vor. Der EGMR gab im Fall *Irland vs. UK* nur die allgemeine Erklärung ab, dass die angeklagte Behandlung unmenschlich gewesen sei, da sie geplant war („*premediated*"), über einige Stunden andauerte („*applied for hours at a stretch*") und entweder physische Schäden oder schwere körperliche bzw. mentale Leiden hervorgerufen habe („*caused either actual bodily injury or intense physical or mental suffering*").[500] Daraus lässt sich zumindest schließen, dass auch der EGMR das Willenselement („*premediated*") und das Hervorrufen schwerer körperlicher oder mentaler Leiden voraussetzt, um eine unmenschliche Behandlung zu bejahen.

Es lässt sich somit schlussfolgern, dass sowohl die Definition der unmenschlichen Behandlung als auch die der Folter ein Willen des Täters verlangt. Auffällig ist, dass der EGMR für Folter nur eine vorsätzliche[501] („*deliberate*") Anwendung der Methode erfordert, für eine unmenschliche Behandlung jedoch weitergeht, und in bestimmten Fällen eine absichtliche, „*premediated*"[502] Begehung fordert. Zu viel Gewicht sollte dieser Vorausset-

496 Rapport der Kommission von 5.11.1989, Griechenland-Fall, 12. Jahrbuch, S. 186.

497 Mentale Leiden werden als „*the infliction of mental suffering by creating a state of anguish by means other than bodily assault*" definiert, EGMR Urt. v. 14.12.1959, *Griechenland vs. UK*, Nr. 176/56, (1958-59), 2. Jahrbuch, Rapport der Kommission, S. 461.

498 EGMR Urt. v. 18.1.1978, *Irland vs. UK*, Nr. 5310/71, Jahrbuch 19 (1976), Rapport der Kommission, S. 751.

499 EGMR Urt. v. 18.1.1978, *Irland vs. UK*, Nr. 5310/71, Jahrbuch 19 (1976), Rapport der Kommission, S. 750.

500 EGMR Urt. v. 18.1.1978, *Irland vs. UK*, Nr. 5310/71, Rn. 167.

501 Vgl. Art. 1 des UN-Anti-Folter-Abkommens.

502 EGMR Urt. v. 18.1.1978, *Irland vs. UK*, Nr. 5310/71, Rn. 167.

zung jedoch nicht beigemessen werden. In vielen Fällen, in denen der EGMR eine unmenschliche Behandlung feststellte, wurde die Behandlung nicht geplant oder kalkuliert („*premediated*") vollzogen. Es gibt mehrere Fallgruppen, bei denen der Gerichtshof sogar überhaupt keinen Vorsatz für erforderlich hielt und dennoch die Unmenschlichkeit der Behandlung bejahte.[503] *Cassese* ist der Ansicht, dass der EGMR das Absichtselement in seiner Definition der unmenschlichen Behandlung einfach streichen sollte[504] und listet mehrere positive Folgen einer solchen Klarstellung auf: Zuerst merkt er an, dass durch den Verzicht auf das Absichtskriterium mehr Behandlungen als unmenschlich kategorisiert und damit in den Schutzbereich des Art. 3 EMRK aufgenommen werden könnten. Dieser Vorschlag ist aber nicht überzeugend, da der EGMR das Absichtserfordernis bereits jetzt als abdingbar ansieht. Ein anderes Argument für die Eliminierung dieser Voraussetzung sieht *Cassese* in der Vereinheitlichung der Definitionen der erniedrigenden und unmenschlichen Behandlung. Für beide Tatbestandsalternativen wären nur noch objektive Umstände entscheidend.[505] Auch dieser Ansatz ist nicht wirklich überzeugend, da eine unmenschliche Behandlung auch nach der Eliminierung des Absichtskriteriums immer noch anders konzipiert ist als eine erniedrigende Behandlung. Trotz dieser Einwände ist *Casseses* Vorschlag interessant, schlichtweg da ein Fallenlassen des Absichtskriteriums – oder zumindest die ausdrückliche Feststellung, dass dieses Kriterium abdingbar ist – die Rechtsprechung des EGMR einheitlicher und konsequenter machen würde.

Der Unterschied zwischen unmenschlicher Behandlung und Folter könnte aber im Zweckelement gefunden werden. Denn das Erfordernis eines Zweckelements ist allein der Folterdefinition vorbehalten und für die Annahme einer unmenschlichen Behandlung nach der Rechtsprechung des EGMR nicht erforderlich.

Das Zweckelement wurde vom EGMR direkt aus der Folterdefinition des Art. 1 des UN Anti-Folter-Abkommens übernommen. Der Umstand, dass die in diesem Artikel aufgezählte Liste von möglichen Zwecken nicht

---

503 Zum Beispiel in Fällen, in denen das Opfer dadurch unmenschlich behandelt wird, dass es unterdurchschnittlichen Haftbedingungen ausgesetzt ist oder in denen das Opfer in ein Land ausgewiesen wird, in dem es evtl. auf konventionswidrige Weise behandelt wird.

504 *Cassese*, in: The European System for the Protection of Human Rights, S. 247.

505 *Cassese*, in: The European System for the Protection of Human Rights, S. 247.

abschließend zu verstehen ist, hat damit auch Auswirkungen auf die Interpretation des Zweckelements in der Rechtsprechung des EGMR.[506]

Allerdings werden in der Literatur viele überzeugende Gründe angeführt, warum das Zweckelement nicht den ausschlaggebenden Unterschied zwischen einer unmenschlichen Behandlung und Folter ausmachen kann. So schreibt *Fitzmaurice*, dass Folter schlichtweg Folter sei, ungeachtet einer eventuellen Zweckgerichtetheit der Behandlung: Die Art und der Charakter der Behandlung machten Folter zur Folter.[507]

Saladin schließt sich dieser Meinung an und argumentiert, dass das kennzeichnende Element der Folter in der Negierung der Menschenwürde zu sehen sei. Die Folter als solche sei damit inakzeptabel, ungeachtet zu welchem Zweck sie angewandt würde.[508] *Prosenjak* ist der Ansicht, das Ziel des Folterverbots liege im Opferschutz; deswegen dürfe die Qualifizierung einer Behandlung als Folter nicht vom Gedankengang des Folterers abhängig gemacht werden.[509] Letztlich sei das Zweckelement auch deshalb als Unterscheidungsmerkmal ungeeignet, da es kaum denkbar sei, dass der

506 Kann jeder Zweck das Erfordernis erfüllen? Sogar das Foltern um des Folterns willen? Oder muss eine Grenze gezogen werden? Die Schwierigkeit bei der Beantwortung dieser Fragen führt notwendigerweise zu einem Bedeutungsverlust des Zweckelements.

507 EGMR Urt. v. 18.1.1978, *Irland vs. UK*, Nr. 5310/71, Sondervotum Richter *Fitzmaurice*, Rn. 33: „*Torture is torture whatever its object may be, or even if it has none, other than to cause pain, provided it is inflicted by force.*"

508 *Saladin*, in: Internationale Konventionen, S. 132; EGMR Urt. v. 24.9.1992, *Herczegfalvy vs. Österreich*, Nr. 10533/83, Rn. 83; vgl. EGMR Urt. v. 19.4.2001, *Peers vs. Griechenland*, Nr. 28524/95, Rn. 74.

509 *Prosenjak*, Der Folterbegriff nach Artikel 3 EMRK, S. 158-162: *Prosenjak* geht vertieft auf die Problematik ein, dass ohne Beurteilung des Zweckelements auch Behandlungen, die dazu angewandt werden, um dem Opfer zu helfen, wie medizinische Eingriffe, als Folter kategorisiert werden müssen. Hiergegen wird wiederum eingewandt (vgl. EGMR Urt. v. 18.1.1978, *Irland vs. UK*, Nr. 5310/71, Sondervotum Richter *Fitzmaurice*, Rn. 33), dass eine Behandlung, der sich das Opfer aus – mutmaßlich, vgl. *Rodley*, The Treatment of Prisoners under International Law, S. 80 – freiem Willen aussetzt, aus dem Folterbegriff ausgenommen werden müsse. *Prosenjak* schlussfolgert, dass das Zweckerfordernis aus der Folterkonzeption gestrichen werden könne, wenn die Behandlungen in Übereinstimmung mit dem mutmaßlichen Willen des Opfers ausgeführt wurden oder wenn sie dazu geeignet seien, die mentale oder körperliche Integrität des Opfers zu schützen.

EGMR eine klassische Foltermethode[510] nicht als Folter einstufen würde, nur weil es am Zweckelement fehle.[511]

Prosenjak weist weiter darauf hin, dass auch die Schwere der Leiden nicht den entscheidenden Unterschied zwischen den beiden Behandlungsarten ausmachen könne, da sich diese Schwere nicht objektiv messen lasse: Es ist praktisch unmöglich, Schmerzen in Werte zu fassen.[512] Die Wahrnehmung von Schmerzen wird vielmehr von unzähligen Faktoren beeinflusst, wie z.B. der neurologische Funktion des Opfers und verschiedenen sozialen, kulturellen, geschlechtlichen und pädagogischen Umständen.[513] Wäre es möglich, genau und auf völlig objektive Weise[514] zu bestimmen, wie viele Schmerzen ein Mensch fühlt, dann müsste überdies noch festgelegt werden, ab welchem Schmerzniveau das erforderliche Minimum an Leiden erreicht wäre. *Prosenjak* stellt damit fest, dass es praktisch unmöglich ist, das Stigma der Folter am Element der Schwere der Leiden festzumachen. Seiner Ansicht nach wird zudem aus der Rechtsprechung des EGMR deutlich, dass der Unterschied zwischen unmenschlicher Behandlung und Folter nicht in der Schwere der Leiden liege: Die Rechtsprechung zeige, dass die Behandlungen, die als unmenschlich kategorisiert werden, intrinsisch unvergleichbar seien mit den Behandlungen, die als Folter angesehen würden. Es handele sich um zwei gänzlich unterschiedliche Kategorien.[515] *Prosenjak* nennt drei verschiedene Fallgruppen, um zu zeigen, dass die unmenschliche Behandlung und Folter zwei ganz unterschiedlich konzipierte Konzepte darstellen: unmenschliche Behandlung durch Verletzung des *„refoulement“*-Verbots, unmenschliche Behandlung durch das „Verschwindenlassen“ von Verwandten des Opfers und unmenschliche Behandlung durch unterdurchschnittliche Haftbedingungen.[516] Folter sei dazu ein *„aliud“* und die Folterkonzeption unvergleichbar mit der Definition einer unmenschlichen Behandlung.

Auffällig ist aber, dass die von *Prosenjak* genannten Fallgruppen identisch sind mit den Fallgruppen, bei denen das Absichtskriterium vom

---

510 Z.B. das palästinensische Hängen, die Falaka, das Abspritzen mit Wasser auf Hochdruckstärke und Elektroschocks.

511 *Prosenjak*, Der Folterbegriff nach Artikel 3 EMRK, S. 169.

512 *Prosenjak*, Der Folterbegriff nach Artikel 3 EMRK, S. 169.

513 *Kandel/Schwartz/Jessel*, Principles of Neural Science, S. 481, 483.

514 Das heißt: ohne Einfluss der obengenannten Faktoren.

515 *Prosenjak*, Der Folterbegriff nach Artikel 3 EMRK, S. 170,171.

516 *„Non-refoulement“*: das Ausliefern und Ausweisen von Personen als Verletzung des Art. 3 EMRK; „Unterdurchschnittliche Haftbedingungen“; „'Verschwindenlassen' von Personen als unmenschliche Behandlung der Angehörigen“.

EGMR als nicht erfüllt angesehen wurde.[517] Der Unterschied zwischen Folter und unmenschlicher Behandlung liegt bei diesen Fällen also nicht darin, dass Folter – als ein *„aliud“* – komplett von der unmenschlichen Behandlung losgelöst betrachtet werden muss, sondern vielmehr darin, dass das Absichtskriterium bei diesen Gruppen der unmenschlichen Behandlung keine Rolle spielt, während bei Folter noch immer sowohl Absicht als auch ein Zweck erforderlich sind. Die Misshandlung des Opfers wird in den Fällen von *„non-refoulement“*, „Verschwindenlassen“ von Verwandten und schlechten Haftbedingungen nicht absichtlich durchgeführt; sie ist eher Nebenprodukt von etwas anderem, wie der Erfüllung staatlicher Verpflichtungen, einer konventionswidrigen Behandlung eines Dritten oder eines minderwertigen Gefängnissystems. Der Unterschied zwischen Folter und diesen Fallgruppen der unmenschlichen Behandlung liegt also ganz klar darin, dass unmenschliche Behandlungen keine Absicht erfordern.

Wird allerdings bei einer unmenschlichen Behandlung eine Absicht festgestellt, so liegt der Unterschied zur Folter tatsächlich in der Schwere der Leiden.[518] An dieser Aussage hängen ernsthafte Probleme, u.a. dass sich die Schwere des Leidens kaum feststellen lässt. Es muss versucht werden, die Schwere der Leiden so objektiv wie möglich zu ermitteln. Um eine bestmögliche Objektivität zu gewährleisten, muss die Schwere der Leiden nicht nur aus Sicht des Opfers festgestellt werden. Jedes Opfer nimmt Schmerzen auf unterschiedliche Weise wahr und wird außerdem durch unterschiedliche Faktoren beeinflusst. Der EGMR ist daher in der Pflicht, jeder angeklagten Behandlung nachzugehen und festzustellen, welches Maß an Leiden diese Behandlung in einer hypothetischen, durchschnittlichen Person hervorrufen würde. Diese Herangehensweise steht mit der *„living instrument“*-Doktrin in Einklang, da auch hier nur der EGMR bestimmen kann, wie der Menschenrechtsschutz in unserer modernen Gesellschaft ausgestaltet sein muss. Allein der Gerichtshof entscheidet, wie hoch die Anforderungen an den Menschenrechtsschutz sind; ebenso legt er fest, welches Maß an Leiden oder Schmerzen eine Behandlung hervorgerufen haben muss und ob dieses Maß das erforderliche Minimum erreicht.

---

517 Vgl *Prosenjak*, Der Folterbegriff nach Artikel 3 EMRK, S. 162, 163.
518 EGMR Urt. v. 18.1.1978, *Irland vs. UK*, Nr. 5310/71, Rn. 174.

3. Rechtsfälle, in denen der EGMR Folter bejaht hat

Um die Bedeutung der Folterdefinition besser zu verstehen, werden im Folgenden einige Fälle besprochen, in denen der EGMR Folter angenommen hat.

a) *Aksoy vs. Türkei*

Im Fall *Aksoy vs. Türkei*[519] bejahte der EGMR zum ersten Mal in der Geschichte seiner Rechtsprechung die Anwendung von Folter. Der zugrundeliegende Sachverhalt drehte sich um ein Mitglied der PKK.[520] Der Mann wurde während eines Verhörs Opfer des sog. palästinensischen Hängens. Bei dieser Methode werden beide Hände des Opfers zusammengebunden und das Opfer an diesen hochgezogen, was eine temporäre Lähmung der Arme verursacht. Während des palästinensischen Hängens wurden Elektroden an den Genitalien des Opfers angebracht und diese unter Strom gestellt. Außerdem wurde er beschimpft, getreten, geschlagen und während der Elektroschocks mit Wasser begossen. Während der ganzen Behandlung, die sich über einen Zeitraum von 4 Tagen (insgesamt ca. 35 Minuten)[521] erstreckte, waren die Augen des Opfers verbunden.

Der EGMR vermerkte in seiner Entscheidung erneut, dass der Unterschied zwischen unmenschlicher Behandlung und Folter in dem speziellen Stigma liege, das mit dem Folterbegriff verbunden sei, sodass eine Behandlung „*very serious and very cruel suffering*" hervorrufen müsse, um Folter darzustellen.[522]

519 EGMR Urt. v. 18.12.1996, *Aksoy vs. Türkei*, Nr. 21987/93.

520 *Partiya Karkerên Kurdistan*, Arbeiterpartei Kurdistans. Die PKK stellt eine marxistisch ausgerichtete Organisation dar. Sie verübt politische Anschläge auf zivile Ziele, um die Unabhängigkeit kurdischen Territoriums zu erlangen und einen unabhängigen kurdischen Staat oder ein demokratisches autonomes Kurdistan innerhalb des türkischen Staates mit eigener nichtstaatlicher Administration zu gründen. Die Türkei, die USA und die EU sehen die PKK als terroristische Organisation an.

521 N.B. Das fakultative Kriterium einer lang andauernden Behandlung („*for hours at a stretch*") wurde nicht erfüllt. Diese Tatsache erscheint aber für die Kategorisierung der Behandelung als Folter unerheblich.

522 EGMR Urt. v. 18.12.1996, *Aksoy vs. Türkei*, Nr. 21987/93, Rn. 63.

Der Gerichtshof urteilte daraufhin wie folgt:

> „*In the view of the Court this treatment could only have been deliberately inflicted; indeed, a certain amount of preparation and exertion would have been required to carry it out. It would appear to have been administered with the aim of obtaining admissions or information from the applicant. In addition to the severe pain which it must have caused at the time, the medical evidence shows that it led to a paralysis of both arms which lasted for some time. The Court considers that this treatment was of such a serious and cruel nature that it can only be described as torture.*“[523]

Der EGMR übernahm diese Formulierung aus dem Fall *Irland vs. UK*, um im aktuellen Fall zu einer Folterfeststellung zu kommen. Im Einzelnen legte das Gericht dar, dass die Behandlungen absichtlich angewandt wurden, dass ein Zweck vorgelegen und die Schwere der Leiden die erforderliche Intensität erreicht habe. Die Methode des palästinensischen Hängens habe demnach erhebliche Schmerzen und Leiden verursacht; außerdem konnten Langzeitfolgen nachgewiesen werden. Die Argumentation des Gerichts läuft darauf hinaus, dass die Entstehung von Langzeitfolgen – hier die Lähmung beider Arme - nicht als zwingende Voraussetzung anzusehen sei. Die Feststellung ihres Vorliegens mache es jedoch einfacher, die grausamen und ernsthaften Leiden im Einzelfall als gegeben anzusehen.[524] Der EGMR schließt sich in diesem Punkt dem bereits kurz besprochenen Sondervotum des Richters *Fitzmaurice* zum Fall *Irland vs. UK Fall* an,[525] wenn er feststellt, dass die Behandlung aufgrund ihrer Art und Prägung als Folter kategorisiert werden müsse.

Es handelt sich beim palästinensischen Hängen um eine fast mittelalterliche Foltermethode, die große Schmerzen und ernsthafte Folgen hervorruft. Diese Methode wurde als „klassische“ Foltermethode qualifiziert.

b) *Aydin vs. Türkei*

In diesem Fall[526] wurde eine 17-jährige Kurdin in Polizeigewahrsam genommen. Es bestand der Verdacht, dass sie oder einige ihrer Familienmit-

---

523 EGMR Urt. v. 18.12.1996, *Aksoy vs. Türkei*, Nr. 21987/93, Rn. 64.

524 EGMR Urt. v. 4.12.1995, *Ribitsch vs. Österreich*, Nr. 18896/91, Rn. 38.

525 EGMR Urt. v. 18.1.1978, *Irland vs. UK*, Nr. 5310/71, Sondervotum Richter *Fitzmaurice*, Rn. 33.

526 EGMR Urt. v. 25.09.1997, *Aydin vs. Türkei*, Nr. 23178/94.

glieder mit der PKK zusammenarbeiteten. In Haft wurden der jungen Frau die Augen verbunden. Sie wurde ausgezogen, vergewaltigt, geschlagen, in einen Reifen gezwängt und mit Wasser unter Hochdruck bespritzt.

> „*Rape of a detainee by an official of the State must be considered to be an especially grave and abhorrent form of ill-treatment given the ease with which the offender can exploit the vulnerability and weakened resistance of his victim. Furthermore, rape leaves deep psychological scars on the victim which do not respond to the passage of time as quickly as other forms of physical and mental violence. The applicant also experienced the acute physical pain of forced penetration, which must have left her feeling debased and violated both physically and emotionally.*“[527]

Aus den Erwägungen des EGMR lässt sich schlussfolgern, dass der Machtlosigkeit des Opfers im Angesicht staatlicher Übermacht eine große Bedeutung beigemessen wird, da hieraus eine verstärkte Verletzlichkeit des Opfers abgeleitet werden kann.

Es wurde nicht nur auf den unzweifelhaft schwerwiegenden Eingriff in die körperliche Integrität des Opfers abgestellt der von jeder Vergewaltigung hervorgerufen wird, sondern auch andere Faktoren berücksichtigt, wie das junge Alter und das Geschlecht des Opfers, ihre Machtlosigkeit, die übrigen Misshandlungen und allgemein die Umstände ihrer Inhaftierung.[528]

Besonders in einem Punkt zeigt sich in der Rechtsprechung ein interessanter Unterschied zum Fall *Irland vs. UK:* Im Fall *Aydin* urteilte der EGMR, dass berücksichtigt werden müsse, dass *Aydins* Augen verbunden waren und dies ein Gefühl der Desorientierung verursacht habe.[529] Dieser Umstand trug letztlich dazu bei, dass die Behandlung insgesamt als Folter eingestuft wurde. Im Fall *Irland vs. UK* wurden den Opfern Kapuzen über den Kopf gezogen. Diese Behandlung dürfte ein vergleichbares Gefühl von Desorientierung ausgelöst haben. Der EGMR berücksichtigte diesen Umstand jedoch nicht bei der Beantwortung der Frage, ob Folter vorgelegen habe. Das sog. „*hooding*“ wurde nur im Zusammenhang mit einer mögli-

---

527 EGMR Urt. v. 25.09.1997, *Aydin vs. Türkei*, Nr. 23178/94, Rn. 83.

528 EGMR Urt. v. 25.09.1997, *Aydin vs. Türkei*, Nr. 23178/94, Rn. 84.

529 EGMR Urt. v. 25.09.1997, *Aydin vs. Türkei*, Nr. 23178/94, Rn. 84: „*She was detained over a period of three days during which she must have been bewildered and disoriented by being kept blindfolded, and in a constant state of physical pain and mental anguish brought on by the beatings administered to her during questioning and by the apprehension of what would happen to her next.*“

chen Einordnung als unmenschliche Behandlung besprochen.[530] Im Fall *Aydin vs. Türkei* wurden den Begleitumständen des Falles also größere Bedeutung zugemessen als im Fall *Irland vs. UK*.

Es kann argumentiert werden, dass der Unterschied zwischen den beiden Fällen darin lag, dass die Opfer im Fall *Irland vs. UK* erwachsene Männer waren, die nicht wie *Aydin* in ihrer sexuellen Integrität verletzt wurden. Dessen ungeachtet bleibt auffällig, dass die Begleitumstände im Fall *Irland vs. UK* im Rahmen der Folterprüfung nicht einmal in Betracht gezogen wurden.

Prosenjak[531] macht auf die Tatsache aufmerksam, dass der EGMR in seinem Urteil eine Formulierung benutzte, die in der Vergangenheit bei der Beurteilung der Frage eingesetzt wurde, ob eine Behandlung als erniedrigend zu bezeichnen sei. Konkret handelt es sich um folgenden Wortlaut: „*She was also paraded naked in humiliating circumstances thus adding to her overall sense of vulnerability.*“[532] Es kann geschlussfolgert werden, dass der EGMR im Fall *Aydin* eine umfassende Prüfung durchführte und bei der Einstufung der Behandlung als Folter auch psychisch wirkende Faktoren berücksichtigte. Die Auslegung des Folterbegriffs wurde damit im Vergleich zur Interpretation im Fall *Irland vs. UK* erheblich ausgeweitet.

Der EGMR entschied weiter, dass nicht nur die Vergewaltigung des Opfers, sondern auch die übrigen Misshandlungsmethoden, zumindest in Kumulation, als Folter zu kategorisieren seien.[533] Unklar bleibt am Ende, welche Bedeutung jeder einzelnen Misshandlungsmethode zugemessen wurde.

Auch dem Zweckelement widmete der EGMR in dieser Entscheidung vertiefte Aufmerksamkeit. Dieses Element sei zweifellos erfüllt, so die Richter:[534] *Aydin* sei für eine vermeintliche Kollaboration mit der PKK gefoltert worden, entweder um Informationen zu erlangen oder, um sie zu bestrafen.

---

530 EGMR Urt. v. 18.1.1978, *Irland vs. UK*, Nr. 5310/71, Rn. 168.

531 *Prosenjak*, Der Folterbegriff nach Artikel 3 EMRK, S. 88.

532 EGMR Urt. v. 25.09.1997, *Aydin vs. Türkei*, Nr. 23178/94, Rn. 84.

533 EGMR Urt. v. 25.09.1997, *Aydin vs. Türkei*, Nr. 23178/94, Rn. 86: „*Against this background the Court is satisfied that the accumulation of acts of physical and mental violence inflicted on the applicant and the especially cruel act of rape to which she was subjected amounted to torture in breach of Article 3 of the Convention. Indeed the Court would have reached this conclusion on either of these grounds taken separately.*“

534 EGMR Urt. v. 25.09.1997, *Aydin vs. Türkei*, Nr. 23178/94, Rn. 85.

c) *Çakici vs. Türkei*

Die Feststellung des Sachverhalts stützt sich allein auf die Aussagen des Zeugen *Mustafa Engin*, der über einen Zeitraum von 16 bzw. 17 Tagen im gleichen Raum wie der Bruder des Beschwerdeführers, *Çakici*, inhaftiert war. *Engin* erzählte, dass er Blutspuren auf der Kleidung *Çakicis* wahrgenommen habe; außerdem habe sich dessen Gesundheitszustand zunehmend erheblich verschlechtert. Nach Aussage *Engins* habe *Çakici* ihm erzählt, dass eine seiner Rippen und sein Schädel gebrochen worden seien, des Weiteren sei er Elektroschocks ausgesetzt worden.[535] Der EGMR sah keine Schwierigkeiten darin, diese Behandlungen als Folter einzustufen.[536] Es erfolgte nur eine kurze Begründung der Entscheidung, die darauf hinauslief, dass die Kumulation der erheblichen Verletzungen und die von *Çakici* gegenüber *Engin* behaupteten Misshandlungen für eine Bejahung der Foltereigenschaft ausreichten.

d) *Selmouni vs. Frankreich*

Das Opfer, das wegen des Verdachts des Rauschgifthandels von der französischen Polizei festgenommen wurde, war während seiner Haft verschiedenen Misshandlungen ausgesetzt: Er wurde geschlagen, dazu gezwungen einen Flur entlang zu laufen, der auf beiden Seiten mit Polizeibeamten flankiert war, die versuchten ihn zu Fall zu bringen, und an seinen Haaren über den Gang gezogen. Außerdem wurde auf *Selmouni* uriniert, nachdem er dazu gezwungen worden war, einen Beamten oral zu befriedigen. Darüber hinaus wurde er mit einer Spritze und einer Lötlampe bedroht.

Der EGMR hakte konsequent seine im Fall *Irland vs. UK* formulierten Voraussetzungen ab: Der Zweck der Misshandlung habe in der Erreichung eines Geständnisses gelegen, die Zufügung von erheblichen mentalen sowie auch körperlichen Leiden und Schmerzen sei gegeben (Schwere der Leiden), und letztlich sei die Behandlung von Polizeibeamten (Täter-Qualifikation) durchgeführt worden.[537]

Es ist interessant zu sehen, wie der EGMR in dieser Entscheidung auf sein Urteil im Fall *Aydin vs. Türkei*[538] aufbaut und zu dem Schluss kommt,

535 EGMR Urt. v. 8.7.1999, *Çakici vs. Türkei*, Nr. 23657/94, Rn. 92 ff.
536 EGMR Urt. v. 8.7.1999, *Çakici vs. Türkei*, Nr. 23657/94, Rn. 92.
537 EGMR Urt. v. 28.7.1999, *Selmouni vs. Frankreich*, Nr. 25803/94, Rn. 102.
538 EGMR Urt. v. 25.09.1997, *Aydin vs. Türkei*, Nr. 23178/94.

dass die zugefügten Schmerzen als „*severe*" zu qualifizieren seien. Es wurde bereits angesprochen, dass bei der Beantwortung der Frage, ob der Anwendungsbereich des Art. 3 EMRK eröffnet ist, das „*minimum level of severity*" anhand einer Gesamtwürdigung aller Einzelumstände des Falles beurteilt wird. Genau diese Prüfungsmethode wurde jetzt vom EGMR auch auf die Frage übertragen, ob die Behandlung als Folter zu kategorisieren sei.[539] Faktoren wie das Geschlecht, das Alter und der Gesundheitszustand des Opfers, die Dauer und die mentalen wie körperlichen Folgen der Behandlung müssten bei der Prüfung der Foltereigenschaft berücksichtigt werden.[540] Diese Prüfungsmethode ist damit umfassender und flexibler als die, die im Fall *Irland vs. UK* angewandt wurde. Diese Änderung in der Interpretation, die innerhalb der Kommission heftig kritisiert wurde,[541] wird durch die „*living instrument*"-Doktrin legitimiert.[542]

Im Ergebnis kam der EGMR zum Ergebnis, dass *Selmouni* gefoltert worden sei.[543] Er stützte seine Entscheidung auf den kumulativen Effekt aller zugefügten Misshandlungen. Die Schläge hätten beim Opfer Schmerzen verursacht.[544] Die Schlussfolgerung, dass diese Schmerzen auch erheblich gewesen seien, ließe sich relativ einfach treffen, da beim Opfer körperliche Schäden wahrgenommen wurden. Die übrigen Misshandlungen waren allesamt durch ihre gewaltsame Natur und von einer Herabsetzung des Opfers geprägt.[545] Die physischen und psychischen Qualen zusammengenommen erfüllten die Voraussetzung von „*severity*" und rechtfertigten damit

---

539 *Prosenjak*, Der Folterbegriff nach Artikel 3 EMRK, S. 94.

540 EGMR Urt. v. 28.7.1999, *Selmouni vs. Frankreich*, Nr. 25803/94, Rn. 100: „*In other words, it remains to be established in the instant case whether the "pain or suffering" inflicted on Mr Selmouni can be defined as "severe" within the meaning of Article 1 of the United Nations Convention. The Court considers that this "severity" is, like the "minimum severity" required for the application of Article 3, in the nature of things, relative; it depends on all the circumstances of the case, such as the duration of the treatment, its physical or mental effects and, in some cases, the sex, age and state of health of the victim, etc.*"

541 Zu beachten sind die abweichenden Meinungen von *Busuttil* und *Soyer*, Rapport der Kommission vom 11.12.1997. Diese Kommissionsmitglieder konnten nicht erkennen, worin der Unterschied in der Schwere der Leiden zum Fall *Irland vs. UK* gelegen habe: Wenn die Misshandlungen in diesem Fall keine Folter darstellten, warum waren die Foltervoraussetzungen dann im Fall *Selmouni vs. Frankreich* erfüllt?

542 Teil B. „„*Living instrument*"-Doktrin, „*common European ground*" und autonome Begriffsbildung".

543 EGMR Urt. v. 28.7.1999, *Selmouni vs. Frankreich*, Nr. 25803/94, Rn. 105.

544 EGMR Urt. v. 28.7.1999, *Selmouni vs. Frankreich*, Nr. 25803/94, Rn. 102.

545 EGMR Urt. v. 28.7.1999, *Selmouni vs. Frankreich*, Nr. 25803/94, Rn. 103.

eine Qualifizierung als Folter. Wieder bleibt jedoch unklar, wie viel Gewicht jedem einzelnen Umstand beigemessen wurde.[546]

Der EGMR stellte auch in diesem Urteil lediglich auf das Erfordernis der Schwere der Leiden ab und nicht, wie *Matscher* in seiner abweichenden Meinung im Fall *Irland vs. UK* vorgeschlagen hatte, auf eine systematische Anwendung. Es wird bei der Beurteilung des Kriteriums der Schwere der Leiden nur eine neue Herangehensweise eingeführt. Eine bahnbrechende Neuerung in der Rechtsprechung des EGMR ist daher nicht zu verzeichnen. Eine interessante Entwicklung könnte jedoch in der Steigerung der Bedeutung des Zweckelements gesehen werden.

e) Exkurs: Bedeutung des Zweckelements im Folterbegriff

Diese Passage wird durch die Erwägungen in Teil A.IV.2. „Artikel 1 des Übereinkommens gegen Folter und andere grausame, unmenschliche oder erniedrigende Behandlung vom 27.6.1987“ ergänzt. Wie bereits erläutert, verweist der EGMR bei seiner Interpretation des Folterbegriffs regelmäßig auf die Definition in diesem Artikel. Die Diskussion um das Zweckelement, die hier stattfindet, kann damit auf das Zweckelement im Rahmen der Folterdefinition des EGMR übertragen werden.

aa) *Bis Selmouni*

Obwohl der EGMR das Zweckelement in seiner Rechtsprechung schon besprochen hatte, blieb lange unklar, welche Position dieses Element innerhalb der Folterdefinition einnahm.[547] Deutlich war aber, dass das Element der Schwere der Leiden eine übergeordnete Rolle spielte.[548] Es lässt sich feststellen, dass das Zweckelement zwar – evtl. implizit – geprüft, jedoch nicht als von gleichem Gewicht wie die der Schwere der Leiden angesehen

---

546 Vgl. EGMR Urt. v. 25.09.1997, *Aydin vs. Türkei*, Nr. 23178/94.

547 *Prosenjak*, Der Folterbegriff nach Artikel 3 EMRK, S. 103; EGMR Urt. v. 18.1.1978, *Irland vs. UK*, Nr. 5310/71, Rn. 167; EGMR Urt. v. 18.12.1996, *Aksoy vs. Türkei*, Nr. 21987/93, Rn. 63; EGMR Urt. v. 25.09.1997, *Aydin vs. Türkei*, Nr. 23178/94, Rn. 85; EGMR Urt. v. 28.7.1999, *Selmouni vs. Frankreich*, Nr. 25803/94, Rn. 98.

548 Vgl. EGMR Urt. v. 18.1.1978, *Irland vs. UK*, Nr. 5310/71, wo sich die Bedeutung des Kriteriums der Schwere des Leidens sehr deutlich zeigt.

wurde. In der Literatur[549] wird vertreten, dass der EGMR im Urteil *Irland vs. UK* die Foltereigenschaft bejaht hätte, wenn die erforderliche Schwere der Leiden vorgelegen hätte, sogar wenn diese Behandlungen ohne Zweck ausgeführt worden wären. Dieser Ansatz ist zweifelhaft. Zum einen wird hier die Konstellation des Falles *Irland vs. UK* zu sehr verdreht, um noch eine sinnvolle Aussage über ein hypothetisches Urteil des EGMR treffen zu können: Denn der Sachverhalt lag so, dass eben diese hohe Intensität der Schwere der Leiden *nicht* vorlag, das Zweckelement aber erfüllt war.[550] Der Gerichtshof fällte seine Entscheidung auf der Grundlage dieser Ausgangssituation. Der skizzierte Fall liegt somit zu weit vom ursprünglichen Fall entfernt, um zuverlässig vorhersagen zu können, was der EGMR entschieden hätte.

Es ist gut vertretbar, dass der EGMR das Verhältnis zwischen den beiden Faktoren - der Schwere der Leiden und des Zweckelements - als sich ergänzende Komponenten des Folterkonzepts ansah. Diese Herangehensweise ähnelt der Vorstellung *Matschers* über das Verhältnis zwischen der Schwere der Leiden und der systematischen Ausführung der Behandlung:[551] Ist die Intensität der Schwere der Leiden höher, denn werden die Anforderungen an die Voraussetzung des Zweckelements gemindert. In diesem Fall könnten evtl. sogar rein sadistische Zwecke ausreichen, sodass praktisch immer irgendein Zweck gefunden werden könnte. So ist die Voraussetzung des Zweckelements im Falle einer sehr grausamen, ja fast mittelalterlichen Foltermethode fast bedeutungslos, sodass dieses Erfordernis eigentlich als entbehrlich angesehen werden darf. Ruft die Foltermethode zwar Leiden in der erforderlichen Heftigkeit hervor,[552] sind diese aber nicht so heftig, dass sie als mittelalterlich oder „klassisch" angesehen werden können, so wachsen die Anforderungen an das Zweckerfordernis. Es muss in diesem Fall gefoltert werden, um z.B. ein Geständnis bzw. Informationen zu erlangen oder, um das Opfer zu bestrafen.

549 *Prosenjak*, Der Folterbegriff nach Artikel 3 EMRK, S. 104; *Duffy*, ICLQ 1983, S. 316, 317.

550 EGMR Urt. v. 18.1.1978, *Irland vs. UK*, Nr. 5310/71, Rn. 167.

551 EGMR Urt. v. 18.1.1978, *Irland vs. UK*, Nr. 5310/71, abweichende Meinung *Matschers*.

552 Teil C.VI.2. „Stigma".

bb) *Nach Selmouni*

Wie bereits angesprochen, änderte der EGMR im Urteil *Selmouni* seine Herangehensweise bezüglich der Beurteilung des Erfordernisses der Schwere der Leiden. Seit dieser Entscheidung werden bei der Prüfung der Foltereigenschaft alle Umstände des Einzelfalls berücksichtigt, um nach einer relativen Gesamtbetrachtung schlussfolgern zu können, ob das erforderliche erhöhte Maß an Leiden vorlag.[553] Obwohl diese Entwicklung dazu führte, dass der Folterbegriff dynamischer interpretiert wird und es dem EGMR dadurch gelingt, auf den kumulativen Effekt aller Misshandlungen einzugehen, lassen sich auch negative Folgen ableiten. Das bis dahin dominante Kriterium der Schwere der Leiden wird auf unbegrenzte Weise ausgeweitet.[554] Die Umstände, die berücksichtigt werden sollen, sind zahllos und untereinander nicht vergleichbar. Um diese negative Auswirkung einzudämmen, wurde dem Zweckelement in der späteren Rechtsprechung[555] eine größere Bedeutung zugemessen, sodass die Menge an Behandlungen, die als Folter kategorisiert werden können, wieder eingeschränkt wurde. Mit der Steigerung der Wichtigkeit des Zweckelements brachte der EGMR seine Rechtsprechung stärker in Einklang mit der Folterdefinition aus Art. 1 des UN Anti-Folter-Abkommens, in der das Zweckelement als unabdingbar und grundlegend angesehen wird. Das Zweckelement hat einen großen Vorteil gegenüber der Voraussetzung der Schwere der Leiden, da es nicht in einem „mehr“ oder „weniger“ gemessen wird, sondern entweder gegeben ist oder nicht.[556]

Es lässt sich schlussfolgern, dass der EGMR nach dem *Selmouni*-Urteil die Position des Zweckelements derartig verstärkt hat, dass eine Qualifizie-

553 EGMR Urt. v. 28.7.1999, *Selmouni vs. Frankreich*, Nr. 25803/94, Rn. 100.

554 *Prosenjak*, Der Folterbegriff nach Artikel 3 EMRK, S. 104.

555 EGMR Urt. v. 27.6.2000, *Salman vs. Türkei*, Nr. 21986/93; EGMR Urt. v. 27.6.2000, *Ilhan vs. Türkei*, Nr. 22277/93.

556 *Prosenjak*, Der Folterbegriff nach Artikel 3 EMRK, S. 105.

rung als Folter nicht mehr möglich ist, wenn die Behandlung ohne Zweck ausgeführt wurde.[557] Ein rein sadistischer Zweck reicht nicht mehr aus.[558]

Pösl äußert Bedenken bezüglich der Gewohnheit des EGMR, in seiner Rechtsprechung eine Gesamtbetrachtung aller Faktoren vorzunehmen, da hierdurch die grundlegende Bedeutung der Menschenwürde untergraben werde.[559] *Pösl* argumentiert, dass allein die Menschenwürde – und nicht etwa die physische oder psychische Unversehrtheit des Grundrechtsträgers– die Schrankenlosigkeit des Art. 3 EMRK zu begründen vermöge.[560] Der EGMR solle die fundamentale Bedeutung der Menschenwürde nicht nur als Abwägungskriterium in seine Gesamtbetrachtung miteinbeziehen, sondern ihr eine hervorgehobene Rolle zuschreiben.[561] Hiergegen ist jedoch einzuwenden, dass eben die Gesamtbetrachtung aller Umstände des Falles eine flexible, evolutive Auslegung der Begriffe des Art. 3 EMRK ermöglicht, sodass dieser Artikel in der Lage ist, sich den wandelnden gesellschaftlichen Anforderungen anzupassen. Die starre Ausrichtung nach einem Kriterium oder der Vorrang eines bestimmten Kriteriums – in älterer Rechtsprechung die Schwere der Leiden – könnte zu einer gewissen Ignoranz gegenüber modernen Entwicklungen führen.[562] Obwohl *Pösls* Hervorhebung der Menschenwürde als dogmatische Grundlage der Absolutheit nachvollziehbar ist, darf eine solche Hervorhebung nicht zu einer Minderung der Flexibilität des Art. 3 EMRK führen.

---

557 Vgl. EGMR Urt. v. 30.9.2004, *Krastanov vs. Bulgarien*, Nr. 50222/99, Rn. 53: *„The Court finds that the injuries which the applicant sustained establish the existence of serious physical pain and suffering.(...) However, it does not appear that the pain and suffering were inflicted on the applicant intentionally for the purpose of, for instance, making him confess to a crime or breaking his physical and moral resistance (...) In these circumstances, the Court concludes that the ill-treatment complained of was sufficiently serious to be considered as inhuman, but that it cannot be qualified as torture.“*

558 Vgl. die Diskussion über die nicht abschließende Liste möglicher Zwecke bei der Folterdefinition von Art. 1 des UN Anti-Folter-Abkommens, Teil A.IV.2. „Artikel 1 des Übereinkommens gegen Folter und andere grausame, unmenschliche oder erniedrigende Behandlung vom 27.6.1987“.

559 *Pösl*, Das Verbot der Folter in Art. 3 EMRK, S. 131.

560 *Pösl*, Das Verbot der Folter in Art. 3 EMRK, S. 131: Ein Eingriff in Art. 2, der die körperliche und mentale Unversehrtheit schützt, lässt sich hingegen rechtfertigen, weshalb die Absolutheit – eines anderen Artikels – nicht auf diesem Schutzgut fußen kann.

561 *Pösl*, Das Verbot der Folter in Art. 3 EMRK, S. 186.

562 EGMR Urt. v. 18.1.1978, *Irland vs. UK*, Nr. 5310/71: *Zekia* vertritt die Ansicht, dass nicht nur die Schwere der Leiden, sondern alle relevanten Einzelumstände beachtet werden sollten. *Matscher* verweist auf die systematische Anwendung der Behandlung. Vgl Teil C.V.2.a *„Irland vs. UK* – abweichende Meinungen“.

f) *Salman und Ilhan vs. Türkei*

Wie in den bereits besprochenen Fällen handelte es sich auch in diesen Fällen aus dem Jahr 2000 um die Misshandlungen von inhaftierten Personen, die unter dem Verdacht standen, mit der PKK zu kollaborieren. Im Fall *Salman vs. Türkei*[563] trat die Frau des Opfers als Beschwerdeführerin auf. Sie brachte vor, ihr Mann, *Salman*, sei so kräftig auf die Brust geschlagen worden, dass sein Brustbein gebrochen wurde. Der Vollzug der Falaka[564] habe Schwellungen und Blutergüsse am linken Fuß verursacht, sowie Schrammen an den Knöcheln hervorgerufen. Das Opfer starb noch im Gefängnis an den Folgen dieser Misshandlungen.

Im Fall *Ilhan vs. Türkei*[565] wurde festgestellt, dass das Opfer getreten und geschlagen worden war. Auch wurde er mindestens einmal mit einer Schusswaffe gegen den Kopf geschlagen. Das Opfer wurde erst 36 Stunden nach der Misshandlung in ein Krankenhaus gebracht. Als Folge wurden Kopfverletzungen und Prellungen dokumentiert. Außerdem blieb seine Gehirnfunktion dauerhaft beeinträchtigt.

In beiden Fällen wurden die beanstandeten Behandlungen vom EGMR als Folter eingestuft. Bei *Salman* sei der Grund in der Art und Heftigkeit der Misshandlungen zu finden, die unzweifelhaft die erforderlichen grausamen Leiden und Schmerzen verursacht hätten.[566] Weitere Faktoren zog das Gericht nicht in Betracht. Eine Abwägung aller Umstände war hier nicht notwendig, da es sich um eine sehr grausame Foltermethode handelte, die sogar den Tod des Opfers verursacht hatte. Die Annahme von Folter war hier das einzig vertretbare Ergebnis. Im Fall *Ilhan* führten die Heftigkeit der Misshandlung in Verbindung mit der 36-stündigen Verzögerung des Krankenhaustransports zu einer Bejahung der Foltereigenschaft.[567]

---

563 EGMR Urt. v. 27.6.2000, *Salman vs. Türkei*, Nr. 21986/93.

564 Bei der Anwendung von Falaka werden die Fußsohlen des Opfers mit einem Objekt geschlagen, z.B. mit einem Stock, einer Peitsche oder einem Schläger. Diese Methode ruft erhebliche Schmerzen hervor, hinterlässt aber kaum sichtbare Spuren.

565 EGMR Urt. v. 27.6.2000, *Ilhan vs. Türkei*, Nr. 22277/93.

566 EGMR Urt. v. 27.6.2000, *Salman vs. Türkei*, Nr. 21986/93, Rn. 115.

567 EGMR Urt. v. 27.6.2000, *Ilhan vs. Türkei*, Nr. 22277/93, Rn. 87.

g) *Dikme vs. Türkei*

Dikme und seine Begleiterin wurden verdächtigt, die illegale Organisation *Dev-Sol* zu unterstützen und wurden infolgedessen von der Anti-Terror-Abteilung der türkischen Polizei inhaftiert.

Dikme behauptete während seiner Haft auf verschiedene Weise misshandelt worden zu sein; die Misshandlungen seien während der ersten fünf Tage in Polizeigewahrsam am schlimmsten gewesen. Er sei getreten, geschlagen und bedroht worden. Außerdem sei er Opfer des palästinensischen Hängens geworden, mit Wasser begossen und mit Elektroschocks misshandelt worden.[568] Während dieser Misshandlungen seien seine Augen verbunden gewesen. Nach fünf Tagen hätten die Misshandlungen in ihrer Grausamkeit und Intensität nachgelassen.[569] Der EGMR berücksichtigte in seinem Urteil, dass der Staat keine dieser Behauptungen geleugnet habe und, dass sie mit den medizinischen Befunden übereinstimmten. Er hielt es für zutreffend, dass das Opfer viele Schläge erlitten hatte und auf die vorgetragenen Weisen misshandelt worden war.[570] Das palästinesische

Hängen und die Elektroschocks konnten jedoch im Prozess nicht nachgewiesen werden.[571] Während der Zeit, die das Opfer in Polizeigewahrsam verbrachte, sei ihm weder der Zugang zu rechtlichem Beistand, medizinischer Hilfe noch Kontakt zu Verwandten gewährt worden.[572] Das Opfer sei vollkommen isoliert gewesen. Die körperlichen Misshandlungen müssten in dem Opfer sowohl mentale als auch körperliche Leiden bzw. Schmerzen verursacht haben. Auch die Tatsache, dass die Augen des Opfers verbunden waren, wurde berücksichtigt. Der EGMR zog aus diesen Umständen den Schluss, dass die Behandlung mindestens als unmenschlich und erniedrigend anzusehen sei, da sie darauf gerichtet war, im Opfer Gefühle von Angst und Verletzlichkeit zu erwecken, die wiederum geeignet waren, seinen Willen zu brechen.[573]

Das Urteil spiegelt die Leitlinien des *Selmouni*-Urteils wieder und stützt sich auf die *„living instrument"*-Doktrin.[574] Es wurde wiederholt, dass alle

---

568 EGMR Urt. v. 11.7.2000, *Dikme vs. Türkei*, Nr. 20869/92, Rn. 12 ff.
569 EGMR Urt. v. 11.7.2000, *Dikme vs. Türkei*, Nr. 20869/92, Rn. 69.
570 EGMR Urt. v. 11.7.2000, *Dikme vs. Türkei*, Nr. 20869/92, Rn. 79.
571 EGMR Urt. v. 11.7.2000, *Dikme vs. Türkei*, Nr. 20869/92, Rn. 85.
572 EGMR Urt. v. 11.7.2000, *Dikme vs. Türkei*, Nr. 20869/92, Rn. 82.
573 EGMR Urt. v. 11.7.2000, *Dikme vs. Türkei*, Nr. 20869/92, Rn. 91.
574 EGMR Urt. v. 11.7.2000, *Dikme vs. Türkei*, Nr. 20869/92, Rn. 92.

Einzelumstände des Falles berücksichtigt werden müssten, um die *„severity"* der Leiden zu beurteilen.[575]

Der Gerichtshof berücksichtigte die Tatsache, dass das Opfer sich während der lang andauernden Verhöre in einem Zustand der Unsicherheit bezüglich seines Schicksals befand und unter heftigen Schmerzen litt. Die Behandlung sei mit voller Absicht und durch staatliche Behörden vollzogen worden. Auch das Erfordernis des Zwecks sei erfüllt. Dieser Zweck liege in der Erlangung von Informationen bzw. eines Geständnisses.[576] Die Behandlung sei damit *„particularly serious and cruel and (…) capable of causing severe pain and suffering"*,[577] sodass im Ergebnis auch hier die Foltereigenschaft bejaht wurde. [578]

Der Gerichtshof bezog alle Faktoren des Einzelfalles in seine Entscheidung mit ein; die körperlichen Schmerzen machten lediglich einen dieser Faktoren aus. Unklar blieb jedoch zum wiederholten Mal, welche Gewichtung den einzelnen Faktoren zugemessen wurde.[579]

h) *Akkoç und Aktas vs. Türkei*

Auch in den Fällen *Akkoç* und *Aktas* wurden die Beschwerdeführer in Polizeigewahrsam genommen wegen einem Verdacht der Kollaboration mit der PKK. Die Beschwerdeführerin *Akkoç* wurde während ihrer Verhöre mehrmals gegen den Kopf geschlagen. Außerdem wurde sie Opfer einer heiß-kalt-Wasserbehandlung, wobei sie abwechselnd mit heißem bzw. kaltem Wasser bespritzt wurden: eine Behandlung die nicht nur körperliche Schmerzen, sondern auch mentale Leiden hervorgerufen habe müssen.[580] Die staatlichen Behörden bedrohten zudem ihre Kinder außerhalb des Gefängnisses und erweckten so Gefühle von Sorge und Befürchtungen. Schließlich wurde sie wiederholt mittels Elektroschocks misshandelt. Als Langzeitfolge wurde beim Opfer ein posttraumatische Belastungsstörung diagnostiziert.[581]

575 EGMR Urt. v. 11.7.2000, *Dikme vs. Türkei*, Nr. 20869/92, Rn. 94.
576 EGMR Urt. v. 11.7.2000, *Dikme vs. Türkei*, Nr. 20869/92, Rn. 95.
577 EGMR Urt. v. 11.7.2000, *Dikme vs. Türkei*, Nr. 20869/92, Rn. 96.
578 EGMR Urt. v. 11.7.2000, *Dikme vs. Türkei*, Nr. 20869/92, Rn. 96.
579 *Prosenjak*, Der Folterbegriff nach Artikel 3 EMRK, S. 110.
580 EGMR Urt. v. 10.10.2000, *Akkoç vs. Türkei*, Nr. 22947/93, 22948/93, Rn. 25.
581 EGMR Urt. v. 10.10.2000, *Akkoç vs. Türkei*, Nr. 22947/93, 22948/93, Rn. 116.

Der Gerichtshof bejahte das Vorliegen einer Folteranwendung, da das Erfordernis der Schwere der Leiden erfüllt worden war.[582]

Im Fall *Aktas vs. Türkei*, klagte der Beschwerdeführer im Auftrag seines Bruders, *Yakup Aktas*, der wegen vermeintlicher PKK-Kollaboration in Polizeihaft genommen worden war.[583] Er starb eine Woche nach seiner Verhaftung im Gefängnis. Sein Bruder behauptete, dass *Yakup Aktas* an den Folgen von Folter gestorben sei, die von staatlichen Beamten ausgeübt worden sei. Der EGMR sah es als erwiesen an, dass *Yakup Aktas* das Opfer von zumindest unmenschlichen und erniedrigenden Behandlungen geworden sei.[584] Unzweifelhaft sei die Behandlung gravierend gewesen, da sie den Tod des Opfers zur Folge hatte. Die Spuren am Körper des Opfers zeugten entweder von palästinensischem Hängens oder einer Kreuzigung. Die letztgenannte Methode erfordert die Befestigung der Arme des Opfers an seiner Brust, sodass die Atemfunktion beeinträchtigt wird. Der Gerichtshof folgerte daraus, dass die hervorgerufenen Leiden und Schmerzen *„particularly serious and cruel"*[585] gewesen sein müssten. Das Zweckelement wurde explizit geprüft. Der Gerichtshof stellte fest, dass die Foltermethoden mit dem Zweck durchgeführt wurden, Informationen oder ein Geständnis zu erlangen. Die Foltereigenschaft der Misshandlungen wurde daher bejaht.[586] Nachforschungen des CPT[587] zeigten, dass die angeklagten Misshandlungsformen während der Verhöre in türkischen Haftanstalten regelmäßig angewandt wurden.

Sowohl im Fall *Akkoç vs. Türkei* als auch im Fall *Aktas vs. Türkei* erwähnte der EGMR die Notwendigkeit des Zweckelements. Im Fall *Akkoç* wurde diese Voraussetzung jedoch gar nicht auf den Sachverhalt angewandt, im Fall *Aktas* fiel die Prüfung nur sehr knapp aus.[588] *Prosenjak* erklärt diese Entscheidung des EGMR auf überzeugende Weise damit, dass die Foltermethoden in beiden Fällen nur nach ausgedehnter Vorbereitung vollzogen

---

582 EGMR Urt. v. 24.4.2003, *Aktas vs. Türkei*, Nr. 24351/94, Rn. 116-117.

583 EGMR Urt. v. 24.4.2003, *Aktas vs. Türkei*, Nr. 24351/94, Rn. 33.

584 EGMR Urt. v. 24.4.2003, *Aktas vs. Türkei*, Nr. 24351/94, Rn. 318

585 EGMR Urt. v. 24.4.2003, *Aktas vs. Türkei*, Nr. 24351/94, Rn. 319.

586 EGMR Urt. v. 24.4.2003, *Aktas vs. Türkei*, Nr. 24351/94, Rn. 319.

587 Das CPT wurde 1989 im Rahmen des Europäischen Übereinkommens zur Verhütung von Folter und unmenschlicher oder erniedrigender Behandlung oder Strafe des Europarates errichtet. Das CPT ist keine Untersuchungsstelle, bietet aber einen außergerichtlichen Präventionsmechanismus für Personen, denen die Freiheit entzogen wurde. Die Rechtsprechungsarbeit des EGMR wird regelmäßig auf die Tatsachenfeststellungen des CPT gestützt.

588 EGMR Urt. v. 24.4.2003, *Aktas vs. Türkei*, Nr. 24351/94, Rn. 319.

werden konnten. Der Folterer habe sich bestimmte Werkzeuge besorgen müssen, und sei geplant vorgegangen. Derartig kalkulierte Foltermethoden setzen in der Regel Zweckgerichtetheit voraus, sodass eine ausführlichere Prüfung dieser Voraussetzung unnötig gewesen sei.[589]

i) *Elçi u.a. vs. Türkei*

Auch die 16 Beschwerdeführer im Fall *Elçi u.a. vs. Türkei* wurden im November 1993 wegen des Verdachts mit der PKK zu kollaborieren in Polizeigewahrsam genommen. Sie wurden in dunklen, feuchten und kalten Zellen untergebracht. Sowohl die Ernährung als auch die sanitären Einrichtungen waren als unangemessen zu bewerten.[590] Allen Opfern wurden während den Verhören die Augen verbunden.[591] Die Opfer lassen sich bezüglich der weiteren Misshandlungen in zwei Gruppen einteilen:

Gruppe A.: *Elçi*, *Çem*, *Beştaş* und *Olmez*. Die Opfer der Gruppe A wurden dazu gezwungen, sich auszuziehen. Sie wurden beleidigt und mit eiskaltem Wasser auf Hochdruckstärke abgespritzt. [592]

Gruppe B.: *Tur*, *Acar*, *Kurbanoglu*, *Beştaş* und *Erten*. Diese Opfer wurden geohrfeigt und beleidigt. Die Behandlung hatte eine so gravierende Angst zur Folge, dass die Opfer sich gezwungen fühlten sich belastende Dokumente zu unterzeichnen.,

Der EGMR sah es als erwiesen an, dass die Misshandlungen beider Gruppen das erforderliche *„minimum level of severity“* erreichten und damit in den Anwendungsbereich des Art. 3 EMRK fielen.[593] Die Misshandlungen, die gegenüber der Gruppe B vollzogen wurden, wurden allerdings als weniger heftig und grausam angesehen als die, die gegenüber der Gruppe A angewandt wurden. Diese Differenz ergibt sich aus der Tatsache, dass die Methode des Abspritzens mit kaltem Wasser auf Hochdruckstärke vom EGMR als „klassische“ Foltermethode angesehen wird. Die Bezeichnung als „klassische“ Foltermethode bedeutet wiederum automatisch die Bejahung der Foltervoraussetzungen.[594]

---

589 *Prosenjak*, Der Folterbegriff nach Artikel 3 EMRK, S. 112.

590 EGMR Urt. v. 13.11.2003, *Elçi u.a. vs. Türkei*, Nr. 23145/93, 25091/94, Rn. 641.

591 EGMR Urt. v. 13.11.2003, *Elçi u.a. vs. Türkei*, Nr. 23145/93, 25091/94, Rn. 641.

592 EGMR Urt. v. 13.11.2003, *Elçi u.a. vs. Türkei*, Nr. 23145/93, 25091/94, Rn. 640.

593 EGMR Urt. v. 13.11.2003, *Elçi u.a. vs. Türkei*, Nr. 23145/93, 25091/94, Rn. 646, 647.

594 EGMR Urt. v. 13.11.2003, *Elçi u.a. vs. Türkei*, Nr. 23145/93, 25091/94, Rn. 596 f.

Die Behandlungen, die gegenüber den Opfern aus Gruppe B angewandt wurden, wurden hingegen nicht als Folter qualifiziert.[595] Es wurden viele Faktoren berücksichtigt, so wie die Augenbinden, die die Opfer tragen mussten, die unterschiedlichen Geschlechter, die gesteigerte Verletzlichkeit der Opfer, die Dauer der Inhaftierung etc. Diese Faktoren wurden jedoch nicht als hinreichend angesehen, um den Mangel in der Schwere der Leiden zu rechtfertigen. Ausschlaggebend sei, so das Gericht, dass gegenüber der Gruppe B keinerlei Maßnahmen angewandt wurden, die intensive körperliche Leiden oder Schmerzen irgendeiner Art hervorriefen. Eine Ohrfeige könne zwar Schmerzen verursachen, von *„severe suffering"* könne jedoch nicht die Rede sein.[596]

Der Fall *Elçi u.a. vs. Türkei* zeigt deutlich, dass die Opfer mit dem Ziel gefoltert wurden, Informationen oder Geständnissen zu erlangen,[597] sodass eine explizite Erwähnung der Zweckgerichtetheit hier als überflüssig angesehen wurde. Das Zweckelement wurde auch bei der Einstufung der Behandlungen, die gegenüber Gruppe B angewandt wurde, nicht explizit erwähnt. Wahrscheinlich wurde das Zweckelement implizit geprüft und festgestellt, dass das Ziel – das Erzwingen der Unterzeichnung bestimmter Dokumente – in den Augen des Gerichtshofs den Mangel an *„severe suffering"* nicht ausgleichen konnte. So konnte die Behandlung „nur" als unmenschlich, nicht jedoch als Folter eingestuft werden.

j) *Bati u.a. vs. Türkei*

Bati und 14 weitere Beschwerdeführer wurden wegen des Verdachts mit der illegalen Organisation *Turkish Communist Labour Party/Leninist* zu kooperieren in Polizeigewahrsam genommen.[598] Die Opfer wurden im Jahr 1996 festgenommen und bis auf *Gedik* bis 2001 alle wieder freigelassen. Es wurden vier verschiedene Foltermethoden angewandt, bei einigen Opfern sogar mehrere kumulativ. Im Einzelnen wurden folgende Methoden angewandt:

Palästinensisches Hängen (*Gedik*, *Öktem*, *Kaya*, *Altun*, *Kablan*, *Öktem*, *Kemanoglu* und *Karahanci*), Bespritzen mit Wasser (*Altun*, *Tokur*, *Öktem*, *Kaya*,

---

595 EGMR Urt. v. 13.11.2003, *Elçi u.a. vs. Türkei*, Nr. 23145/93, 25091/94, Rn. 647.
596 EGMR Urt. v. 13.11.2003, *Elçi u.a. vs. Türkei*, Nr. 23145/93, 25091/94, Rn. 647.
597 Vgl. die oben besprochenen Fälle, die von Opfern handelten, die wegen des Verdachts der Kooperation mit der PKK verhaftet wurden.
598 EGMR Urt. v. 3.6.2004, *Bati u.a. vs. Türkei*, Nr. 33097/96, 7834/00, Rn. 10.

Kemanoglu, *Sahin* und *Karahanci*), Schläge (*Bati*, *Erhan Il*, *Kaya*, *Altun*, *Tokur* und *Kablan*, *Öktem*, *Sahin* und *Karahanci*) und Falaka (*Öktem* und *Kaya*).

Alle Opfer wurden beleidigt und ihnen wurde der Schlaf vorenthalten.[599] Ein Schwurgericht in Istanbul hatte bereits festgestellt, dass die Behandlungen, die gegenüber den Opfern *Gedik* und *Öktem* vollzogen wurden, als Folter zu qualifizieren seien. Das Gericht kam zu diesem Schluss, da die Misshandlungen von einer hohen Intensität waren und zweckgerichtet von staatlichen Behörden ausgeführt wurden.[600] Der Gerichtshof schloss sich diesem Urteil an.[601] Allerdings wurden die Erwägungen auch auf die Behandlungen gegenüber den übrigen Opfern ausgeweitet:[602] Auch sie hätten sich während der Zeit in Haft, in einem Zustand von Angst und Verletzlichkeit befunden und heftige Schmerzen erlitten.[603] Einige der Opfer seien sehr jung gewesen (*Bati* und *Sürücü* waren nur 17, *Kaya* und *Karahanci* 18 Jahre alt); *Öktem* sei darüber hinaus auch schwanger gewesen.[604] Die Misshandlungen seien ihrer Art nach *„particularly serious and cruel"*, sodass Folter bejaht werden müsse. Auch die Dauer der Behandlungen wurde berücksichtigt.[605]

Die Opfer wurden verschiedenen klassischen Foltermethoden mit dem Ziel der Informationserlangung ausgesetzt. Diese Feststellung impliziert bereits die Bejahung der Foltereigenschaft dieser Methoden. Es scheint, als hätte allein die Tatsache, dass diese Methoden angewandt wurden zum Ziel der Informationserlangung, schon ausgereicht, um diese als Folter kategorisieren zu können. Die übrigen genannten Umstände, wie Alter, Geschlecht, und Schwangerschaft, die Dauer und psychischen Auswirkungen der Misshandlungen waren von eher untergeordneter Bedeutung.[606] Die

599 EGMR Urt. v. 3.6.2004, *Bati u.a. vs. Türkei*, Nr. 33097/96, 7834/00, Rn. 110.

600 Istanbul Assisengericht. EGMR Urt. v. 3.6.2004, *Bati u.a. vs. Türkei*, Nr. 33097/96, 7834/00, Rn. 92: *„In a judgment of 5 February 2003, the Assize Court decided to discontinue the proceedings against the defendants Mustafa Taner Paylaşan, Ahmet Bereket, Fatih Berkup and Yakup Doğan by virtue of the statute of limitations and against Mehmet A. Çavdar on the ground of intervening death. It found Mustafa Sara guilty of torturing Mr Gedik and Mrs Öktem and sentenced him to two years' imprisonment. It also made an order prohibiting him from holding public office for a period of six months. However, it acquitted him on the other charges."*

601 EGMR Urt. v. 3.6.2004, *Bati u.a. vs. Türkei*, Nr. 33097/96, 7834/00, Rn. 117.

602 EGMR Urt. v. 3.6.2004, *Bati u.a. vs. Türkei*, Nr. 33097/96, 7834/00, Rn. 122.

603 EGMR Urt. v. 3.6.2004, *Bati u.a. vs. Türkei*, Nr. 33097/96, 7834/00, Rn. 122.

604 EGMR Urt. v. 3.6.2004, *Bati u.a. vs. Türkei*, Nr. 33097/96, 7834/00, Rn. 122.

605 EGMR Urt. v. 3.6.2004, *Bati u.a. vs. Türkei*, Nr. 33097/96, 7834/00, Rn. 123.

606 *Prosenjak*, Der Folterbegriff nach Artikel 3 EMRK, S. 119.

Entscheidung des EGMR lässt sich damit als Folge-orientiert bezeichnen: eine Beurteilungsmethode, die eine größere Objektivität ermöglicht, als eine rein Opfer-orientierte Herangehensweise.

k) *Ilascu u.a. vs. Moldawien und Russland*

Ilascu war Leiter der Partei „Volksfront" in Moldawien, die die Vereinigung von Rumänien mit Moldawien unterstützte. Die übrigen Beschwerdeführer, *Leşco*, *Ivantoc* und *Petrov-Popa*, waren Mitglieder dieser lokalen Partei. *Ilascu* wurde ohne Haftbefehl verhaftet und in der Folge ohne gesetzliche Grundlage von einem transnistrischen Gericht zum Tode verurteilt. Transnistrien ist eine Region in Moldawien, die 1991 ihre Unabhängigkeit erklärt hat, aber von der Internationalen Gemeinschaft nicht als Staat anerkannt wurde. Das Opfer lebte fortan nicht nur mit der permanenten Angst, hingerichtet zu werden, sondern verbrachte auch drei Tage isoliert und in absoluter Dunkelheit. Zusätzlich wurde seine Ernährung herabgesetzt und er wurde von den Gefängniswärtern körperlich misshandelt. Von 1993 bis 2001 befand sich *Ilascu* in Einzelhaft, sodass er von der Außenwelt völlig abgeschnitten war. Es fehlte in seiner Zelle an natürlichem Licht, Ventilation und einer Heizung. Medizinische Versorgung wurde ebenfalls nicht geleistet.[607] Es stand fest, dass die Misshandlungen mit dem Zweck ausgeführt wurden, Informationen oder ein Geständnis zu erlangen oder um *Ilascu* für vermeintlich begangene Taten zu bestrafen. Der EGMR berücksichtigte all diese Umstände und kam nach einer Gesamtbetrachtung zu dem Schluss, dass die Behandlung als Folter zu bezeichnen sei.[608]

Auch *Ivantoc* war während seiner Haft vielen unterschiedlichen körperlichen Misshandlungen ausgesetzt, darunter einer Vielzahl von Schlägen. Auch ihm wurde keine medizinische Hilfe gewährt und seine Ernährung auf ein Minimum herabgesetzt. Er befand sich über längere Zeit in Einzelhaft und bei einer Gelegenheit steckte ihm ein Gefängnismitarbeiter eine Schusswaffe in den Mund und drohte damit, abzudrücken.[609] Die Bedingungen in seiner Zelle waren ähnlich wie bei *Ilascus*. Und auch im Fall

607 EGMR Urt. v. 8.7.2004, *Ilascu u.a. vs. Moldawien und Russland*, Nr. 48787/99, Rn. 438.

608 EGMR Urt. v. 8.7.2004, *Ilascu u.a. vs. Moldawien und Russland*, Nr. 48787/99, Rn. 440.

609 EGMR Urt. v. 8.7.2004, *Ilascu u.a. vs. Moldawien und Russland*, Nr. 48787/99, Rn. 269.

Ivantoc lag der Zweck der Behandlung in der Erlangung von Informationen oder eines Geständnisses oder in der Bestrafung des Opfers.[610] Die hervorgerufenen Schmerzen waren – so schlussfolgerte der EGMR nach einer Gesamtwürdigung aller Faktoren – *„severe“* und *„particularly serious and cruel“*, sodass die Behandlung als Folter kategorisiert werden musste.[611]

Auch die Haftbedingungen, unter denen *Leşco* und *Petrov-Pova* leben mussten, waren barbarisch. Es wurde keine medizinische Versorgung geboten, die Nahrung wurde willkürlich versagt und die Möglichkeit zur Entgegennahme von Post oder Besuch war völlig abhängig von der Stimmung der Gefängniswärter. *Petrov-Pova* befand sich seit 1993 in Einzelhaft. Die Isolation rief heftige mentale Leiden hervor. Der EGMR urteilte dennoch, dass sowohl an *Leşco* als auch an *Petrov-Pova* zwar unmenschliche und erniedrigende Behandlungen vorgenommen worden waren, diese aber keine Folter darstellten.[612]

Es ist schwierig zu ermitteln, warum der EGMR hier die Foltereigenschaft verneint, sie bei *Ilascu* und *Ivantoc* aber bejaht hat. Der Unterschied liegt zumindest nicht in einem Fehlen der Zweckgerichtetheit in den Fällen *Leşco* und *Petrov-Pova*. Dies lässt sich bereits aus der Tatsache ableiten, dass *Ilascu* und *Ivantoc* aus genau dem gleichen Grund wie *Leşco* und *Petrov-Pova* verhaftet wurden. Es wäre lebensfremd, dass die ersten beiden Opfer nach der Festnahme gefoltert wurden, um an Informationen oder ein Geständnis zu kommen, die anderen zwei aber ohne diesen Zweck misshandelt wurden. Zwar ist es richtig, dass schlechte Haftbedingungen in der Regel schlichtweg aus einem schlecht organisierten Haftsystem resultieren und damit keinen Rückschluss auf einen Folter-Zweck erlauben. In den Fällen von *Leşco* und *Petrov-Pova* waren die erbärmlichen Haftbedingungen aber von absichtlichen Restriktionen und Willkür gekennzeichnet, sodass wohl von einem zweckgerichteten Einsatz der Behandlung die Rede sein kann.

Die unterschiedliche rechtliche Bewertung der Fälle scheint also darin zu liegen, dass den Opfern *Ilascu* und *Ivantoc* körperliche Misshandlungen von heftiger Intensität zugefügt wurden. *Ilascu* wurde verprügelt und auch *Ivantoc* wurde mehrmals geschlagen. Außerdem verlor er einen Zahn, als

---

610 EGMR Urt. v. 8.7.2004, *Ilascu u.a. vs. Moldawien und Russland*, Nr. 48787/99, Rn. 446.

611 EGMR Urt. v. 8.7.2004, *Ilascu u.a. vs. Moldawien und Russland*, Nr. 48787/99, Rn. 447.

612 EGMR Urt. v. 8.7.2004, *Ilascu u.a. vs. Moldawien und Russland*, Nr. 48787/99, Rn. 452.

eine Schusswaffe in seinen Mund gesteckt wurde. Die körperlich einwirkenden Misshandlungen, die gegenüber *Ilascu* und *Ivantoc* vollzogen wurden, ähneln denjenigen, die gegenüber Opfern wie *Akkoc*, *Aktas*, *Elci*, *Salman*, *Ilhan* und *Selmouni* angewandt wurden.

Das Urteil *Ilascu u.a. vs. Moldawien und Russland* betont damit nochmals nachdrücklich, dass der EGMR psychische Leiden nicht mit physischen Schmerzen gleichsetzt.

l) *Corsacov vs. Moldawien, Türkmen vs. Türkei, Mammadov vs. Aserbaidschan*

In diesen Fällen wurde die Foltermethode der Falaka angewandt. Der EGMR argumentierte, dass die Natur der Falaka als „klassische" Foltermethode automatisch den Foltertatbestand erfülle.[613] Diese Methode impliziere stets die Absicht zu bestrafen oder ein Geständnis oder Informationen zu erlangen; die Zweckgerichtetheit müsse hier also nicht explizit geprüft werden.[614]

m) *Mikheyev vs. Russland*

Das Opfer sprang während eines Verhörs mit der Absicht aus dem Fenster, seinem Leben ein Ende zu bereiten. Er überlebte den Selbstmordversuch, brach sich allerdings bei der Landung sein Rückgrat.[615] Das Opfer sagte später aus, er habe den Suizidversuch aus Verzweiflung begangen, da er die ihm gegenüber angewandten Foltermethoden nicht länger ertragen könne.[616] Die Regierung bestritt, dass das Opfer gefoltert worden sei, und war der Ansicht, der Mann leide an mentalen Problemen.[617] Der EGMR stellte in seinen Entscheidungsgründen die gewagte These auf, dass das Opfer gefoltert worden sein müsse, da das Vorliegen einer psychischen Krankheit nicht bewiesen werden konnte.[618] Eine weitere konkrete Besprechung des

---

613 EGMR Urt. v. 4.4.2006, *Corsacov vs. Moldawien*, Nr. 18944/02, Rn. 65 EGMR Urt. v. 4.4.2006, *Corsacov vs. Moldawien*, Nr. 18944/02, Rn. 65; EGMR Urt. v. 19.12.2006, *Türkmen vs. Türkei*, Nr. 43124/98, Rn. 49; EGMR Urt. v. 11.1.2007, *Mammadov vs. Aserbaidschan*, Nr. 34445/04, Rn. 69.

614 EGMR Urt. v. 4.4.2006, *Corsacov vs. Moldawien*, Nr. 18944/02, Rn. 65.

615 EGMR Urt. v. 26.1.2006, *Mikheyev vs. Russland*, Nr. 77617/01, Rn. 22.

616 EGMR Urt. v. 26.1.2006, *Mikheyev vs. Russland*, Nr. 77617/01, Rn. 22.

617 EGMR Urt. v. 26.1.2006, *Mikheyev vs. Russland*, Nr. 77617/01, Rn. 29.

618 EGMR Urt. v. 26.1.2006, *Mikheyev vs. Russland*, Nr. 77617/01, Rn. 105.

Foltertatbestands fand nicht statt. Dies verwundert umso mehr, als der EGMR auch erklärte, dass die vom Opfer behaupteten Verletzungen des Art. 3 EMRK nicht bewiesen werden konnten.[619] Damit bleibt in diesem Fall offen, welche konkreten Anforderungen der EGMR an den Tatbeständen der Folter oder unmenschlichen Behandlung gestellt hat. Die Argumentation des Gerichts erinnert an die Argumentation in verschiedenen Fällen zu Art. 2 EMRK, in denen der Beschwerdeführer in staatlichem Gewahrsam zu Tode gekommen war.[620]

n) *Cestaro vs. Italien*

Der Gerichtshof stufte im Fall *Cestaro*[621] das erste Mal eine Behandlung als Folter ein, obwohl sich das Opfer während der Behandlung nicht in Polizeigewahrsam befunden hatte. Herr *Cestaro* war einer von ungefähr 100.000 Demonstranten, die während des G-8 Gipfels 2001 in Genua auf die Straße gingen. Während dieser Proteste kam es zu zahlreichen Zusammenstößen zwischen der Polizei und den Demonstranten, die auf beiden Seiten Verletzte hervorbrachte. Nachdem Polizisten eine Schule gestürmt hatten, in der sich einige Demonstranten – darunter auch *Cestaro* - friedlich und legal versteckt hatten, kam es zu gewaltsamen Übergriffen der Polizei: *Cestaro* wurde getreten und mit dem Staffelstab – einer tödlichen Waffe – geschlagen. Er erlitte mehrere Knochenbrüche und dauerhafte Schäden am linken Arm und rechten Bein.

Der EGMR urteilte, dass die Misshandlungen zum Zwecke der Bestrafung und aus Rache ausgeführt worden waren.[622] Die hervorgerufenen Leiden seien besonders grausam gewesen und die Behandlung habe bleibende Verletzungen verursacht. Herr *Cestaro* hätte nicht versucht, der Behandlung zu widerstehen, die Disproportionalität der angewandten Behandlung war aufmerksam.[623] Obwohl alle Umstände des Falles bei der Frage berücksichtigt wurden, ob Folter angewandt worden sei, hielt der EGMR das Element der Schwere der Leiden für ausschlaggebend.[624]

---

619 EGMR Urt. v. 26.1.2006, *Mikheyev vs. Russland*, Nr. 77617/01, Rn. 131.

620 EGMR Urt. v. 20.5.1999, *Ogur vs. Türkei*, Nr. 21594/93; EGMR Urt. v. 5.10.1999, *Grams vs. Deutschland*, Nr. 33677/96.

621 EGMR Urt. v. 07.07.2015, *Cestaro vs. Italien*, Nr. 6884/11.

622 EGMR Urt. v. 07.07.2015, *Cestaro vs. Italien*, Nr. 6884/11, Rn. 177.

623 EGMR Urt. v. 07.07.2015, *Cestaro vs. Italien*, Nr. 6884/11, Rn. 180.

624 EGMR Urt. v. 07.07.2015, *Cestaro vs. Italien*, Nr. 6884/11, Rn. 178 ff.

4. Fälle, in denen der EGMR den Foltertatbestand als nicht erfüllt angesehen hat

Neben den soeben besprochenen Fällen gibt es auch eine sehr große Zahl an Urteilen, in denen der EGMR entschied, dass eine Behandlung zwar als unmenschlich bzw. erniedrigend eingestuft werden könne, der Foltertatbestand jedoch als nicht erfüllt sei. Die nachfolgend besprochenen exemplarischen vier Fälle verdienen jedoch Aufmerksamkeit, da die Entscheidungen des EGMR nicht ohne Weiteres nachzuvollziehen sind.

a) *Krastanov vs. Bulgarien*

Das Opfer befand sich in einem Café, als acht Polizeibeamte das Lokal stürmten und allen Gästen befahlen, sich auf den Boden zu legen, die Augen zu schließen und die Hände über den Kopf zu halten. Obwohl das Opfer den Befehlen Folge leistete, wurde er zwei oder drei Mal mit einem Objekt gegen den Kopf geschlagen.[625] Die Polizeibeamten zogen *Krastanov* über den Flur, traten ihm in die Rippen, bedrohten und beschimpften ihn und versetzten ihm mehrere Schläge mit einer Schusswaffe gegen den Kopf.[626] Nach diesen Misshandlungen stellten die Polizeibeamten fest, dass *Krastanov* nicht die Person war, die sie gesucht hatten. Das Opfer wurde im Krankenhaus notoperiert, erlitt jedoch eine bleibende Beeinträchtigung der Gehirnfunktion.[627]

Obwohl der EGMR feststellte, dass die Handlungen der staatlichen Autoritäten „*serious physical pain and suffering*“[628] hervorgerufen hatten, wurde die Foltereigenschaft der Misshandlungen in diesem Fall verneint.[629]

---

625 EGMR Urt. v. 30.9.2004, *Krastanov vs. Bulgarien*, Nr. 50222/99, Rn. 11.

626 EGMR Urt. v. 30.9.2004, *Krastanov vs. Bulgarien*, Nr. 50222/99, Rn. 11.

627 EGMR Urt. v. 30.9.2004, *Krastanov vs. Bulgarien*, Nr. 50222/99, Rn. 9-17.

628 EGMR Urt. v. 30.9.2004, *Krastanov vs. Bulgarien*, Nr. 50222/99, Rn. 53. N.B. Hier fehlt das Wort „*very*“ vor dem Satz „*serious and cruel suffering*“. Dies könnte ein Hinweis darauf sein, dass es an einem erhöhten Maß der Schwere der Leiden fehlte.

629 EGMR Urt. v. 30.9.2004, *Krastanov vs. Bulgarien*, Nr. 50222/99, Rn. 53: „*The Court finds that the injuries which the applicant sustained establish the existence of serious physical pain and suffering. Moreover, they had lasting consequences for his health (see paragraphs 13-17 above). It is further clear that the acts of violence against the applicant were committed by the police officers in the performance of their duties (see paragraph 10 above). However, it does not appear that the pain and suffering were inflicted on the applicant intentionally for the purpose of, for instance, making him confess*

Wenn man diesen Sachverhalt mit dem Fall *Ilhan vs. Türkei*[630] vergleicht, lässt sich nur schwer verstehen, warum die Behandlung im Fall *Ilhan* als Folter kategorisiert wurde, nicht aber die im Fall *Krastanov*. Auch *Ilhan* wurde mit einer Schusswaffe gegen den Kopf geschlagen, auch er erlitt bleibende Gehirnschäden.[631]

Auch der EGMR erkannte diese Diskrepanz: Zunächst sei die beklagte Behandlung im Fall *Krastanov* nicht zweckgerichtet ausgeführt worden.[632] Das Zweckerfordernis spielte hier also scheinbar eine wichtige, um nicht zu sagen ausschlaggebende Rolle.

Neu ist die zusätzliche Berücksichtigung der Tatsache, dass sich das gesamte Szenario innerhalb eines kurzen Zeitraums und unter erhöhtem emotionalen Stress abspielte.[633] Im Fall *Selmouni vs. Frankreich* hatte der EGMR bereits angedeutet, dass hier gerade nicht von einer solchen Situation die Rede sein könne, und implizierte damit, dass das Vorliegen einer Stresssituation auf die Beurteilung der beklagten Behandlung Einfluss haben könnte.[634] Freilich fällt auf, dass die Berücksichtigung der Tatsache, dass die Täter unter hohem emotionalen Stress handelten, einer Rechtfertigung der Misshandlung ähnelt. Der aufmerksame Leser wird hierbei ein Gefühl von Unzufriedenheit verspüren: Denn eine Verletzung des Art. 3

---

to a crime or breaking his physical and moral resistance. Also, the injuries were caused during a short period of time, in the course of a police operation for the arrest of suspected offenders, which was apparently accompanied by heightened tension (see paragraph 11 above and Egmez v. Cyprus, no. 30873/96, § 78, ECHR 2000-XII). In these circumstances, the Court concludes that the ill-treatment complained of was sufficiently serious to be considered as inhuman, but that it cannot be qualified as torture."

630 EGMR Urt. v. 27.6.2000, *Ilhan vs. Türkei*, Nr. 22277/93.

631 *Prosenjak*, Der Folterbegriff nach Artikel 3 EMRK, S. 103: *Prosenjak* stellt fest, dass der Unterschied nicht darin liegen könne, dass *Ilhan* erst nach 36 Stunden ins Krankenhaus gebracht wurde, da diese Verzögerung seinen Zustand nicht verschlechtert und das Entstehen der Langzeitfolgen nicht verursacht habe. Er stellt damit auf die Folge der Behandlung ab, nicht auf die Art und Weise der Beibringung.

632 EGMR Urt. v. 30.9.2004, *Krastanov vs. Bulgarien*, Nr. 50222/99, Rn. 53.

633 EGMR Urt. v. 30.9.2004, *Krastanov vs. Bulgarien*, Nr. 50222/99, Rn. 53: „*Also, the injuries were caused during a short period of time, in the course of a police operation for the arrest of suspected offenders, which was apparently accompanied by heightened tension(...)*"

634 *Prosenjak*, Der Folterbegriff nach Artikel 3 EMRK, S. 137; EGMR Urt. v. 28.7.1999, *Selmouni vs. Frankreich*, Nr. 25803/94, Rn. 104: „*The Court notes lastly, that the above events were not confined to any one period of police custody during which - without this in any way justifying them - heightened tension and emotions might have led to such excesses.*"

EMRK kann nie gerechtfertigt werden, auch nicht im Falle eines Notstandes.[635] Der EGMR konstruiert das neue Element aber so, dass diese Problematik gelöst scheint: Die Annahme einer extremen Stresssituation, die nur kurz andauere, führe zur Verneinung des Zweckelements.[636] Um diesen Ansatz zu verstehen, muss untersucht werden, was das Zweckerfordernis seinerseits voraussetzt. Notwendig ist ein bewusstes Vorgehen. Ohne ein bestimmtes Minimum an Planung kann von Zweckgerichtetheit nicht die Rede sein.[637] Der EGMR stellt fest, dass Handlungen, die in einem kurzen Zeitraum voller Stress und Anspannung ausgeführt werden, keiner rationalen Planung mehr unterliegen können. Der Täter handele vielmehr in einem Rauschzustand, er denke nicht mehr logisch und seinem Vorgehen fehle das nötige Mindestmaß an Kalkulation.[638] Als Beispiel eines typischen Zustands, bei dem emotionaler Stress dominiert und in der Folge eine Zweckgerichtetheit verneint werden muss, nennt der Gerichtshof die Polizeirazzia.[639] Dieses neue Element wurde auch im Fall *Egmez vs. Zypern* berücksichtigt; auch hier wurde die Zweckgerichtetheit verneint.[640]

Ganz überzeugend ist dieses Ergebnis nicht. Die Argumentation, rationale Entscheidungen ließen sich in Situationen, die sich in einem kurzen Zeitraum von erhöhter Anspannung abspielen, nicht mehr treffen, ist zu undifferenziert. Der EGMR stellt übermäßig hohe Anforderungen an das Element der Zweckgerichtetheit. Auch im Fall einer emotionalen Extremsituation kann der Täter rational denken und zweckmäßig vorgehen. Zweckgerichtetheit setzt nicht unbedingt eine ausgetüftelte Planung im Vorfeld voraus.[641] Der Täter kann noch immer erkennen, dass er sein Opfer misshandelt, da er ihm Schmerzen zufügt. Es ist auch in einer solchen Si-

---

635 Art. 15 EMRK.

636 EGMR Urt. v. 30.9.2004, *Krastanov vs. Bulgarien,* Nr. 50222/99, Rn. 53.

637 *Prosenjak*, Der Folterbegriff nach Artikel 3 EMRK, S. 138.

638 *Prosenjak*, Der Folterbegriff nach Artikel 3 EMRK, S. 138.

639 *Prosenjak* vergleicht die Polizeirazzia mit dem *„ticking bomb"*-Szenario und erklärt, dass die Macht in der zweiten Situation in den Händen der für die Behandlung verantwortlichen staatlichen Behörden liege. Der Verlauf dieses Szenarios werde völlig von diesen Behörden bestimmt, äußere Kräfte hätten keinerlei Einfluss. So sei im *„ticking bomb"*-Szenario keine Rede von einer Stresssituation, sodass die Zweckgerichtetheit nicht gefährdet würde. *Prosenjak*, Der Folterbegriff nach Artikel 3 EMRK, S. 140.

640 EGMR Urt. v. 21.12.2000, *Egmez vs. Zypern*, Nr. 30873/96, Rn. 78: *„Moreover, as the Commission pointed out, the injuries had been inflicted on the applicant over a short period of heightened tension and emotions."*

641 *Prosenjak*, Der Folterbegriff nach Artikel 3 EMRK, S. 138.

tuation nicht ausgeschlossen, dass der Täter sich bewusst dafür entscheidet, sein Opfer zu misshandeln, um sein Ziel zu erreichen.

Insbesondere bei der Polizeirazzia trifft die Konstruktion des EGMR nicht zu. Die Polizeirazzia wird eben dadurch gekennzeichnet, dass vorab geplant wird, wie in einer eventuellen Stresssituation gehandelt werden sollte. Die verantwortlichen Polizeibeamten planen unter ruhigen, von rationalen Entscheidungen geprägten Umständen die Razzia. Sie bereiten sich schon vorab auf das Chaos vor, welches sich während der tatsächlichen Razzia abspielen könnte. Das Mindestmaß an Kalkulation, das der EGMR für die Bejahung der Zweckgerichtetheit verlangt, verschiebt sich hier lediglich auf den Moment der Planung im Vorfeld und liegt damit vor.

b) *Berktay, Karayigit, Kismir und Akdeniz vs. Türkei*

Diese drei Fälle stellten den EGMR vor die besondere Schwierigkeit, dass sich die Sachverhalte nicht aufklären ließen.

Im Fall *Berktay vs. Türkei* erlitt das Opfer schwere Verletzungen nach dem Sturz von einem Balkon während eines Verhörs. Da der Staat gegenüber solchen Personen, die sich in seinem Gewahrsam befinden eine gesteigerte Verantwortung trägt, folgerte der EGMR, dass eine Verletzung des Art. 3 EMRK begangen worden sein müsse.[642] Die genauen Umstände des Falles blieben jedoch unklar.

Karayigit wurde 1999 wegen des Verdachts mit der PKK zu kollaborieren in Polizeigewahrsam genommen. Das Opfer behauptete später, während der Verhöre misshandelt worden zu sein. Er sei an den Ellbogen hochgezogen worden, die hinter seinem Rücken zusammengebunden waren. Außerdem sei er mit Elektroschocks gequält worden.[643] Ein Arzt stellte fest, dass sich blaue Flecken auf den Armen des Opfers befanden.[644] Die Verletzungen führten zu einer mehrtägigen Arbeitsunfähigkeit des Opfers. Der Staat versäumte es im Prozess darzulegen, wie die Verletzungen entstanden waren. Eine besondere Verantwortung des Staates gegenüber dem Opfer, das sich in Polizeigewahrsam befand, lag aber auch hier vor. Der EGMR stellte fest, dass Art. 3 EMRK verletzt wurde, aber versäumte es die Behandlungsart zu spezifizieren.[645]

---

642 EGMR Urt. v. 1.3.2001, *Berktay vs. Türkei*, Nr. 22493/93, Rn. 166 ff.
643 EGMR Urt. v. 20.9.2005, *Karayigit vs. Türkei*, Nr. 63181/00, Rn. 29.
644 EGMR Urt. v. 20.9.2005, *Karayigit vs. Türkei*, Nr. 63181/00, Rn. 31, 33-36.
645 EGMR Urt. v. 20.9.2005, *Karayigit vs. Türkei*, Nr. 63181/00, Rn. 30.

Im Fall *Kismir vs. Türkei* klagte die Beschwerdeführerin, dass ihr Sohn, *Aydin Kismir*, während seiner Inhaftierung erst gefoltert und dann absichtlich getötet worden sei. Diese Behauptungen wurden vom Staat bestritten. Bei der Obduktion wurden eine Verletzung am Kopf und mehrere blaue Flecken an seinem Körper festgestellt. Diese Verletzungen müssten in dem Zeitraum entstanden sein, in dem er sich in Polizeigewahrsam befand.[646] Da der Staat die Herkunft dieser Verletzungen nicht erklären konnte[647] und da sich das Opfer in staatlicher Obhut befunden hatte, kam der EGMR zu dem Ergebnis, dass eine Verletzung des Art. 3 EMRK auch in diesem Fall zu bejahen sei.[648]

Das Opfer *Akdeniz* starb noch im Polizeigewahrsam, nachdem er dort misshandelt wurde.[649] Die staatlichen Behörden waren auch in diesem Fall verantwortlich für das Wohlbefinden des Opfers und konnten keinerlei Erklärung für die Verletzungen und den Tod des Opfers liefern.[650] Der EGMR entschied abermals, dass eine Verletzung von Art. 3 EMRK eingetreten sei.[651]

Auffällig ist, dass der EGMR in all diesen Fällen nicht spezifizierte, welche Art der Behandlung zu der Verletzung des Art. 3 EMRK geführt hatte. Der Grund scheint darin zu liegen, dass der genaue Sachverhalt nicht ausführlich untersucht werden konnte. Der EGMR trennte die prozessuale Prüfung – bei der er beurteilte, ob der Staat eine hinreichende Untersuchung der vermeintlichen Verletzung vorgenommen hatte –, von der materiellen Prüfung – bei der er es freilich unterließ, die Behandlungen jeweils als unmenschlich, erniedrigend oder als Folter zu kategorisieren. Es lässt sich schlussfolgern, dass der Gerichtshof dazu neigt, eine Behandlung generell als unspezifizierte Verletzung des Art. 3 EMRK anzusehen, wenn er aufgrund mangelhafter nationalstaatlicher Aufklärungsarbeit nicht in der Lage ist, die konkreten Umstände eines Falles zu etablieren.

Im Prinzip ist ein solche „Pauschalverurteilung“[652] unproblematisch, da es auf Rechtsfolgeebene keinen Unterschied macht, ob eine Behandlung als unmenschlich, erniedrigend oder als Folter eingestuft wird. Jede Behandlungsart ist in gleichem Maß konventionswidrig. Problematisch ist aber, dass es auf politischer Ebene sehr wohl einen Unterschied macht, ob

646 EGMR Urt. v. 31.5.2005, *Kismir vs. Türkei*, Nr. 27306/95, Rn. 125.
647 EGMR Urt. v. 31.5.2005, *Kismir vs. Türkei*, Nr. 27306/95, Rn. 128.
648 EGMR Urt. v. 31.5.2005, *Kismir vs. Türkei*, Nr. 27306/95, Rn. 132.
649 EGMR Urt. v. 31.5.2005, *Akdeniz vs. Türkei*, Nr. 25165/94, Rn. 118.
650 EGMR Urt. v. 31.5.2005, *Akdeniz vs. Türkei*, Nr. 25165/94, Rn. 119.
651 EGMR Urt. v. 31.5.2005, *Akdeniz vs. Türkei*, Nr. 25165/94, Rn. 120.
652 *Prosenjak*, Der Folterbegriff nach Artikel 3 EMRK, S. 147, 148.

ein Staat wegen Folter oder wegen unmenschlicher oder erniedrigender Behandlung verurteilt wird. Das Stigma, das dem Folterbegriff nach Ansicht des EGMR anhaftet, erscheint also in dem Sinne tatsächlich zu existieren, dass eine Verurteilung wegen Folter zu einer Verdammung des verantwortlichen Staates auf europäischer Ebene führt. Die Differenzierung zwischen den verschiedenen in Art. 3 EMRK beschriebenen Behandlungsarten ist damit faktisch sehr wichtig. Es ist schwierig zu akzeptieren, dass der EGMR von dieser Unterscheidung absieht, nur weil sich die Tatsachenfeststellungen als zu kompliziert erweisen.[653]

Selbst wenn die genauen Umstände des Falles nicht aufgeklärt werden können, wäre es dennoch Aufgabe des Gerichts, die Behandlungen als unmenschlich, erniedrigend oder als Folter zu kategorisieren. Es ist vertretbar zu argumentieren, dass eine Einstufung als Folter eine Entscheidung zugunsten des Opfers bedeutet. Das Opfer wurde in seiner Integrität verletzt und verlangt deswegen eine möglichst strenge Verurteilung des Staates, der ihm das angetan hat. In diesem Zusammenhang kann nochmal auf das *„unnegotiability*-Erfordernis" von *Rowe* hingewiesen werden. Obwohl *Rowe* dieses Erfordernis nur verwendet, um festzustellen, dass Art. 3 EMRK absolut zu gewährleisten ist, und, um die Praxis der *„friendly settlements"* in Art. 3-Fällen anzuzweifeln, lässt sich *Rowes* Ansicht auch darauf übertragen, dass in Fällen, in denen der genaue Sachverhalt nicht ausführlich untersucht werden konnte, zugunsten des Opfers entschieden werden sollte.[654] Da eine mangelhafte Tatsachenfeststellung Zweifel hinterlässt, müsse die Behandlung in diesen Fällen als Folter eingestuft werden.[655]

Andererseits trägt die Entscheidung, im Zweifel zugunsten des Opfers von Folter auszugehen, auch die ernst zu nehmende Gefahr in sich, dass die Vertragsstaaten dieses Urteil nicht akzeptieren werden. Es erscheint überdies unangemessen hart, einen Vertragsstaat wegen Folter zu verurteilen, nur weil die Tatsachenfeststellung mangelhaft gewesen ist. Folter stellt wie besprochen die schlimmste Behandlungsform des Art. 3 EMRK dar und ist nach der Rechtsprechung des EGMR mit einem besonderen negativen Stigma behaftet. Daher lässt sich die Entscheidung des Gerichtshofs für eine „Pauschalverurteilung" in Fällen mit unaufklärbarem Sachverhalt immerhin billigen.

---

653 *Prosenjak*, Der Folterbegriff nach Artikel 3 EMRK, S. 147, 148.

654 Die Behandlung sollte als Folter anstatt als unmenschlicher Behandlung eingestuft werden.

655 *Prosenjak*, Der Folterbegriff nach Artikel 3 EMRK, S. 148.

VII. Fazit

Der EGMR berücksichtigt zwar alle Umstände des konkreten Einzelfalles, um die Schwere der Leiden zu beurteilen; bislang wurde aber noch nie eine Behandlung als Folter kategorisiert, bei der keinerlei physische Schmerzen gravierenden Ausmaßes zugefügt wurden.[656] Eine heftige körperliche Gewaltanwendung ist damit nach der Rechtsprechung des EGMR für die Annahme von Folter noch immer unentbehrlich. Die mentalen Auswirkungen einer Behandlung dienen nur als „Extra". Sie können dazu beitragen, dass eine Behandlung, die u.a. eine körperliche Gewaltanwendung umfasst, einfacher die Schwelle zur Folter überschreitet. Es muss jedoch angemerkt werden, dass diese Schlussfolgerung dem Ansatz der Kommission von 1969 widerspricht. In ihrem Rapport zum Griechenland-Fall schrieb die Kommission, dass der Folterbegriff nicht unbedingt physische Schmerzen oder Leiden erfordere.[657] Auch die mehrmals angeführte Folterdefinition des UN-Anti-Folter-Übereinkommens verlangt nicht unbedingt physische Einwirkungen auf das Opfer.[658]

Die Frage bleibt offen, wie heftig und körperlich eingreifend eine Gewaltanwendung sein muss, um die Bejahung der Foltereigenschaft nach

---

656 Vgl. EGMR Urt. v. 25.09.1997, *Aydin vs. Türkei*, Nr. 23178/94: Bespritzt mit Wasser auf Hochdruckstärke; EGMR Urt. v. 8.7.1999, *Çakici vs. Türkei*, Nr. 23657/94: Rippe und Schädel gebrochen, Elektroschocks; EGMR Urt. v. 28.7.1999, *Selmouni vs. Frankreich*, Nr. 25803/94: Schläge, an den Haaren über den Flur gezogen; EGMR Urt. v. 27.6.2000, *Salman vs. Türkei*, Nr. 21986/93: Schläge, Falaka; EGMR Urt. v. 27.6.2000, *Ilhan vs. Türkei*, Nr. 22277/93: Getreten und geschlagen, mit Schusswaffe auf den Kopf geschlagen; EGMR Urt. v. 11.7.2000, *Dikme vs. Türkei*, Nr. 20869/92: Schläge; EGMR Urt. v. 10.10.2000, *Akkoç vs. Türkei*, Nr. 22947/93, 22948/93: Mehrere Schläge gegen den Kopf, heiß-kalte Wasser-Behandlung; EGMR Urt. v. 24.4.2003; *Aktas vs. Türkei*, Nr. 24351/94: Entweder Befestigung der Arme an der Brust, Kreuzigung oder Palästinensisches Hängen.

657 EGMR Urt. v. 14.12.1959, *Griechenland vs. UK*, Nr. 176/56, (1958-59), 2. Jahrbuch, Rapport der Kommission, S. 461; Rapport der Kommission von 14.12.1973, *East African Asians vs. UK*, Nr. No. 4403/70, 4404/70, 4405/70, 4406/70, 4407/70, 4408/70, 4409/70, 4410/70, 4411/70, 4412/70, 4413/70, 4414/70, 4415/70, 4416/70, 4417/70, 4418/70, 4419/70, 4422/70, 4423/70, 4434/70, 4443/70, 4476/70, 4477/70, 4478/70, 4486/70, 4501/70, 4526/70, 4527/70, 4528/70, 4529/70, 4530/70, S. 5, 57.

658 *„(...)"torture" means any act by which severe pain or suffering, whether physical or mental, is intentionally inflicted(...)"*

Ansicht des EGMR zu erreichen. Außerdem bleibt unklar, wie die Heftigkeit bzw. Intensität der Gewaltanwendung gemessen werden soll.[659]

Durch die Berücksichtigung der Umstände des Einzelfalles wird das Konzept der Schwere der Leiden erheblich ausgeweitet. Um den Folterbegriff wieder einigermaßen einzuschränken wurde dem Zweckelement in der Rechtsprechung nach dem Fall *Selmouni* gesteigerte Bedeutung beigemessen. Das Element der Schwere der Leiden ist nicht länger das einzig ausschlaggebende Erfordernis bei der Beurteilung der Frage, ob eine Behandlung als Folter einzustufen ist; auch das Zweckelement wird vom EGMR als konstitutiv angesehen.

Es hängen allerdings erhebliche Gefahren an der neuen Konzeption der Schwere der Leiden. Die Schwere wird nach einer Gesamtbetrachtung aller Umstände des Falles beurteilt. Hierdurch könnte nach Ansicht *Prosenjaks* die Absolutheit des Artikels in Gefahr geraten.[660] Die Richtigkeit dieses Ansatzes lässt sich allerdings bezweifeln. Zum einen wurde bereits in Teil A.II. „Absolutheit und Notstandsfestigkeit des Art. 3 EMRK" betont, dass die Unterscheidung zwischen der Phase der relativen Prüfung[661] – ob Art. 3 EMRK überhaupt anwendbar ist – und der Phase nach dieser Prüfung durchaus wichtig ist. Außerdem führt die Verneinung der Foltereigenschaft nicht zu der Verneinung einer Verletzung des Art. 3 EMRK. Die Behandlung kann immer noch als unmenschliche oder erniedrigende Behandlung qualifiziert werden. Die relative Betrachtung des Folterbegriffs führt also keineswegs zu einer Gefährdung des absoluten Charakters der Norm.

Sobald von einer „klassischen" Misshandlungsmethode die Rede ist, wird die Prüfung der Foltereigenschaft erheblich erleichtert. Wurde eine der sogenannten „klassischen" Methoden angewandt, wie das palästinensische Hängen, Elektroschocks, die Falaka oder das Abspritzen mit Wasser auf Hochdruckstärke, dann ist in den Augen des EGMR der Foltertatbestand automatisch erfüllt. Das Zweckelement ist demnach dem Wesen dieser Methoden immanent, weshalb in diesen Fällen keine gesonderte Prü-

---

659 *Prosenjak* weist ganz richtig auf die Tatsache hin, dass es sehr schwer – bzw. nahezu unmöglich – ist, Schmerzwahrnehmung in Worten auszudrücken. Es müsse nicht nur die Schmerzwahrnehmung berücksichtigt werden, die durch die Gehirnfunktion des Opfers beeinflusst wird, sondern auch soziale, kulturelle, geschlechtliche und pädagogische Faktoren. *Prosenjak*, Der Folterbegriff nach Artikel 3 EMRK, S. 170,171.

660 *Prosenjak*, Der Folterbegriff nach Artikel 3 EMRK, S. 151, 152.

661 Es handelt sich hier um die Relativität des *„minimum level of severity"*.

fung dieser Voraussetzung vorgenommen wird.[662] Außerdem wird auch die Berücksichtigung der übrigen Umstände des Falles hier entbehrlich.[663]

Des Weiteren schien es dem EGMR von Bedeutung zu sein, dass sich der Sachverhalt im Fall *Krastanov* in einem *„kurzen Zeitraum von erhöhter Anspannung“*[664] abspielte. Das Vorliegen solch einer Situation führe zu der Verneinung des Erfordernisses der Zweckgerichtetheit, sodass die Foltereigenschaft der Behandlung verneint werden müsse. Zur Kritik an dieser Argumentation kann auf obige Ausführungen verweisen werden.[665]

Seit der ersten Entscheidung des EGMR im Fall *Aksoy* aus dem Jahr 1996, bei dem das Gericht erstmalig eine Behandlung als Folter einstufte, bis zum Fall *Selmouni* im Jahr 1999 wurden nur sehr grausame Behandlungen, die sich als „klassische“ Foltermethoden bezeichnen lassen, auch als Folter eingestuft. In all diesen Fällen wurden die Opfer wegen des Verdachts der Kollaboration mit einer bestimmten Gruppierung verhaftet und misshandelt. Die grausamen körperlich wirkenden Behandlungen wurden angewandt, um Informationen oder ein Geständnis zu erlangen, oder um die Opfer zu bestrafen. Die Opfer der Folteranwendungen befanden sich bis zum Fall *Cestaro* im Jahr 2015 immer in Polizeigewahrsam.

In der Praxis sind die Folgen der Behandlung ein wichtiger Faktor: Es wurden in Folterfällen bislang fast immer langfristige körperliche Verletzungen oder sogar der Tod des Opfers festgestellt.

---

662 Dies darf nicht so aufgefasst werden, dass das Zweckelement ein rein deklaratorisches Erfordernis darstellt. Es handelt sich um ein konstitutives Element, das aber unter bestimmten Umstände nicht explizit geprüft werden muss.

663 *Prosenjak*, Der Folterbegriff nach Artikel 3 EMRK, S. 133.

664 *Prosenjak*, Der Folterbegriff nach Artikel 3 EMRK, S. 103; EGMR Urt. v. 30.9.2004, *Krastanov vs. Bulgarien*, Nr. 50222/99, Rn. 53.

665 Teil C.VI.4.a *„Krastanov vs. Bulgarien“*.

D. Fallgruppen

Seit die Konvention im Jahr 1953 in Kraft trat wurden bis 1989 nur solche Behandlungen als unmenschlich angesehen, die einem Opfer beigefügt wurden, das sich in Polizeigewahrsam befand. Die Rechtsprechungsarbeit des EGMR ist jedoch seitdem von einem unermüdlichen und zielstrebigen Charakter gekennzeichnet. Während der letzten 25 Jahre wurde der Anwendungsbereich des Art. 3 EMRK auf Basis der *„living instrument"*-Doktrin erheblich ausgedehnt. Der EGMR setzte sich in seinen Urteilen mit dem Prinzip des *„non-refoulement"* auseinander, untersuchte die Problematik der Tatsachenfeststellung, wenn der Beschwerdeführer in Polizeihaft verletzt wurde, entschied über die Folgen unterdurchschnittlicher Haftbedingungen und die Zerstörung der Lebensgrundlage, beschäftigte sich mit der Frage, ob das „Verschwindenlassen" von Personen als unmenschliche Behandlung gegenüber Familienangehörigen anzusehen sei, äußerte sich zu den Schutzpflichten des Staates in Verbindung mit erzwungener psychiatrischer bzw. medizinischer Behandlung und schließlich generell zu der Auferlegung von Strafen.

Im folgenden Teil wird eine Übersicht der Rechtsprechung des EGMR und der Ansichten der Literatur bezüglich dieser Themen skizziert.

I. „Non-refoulement": das Ausliefern und Ausweisen von Personen als Verletzung des Art. 3 EMRK

Aus der Konvention folgt grundsätzlich kein Recht, sich im Hoheitsgebiet eines bestimmten Staates aufhalten zu dürfen.[666] Art. 3 EMRK enthält jedoch in den Augen des EGMR ein Verbot, Staatsangehörige der Mitgliedstaaten in andere Staaten abzuschieben, auszuweisen oder auszuliefern, wenn gewichtige Gründe (*„substantial grounds"*) vorliegen, dass der Person in diesem Staat Misshandlungen drohen, die gegen Art. 3 EMRK versto-

666 *Peters/Altwicker*, EMRK, S. 67; *Villiger*, Handbuch der EMRK, S. 192; *Frowein/Peukert, Europäische Menschenrechtskonvention*, S. 55; *Grabenwarter/Pabel*, EMRK, S. 176; *Van Dijk/Van Hoof/Van Rijn/Zwaak*, Theory and Practice of the ECHR, S. 427.

ßen.[667] Der EGMR argumentiert, die Pflicht der Mitgliedstaaten, Art. 3 EMRK nicht zu verletzen, gehe so weit, dass auch eine Auslieferung oder Ausweisung an entsprechende gefährliche Drittstaaten eine (indirekte) Verletzung der Konvention bedeuten könnte.[668] Eine Auslieferung könnte in solchen Fällen schlichtweg dem Charakter der EMRK entgegenstehen.[669]

Ob der Empfängerstaat, in den nicht ausgeliefert, abgeschoben oder ausgewiesen[670] werden dürfe, Mitglied des Europarates sei, sei unbedeutend.[671] Entscheidend sei das persönliche und konkrete Risiko für den Abzuschiebenden.[672] Die Frage ist – wie bei allen Art. 3-Fällen –, ob die Schwelle des von Art. 3 EMRK Verbotenen überschritten wird. Hierzu müssen verschiedene Faktoren berücksichtigt werden.

Zuerst muss festgestellt werden, ob die Behandlung, der der Beschwerdeführer evtl. ausgesetzt wäre, tatsächlich gegen Art. 3 EMRK verstoßen würde. Der EGMR hat mehrmals betont, dass eine Behandlung, die das *„minimum level of severity“*-Kriterium auf dem Hoheitsgebiet eines EMRK-Staates erfüllt, diese Schwelle auf dem Territorium eines Drittstaates evtl. nicht erreicht. Er betrachtete es nicht als seine Aufgabe, Nicht-Vertragsstaaten die Konventionsnormen aufzuzwingen.[673] Dieser Ansatz ist problematisch, da er zu einer inakzeptablen Inkonsistenz führt: Das *„minimum level of severity“*-Kriterium wird in *„non-refoulement“*-Fällen bei der Frage nach dem Charakter der Behandlung, der der Beschwerdeführer eventuell ausgesetzt werden würde, restriktiver ausgelegt als in Fällen, die sich allein auf dem Hoheitsgebiet eines EMRK-Vertragsstaates abspielen. Außerdem ist die

---

667 *Padmanabhan*, FLR 2011, S. 73; EGMR Urt. v. 3.5.1983, *Altun vs. Deutschland*, Nr. 10308/83; EGMR Urt. v. 12.3.1984, *Kirkwood vs. UK*, Nr. 10479/83; EGMR Urt. v. 7.7.1989; *Soering vs. UK*, Nr. 14038/88; EGMR Urt. v. 15.11.1996, *Chahal vs. UK*, Nr. 22414/93.

668 *Robertson/Merrills*, Human Rights in Europe, S. 44; *Padmanabhan*, FLR 2011, S. 73, 77, m.w.N.

669 EGMR Urt. v. 7.7.1989, *Soering vs. UK*, Nr. 14038/88, Rn. 88: *„Extradition in such circumstances, while not explicitly referred to in the brief and general wording of Article 3, would plainly be contrary to the spirit and intendment of the Article(...)“*

670 Der Oberbegriff für Abschiebung, Ausweisung und Auslieferung ist „Vertreibung“.

671 Vgl. *Grabenwarter/Pabel*, EMRK, S. 177: *„In der Übergabe des Betroffenen in die Gewalt des ausländischen Staates liegt jedoch eine dem ausweisenden Staat unmittelbar zurechenbare Handlung, die seine Verantwortlichkeit nach der EMRK begründet.“* m.w.N.

672 *Haefliger/Schürmann*, Die EMRK und die Schweiz, S. 73.

673 EGMR Urt. v. 7.7.2011, *Al-Skeini u.a. vs. UK*, Nr. 55721/07, Rn. 141; EGMR Urt. v. 10.4.2012; *Babar Ahmad u.a. vs. UK*, Nr. 24027/07, 11949/08, 36742/08, 66911/09, 67354/09, Rn. 177.

Begründung des EGMR nicht ganz richtig. Der Gerichtshof würde durch eine einheitliche Interpretation des *„minimum level of severity"*-Erfordernisses Drittstaaten nicht dazu verpflichten, die Konventionsbestimmungen einzuhalten.[674] Er wäre hierzu auch nicht in der Lage. Drittstaaten sind frei zu handeln, wie sie wollen, ohne an die Normen der EMRK gebunden zu sein. Er stellt lediglich klar, dass bestimmte Personen nicht an diese Drittstaaten ausgeliefert werden dürfen. Die Verpflichtungen aus der Konvention treffen nur die EMRK-Staaten.

Der Ansatz, dass eine bestimmte Behandlung, auf dem Hoheitsgebiet eines EMRK-Staates als Verletzung des Art. 3 EMRK angesehen werden könnte, auf dem Hoheitsgebiet eines Drittstaates jedoch nicht, wurde vom EGMR erstmals im Fall *Babar Ahmad u.a. vs. UK*[675] aus 2012 ins Gespräch gebracht. Der UN-Sonderberichterstatter, *Juan Méndez*, kritisierte die Entscheidung des Gerichts.[676] Es war abzusehen, dass die auszuliefernden Männer nach ihrer Einreise im *ADX Florence* Gefängnis in Colorado inhaftiert werden würden. Denn Einzelhaft bedeutete, dass die Beschwerdeführer am Tag 22 bis 23 Stunden lang ohne Ablenkung oder soziale Kontakte in ihrer Zelle verbringen müssten und am Tag maximal eine Stunde zur freien Bewegung erhielten. *Méndez* nannte die zu erwartende 15-tägige Einzelhaft einen Verstoß gegen Art. 3 EMRK, für eine Abschiebung in den USA müsste das Vereinte Königreich damit verurteilt werden.

Der EGMR wendet grundsätzlich eine opferorientierte Betrachtungsweise an. Aus Sicht des Opfers ist es nicht weniger gravierend in einem Drittstaat konventionswidrig behandelt zu werden, als in einem Mitgliedstaat der EMRK. Aus Opfersicht lässt sich der unterschiedliche Prüfungsmaßstab also nicht rechtfertigen.

Im Fall *Trabelsi vs. Belgien*[677] aus dem Jahr 2014 wurde ein Rückzieher gemacht: In diesem Fall handelte es sich um die Auslieferung eines tunesischen Beschwerdeführers, and den USA. Der Gerichtshof erwog, dass Bel-

---

674 Mit anderen Worten: die Schwelle des *„minimum level of severity"* für sich auf EMRK-Territorium abspielenden Behandlungen auf gleich extensive Weise zu interpretieren wie für Behandlungen, die sich außerhalb dieses Territoriums abspielen.

675 EGMR Urt. V. 10.4.2012, *Babar Ahmad u.a. vs. UK*, Nr . 24027/07, 11949/08, 36742/08, 66911/09 u. 67354/09.

676 *Méndez* wurde von der Entscheidung des EGMR im Fall *Babar Ahmad u.a. vs. UK*- nach eigener Aussage sehr überrascht: *„I am not sure if they had all the elements at hand when they said solitary confinement as practised in the US would not constitute a violation of Article 3 of the European convention*(...)"

677 EGMR Urt. v. 4.9.2014, *Trabelsi vs. Belgien*, Nr. 140/10.

gien mit dieser Auslieferung Art. 3 EMRK verletzt hätte, da die lebenslange Freiheitsstrafe, die *Trabelsi* in den USA aufgelegt worden war, nicht verringerbar war, da kein Mechanismus zur regelmäßigen Überprüfung der Strafe vorgesehen war.

Der EGMR wandte also seinen regulären Prüfungsmaßstab für die Beurteilung der Rechtmäßigkeit einer lebenslangen Freiheitsstrafe[678] – die *Vinter* Review – auf einen Drittstaat an.[679] Obwohl der EGMR den *„non-refoulement“*- Grundsatz mit dieser Entscheidung ausweitete, lehnte die große Kammer den Belgischen Antrag auf Verweisung an der großen Kammer ohne eine Angabe von Gründen ab.

Für die Feststellung, dass die Behandlung, die der Beschwerdeführer im Drittstaat zu erwarten habe, gegen Art. 3 EMRK verstoße, müssten stichhaltige Gründe vorliegen.[680] Die konkreten Umstände des Falles müssten beachtet werden.[681] Wie später noch ausführlicher besprochen werden wird,[682] kann z.B. die Verhängung einer lebenslangen Freiheitsstrafe ohne die Aussicht auf eine vorzeitige Entlassung gegen Art. 3 EMRK verstoßen.[683] Nicht nur die zu erwartende Behandlung kann zur Konventionswidrigkeit der Vertreibung führen, sondern bereits die Vertreibung an sich bzw. die Art und Weise, wie sie ausgeführt wird.[684] So muss der vertreibende Staat geeignete Maßnahmen treffen, um das Wohl des Vertriebenen zu

678 Teil D.VII.2. „Lebenslange Freiheitsstrafen“, EGMR Urt. v. 9.7.2013, *Vinter u.a. vs. UK*, Nr. 66069/09, 130/10, 3896/10.

679 EGMR Urt. v. 4.9.2014, *Trabelsi vs. Belgien*, Nr. 140/10, Rn. 137, 138: *„No lengthy disquisitions are required to answer this question: the Court needs simply note that while the said provisions point to the existence of a “prospect of release” within the meaning of the Kafkaris judgment – even if doubts might be expressed as to the reality of such a prospect in practice – none of the procedures provided for amounts to a review mechanism requiring the national authorities to ascertain, on the basis of objective, pre-established criteria of which the prisoner had precise cognisance at the time of imposition of the life sentence, whether, while serving his sentence, the prisoner has changed and progressed to such an extent that continued detention can no longer be justified on legitimate penological grounds (see paragraph 115 above).Under these conditions, the Court considers that the life sentence liable to be imposed on the applicant cannot be described as reducible for the purposes of Article 3 of the Convention within the meaning of the Vinter and Others judgment.“*

680 EGMR Urt. v. 7.7.1989, *Soering vs. UK*, Nr. 14038/88, Rn. 105-109.

681 EGMR Urt. v. 7.7.1989, *Soering vs. UK*, Nr. 14038/88, Rn. 105-109.

682 Teil D.VII.2. „Lebenslange Freiheitsstrafen“.

683 EGMR Urt. v. 3.7.2001, *Nivette vs. Frankreich*, Nr. 44190/98.

684 REDRESS/ILPA, S. 36.

gewährleisten, so z.B. wenn die Vertreibung eines Kindes geprüft wird.[685] Auch die Trennung eines Beschwerdeführers von einer Personengruppe, zu der eine enge persönliche Verbindung besteht, könnte einen Verstoß gegen Art. 3 EMRK begründen.[686]

Der EGMR zieht folgendes in Betracht, bei der Beurteilung eines non-refoulement Falles: (i) die Natur und Ernst des Risikos, (ii) die stichhaltigen Gründe („*substantial grounds*") die dafürsprechen anzunehmen, dass der Beschwerdeführer ein solches Risiko ausgesetzt wird und (iii) anhand welches Maßstabs entschieden werden muss ob diese stichhaltigen Gründe vorliegen. [687] Der EGMR hat mehrmals wiederholt, dass die oben beschriebene dreiteilige Prüfung sehr streng ablaufen müsse.[688] Diese Aussage resultiert aus der Absolutheit des Artikels 3.[689] Wie bei der Prüfung, ob das „*minimum level of severity*" erreicht ist, müssen alle Umstände des Einzelfalles in die Entscheidung miteinbezogen werden. Dabei kommt der Menschenrechtslage im Empfängerstaat und der persönlichen Situation des Beschwerdeführers eine erhöhte Bedeutung zu.[690]

Mehrere Menschenrechtsorganisationen[691] haben argumentiert, dass das „*non-refoulement*"-Prinzip auch anwendbar sei, wenn der Beschwerdeführer zwar in einen Staat vertrieben wird, in dem kein Misshandlungsrisiko existiert, jedoch mit großer Wahrscheinlichkeit anzunehmen ist, dass der Beschwerdeführer von dort in einen weiteren Drittstaat vertrieben werden soll, wo tatsächlich ein solches Risiko besteht.[692]

---

685 EGMR Urt. v. 12.10.2006, *Mubilanzila Mayeka u. Kaniki Mitunga vs. Belgien*, Nr. 13178/03, Rn. 58, 59, 62, 63.

686 EGMR Urt. v. 24.3.1988, *Olsson vs. Schweden*, Nr. 10465/83, Rn. 86; EGMR Urt. v. 21.6.1988, *Berrehab vs. Niederlande*, Nr. 10730/84.

687 REDRESS/ILPA, S. 36: „*The legal questions relevant to the application of non-refoulement in transfer cases, are therefore: (i) the nature and degree of the risk that triggers the non-refoulement prohibition; (ii), the relevant considerations that constitute 'substantial grounds' for believing that the person faces such a risk; (iii), the standard by which the existence of these 'substantial grounds' is to be evaluated and proved.*"

688 REDRESS/ILPA, S. 36.

689 EGMR Urt. v. 15.11.1996, *Chahal vs. UK*, Nr. 22414/93, Rn. 79; EGMR Urt. v. 11.7.2000, *Jabari vs. Turkey*, Nr. 40035/98, Rn. 39; EGMR Urt. v. 5.7.2005, *Said vs. Niederlande*, Nr. 2345/02, Rn. 49; EGMR Urt. v. 26.7.2005, *N. vs. Finnland*, Nr. 38885/02.

690 *Meyer-Ladewig*, EMRK Handkommentar, S. 81.

691 REDRESS/ILPA, S. 33.

692 EGMR Urt. v. 2.12.2008, *K.R.S. vs. UK*, Nr. 32733/08: es handelte sich hier um die Abschiebung eines Iraners nach Griechenland. Der EGMR stellte fest, dass das Vereinigte Königreich mit der Abschiebung nicht gegen Art. 3 EMRK verstoße, da Griechenland den Beschwerdeführer höchstwahrscheinlich nicht wei-

Da die Vertreibung in manchen Ausweisungs-, Abschiebungs- und Auslieferungsfällen noch nicht vollzogen wurde, kann selten mit absoluter Sicherheit festgestellt werden, ob das Opfer nach der Rückkehr in seinen Heimatstaat gefoltert werden würde. Möglich ist also nur eine Prognose. Der EGMR fordert daher keine Sicherheit, sondern ein *„real risk of ill-treatment“*.

Der EGMR hat grundsätzlich die Befugnis, einem Vertragsstaat zu verbieten eine Person zu vertreiben, wenn die Vertreibung zu einer Verletzung des Art. 3 EMRK führen und damit irreparable Schäden beim Opfer verursachen könnte. Laut Art. 39 der Verfahrensordnung des EGMR[693] ist das Gericht ermächtigt, präventive Maßnahme zu treffen.

Das *„non-refoulement“*-Prinzip ist in verschiedenen internationalen Rechtsakten kodifiziert.[694] Die Einbeziehung dieses Prinzips in die Rechtsprechung zu Art. 3 EMRK wurde größtenteils begrüßt,[695] zum Teil aber auch kritisiert.[696]

1. Leitfälle

a) Auslieferung: *Soering vs. UK*

Im Fall *Soering* stellte der EGMR zum ersten Mal fest, dass das *„non-refoulement“*-Prinzip einen Teil der Europäischen Menschenrechtskonvention ausmacht. Hiermit bestätigte er eine Linie der Kommissionsrechtsprechung, welcher die Kommission schon seit 30 Jahren gefolgt war.

---

ter in den Iran ausweisen würde. Außerdem hatte der Beschwerdeführer auch in Griechenland Zugang zu den nationalen Gerichten und zum Europäischen Gerichtshof für Menschenrechte.

693 Vorläufige Maßnahmen:
(1) Die Kammer oder gegebenenfalls ihr Präsident kann auf Antrag einer Partei oder jeder anderen betroffenen Person sowie von Amts wegen gegenüber den Parteien vorläufige Maßnahmen anführen, die im Interesse der Parteien oder eines ordnungsgemäßen Verfahrensablaufs ergriffen werden sollten. (2) Das Ministerkomitee ist darüber zu informieren.
(3) Die Kammer kann von den Parteien Informationen zu Fragen der Durchführung der vorläufigen Maßnahmen anfordern, die sie angeordnet hat.

694 U.a. Art. 45 der vierten Genfer Konvention, Art. 33 des Abkommens über die Rechtsstellung der Flüchtlinge, Art. 3 EMRK der Anti-Folter-Konvention.

695 *Alleweldt*, EJIL 1993, S. 360; *Breitenmoser/Wilms*, MJIL 1990, S. 845, 885, 886.

696 Vgl. *Quigley/Shank*, VJIL 1989-1990, S. 241 ff.; *Van den Wijngaert*, ICLQ 1990, S. 757 ff.

Der Beschwerdeführer wurde 1986 in den USA wegen Doppelmordes angeklagt. Zum Zeitpunkt der Anklageerhebung lebte der Angeklagte im Vereinigten Königreich. Die USA baten um Auslieferung, um ihn verfolgen zu können. Der EGMR urteilte nach Berücksichtigung aller Umstände des Falles, dass ein echtes Risiko vorlag, dass die geplante Verfolgung zur Auferlegung der Todesstrafe führen würde, und dass diese Bestrafung gegen Art. 3 EMRK verstoßen würde.[697] Zum Zeitpunkt des Urteils war die Todesstrafe noch nicht offiziell als konventionswidrig eingestuft worden,[698] sodass auch ihre Verhängung an sich nicht als Verletzung des Art. 3 EMRK angesehen werden konnte. Allerdings befand der EGMR, dass das sog. „Todeszellenphänomen" („*death row phenomenon*"), das der Vollstreckung der Todesstrafe vorweg geht, als Verstoß gegen das Folterverbot zu bewerten sei.[699] Lebensnah würde *Soering* im Falle einer Auslieferung an die USA sechs bis acht Jahre in der Todeszelle auf seine Hinrichtung warten müssen. Außerdem war *Soering* erst 18 Jahren alt und sein mentaler Zustand deutete auf eine krankhafte Störung hin.[700] Dieses Warten auf den Tod verursache ein so tiefgreifendes Leiden, dass die Schwelle des „*minimum level of severity*" überschritten sei.[701]

Das Vereinigte Königreich argumentierte im Fall *Soering*, dass die Europäische Konvention für Menschenrechte keine außerterritoriale Wirkung entfalte. Die Bestimmungen seien nur innerhalb des Hoheitsgebietes der Vertragsstaaten wirksam.[702]

Der EGMR betonte daraufhin erneut den besonderen Charakter der Konvention als ein Instrument, das dazu diene, Menschenrechte und fun-

---

697 EGMR Urt. v. 7.7.1989, *Soering vs. UK*, Nr. 14038/88, Rn. 90.

698 Art. 2 Abs. 1 EMRK, ergänzt durch die Zusatzprotokolle 6 und 13 zur EMRK verbieten den Signatarstaaten die Todesstrafe. Genauere Bezeichnung: Protokoll Nr. 6 zur Konvention zum Schutze der Menschenrechte und Grundfreiheiten, über die Abschaffung der Todesstrafe vom 28.4.1983 und Protokoll Nr. 13 zur Konvention zum Schutze der Menschenrechte und Grundfreiheiten, bezüglich der Abschaffung der Todesstrafe unter allen Umständen vom 3.5.2002. Mit der Ratifikation der Protokolle 6 und 13 ist die Todesstrafe praktisch aus den Rechtspraxen der EMRK-Staaten verschwunden.

699 EGMR Urt. v. 7.7.1989, *Soering vs. UK*, Nr. 14038/88, Rn. 81.

700 EGMR Urt. v. 7.7.1989, *Soering vs. UK*, Nr. 14038/88, Rn. 21: „*At the time of the offence, it is my opinion that Jens Soering was suffering from [such] an abnormality of mind due to inherent causes as substantially impaired his mental responsibility for his acts. The psychiatric syndrome referred to as 'folie à deux' is a well-recognised state of mind where one partner is suggestible to the extent that he or she believes in the psychotic delusions of the other.*"

701 EGMR Urt. v. 7.7.1989, *Soering vs. UK*, Nr. 14038/88, Rn. 108, 109.

702 EGMR Urt. v. 7.7.1989, *Soering vs. UK*, Nr. 14038/88, Rn. 86.

damentale Freiheiten zu schützen. Aus diesem Wesen der Konvention leitete der EGMR die Notwendigkeit ab, die Konventionsbestimmungen so zu interpretieren, dass sie effektiv und praktisch gewährleistet werden können.[703] Da eine Auslieferung, die mit dem Risiko einer Verletzung des Art. 3 EMRK einhergeht zu irreparablen Schäden führen kann, sieht sich der EGMR verpflichtet, in diesen Fällen über Risiken statt über Tatsachen zu urteilen.[704] Obwohl das *„non-refoulement"*-Prinzip in Art. 3 EMRK nicht explizit erwähnt wird, ist es ein elementarer Teil des Folterverbots:

> *„It would hardly be compatible with the underlying values of the Convention, that "common heritage of political traditions, ideals, freedom and the rule of law" to which the Preamble refers, were a Contracting State knowingly to surrender a fugitive to another State where there were substantial grounds for believing that he would be in danger of being subjected to torture, however heinous the crime allegedly committed."*[705]

Eine Auslieferung unter diesen Umständen würde dem Geist des Art. 3 EMRK widersprechen. Der EGMR erwähnte explizit, dass das *„non-refoulement"*-Prinzip nicht nur als Teil des Art. 3 EMRK anwendbar sei, wenn ein *„real risk of torture"* bestünde, sondern schon bei einem echten Risiko unmenschlicher oder erniedrigender Behandlung.[706]

b) Ausweisung: *Chahal vs. UK*

Im Fall *Chahal* entwickelte der EGMR das Prinzip des *„non-refoulement"* als Teil des Folterverbots weiter und erklärte dessen Anwendbarkeit auf die Ausweisungsfälle.[707] Den Schwerpunkt dieses Urteils bildete die Absolutheit des *„non-refoulement"*-Prinzips. Das Vereinigte Königreich bestritt diese Absolutheit und argumentierte, dass eine Abwägung und eventuelle Ein-

---

703 EGMR Urt. v. 7.7.1989, *Soering vs. UK*, Nr. 14038/88, Rn. 87: *„In addition, any interpretation of the rights and freedoms guaranteed has to be consistent with the general spirit of the Convention, an instrument designed to maintain and promote the ideals and values of a democratic society."*

704 EGMR Urt. v. 7.7.1989, *Soering vs. UK*, Nr. 14038/88, Rn. 90.

705 EGMR Urt. v. 7.7.1989, *Soering vs. UK*, Nr. 14038/88, Rn. 88.

706 EGMR Urt. v. 7.7.1989, *Soering vs. UK*, Nr. 14038/88, Rn. 88: *„(...)and in the Court's view this inherent obligation not to extradite also extends to cases in which the fugitive would be faced in the receiving State by a real risk of exposure to inhuman or degrading treatment or punishment proscribed by that Article (art. 3)."*

707 EGMR Urt. v. 15.11.1996, *Chahal vs. UK*, Nr. 22414/93.

grenzung des Rechts, nicht vertrieben zu werden, in Fällen, in denen die nationale Sicherheit auf dem Spiel stünde, möglich sein sollte.[708] Der EGMR zeigte sich der Schwierigkeiten bewusst, mit denen sich die Vertragsstaaten im Lichte des Kampfes gegen Terrorismus konfrontiert sehen, hielt jedoch die Absolutheit des Folterverbots weiterhin ohne Einschränkung aufrecht.[709]

c) Zwischenergebnis

Eine Vertreibung ist geeignet, Art. 3 EMRK zu verletzen, wenn sie faktisch in naher Zukunft zu erwarten ist, wenn der Beschwerdeführer ein echtes, persönliches und konkretes Misshandlungsrisiko nachweist und – insbesondere wenn es sich um eine Misshandlung durch nicht-staatliche Akteure im Empfängerstaat handelt[710] – wenn der Beschwerdeführer beweisen kann, dass der Empfängerstaat nicht in der Lage ist, ihn vor den Misshandlungen effektiv zu schützen.[711] Es muss außerdem eine rechtskräftige Entscheidung über die Durchführung der Vertreibung vorliegen und es darf dem Beschwerdeführer nicht möglich sein, sich in einem anderen, ungefährlichen Staat anzusiedeln.[712] Diese Rechtsprechung wurde nach dem Chahal Urteil wiederholt bestätigt.[713]

---

708 EGMR Urt. v. 15.11.1996, *Chahal vs. UK*, Nr. 22414/93, Rn. 76.

709 EGMR Urt. v. 15.11.1996, *Chahal vs. UK*, Nr. 22414/93, Rn. 79.

710 Vgl. EGMR Urt. v. 17.12.1996, *Ahmed vs. Österreich*, Nr. 25964/94.

711 Im EGMR Urt. v. 22.4.1997, *H.L.R. vs. Frankreich*, Nr. 24573/94, wurde vom Gerichtshof eindeutig klargestellt, dass Art. 3 EMRK nicht nur auf Vertreibungsfälle anwendbar ist, wenn die Gefahr von staatlichen Behörden ausgeht, sondern auch wenn die Gefahr – bzw. das realistische Risiko – von Privatpersonen ausgeht, die sich auf dem Hoheitsgebiet des Empfängerstaates befinden. In Fall *H.L.R. vs. Frankreich* wurde keine Verletzung des Art. 3 festgestellt, obwohl sechs Richter abweichender Meinung waren.

712 *Robertson/Merrills*, Human Rights in Europe, S. 177.

713 EGMR Urt. v. 17.12.1996, *Ahmed vs. Österreich*, Nr. 25964/94; EGMR Urt. v. 29.4.1997, *H.L.R. vs. Frankreich*, Nr. 24573/94; EGMR Urt. v. 9.10.1998, *Hatami vs. Sweden*, Nr. 32448/96; EGMR Urt. v. 11.7.2000, *Jabari vs. Turkey*, Nr. 40035/98; EGMR Urt. v. 6.3.2001, *Halil vs. UK*, Nr. 45276/99; EGMR Urt. v. 6.2.2001, *Bensaid vs. UK*, Nr. 44599/98; EGMR Urt. v. 12.4.2005, *Shamayev u.a. vs. Georgien und Russland*, Nr. 36378/02; EGMR Urt. v. 26.7.2005, *N. vs. Finnland*, Nr. 38885/02; EGMR Urt. v. 8.3.2007, *Collins und Akaziebe vs. Schweden*, Nr. 23944/05; EGMR Urt. v. 2.12.2008, *K.R.S. vs. UK*, Nr. 32733/08.

In anderen Urteilen entschied der Gerichtshof jedoch, dass eine Vertreibung nicht gegen Art. 3 EMRK verstoßen würde:

d) *Cruz Varas u.a. vs. Schweden*

Der Beschwerdeführer in diesem Verfahren floh 1987 aus seinem Heimatstaat Chile nach Schweden.[714] Sein Asylantrag wurde von den schwedischen Behörden abgelehnt. Zwei Jahre später wurde er in seinen Heimatstaat abgeschoben, obwohl er behauptete dort in der Vergangenheit gefoltert worden zu sein und zwei medizinische Gutachten vorlegen konnte, die diese Behauptung stützten. Der EGMR entschied, dass eine Ausweisung des Beschwerdeführers nach Chile nicht gegen Art. 3 EMRK verstoßen würde. Zum einen bestanden Zweifel über die Glaubwürdigkeit des Beschwerdeführers, da er erst 18 Monate nach seinem ersten Verhör durch die schwedischen Behörden von dieser Folter gesprochen hatte und da seine Behauptungen außerdem in sich nicht schlüssig waren. Der Gerichtshof stellte schließlich fest, dass sich die Situation in Chile seit der Einwanderung des Beschwerdeführers erheblich verbessert habe.[715]

Das Urteil des EGMR lässt sich an verschiedenen Stellen kritisieren. So kann zum einen die Möglichkeit nicht ausgeschlossen werden, dass das Opfer aus psychologischen Gründen erst nach 18 Monaten von der Folter berichtete. Außerdem konnte nicht mit Sicherheit gesagt werden, ob sich die Lage in Chile tatsächlich insofern verbessert hatte, dass das *„real risk"* zu einem *„residual risk"* herabgestuft worden war.[716] Ein realistisches Risiko kann zwar klein sein, es darf aber nicht unterschätzt werden. Das verbleibende (*„residual"*) Risiko stellt nur eine unwahrscheinliche, sehr entfernte Möglichkeit dar: Folteranwendungen waren in Chile während des Verfahrens vor dem EGMR aber noch immer noch weit verbreitet.[717]

e) *Vilvarajah u.a. vs. UK*

Vilvarajah und vier weitere Beschwerdeführer wurden nach Abweisung ihrer Asylanträge vom Vereinigten Königreich nach Sri Lanka ausgewie-

---

714 EGMR Urt. v. 20.3.1991, *Cruz Varas u.a. vs. Schweden*, Nr. 15576/89.
715 EGMR Urt. v. 20.3.1991, *Cruz Varas u.a. vs. Schweden*, Nr. 15576/89, Rn. 72.
716 *Alleweldt*, EJIL 1993, S. 360, 365.
717 *Alleweldt*, EJIL 1993, S. 360, 369.

sen.[718] Drei der Beschwerdeführer, die alle dem Volk der Tamilen angehörten, behaupteten, nach der Rückkehr in ihren Heimatstaat Opfer von Folter geworden zu sein. Der EGMR entschied, dass keine Verletzung des Art. 3 EMRK vorgelegen habe.[719] Von Bedeutung war hierbei die Tatsache, dass ein freiwilliges Rückkehrprogramm des Hohen Flüchtlingskommissars der Vereinten Nationen initiiert worden war und, dass viele Tamilen, die sich in einer vergleichbaren Situation befunden hatten, mittels dieses Programms freiwillig nach Sri Lanka zurückgekehrt waren.[720] Der EGMR schloss die Möglichkeit, dass die Beschwerdeführer misshandelt worden waren nicht gänzlich aus, da die Lage in Sri Lanka immer noch unruhig war. Die bloße Möglichkeit sei aber nicht gravierend genug, um ein *„real risk"* darzustellen.

2. *„Substantial grounds"*

Die Prüfungsmethode des EGMR[721] erfordert, dass stichhaltige Gründe[722] vorliegen, die beweisen, dass ein Misshandlungsrisiko[723] existiert. Da jedoch der Beschwerdeführer häufig weniger Möglichkeiten hat die erforderlichen Informationen zu erlangen als der Staat, wird der Nachweis dieses Risikos durch eine Beweislastumkehr erleichtert. Beweist der Beschwerdeführer in der Vergangenheit im Empfängerstaat gefoltert geworden zu sein, dann trifft den vertreibenden Staat die Beweislast, nachzuweisen, dass sich die Situation im Empfängerstaat so verbessert hat, dass von einem *„real*

718 EGMR Urt. v. 30.10.1991, *Vilvarajah vs. UK*, Nr. 13163/87, 13164/87, 13165/87, 13447/87, 13448/87.

719 EGMR Urt. v. 30.10.1991, *Vilvarajah vs. UK*, Nr. 13163/87, 13164/87, 13165/87, 13447/87, 13448/87, Rn. 109-116.

720 *Alleweldt*, EJIL 1993, S. 360, 369: Aus dem Urteil werde aber nicht klar, wie die freiwillig zurückgekehrten Tamilen empfangen wurden. Außerdem müsse zwischen einer freiwilligen und einer nicht-freiwilligen Rückkehr (Ausweisung oder Auslieferung) unterschieden werden. Schließlich habe gerade der Hohe Flüchtlingskommissar der Vereinten Nationen darauf gedrängt, keine Tamilen nach Sri Lanka abzuschieben.

721 Wie oben beschrieben werden folgende Elemente berücksichtigt: (i) die Natur und Ernst des Risikos, (ii) die stichhaltige Gründe (*„substantial grounds"*) die dafürsprechen anzunehmen, dass der Beschwerdeführer ein solches Risiko ausgesetzt wird und (iii) anhand welches Maßstabs entschieden werden muss ob diese stichhaltige Gründe vorliegen.

722 *„substantial grounds"*.

723 *„real risk of ill-treatment"*.

risk“ keine Rede mehr sein kann. [724] Der Staat muss beweisen, dass das Misshandlungsrisiko heutzutage erheblich gemindert ist, zum Beispiel durch einen Wechsel des Regimes im Heimatstaat.[725]

Wie kurz erwähnt, können die „*substantial grounds*“ manchmal nur anhand einer Prognose überprüft werden. Hierbei kann der EGMR aber aus den Umständen des Falles einiges ableiten. Ausschlaggebend ist nicht, ob der Empfängerstaat internationale Menschenrechtsverträge ratifiziert oder Gesetze zum Menschenrechtsschutz kodifiziert hat. Wichtig ist, ob der Staat Menschenrechte tatsächlich effektiv gewährleistet.[726] Der EGMR darf bei seiner Beurteilung, ob der vertreibende Staat zum Zeitpunkt der Ausweisung oder Auslieferung richtig geurteilt hat, berücksichtigen, dass der Beschwerdeführer z. B. schon mal vertrieben und nach seiner Rückkehr auf eine gegen Art. 3 EMRK verstoßende Weise misshandelt wurde.[727] Entscheidend ist die Lage zum Zeitpunkt der Vertreibung;[728] damit kann die anschließende Misshandlung im Empfängerstaat nie allein als „*substantial ground*“ dienen, sondern stellt nur einen Faktor in der ex-post-Betrachtung des Risikos dar, welches der Vertreibung anhaftet.

Eine allgemein gefährliche Situation im Heimatstaat, in dem in großem Umfang gefoltert und misshandelt wird, führt zu einem kleinen, aber echten Folterrisiko für jedes Individuum, das in diesen Staat zurückgeschickt wird.[729] Dieser Ansatz wird in der Literatur stark kritisiert, da eine generelle Gefahr für eine bestimmte Volksgruppe oder eine allgemein instabile Lage im Heimatstaat nicht unbedingt eine konkrete Gefahr für den Beschwerdeführer darstelle.[730] Es muss aber erkannt werden, dass die Schaffung eines solchen Risikos für den Beschwerdeführer durch eine allgemein

---

724 *Alleweldt*, EJIL 1993, S. 368.

725 Vgl. EGMR Urt. v. 12.4.2005, *Shamayev u.a. vs. Georgien und Russland*, Nr. 36378/02, Rn. 352: eine vorherige oder anschließende Misshandlung sei nur ein Indiz für „*reasonable grounds*“; auch ohne dieses Indiz könnten die erforderlichen stichhaltigen Gründe bejaht werden.

726 *Meyer-Ladewig*, EMRK Handkommentar, S. 81.

727 *Alleweldt*, EJIL 1993, S. 368.

728 *Haefliger/Schürmann*, Die EMRK und die Schweiz, S. 73, N.B., wenn der Beschwerdeführer noch nicht abgeschoben wurde, werde die Lage während des Verfahrens vor dem EGMR als Ausgangspunkt genommen; EGMR Urt. v. 5.7.2005, *Said vs. Niederlande*, Nr. 2345/02.

729 *Alleweldt*, EJIL 1993, S. 360, 368, m.w.N. *Alleweldt* stellt fest, dass dieser Ansatz in der Literatur bezweifelt wird; Komm. Urt. v. 12.3.1984, *Kirkwood vs. UK*, Nr. 10479/83; Komm. Urt. v. 16.3.1990, *M. vs. Schweden*, Nr. 16279/90.

730 *Villiger*, Handbuch der EMRK, S. 196; *Meyer-Ladewig*, EMRK Handkommentar, S. 82.

instabile Situation auch nicht kategorisch ausgeschlossen werden kann. Ein realistisches Risiko für ein Individuum ergibt sich jedoch nur aus *„extremen Fällen allgemeiner Gewalt“*.[731]

3. Beweis des Vorliegens eines echten Risikos und Glaubwürdigkeit des Beschwerdeführers

Der Beschwerdeführer muss also auf schlüssige Weise nachweisen, dass *„substantial grounds“* vorliegen, die glaubhaft machen, dass ein realistisches Risiko existiert, dass er im Falle einer Vertreibung misshandelt werden würde. Glaubhafte Beweismittel stellen objektive Dokumente dar wie amtliche Bestätigungen, Haftbefehle aus dem Heimatstaat[732] oder Berichte von zuverlässigen Menschenrechtsorganisationen, NGOs und anderen Staaten.[733]

Dem Verhalten des Beschwerdeführers kommt bei der Beurteilung seiner Glaubwürdigkeit eine große Bedeutung zu. So ist zum Beispiel relevant, wann der Beschwerdeführer das erste Mal zur Sprache brachte, dass er in der Vergangenheit in seinem Heimatstaat gefoltert wurde. Es müssen Widersprüche in dem von ihm skizzierten Sachverhalt beachtet werden und vorgelegte gefälschte Unterlagen werden zu seinen Ungunsten in die Prüfung miteinbezogen.[734]

Eine Ausweisung verletzt Art. 3 EMRK nicht, wenn der Beschwerdeführer sich alternativ in einem sicheren Drittstaat ansiedeln kann.[735] Auch kann das Vorhandensein einer Vertretung des vertreibenden Staats oder die

---

731 *Meyer-Ladewig*, EMRK Handkommentar, S. 82: das realistische Risiko bestehe schon darin, dass der Beschwerdeführer bei der Heimkehr diesen *„extremen Fällen allgemeiner Gewalt“* ausgesetzt sein könnte.

732 *Villiger*, Handbuch der EMRK, S. 196, Gefälligkeitsschreiben genügen jedoch grundsätzlich nicht; Komm. Urt. v. 6.10.1976, *Lynas vs. Schweiz*, Nr. 7317/75; Komm. Urt. v. 17.10.1986, *Kilic vs. Schweiz*, Nr. 12364/86,

733 Von besonderem Gewicht sind die Berichte des CPT. EGMR Urt. v. 17.2.2000, *Jabari vs. Türkei*, Nr. 40035/98, Es handelte sich hier um die Abschiebung einer Frau, die an einer ehebrecherischen Beziehung beteiligt gewesen war. Dies würde in ihrem Heimatstaat mit Steinigung bestraft werden. Eine Abschiebung würde deswegen eine Verletzung des Artikels 3 darstellen.

734 *Villiger*, Handbuch der EMRK, S. 196; *Grabenwarter/Pabel*, EMRK, S. 180; Komm. Urt. v. 4.3.1994, *H. vs. Schweden*, Nr. 22408/93; Komm. Urt. v. 5.12.1996, *Bankar vs. Schweiz*, Nr. 33829/96.

735 *Alleweldt*, EJIL 1993, S. 368.

Anwesenheit von NGOs im Heimatstaat das Risiko derartig verringern, dass nur noch ein „*residual risk*“ besteht.[736]

4. „*Real risk of ill-treatment*“

Das realistische Risiko ist nicht unbedingt mit einer hohen Wahrscheinlichkeit vergleichbar. Auch sehr kleine Risiken können den Sachverhalt in den Anwendungsbereich des Art. 3 EMRK rücken.[737] Es lässt sich argumentieren, dass der EGMR im *Soering*-Fall absichtlich die Formel des Art. 3 des UN Anti-Folter-Abkommens übernahm,[738] aber das Wort „*danger*“ durch „*risk*“ ersetzte, um gerade auch kleine Risiken erfassen zu können.[739] Auch die Tatsache, dass die Anwendung einer dem Art. 3 EMRK entgegenstehenden Behandlung zu irreparablen Schäden führen könnte, zeigt die hervorgehobene Bedeutung einer effektiven und praktischen Gewährleistung der Rechte aus Art. 3 EMRK, sodass die Erfassung von kleineren Risiken als systematisch richtig zu bewerten ist.

Das Risiko muss außerdem realistisch und vorhersehbar sein und muss sich konkret auf die Person des Beschwerdeführers beziehen.[740] Diese Kriterien werden – wie oben kurz angeschnitten – manchmal durch die Feststellung erfüllt, dass Folter und unmenschliche oder erniedrigende Behandlungen im Empfängerstaat in großem Stil durchgeführt werden und, dass eine bestimmte Wahrscheinlichkeit gegeben ist, dass auch der Beschwerdeführer nach seiner Rückkehr Opfer einer solchen Behandlung werden könnte. Der persönliche Bezug des Risikos auf die Person des Beschwerdeführers lässt sich auf verschiedene Weisen feststellen. Es kann aus-

---

736 Komm. Urt. v. 7.4.1997, *Kanagaratnam vs. Schweiz*, Nr. 15149/97.

737 *Alleweldt*, EJIL 1993, S. 360, 365, m.w.N.

738 EGMR Urt. v. 7.7.1989, *Soering vs. UK*, Nr. 14038/88, Rn. 88: „*It would hardly be compatible with the underlying values of the Convention, that "common heritage of political traditions, ideals, freedom and the rule of law" to which the Preamble refers, were a Contracting State knowingly to surrender a fugitive to another State where there were substantial grounds for believing that he would be in danger of being subjected to torture, however heinous the crime allegedly committed. Extradition in such circumstances, while not explicitly referred to in the brief and general wording of Article 3 (art. 3), would plainly be contrary to the spirit and intendment of the Article, and in the Court's view this inherent obligation not to extradite also extends to cases in which the fugitive would be faced in the receiving State by a real risk of exposure to inhuman or degrading treatment or punishment proscribed by that Article (art. 3).*“

739 *Alleweldt*, EJIL 1993, S. 360, 365.

740 EGMR Urt. v. 7.7.1989, *Soering vs. UK*, Nr. 14038/88, Rn. 86.

reichen, wenn andere Personen, deren persönliche Situation mit der des Beschwerdeführers vergleichbar ist, im Heimatstaat Misshandlungen oder Folter ausgesetzt waren.[741]

Von großer Bedeutung sind die Art der Behandlung und die Heftigkeit der Folgen, die im Falle einer Abschiebung zu erwarten wären.[742] Stellt diese Behandlung eine klassische Folteranwendung dar, dann kann die Vertreibung – auch bei einem sehr kleinen Risiko – geeignet sein, Art. 3 EMRK zu verletzen. Handelt es sich jedoch bloß um eine leichte körperliche Bestrafung, dann könnte dies zu einem anderen Ergebnis führen.[743] Obwohl also im *Trabelsi*-Fall der *„non-refoulement"*-Begriff in dem Sinne ausgeweitet wurde, dass der Prüfungsmaßstab für die Beurteilung des *„minimum level of severity"*, der für die Vertragsstaaten angewandt wird, auch auf Drittstaaten angewendet werden kann, erfordert eine weniger gravierende Behandlung nach wie vor ein größeres Risiko des Auftretens.

Schaut man sich den Fall *Bouyid vs. Belgien*[744] zusammen mit dem Fall *Trabelsi vs. Belgien*[745] an, denn stellt sich die Frage, wie der EGMR entscheiden würde, wenn dem Beschwerdeführer ein *„real risk"* drohen würde, Opfer einer Behandlung zu werden, die sich zwar im Anwendungsbereich des Art. 3 EMRK befindet, aber innerhalb des Spektrums der Art. 3-Fälle als relativ leichte Misshandlungsart anzusehen wäre. Nach Ansicht des EGMR wurden die *Bouyid*-Brüder erniedrigend behandelt: Sie wurden in Polizeigewahrsam ins Gesicht geschlagen. Die Misshandlung war auf das schlechte nachbarschaftliche Verhältnis zwischen der Familie *Bouyid* und den Polizeibeamten zurückzuführen. Würde der Gerichtshof den Ansatz der *Trabelsi* und *Cruz-Varas* Fälle konsequent anwenden, wäre es den Vertragsstaaten auch untersagt, einen Terroristen auszuliefern, wenn dieser dem *„real risk"* ausgesetzt wäre, im Drittstaat in Polizeigewahrsam ins Gesicht geschlagen zu werden.

Hier sollte der Ansatz aufgegriffen werden, dass das Erfordernis des *„real risk"* und die gravierende Natur der drohenden Behandlung als Elemente einer Skala angesehen werden müssen. Der Beschwerdeführer müsste in

741 REDRESS/ILPA, S. 36, 37: Die politischen und sozialen Verknüpfungen müssen berücksichtigt werden, da sie dazu führen können, dass der Beschwerdeführer Mitglied einer besonders gefährdeten Gruppe ist. Der Beschwerdeführer muss anhand von Berichten von zuverlässigen internationalen Institutionen nachweisen, dass sich die Gruppe, der er angehört, in einer konkreten Gefahr befindet.

742 REDRESS/ILPA, S. 36.

743 *Alleweldt*, EJIL 1993, S. 360, 367.

744 EGMR Urt. v. 21.11.2013, *Bouyid vs. Belgien*, Nr. 23380/09.

745 EGMR Urt. v. 4.9.2014, *Trabelsi vs. Belgien*, Nr. 140/10.

der oben beschriebenen Fallkonstellation „*beyond reasonable doubt*" darlegen, dass er dem echten Risiko ausgesetzt wäre, in seinem Heimatstaat verhaftet und danach ins Gesicht geschlagen zu werden. In der Praxis wäre dieser Beweis freilich schwer zu führen.

Aus der Rechtsprechung der Kommission und des EGMR lässt sich erkennen, dass die Kommission das „*non-refoulement*" weiter auslegt als der Gerichtshof. So könnte nach Ansicht der Kommission eine Vertreibung auch dann schon gegen Art. 3 EMRK verstoßen, wenn überhaupt kein Risiko einer Misshandlung im Empfängerstaat vorläge.[746] Eine nachteilige Beeinflussung des Gesundheitszustandes des Beschwerdeführers durch die Abschiebung reiche schon aus, um die beabsichtigte Abschiebung als unmenschliche Behandlung kategorisieren zu können.[747] Essentiell ist in den Augen der Kommission die psychische Belastung des Beschwerdeführers.[748] *Alleweldt* resümiert, dass dann sogar in Fällen einer rein imaginären Angst der Anwendungsbereich des Art. 3 EMRK eröffnet wäre.[749] Die weite Interpretation der Kommission würde heutzutage höchstwahrscheinlich – insbesondere im Lichte des „Kriegs gegen den Terror" – von vielen der Vertragsstaaten nicht akzeptiert werden.

Der Gerichtshof fordert ganz klar ein reales Risiko, sodass ein imaginäres Risiko grundsätzlich nicht ausreicht.[750] Ein Selbstmordrisiko hingegen ist relevant; dieses Risiko wird aber zu einem „*residual risk*" reduziert, wenn

---

746 *Alleweldt*, EJIL 1993, S. 360.

747 Komm. Urt. v. 15.12.1977, *Brückmann vs. Deutschland*, Nr. 8088/77.

748 Komm. Urt. v. 15.12.1977, *Brückmann vs. Deutschland*, Nr. 8088/77: „*In April 1974, the Commission decided to ask the parties for the text of the Constitutational Court's decision and to inform them that the alleged danger of the applicant commitring suicide might raise an issue under Art. 3*"

749 *Alleweldt*, EJIL 1993, S. 360, 370.

750 Vgl. EGMR Urt. v. 20.3.1991, *Cruz Varas vs. Schweden*, Nr. 15576/89: der Beschwerdeführer litt an einer posttraumatischen Belastungsstörung und wurde als suizidal eingestuft. Eine Abschiebung, so der EGMR, würde Art. 3 EMRK jedoch nicht verletzen, da der Gerichtshof keine Grundlage für die Ängste des Beschwerdeführers erkennen konnte. Man müsse hiervon die Situation unterscheiden, dass der Beschwerdeführer an einer psychischen Krankheit leide, die in ihm heftige irrationale Ängste hervorriefen, wenn er denn abgeschoben würde. In diesem Fall könnte die Abschiebung eine unmenschliche Behandlung darstellen, wenn die durch die Kombination der Krankheit und der Abschiebung verursachten Leiden das Kriterium des „*minimum level of severity*" erfüllten. Hierbei sei aber die im Empfängerstaat zu erwartende Behandlung völlig unbedeutend.

der Staat geeignete, konkrete Maßnahmen trifft, um die Verwirklichung des Risikos zu vermeiden.[751]

5. Die Abschiebung von schwer Erkrankten in Staaten, wo keine adäquate medizinische Versorgung geboten werden kann

Im Fall *D. vs. UK*[752] handelte es sich um die Ausweisung eines Aidskranken Drogenkuriers. Der EGMR besprach die außergewöhnlichen Umstände des Falles: Der Beschwerdeführer würde in seinem Heimatstaat St. Kitts, einer Insel in der Karibik, wegen des Mangels an medizinischer Versorgung für die Krankheit AIDS einen schmerzhaften Tod sterben, da es keine angemessene medizinische Behandlung, keinen Schutz und keine Unterstützung durch die Familie im Aufnahmeland gäben. Er folgerte daraus, dass eine Abschiebung Art. 3 EMRK verletzen würde.[753] Aus dieser Entscheidung darf aber nicht abgeleitet werden, dass ein Recht auf Asyl im Gaststaat immer dann besteht, wenn die medizinische Versorgung dort besser organisiert ist als im Heimatland.[754] Der Fall *D. vs. UK* stellt insofern aufgrund der besonderen Umstände[755] einen Ausnahmefall dar.[756] Allein

751 EGMR Urt. v. 7.10.2004, *Dragan vs. Deutschland*, Nr. 33743/03.

752 EGMR Urt. v. 2.5.1997, *D. vs. UK*, Nr. 30240/96.

753 EGMR Urt. v. 2.5.1997, *D. vs. UK*, Nr. 30240/96, Rn. 52, 53: „*The abrupt withdrawal of these facilities will entail the most dramatic consequences for him. It is not disputed that his removal will hasten his death. There is a serious danger that the conditions of adversity which await him in St Kitts will further reduce his already limited life expectancy and subject him to acute mental and physical suffering. Any medical treatment which he might hope to receive there could not contend with the infections which he may possibly contract on account of his lack of shelter and of a proper diet as well as exposure to the health and sanitation problems which beset the population of St Kitts (see paragraph 32 above). While he may have a cousin in St Kitts (see paragraph 18 above), no evidence has been adduced to show whether this person would be willing or in a position to attend to the needs of a terminally ill man. There is no evidence of any other form of moral or social support. Nor has it been shown whether the applicant would be guaranteed a bed in either of the hospitals on the island which, according to the Government, care for AIDS patients (see paragraph 17 above). In view of these exceptional circumstances and bearing in mind the critical stage now reached in the applicant's fatal illness, the implementation of the decision to remove him to St Kitts would amount to inhuman treatment by the respondent State in violation of Article 3 (art. 3).*“

754 EGMR Urt. v. 7.10.2004, *Dragan vs. Deutschland*, Nr. 33743/03.

755 EGMR Urt. v. 2.5.1997, *D. vs. UK*, Nr. 30240/96, Rn. 52, 53.

756 *Frowein/Peukert, Europäische Menschenrechtskonvention*, S. 55.

die Tatsache, dass sich der Gesundheitszustand des Beschwerdeführers durch die Heimkehr verschlechtern würde, reiche nicht aus, um eine Verletzung des „*non-refoulement*"-Prinzips im Rahmen des Art. 3 EMRK feststellen zu können, so der EGMR.[757] Es müssten zwingende „*humanitäre Gründe (...) gegen eine Abschiebung sprechen*."[758] Nur die Abschiebung einer Person, die sich tatsächlich an der Schwelle des Todes befindet, sei geeignet, Art. 3 EMRK zu verletzen. Unbeachtlich sei hierbei, durch welche – psychische oder physische – Krankheit die Todesgefahr verursacht würde.[759]

6. Kritik am „*non-refoulement*"-Prinzip

Das Recht auf „*non-refoulement*"[760] steht seit den Anschlägen 2001[761] unter heftigem Beschuss, da viele Staaten die Deportation gefährlicher Individuen als essentielle Waffe im „Krieg gegen den Terror" ansehen.[762] Was bleibt ist der Konflikt zwischen dem Recht der Bürger eines Vertragsstaates, vor gefährlichen Individuen beschützt zu werden, und dem Recht dieser Individuen, nicht in einen Staat abgeschoben zu werden, in dem sie höchstwahrscheinlich unmenschlich oder erniedrigend behandelt oder sogar gefoltert werden.

---

757 EGMR Urt. v. 27.5.2008, *N. vs. UK*, Nr. 26565/05.

758 *Meyer-Ladewig*, EMRK Handkommentar, S. 82.

759 EGMR Urt. v. 6.2.2001, *Bensaid vs. UK*, Nr. 44599/98.

760 Gemeint ist der Schutz, der aus dem Verbot auszuliefern, abzuschieben oder auszuweisen, resultiert, wenn diese „*substantial grounds*" vorliegen.

761 Auch schon vor den Anschlägen vom 11. September wurde diese weite Interpretation des Artikels 3 EMRK von den Vertragsstaaten kritisch betrachtet. Während der Unterzeichnung des Internationalen Pakts über Bürgerliche und Politische Rechte, Ratifikation am 16.12.1966, wurde die Zufügung einer Liste von Situationen, in denen eine Ausweisung oder Auslieferung erlaubt sein sollte, abgelehnt. Grund hierfür war der Wunsch der Staaten, selbst über die Einwanderung und Ausweisung von Ausländern entscheiden zu können. In den Fällen *Soering* und *Chahal* reagierte das Vereinigte Königreich heftig auf die Inklusion des „*non-refoulement*"-Prinzips in Art. 3 EMRK und kritisierte die Absolutheit des Prinzips.

762 Vgl. den Fall *Naseer*: http://www.dailymail.co.uk/news/article-2282540/British-bombers-plot-new-7-7-foiled-Muslim-terrorists-cell-plotted-murder-2-000-people-Al-Qaeda-backed-atrocity-supermarkets-town-centres.html (zuletzt abgerufen am 8.7.2015).

Im Fall *Ramzy vs. Niederlande*[763] brachten Litauen, Portugal, die Slowakei und das Vereinigte Königreich den Vorschlag ins Spiel, dass eine Einschränkung des *„non-refoulement"*-Prinzips in bestimmten Fällen möglich sein sollte. Dies solle namentlich dann der Fall sein, wenn die nationale Staatssicherheit auf dem Spiel stehe. Die vier Staaten stützten ihren Vorschlag auf vier Argumente: Zuerst wurde generell die Verantwortlichkeit der Vertragsstaaten für Behandlungen angezweifelt, die im Empfängerstaat drohten. Zweitens hätten die eigenen Bürger ein Recht, vor Terrorismus geschützt zu werden. Dieses Recht kollidiere mit dem *„non-refoulement"*-Prinzip, weswegen es möglich sein müsse, diese beiden Rechte gegeneinander abzuwägen.[764] Es wurde weiter angebracht, dass Staaten ihre Bürger nicht hinreichend vor gefährlichen Individuen schützen könnten, wenn Ausweisung, Abschiebung und Auslieferung keine Möglichkeiten mehr darstellten. Schließlich wurde der Unterschied aufgezeigt zwischen dem *„real risk"*, dass der Beschwerdeführer der Folter ausgesetzt werden würde – in diesem Fall dürfe keine Abwägung vorgenommen werden –, und einem *„real risk"*, dass ihn im Empfängerstaat lediglich eine unmenschliche oder erniedrigende Behandlung erwarte. Im letzteren Fall sollte das *„non-refoulement"*-Prinzip nur relativ angewandt werden dürfen.[765] Die Argumentation der Staaten entspricht im Wesentlichen dem Inhalt der Differenzierungstheorie.[766] Die Ansicht der genannten Vertragsstaaten wurde auch in der Literatur teilweise befürwortet: *Padmanabhan* z.B. vertritt die Ansicht, dass den Staaten, die sich in einer Kollisionsposition zwischen dem Recht des Ausländers, nicht abgeschoben zu werden, und der nationalen Sicherheit befinden, ein größerer Ermessensspielraum[767] zugestanden werden sollte. Den Staaten würde so die Freiheit gegeben zu entscheiden, welches der kollidierenden Rechte hier höherrangig sein und welches eingeschränkt werden soll.[768]

---

763 EGMR Urt v. 20.7.2010, *Ramzy vs. Niederlande*, Nr. 25424/05.

764 EGMR Urt v. 20.7.2010, *Ramzy vs. Niederlande*, Nr. 25424/05, Rn. 105, 130.

765 EGMR Urt v. 20.7.2010, *Ramzy vs. Niederlande*, Nr. 25424/05, Rn. 130.

766 Teil A.II.4.

767 Vgl. Teil A.III. „*„Margin of appreciation"* in Bezug auf Art. 3 EMRK"

768 *Padmanabhan*, FLR 2011, S. 73, 117. Der Autor stellt fest, dass ein *„fairer"* Balanceakt nicht unproblematisch sei. Dies sei hauptsächlich auf die Voreingenommenheit der Staaten gegenüber Ausländern zurückzuführen. *Padmanabhan* ist der Ansicht, dass sich diese Vorurteile durch Einfügung bestimmter Klauseln korrigieren ließe (z.B.: *„States may only transfer when the risk averted through refoulement exceeds or is of significantly greater importance than the risk of illtreatment."*). Aus europäischer Sicht darf ein solcher Balanceakt nicht vorgenommen werden, da die Absolutheit des Art. 3 EMRK dies ganz klar verbietet.

Der EGMR wies diesen Vorschlag ab und erklärte erneut, dass die Absolutheit des „*non-refoulement*"-Prinzips eine Abwägung zwischen den Rechten des Beschwerdeführers und der Staatssicherheit nicht zulasse. Außerdem sei es praktisch unmöglich eine Abwägung durchzuführen zwischen der Gefahr, die der Ausländer für den Mitgliedsstaat darstellt, und der Gefahr, die der Ausländer im Falle einer Abschiebung zu befürchten hätte, da es sich um zwei völlig unterschiedliche Werte handele.[769] Für die Mitgliedstaaten der EMRK sei die Sicherheitsausnahme, die in der Genfer Flüchtlingskonvention[770] aufgenommen wurde, also irrelevant. Das Menschenrechtskomitee[771] und das Anti-Folter-Komitee[772] haben sich dieser Ansicht angeschlossen.

a) Schutz der Gesellschaft vor gefährlichen Individuen ohne Vertreibung

Wenn festgestellt wird, dass eine Person aufgrund der erforderlichen „*substantial grounds*" nicht in ihr Heimatland ausgewiesen oder ausgeliefert werden darf, existieren weitere Optionen, um die Bürger des betroffenen Mitgliedstaats zu schützen. So könnte der Staat den Verdächtigen selbst strafrechtlich verfolgen, ihn verlängert inhaftieren oder versuchen, ihn in einen anderen Staat auszuweisen, in dem keine konkrete Gefahr einer Verletzung des Art. 3 EMRK zu befürchten ist.

Eine eigene Verfolgung ist jedoch aufgrund von Beweisproblemen oft nicht erfolgreich: Staaten können ihre Quellen manchmal nicht enthüllen, sodass z.B. Art. 6 Abs. 3 lit. d EMRK[773] nicht befriedigt werden kann. Außerdem ist die Beweislast der Staaten in einem Strafprozess oftmals so

---

769 *Padmabhan* in: FLR, S. 78: „*The result would be an apples to oranges comparison outside the scope of human rights law.*"

770 UN Abkommen über die Rechtsstellung der Flüchtlinge, in Kraft seit dem 22.4.1954.

771 Human Rights Committee, Concluding observations on Canada, Rn. 15, http://www.refworld.org/docid/453777a50.html (zuletzt abgerufen am 8.7.2015); Human Rights Committee, General Comment No. 29, Rn. 11, http://www.refworld.org/docid/453883fd1f.html (zuletzt abgerufen am 8.7.2015).

772 Committee Against Torture, Gorki Ernesto Tapia Paez vs. Schweden, U.N. Doc. CAT/C/18/D/39/1996, 28.4.1997, Rn. 14.5, http://www1.umn.edu/humanrts/cat/decisions/39-1996.html (zuletzt abgerufen am 8.7.2015); Committee Against Torture, General Comment No. 2, Rn. 3, http://www2.ohchr.org/english/bodies/cat/docs/CAT.C.GC.2.CRP.1.Rev. 4_en.pdf (zuletzt abgerufen am 9.7.2015).

773 Jede angeklagte Person hat mindestens folgende Rechte: Fragen an Belastungszeugen zu stellen oder stellen zu lassen und die Ladung und Vernehmung von

hoch, dass es unmöglich ist, sowohl die Straftat eines terroristischen Angriffs zu verhindern und auch die nötigen Beweismittel für eine Verurteilung zu sammeln.[774] Es erweist sich außerdem häufig als schwierig, die vorgeworfene Tat als Straftat zu qualifizieren.[775] Sogar wenn die Strafverfolgung zur Verurteilung führt, bleibt der Täter nur für die Dauer seiner Strafe in Haft und wird danach wieder in die Gesellschaft entlassen.[776]

Die Ausweisung in einen anderen Drittstaat, in dem eine Verletzung des Art. 3 EMRK keine *„forseeable consequence“* der Vertreibung darstellt, lässt sich in der Realität nur sehr schwer umsetzen, nicht zuletzt wegen des Widerwillens des Drittstaates, ein potentielles gefährliches Individuum in ihre Gesellschaften aufzunehmen.[777]

Wenn die obengenannten Möglichkeiten also ausscheiden,[778] ist es für den Mitgliedstaat schwierig, seine Bürger effektiv zu schützen.

Entlastungszeugen unter denselben Bedingungen zu erwirken, wie sie für Belastungszeugen gelten.

774 *Padmanabhan*, FLR 2011, S. 73, 89.

775 Im Fall *Saadi*, EGMR Urt. v. 28.2.2008, Nr. 37201/06, konnten die italienischen Behörden vor dem Strafgericht beweisen, dass der Verdächtige mit islamistischen Extremisten im Gespräch war. Die Verabredung terroristischer Straftaten konnte aber nicht bewiesen werden, da nicht hinreichend genau festgestellt werden konnte, was das Ziel eines Angriffs sein würde.

776 *Padmanabhan* nennt das Beispiel aus dem Fall *Saadi*, EGMR Urt. v. 28.3.2008, Nr. 37201/06: *Saadi* konnte nur für 4,5 Jahre inhaftiert werden.

777 *Padmanabhan*, FLR 2011, S. 93: Sogar, wenn ein Drittstaat zustimmt ein evtl. gefährliches Individuum aufzunehmen, könnte der Heimatstaat des Individuums diplomatischen Zwang ausüben. Das Ziel des Heimatsstaats ist die Auslieferung des Beschwerdeführers zu bewirken, um ihn evtl. auf Art. 3-entgegenstehender Weise zu behandeln. Um dieses Ziel zu erreichen, könnte der Heimatstaat Druck auf dem Drittstaat ausüben, der aus humanitären Gründen die Aufnahme des Beschwerdeführers akzeptiert hat. Da der Beschwerdeführer häufig als potentiell gefährlich angesehen wird, könnte es schwierig sein ein solcher Druck zu widerstehen.

778 Fall *Naseer*: http://www.dailymail.co.uk/news/article-2282540/British-bombers-plot-new-7-7-foiled-Muslim-terrorists-cell-plotted-murder-2-000-people-Al-Qaeda-backed-atrocity-supermarkets-town-centres.html (zuletzt abgerufen am 8.7.2015); Padmanabhan, FLR 2011, S. 73, 76: Im Fall *Naseer* konnte der Hauptverdächtige wegen Mangels an Beweisen nicht verfolgt werden. Eine verlängerte Inhaftierung (*„pretentive detention pending deportation“*) hätte nach Ansicht der *British Law Lords* gegen die EMRK verstoßen und es war unmöglich, *Naseer* auszuweisen oder in einen Drittstaat abzuschieben, da keiner eine des Terrorismus verdächtigte Person aufnehmen wollte. In diesem Fall sah sich der britische Staat gezwungen, die Bewegungs- und Arbeitsfreiheit *Naseers* einzuschränken, obwohl sich diese Begrenzungen relativ einfach umgehen lassen würden und

b) Kollision zwischen dem Prinzip des *„non-refoulement"* und einem Auslieferungsvertrag

Ein zweites Problem zeigt sich dann, wenn zwischen einem Vertragsstaat und einem Staat mit mangelnder Menschenrechtslage ein Vertrag geschlossen wurde, der den Vertragsstaat zur Auslieferung zwingt. Während also der eine völkerrechtliche Vertrag zur Auslieferung verpflichtet, verbietet die EMRK als zweiter völkerrechtlicher Vertrag dieses Verhalten.

Der einfachste Weg aus dieser Zwickmühle liegt in der Feststellung, dass Art. 3 EMRK als *„ius cogens"* anderen völkerrechtliche Bestimmungen und Verpflichtungen übergeordnet ist.[779] *Padmanabhan* merkt aber zu Recht an, dass sich der Spezialstatus des Art. 3 EMRK als *„ius cogens"* anzweifeln lässt. Er verweist auf die Arbeit von *McGinnis* und *Somin*,[780] in der dafür plädiert wird, den Status als *„ius cogens"* lieber von den Ansichten zeitgenössischer Gelehrter abhängig zu machen als von dem, was tatsächlich in der gemeinsamen Praxis der Vertragsstaaten als *„custom norms"* angesehen wird. Andererseits wird die Ansicht vertreten, dass der *„ius cogens"*-Status von der Existenz eines internationalen Gefühls abhängig sei, dass eine bestimmte Regel eingehalten werden müsse.[781] Nach diesem Ansatz muss das Folterverbot sicherlich als *„ius cogens"* angesehen werden. Zweifelhaft ist aber, ob dies auch für das Verbot gilt, andere Menschen unmenschlich oder erniedrigend zu behandeln.[782] Außerdem lässt sich nicht mit Sicherheit sagen, ob sich auch die Verpflichtung der Vertragsstaaten, dafür zu sorgen, dass auch andere Staaten nicht auf eine den Art. 3 EMRK verletzende Weise handeln, als *„ius cogens"* bezeichnen lässt. Große Staaten wie die USA und Kanada bezweifeln jedenfalls öffentlich die juristische Grundlage der Absolutheit des *„non-refoulement"*-Prinzips.

Auf der anderen Seite stammen die Wurzeln des *„non-refoulement"*-Prinzips aus den 1950'er Jahren, in denen sich ein weltweit verbreiteter Kon-

---

obwohl unklar war, inwieweit die Auferlegung dieser *„control orders"* mit Art. 5 EMRK vereinbar war.

779 *Gollwitzer*, Menschenrechte im Strafverfahren, S. 176.

780 *McGinnis/Somin*, SLR 2007, S. 1175, 1200, 1201.

781 REDRESS/ILPA, S. 4: *„UK Courts in particular tend to look for a degree of universality and an amount of evidence which is very often not there. From an international law perspective Courts are a little more flexible on issues of proof, not so much requiring proof of universal agreement as evidence of general practice accepted as law. They infer the sense of obligation to adhere to the customary international law rule from the practice."*

782 *Padmanabhan*, FLR 2011, S. 73, 108, m.w.N.

sens entwickelte, Gefangene nicht an Staaten mit unterdurchschnittlicher Menschenrechtslage auszuliefern.[783] Aus diesem allgemeinen Bestreben lässt sich evtl. der *„ius cogens“*-Status des *„non-refoulement“*-Prinzips ableiten.[784] Fraglich ist dann, ob sich an diesem Status seit den Terroranschlägen von 2001 etwas verändert hat.

Man darf aber nicht vergessen, dass der *„ius cogens“*-Status nicht die einzige Grundlage der Absolutheit des *„non-refoulement“* Prinzips darstellt.[785] Ungeachtet dessen, ob das Recht, nicht unmenschlich oder erniedrigend behandelt zu werden als *„ius cogens“* bezeichnet werden muss, oder ob dies auf die Verpflichtung der Staaten abzielt, zu vermeiden, dass Drittstaaten foltern, machen doch beide Aspekte einen Teil des absolut zu gewährleistenden Art. 3 EMRK aus. Die Diskussion darüber, welche Normen *„ius cogens“* darstellen, ist damit für die Absolutheit des *„non-refoulement“*-Prinzips für EMRK-Staaten irrelevant.[786] Aus der Absolutheit des Art. 3 EMRK folgt zwangsläufig, dass diese Norm gegenüber anderen völkerrechtlichen Verträgen als höherrangig anzusehen ist.

7. Problematische Folgen des nicht-derogierbaren *„refoulement“*-Verbots: die Entwicklung von Umgehungstechniken

Wie oben skizziert, wirft die Absolutheit des *„refoulement“*-Verbots für die Mitgliedstaaten beim Schutz ihrer Bürger praktisch unüberwindbare Probleme auf. Deswegen wurden im Laufe der Jahre verschiedene „Kunstgriffe“ entwickelt, die primär dazu dienen, das Verbot zu umgehen.

---

783 *Padmanabhan*, FLR 2011, S. 73, 83. *Padmanabhan* nennt als Beispiele den Widerwillen der Vereinten Nationen nach dem Korea-Krieg, Gefangene nach China, die ehemalige Sowjet-Union und Korea auszuliefern. Er merkt an, dass ein vergleichbarer Widerwille nach dem Irak- und den Iran-Kriegen, nach dem Krieg in Jugoslawien und nach dem ersten Golfkrieg festzustellen war.

784 In der Literatur wird der *„ius cogens“*-Status des *„non-refoulement“*-Prinzips stark verteidigt: REDRESS/ILPA S. 33; *Lauterpacht/Bethlehem*, S. 141 ff., http://www.unhcr.org/419c75ce4.pdf (zuletzt abgerufen am 9.7.2015); *Bruin/Wouters* in: IJRL 2003, S. 5, 24 ff.; *Allain*, IJRL 2001, S. 533.

785 Vgl. Teil A.II.4.c „Absolutheitslösung“.

786 Dies ändert sich, wenn man glaubt, dass Art. 3 EMRK nur deswegen absolut ist, weil das Folterverbot *„ius cogens“* darstellt. Dies würde zu einem Zirkelschluss führen: es sei dann irrelevant, ob das *„non-refoulement“*-Prinzip *„ius cogens“* darstelle, da es einen Teil des absoluten Artikels 3 ausmache und diese Absolutheit aus ihrem *„ius cogens“*-Status fließe. Der Gerichtshof aber stützt die Absolutheit des Art. 3 EMRK nicht nur auf dessen *„ius cogens“*-Status.

a) „*Diplomatic assurances*“

Staaten akzeptieren untereinander das Versprechen, nicht zu foltern oder andere Menschen unmenschlich oder erniedrigend zu behandeln, sodass insbesondere gefährliche Individuen nunmehr an ihre Heimatstaaten ausgeliefert werden können.[787] Diese Versprechen, auch „*diplomatic assurances*“ oder „*memoranda of understanding*“ genannt, werden von diesen Vertragsstaaten als bedeutungsvoller und zuverlässiger angesehen als sie tatsächlich sind, um so auf gekünstelte Weise das Risiko von Misshandlungen im Empfängerstaat derartig zu verringern, dass von einem „*real risk*“ nicht mehr die Rede sein kann.[788] Die Frage ist aber, ob solche diplomatischen Zusicherungen überhaupt etwas wert sind[789] oder ob es sich hier um leere Versprechungen handelt, die entwickelt wurden, um die Absolutheit des „*non-refoulement*“-Prinzips zu untergraben. Der ehemalige UN-Sonderberichterstatter über Folter, *Manfred Nowak*, hat seine Einwände bezüglich diplomatischer Versicherungen öffentlich ausgesprochen:[790] Die Versprechungen werden u.a. von Staaten gemacht, in denen Menschenrechtsverletzungen und damit die Verletzungen internationaler Übereinkommen auf der Tagesordnung stehen. Es stellt sich die Frage, warum die Staaten sich angesichts dieser Realität an solche bilaterale, diplomatische Zusage halten sollten. Die Akzeptanz der diplomatischen Zusage stützt sich auf Vertrauen, obwohl es keinen Grund gibt, gewissen Staaten in Fragen des Menschenrechtsschutzes zu vertrauen.[791] Da es sich um ein bilaterales Abkommen handelt, können sich Individuen darauf nicht berufen.[792] Außerdem ist es für den abschiebenden Vertragsstaat oftmals unmöglich, die

787 EGMR Urt. v. 16.10.2001, *Einhorn vs. Frankreich*, Nr. 71555/01: Zu beachten ist, dass der EGMR erforscht, ob tatsächlich „*reasonable grounds*“ dafür vorliegen, dass das Individuum in seinem Heimatland auf eine den Art. 3 EMRK verletzende Weise behandelt werden wird. Ein Versprechen des Heimatlands, dass dies nicht zu befürchten sei wird in die Prüfung miteinbezogen, ist aber nicht ausschlaggebend.

788 *Padmanabhan*, FLR 2011, S. 73, 100: Von den Vertragsstaaten der EMRK benutzen vornehmlich das Vereinigte Königreich, Italien und Spanien diese diplomatischen Versprechungen, um Risiken zu reduzieren.

789 Da es sich um bilaterale Abkommen handelt, lässt sich vertreten, dass sie bedeutungsvoller sind als bloße Bestrebungen. Vgl. REDRESS/ILPA, S. 10, 11.

790 REDRESS/ILPA, S. 3.

791 REDRESS/ILPA, S. 12.

792 REDRESS/ILPA, S. 11. Dies ist kein großes Problem, da die diplomatische Zusage als bilateraler Vertrag in Vertreibungsfällen im Rahmen des Art. 3 EMRK vor dem EGMR geprüft wird.

Rückkehr des Beschwerdeführers effektiv zu überwachen,[793] sodass unklar bleibt, wer im Falle der Verletzung des Abkommens die Verantwortung zu tragen hat.[794] Diplomatische Versprechen werden genau in den Situationen gemacht, in denen es für beide Staaten vorteilhaft ist, eine eventuelle Konventionsverletzung zu verschleiern.[795] Zusammenfassend kann festgestellt werden, dass diplomatische Versprechungen dem abschiebenden Vertragsstaat keine Verpflichtungen auferlegen; gleichzeitig verringern sie die Verpflichtungen des Empfängerstaats nicht.[796]

Trotz dieser Unzuverlässigkeit verließ sich zum Beispiel das Vereinigte Königreich auf diplomatische Versprechungen von Jordanien, Libyen und Libanon, um Ausweisungen realisieren zu können. Der ehemalige Kommissar für Menschenrechte des Europarates, *Alvaro Gil-Robles,* machte 2004 klar, dass diplomatischen Versprechungen nur vertraut werden dürfe, wenn der Empfängerstaat keine Folter oder unmenschliche oder erniedrigende Behandlung praktiziere oder gutheiße und wenn der Empfängerstaat effektiv Kontrolle über nicht-staatliche Akteure ausübe.[797] Wenn diese beiden Kriterien nicht erfüllt würden, könne auch eine diplomatische Zusicherung das *„real risk"* nicht mildern.[798]

Der EGMR prüft, ob ein diplomatisches Versprechen tatsächlich garantieren kann, dass das reale Risiko erheblich gesenkt wird. Er berücksichtigt dabei, ob der Empfängerstaat derartige Versprechen in der Vergangenheit eingehalten hat.[799]

---

793 Die Unmöglichkeit einer effektiven Kontrolle resultiert aus der versteckten Folteranwendung.

794 REDRESS/ILPA, S. 3, 21: Die ausweisenden Vertragsstaaten bezeichnen manchmal den Empfängerstaat als schuldige Partei.

795 REDRESS/ILPA, S. 11.

796 REDRESS/ILPA, S. 13.

797 REDRESS/ILPA, S. 17. Vgl. EGMR Urt. v. 15.11.1996, *Chahal vs. UK*, Nr. 22414/93, im Fall *Chahal* konnte der indische Staat nicht überzeugend darlegen, dass die Menschenrechtsverletzungen, die von bestimmten Sicherheitsdiensten in Punjabi ausgeführt wurden, in Zukunft vermieden werden würden.

798 *Alvaro Gil-Robles*, während eines Besuchs in Schweden vom 21-23 April 2004; REDRESS/ILPA, S. 17.

799 EGMR Urt. v. 23.10.2008, *Soldatenko vs. Ukraine*, Nr. 2440/07, Rn. 69; EGMR Urt. v. 28.2.2008, *Saadi vs. Italien*, Nr. 37201/06, Rn. 147, 148; EGMR Urt. v. 20.2.2007, *Al-Maayad vs. Deutschland*, Nr. 35865/03, Rn. 68-72.

b) Nicht-Aufnahme von Personen aus Ländern mit schlechter Menschenrechtslage

Weiterhin haben Vertragsstaaten ihre Regeln zur Zulassung von Ausländern aus „schwierigen“ Staaten[800] verschärft. Staaten verweigern immer häufiger die Aufnahme von Ausländern aus Angst, diese Menschen nicht mehr repatriieren zu können.[801] Es wurden Flüchtlingslager außerhalb Europas gebaut, die dazu dienen, Flüchtlinge außerhalb des Hoheitsgebietes der EMRK-Staaten zu halten, sodass die *„non-refoulement“*-Problematik im Rahmen des Art. 3 EMRK vermieden wird. Diese Projekte werden mittels finanzieller Hilfe an die Staaten, in denen die Flüchtlinge „verwahrt“ werden, gefördert.[802]

c) Weitere praktische Probleme

Die Verhängung von Bußgeldern als Sanktion für Verletzungen des *„non-refoulement“*-Prinzips hat keine besonders abschreckende Wirkung.[803] Staaten entscheiden sich bewusst dafür, lieber eine bestimmte Summe Geld zu bezahlen, als den gefährlichen Ausländer in ihrer Gesellschaft zu behalten. Dem klagenden Ausländer wird in manchen Fällen sogar der Zugang zu den Gerichten oder zu juristischem Beistand verwehrt. Nach der Vertreibung eines Individuums in seinen Heimatstaat, von dem ein diplomatisches Versprechen erhalten wurde, ist die Situation des Abgeschobenen manchmal unmöglich zu kontrollieren. In bestimmten Staaten sind gar keine Kontrollinstanzen vorhanden und internationale Menschenrechtsinstitutionen sind nicht immer in der Lage diese Kontrollfunktion zu übernehmen.[804] Außerdem sind Kontrollschwierigkeiten ein der Folterpraxis

800 Staaten, in denen Bürger regelmäßig auf gegen Art. 3 EMRK verstoßende Weise behandelt werden, sodass eine evtl. zukünftige Ausweisung oder Auslieferung Probleme bereiten könnte.

801 *Padmanabhan*, FLR 2011, S. 73, 99, berichtet, wie die Europäische Marine gefangene somalische Piraten auf ihren Schiffen oder an somalischen Küsten freigelassen haben und wie die Behörden des Vereinigten Königreichs ihre Marine instruiert haben soll, überhaupt keine somalischen Piraten gefangen zu nehmen.

802 REDRESS/ILPA, S. 12.

803 REDRPESS/ILPA, S. 11.

804 REDRPESS/ILPA, S. 11.

inhärentes Problem: Sie wird in der Regel illegal und verdeckt ausgeführt.[805]

Padmanabhan verweist schließlich noch auf die Befürchtung, dass Staaten wegen der Unzufriedenheit mit der Absolutheit des „*non-refoulement*"-Prinzips ihre Position als EMRK-Vertragsstaat aufgeben könnten.[806] Der Autor kritisiert den Widerwillen des Gerichtshofs, keine Ausnahmen vom Prinzip des „*non-refoulement*" zuzulassen.[807] Gleichzeitig leitet der EGMR aus Art. 3 EMRK drei Pflichten für die Vertragsstaaten ab: Die Pflicht selbst nicht zu foltern oder unmenschliche oder erniedrigende Behandlungen anzuwenden, die Pflicht zu vermeiden, dass andere Staaten Art. 3 EMRK verletzen und die Pflicht dafür zu sorgen, dass keine nicht-staatlichen Akteure auf dem Hoheitsgebiet des Vertragsstaates auf eine dem Art. 3 EMRK entgegenstehende Weise handeln.[808] Aus dieser letzten Verpflichtung leitet *Padmabhan* die Möglichkeit ab, Ausländer in bestimmten Fällen ohne Rücksicht auf ein evtl. bestehendes Misshandlungsrisiko im Empfängerstaat ausweisen zu dürfen, da die übrigen Optionen – Strafrechtliche Verfolgung im Inland oder Ausweisung in einen sicheren Drittstaat – die Sicherheit der Gesellschaft nicht garantieren können.[809] *Padmabhan* verdeutlicht, dass die dritte Verpflichtung in den Augen des EGMR relativ sei, während die ersten beiden absolut einzuhalten seien. Diesen Ansatz kritisiert der Autor.[810] Es sei logischerweise unmöglich, alle drei Verpflichtungen absolut einzuhalten, da die zweite Pflicht – die es Vertragsstaaten untersagt in bestimmten Fällen auszuweisen – mit der dritten Pflicht, in gewissen anderen Fällen gerade doch auszuweisen oder auszuliefern, kollidieren könnte. Die einzige Option wäre, auch die zweite Verpflichtung als relativ anzusehen. Dies würde bedeuten, dass das Verbot, Ausländer auszuweisen, wenn ein „*real risk*" existiert, gegen ein allgemeines Sicherheitsbedenken abgewogen werden dürfte. Ein solcher Rückschritt in der Doktrin ist nach heutiger Rechtsprechung des EGMR jedoch systematisch unmöglich.

---

805 REDRESS/ILPA, S. 21.

806 *Padmanabhan*, FLR 2011, S. 78. Er spricht das konservative britische Manifest an, das für Wahlen zur Abschaffung des *Human Rights Act* plädiert.

807 *Padmanabhan*, FLR 2011, S. 102 ff.

808 *Padmanabhan*, FLR 2011, S. 104.

809 *Padmanabhan*, FLR 2011, S. 104.

810 *Padmanabhan*, FLR 2011, S. 102 ff.

8. Die systematische Unmöglichkeit, die Rechtsprechung des EGMR zurückzudrehen

Die Vertragsstaaten klagen nicht über die allgemeine Absolutheit des Art. 3 EMRK,[811] sondern in der Regel über die Absolutheit des *„non-refoulement"*-Prinzips. Da dieses Prinzip nach der Rechtsprechung des EGMR als direkter Ausfluss des Art. 3 EMRK anzusehen ist, muss aber auch dieses Prinzip als absolut und nicht-derogierbar behandelt werden. Die Inklusion des *„non-refoulement"*-Prinzips in den Anwendungsbereich des Art. 3 EMRK erfolgte auf Grundlage der *„living instrument"*-Doktrin. Die einzige Möglichkeit, um zur Relativität des Prinzips zurückzukehren, wäre es, wieder einen Schritt zurückzutreten: Der EGMR müsste das *„non-refoulement"*-Prinzip aus dem Anwendungsbereich des Art. 3 EMRK herausnehmen. Nach heutiger Rechtsprechung darf die *„living instrument"*-Doktrin jedoch nur angewandt werden, um Art. 3 EMRK auszuweiten; der Anwendungsbereich darf nicht eingeschränkt werden.[812] Somit macht die Kombination der Absolutheit des Art. 3 EMRK und der *„living instrument"*-Doktrin es dem EGMR systematisch unmöglich, Sicherheitsaspekte in die *„non-refoulement"*-Prüfung miteinzubeziehen.

9. Ergebnis

Zusammenfassend lässt sich also festhalten, dass das *„non-refoulement"*-Prinzip als Teil des Art. 3 EMRK nach der Rechtsprechung der Konventionsorgane absolute Gewährleistung beansprucht. Obwohl der EGMR für die Schwierigkeiten der Staaten, die mit dem „Krieg gegen Terror" zu kämpfen haben, Verständnis zeigt, darf das Prinzip – das sowohl in Ausweisungs- als auch Auslieferungsfällen Geltung beansprucht – nicht derogiert werden. Nationale Sicherheitsbedenken können das Recht des Ausländers, nicht vertrieben zu werden, nicht einschränken, wenn *„reasonable grounds"* zu der Annahme führen, dass er einem echten Risiko ausgesetzt ist, im Empfängerstaat misshandelt zu werden.

---

811 Die Absolutheit des Art. 3 EMRK wurde im Laufe der Jahre in der Rechtsprechung der Konventionsorgane ständig wiederholt und stützt sich auf die Tatsache, dass die Bestimmung des Art. 3 EMRK eine der wichtigsten Werte der demokratischen Gesellschaften des Europarates untermauert.

812 Vgl. Teil B. „*„Living instrument"*-Doktrin, *„common European ground"* und autonome Begriffsbildung"

Um eine Relativität des *„non-refoulement“*-Prinzips einzuführen, müsste entweder die Absolutheit des Art. 3 EMRK aufgehoben oder die *„living instrument“*-Doktrin insofern geändert werden, dass Ausdehnungen des Anwendungsbereichs wieder rückgängig gemacht werden können. Beide Optionen verstoßen gegen die heutige Rechtsprechung des EGMR. *„Non-refoulement“* ist Teil des Art. 3 EMRK und deshalb absolut zu gewährleisten.

Da verschiedene Vertragsstaaten jedoch befürchten, dass sie ihre Bürger nicht effektiv schützen können, wenn die Möglichkeit von Ausweisungen oder Auslieferungen eingeschränkt wird, und da das Konventionssystem nicht ohne die Kooperation der Vertragsstaaten funktioniert, haben einige Staaten gewisse Umgehungstechniken entwickelt. So wurde die Einwanderungspolitik in verschiedenen Staaten verschärft. Es wurden Flüchtlingslager außerhalb der Grenzen Europas geschaffen, um eine Einreise zu verhindern und gefährlich erscheinende, nicht-europäische Individuen werden manchmal absichtlich nicht verhaftet oder bewusst in ihrem Heimatstaat wieder freigelassen, um Probleme der Repatriierung zu vermeiden. Auch wird diplomatischen Versprechen mehr Bedeutung beigemessen als dies tatsächlich gerechtfertigt ist.

Human Rights Watch[813] empfahl im Jahr 2004 in seinem Briefing zu der 60. Sitzung der Kommission für Menschenrechte der UN, einige Punkte klarzustellen, um das Ansehen des *„non-refoulement“*-Prinzips zu verbessern. Diese Empfehlungen lassen sich nahtlos auf die Rechtsprechung des EGMR übertragen. So wurde beispielsweise empfohlen, die Umstände aufzuklären, unter denen auf ein diplomatisches Versprechen vertraut werden dürfe. Hier könnte die oben besprochene Stellungnahme von *Gil-Robles* nochmal aufgegriffen werden.[814] Außerdem müsste für den versendenden Staat die Einrichtung eines effektiven Kontrollorgans verpflichtend werden, wenn in einen Staat ausgewiesen wird, in dem Menschenrechtsverletzungen in der Vergangenheit häufig stattgefunden haben. Dieses Organ sollte die Situation des Beschwerdeführers nach der Rückkehr in den Hei-

813 Human Rights Watch: Torture and Non-Refoulement, http://www.hrw.org/news/2004/01/28/torture-and-non-refoulement (zuletzt abgerufen am 8.7.2015).

814 S.o.: *„Der ehemalige Kommissar für Menschenrechte des Europarates, Alvaro Gil-Robles, machte 2004 klar, dass diplomatischen Versprechungen nur vertraut werden dürfe, wenn der Empfängerstaat keine Folter oder unmenschliche oder erniedrigende Behandlung praktiziere oder gutheiße und wenn der Empfängerstaat effektiv Kontrolle über nicht-staatliche Akteure ausübe.“*

matstaat überwachen können.[815] Es wäre mit diesen Mitteln doch möglich, die eigenen Bürger vor gefährlichen Personen zu schützen und gleichzeitig unter Beachtung der Menschenwürde der ausgewiesenen Person die Konventionsgebote einzuhalten.

II. *Beweislastumkehr: Opfer in Polizeihaft*

Es gibt Umstände, unter denen sich eine Misshandlung im Sinne des Art. 3 EMRK besonders schwierig beweisen lässt. Dies ist insbesondere dann der Fall, wenn ein Verstoß stattgefunden haben soll, während sich das Opfer in Polizeihaft befand. Klagen scheitern häufig daran, dass die nötigen Zeugen nicht ausfindig gemacht werden oder eine Situation entsteht, in der es Aussage gegen Aussage steht.[816] Außerdem ist das Opfer in dieser Situation besonders schutzbedürftig; es liegt ein Sonderstatusverhältnis vor,[817] die eine besondere Schutz- und eventuelle Ermittlungspflicht des Staates begründet.[818]

1. *Tomasi vs. Frankreich*

Die Kommission führte im Fall *Tomasi*[819] eine Beweiserleichterung in Art. 3-Fällen ein: Sie stellte fest, dass das erforderliche *„minimum level of severity"* immer dann erreicht sei, wenn der Beschwerdeführer in Polizeihaft verletzt wurde.[820] Die Verletzungen stellten in diesen Fällen *„outward signs of the use of physical force on an individual deprived of his liberty and therefore in a state of inferiority"*[821] dar, sodass der erforderliche Schweregrad erreicht sei, auch wenn die Verletzungen verhältnismäßig leicht ausfielen. Der EGMR konnte dieser pauschalen Vorgehensweise nicht zustimmen. In seinen Augen müsse für jeden Fall separat geprüft werden, ob das *„minimum level"* erreicht sei. Im Fall *Tomasi* stellte der Gerichtshof fest, dass dieses Kri-

---

815 Human Rights Watch: Torture and Non-Refoulement, *„recommendations"*, http://www.hrw.org/news/2004/01/28/torture-and-non-refoulement (zuletzt abgerufen am 8.7.2015).

816 *Cassese*, in: The European System for the Protection of Human Rights, S. 250 ff.

817 *Meyer-Ladewig*, EMRK Handkommentar, S. 71.

818 *Villiger*, Handbuch der EMRK, S. 187.

819 EGMR Urt. v. 27.8.1992, *Tomasi vs. Frankreich*, Nr. 12850/87.

820 EGMR Urt. v. 27.8.1992, *Tomasi vs. Frankreich*, Nr. 12850/87, Rn. 113.

821 EGMR Urt. v. 27.8.1992, *Tomasi vs. Frankreich*, Nr. 12850/87, Rn. 113.

terium aufgrund der Vielzahl und Intensität der Schläge erfüllt sei, die das Opfer erlitten hatte.[822]

2. *Ribitsch vs. Österreich*

Im Fall *Ribitsch* hingegen entscheid der EGMR nach den Beweisregeln der Kommission. In diesem Fall behauptete der Beschwerdeführer, während einer zweitägigen Polizeihaft misshandelt worden zu sein. Nach seiner Freilassung informierte er verschiedene Personen über das Geschehen. Mehrere Ärzte stellten unabhängig voneinander zahlreiche Blutergüsse und andere Verletzungen fest. Die staatlichen Behörden behaupteten, diese Verletzungen seien entstanden, als der Betroffene aus dem Polizeiauto ausgestiegen war. Ein gerichtsmedizinisches Gutachten kam jedoch zu dem Ergebnis, dass ein Sturz aus dem Polizeiauto die festgestellten Verletzungen nicht hätte verursachen können. Außerdem hatte der Fahrer des Autos den Sturz nicht wahrgenommen. Schließlich waren auch die Aussagen eines Polizeibeamten, der in den Fall involviert war, widersprüchlich. Der EGMR stellte in seiner Entscheidung klar, dass jeder Eingriff in die körperliche Unversehrtheit eines Inhaftierten einen Verstoß gegen Art. 3 EMRK bedeutete, da er die Menschenwürde des Opfers verletze.[823] Ausgenommen seien lediglich solche Situationen, in denen das Verhalten des Opfers den Eingriff notwendig gemacht hätte.[824] Diese Ausnahme stellt keinen Rechtsfertigungsgrund dar, aber ihr Vorliegen kann als Faktor, der bei der Gesamtprüfung aller Umstände zu berücksichtigen ist, zur Verneinung des *„minimum level of severity"* führen.

Seit diesem Urteil wiederholte der EGMR immer wieder, dass der Staat dazu verpflichtet sei, eine plausible Erklärung zu liefern, wenn eine Person nach ihrer Freilassung aus der Polizeihaft Verletzungen aufweist, die vor der Inhaftierung nicht gegeben waren. Die Beweislast liegt also beim Staat,

---

822 EGMR Urt. v. 27.8.1992, *Tomasi vs. Frankreich*, Nr. 12850/87, Rn. 115.

823 EGMR Urt. v. 4.12.1995, *Ribitsch vs. Österreich*, Nr. 18896/91, Rn. 38.

824 Vgl. *Van Dijk/Van Hoof/Van Rijn/Zwaak*, Theory and Practice of the ECHR, S. 426; EGMR Urt. v. 4.12.1995, *Ribitsch vs. Österreich*, Nr. 18896/91, Rn. 38: *„The Court emphasises that, in respect of a person deprived of his liberty, any recourse to physical force which has not been made strictly necessary by his own conduct diminishes human dignity and is in principle an infringement of the right set forth in Article 3 of the Convention. It reiterates that the requirements of an investigation and the undeniable difficulties inherent in the fight against crime cannot justify placing limits on the protection to be afforded in respect of the physical integrity of individuals."*

wenn der Beschwerdeführer mit ärztlichen Attesten[825] nachweist, dass er höchstwahrscheinlich während eines Aufenthalts in Polizeihaft verletzt wurde. Als plausible Erklärung gilt z.B., dass sich der Beschwerdeführer die Verletzungen selbst beibrachte, dass sie während eines Fluchtversuchs oder ohne exzessive Gewalt von Seiten des Staates[826] entstanden oder, dass die Verletzungen aus der Zeit vor der Haft stammen.[827] Der EGMR prüft dann, ob die Angaben des Staates die Verletzungen auf überzeugende Weise zu erklären vermögen.[828] Hat der Staat nach Ansicht des Gerichtshofs keine plausible Erklärung geliefert, wird automatisch eine Verletzung des Art. 3 EMRK bejaht.[829] Aus diesen Erwägungen folgt, dass eine Verletzung des Art. 3 EMRK auch dadurch gegeben sein kann, dass die Behörden keine effektive Aufklärung des Sachverhalts vornehmen. Ein solches Verhalten wäre darüber hinaus auch geeignet, Art. 13 EMRK[830] zu verletzen. Allein die strafrechtliche Verfolgung der für die Verletzung verantwortlichen Polizeibeamten auf nationaler Ebene führt nicht zur Verneinung einer Art. 3-Verletzung.[831]

Essentiell ist die ärztliche Untersuchung des Beschwerdeführers,[832] da anhand des medizinischen Gutachtens festgestellt wird, aus welchem Zeitraum die Verletzungen stammen und wie sie wahrscheinlich verursacht

825 Vgl. *Haefliger/Schürmann*, Die EMRK und die Schweiz, S. 69.

826 EGMR Urt. v. 28.11.2000, *Rehbock vs. Slovenien*, Nr. 29462/95, Rn. 72; EGMR Urt. v. 22.5.2001, *Altay vs. Türkei*, Nr. 22279/93, Rn. 54.

827 EGMR Urt. v. 21.2.2006, *Dogonay vs. Türkei*, Nr. 50125/99, Rn. 30; EGMR Urt. v. 11.1.2007, *Mammadov vs. Aserbaidschan*, Nr. 3443/04, Rn. 134 ff.

828 *Villiger*, Handbuch der EMRK, S. 187: *„Je präziser und kohärenter die Stellungnahme des Beschwerdeführers ist und je weniger überzeugend die behördlichen Erklärungen sind, desto eher wird in dieser Situation eine Verletzung von Art. 3 EMRK angezeigt sein.“*

829 Vgl. EGMR Urt. v. 28.7.1999, *Selmouni vs. Frankreich*, Nr. 25803/94, Rn. 87.

830 *„Everyone whose rights and freedoms as set forth in this Convention are violated shall have an effective remedy before a national authority notwithstanding that the violation has been committed by persons acting in an official capacity.“*

831 *Van Dijk/Van Hoof/Van Rijn/Zwaak*, Theory and Practice of the ECHR, S. 426; *Haefliger/Schürmann*, Die EMRK und die Schweiz, S. 69; EGMR Urt. v. 28.7.1999, *Selmouni vs. Frankreich*, Nr. 25803/94, Rn. 87; EGMR Urt. v. 8.1.2004, *Çolak und Filizer vs. Türkei*, 32578/96, 32579/96, Rn. 33; EGMR Urt. v. 5.4.2005, *Afanasyev vs. Ukraine*, Nr. 48057/06, Rn. 64.

832 *Morentin/Petersen/Callado/Idoyaga/Meana*, JFS 2002, S. 291, 293 ff.: Die Qualität der ärztlichen Berichte ist sehr unterschiedlich, sogar innerhalb eines Vertragsstaates. 85% der ärztlichen Dokumente in Spanien waren nicht nach dem Muster des CPT aufgebaut, 12-68% der nötigen Informationen fehlten komplett, nur 13-38% der gelieferten Informationen entsprachen dem Maßstab der die Untersuchung in Auftrag gebenden NGO.

wurden, sodass der Sachverhalt nachträglich so objektiv wie möglich rekonstruiert werden kann.[833]

Ein wichtiger Faktor, den der EGMR in seiner Rechtsprechung miteinbezieht ist, wie lange der verletzte Beschwerdeführer nach seiner Freilassung gewartet hat, bevor er einen Arzt konsultierte. Im Fall *Balogh*[834] betrug diese Wartezeit zwei Tage. Wichtig war aber, dass der Beschwerdeführer sich unverzüglich an einen Arzt wandte, als er in seine Heimatstadt zurückgekehrt war. Der EGMR hielt die zweitägige Verzögerung nicht für signifikant und wiederholte, dass jede Gewaltanwendung gegenüber einem Inhaftierten – die nicht durch dessen eigenes Verhalten notwendig gemacht wurde – gegen Art. 3 EMRK verstoße. Die Norm wurde mangels einer plausiblen Erklärung vonseiten des Staates für verletzt erklärt.

In den Fällen *Tomasi* und *Ribitsch* wurden also zwei große Schritte unternommen. Zuerst wurde erklärt, dass die Beweislast beim Staat liegt, wenn der Beschwerdeführer mittels ärztlicher Bescheinigungen nachgewiesen hat, dass er während seiner Polizeihaft verletzt wurde. Zweitens wurde das strenge Kriterium des *„minimum level of severity"* dadurch abgeschwächt,[835] dass dieses Kriterium in mit *Tomasi* und *Ribitsch* vergleichbaren Fällen auch bei nur leichten Verletzungen erreicht sein kann. *Cassese* argumentiert, dass in diesen Fällen der Mangel einer Rechtfertigung der Misshandlung im Vordergrund stehe, sodass geringere Anforderungen an das Leiden des Opfers gestellt werden müssten.[836] Dieser Ansatz ist problematisch, da ein Verweis auf eine Rechtfertigungsmöglichkeit aus systematischer Sicht nicht passend ist.[837]

Das *„minimum level of severity"*- Kriterium erfordert grundsätzlich nur eine bestimmte Schwere der Leiden, nicht unbedingt eine Verletzung des

833 EGMR Urt. v. 19.12.2006, *Türkmen vs. Turkei*, Nr. 43124/98, Rn. 42; EGMR Urt. v. 13.7.2010, *Carabulea vs. Rumänien*, Nr. 43661/99, Rn. 113.

834 EGMR Urt. v. 20.7.2004, *Balogh vs. Hungarien*, Nr. 47940/99, Rn. 49.

835 *Pösl* erklärt, dass der EGMR bei vom Opfer substantivierten Klagen und zusätzlicher staatlicher Untätigkeit vom *„minimum level of severity"*-Kriterium abrücke. *Pösl* verweist auf den Fall *Labita vs. Italien* (EGMR Urt. v. 6.4.2000, *Labita vs. Italien*, Nr. 26772/95), in dem das Opfer nicht überzeugend darlegen konnte, dass das Mindestmaß an Schwere der Leiden erreicht wurde, der EGMR aber der mangelnden Ermittlungsbemühungen wegen immerhin eine Verletzung des Art. 3 EMRK feststellte. Eine solche Argumentation erscheint jedoch nur ausnahmsweise vom EGMR angewandt zu werden. *Pösl*, Das Verbot der Folter in Art. 3 EMRK, S. 259-260.

836 *Cassese*, in: The European System for the Protection of Human Rights, S. 251.

837 Wie bereits ausführlich besprochen, gilt Art. 3 EMRK absolut, ein Eingriff lässt sich unter keinen Umständen rechtfertigen.

Opfers.[838] In Fällen wie *Tomasi* oder *Ribitsch* wird dennoch irgendeine Verletzung verlangt, da die ärztliche Feststellung einer Verletzung als Beweismittel angesehen wird.[839] Es lässt sich argumentieren, dass hierin der Grund liegt, warum das Vorliegen des *„minimum level of severity"* vermutet wird.

Die in den Fällen *Tomasi* und *Ribitsch* eingeführten Grundsätze wurden in späterer Rechtsprechung[840] fortentwickelt. Die Beweislastumkehr ist nunmehr auch in solchen Fällen anwendbar, in denen das Opfer verletzt oder tot in einem Gebiet aufgefunden wird, das sich nicht ausschließlich unter staatlicher Kontrolle befindet.[841] *Villiger*[842] bespricht in diesem Zusammenhang einige türkische Fälle, in denen kurdische Beschwerdeführer beklagten, durch staatliche Behörden unmenschlich behandelt worden zu sein, während der Staat im Gegenzug die PKK verantwortlich machte. *Villiger* merkt an, dass der EGMR in diesen Fällen regelmäßig feststellt, dass Art. 3 EMRK durch das Fehlen eines organisierten türkischen Untersuchungsverfahrens verletzt werde.[843] Dies führe zu einer mangelhaften Sachverhaltsaufklärung, sodass der EGMR sich gezwungen sehe, die Tatsachen selbst festzustellen.[844] Diese, vom EGMR nur ungern übernommene Rolle, wird durch eine Delegation ausgeübt, die an den Ort der angeklagten Verletzungshandlung geschickt wird, dort Zeugen und Behörden vernimmt und schriftliche Unterlagen würdigt.

3. *Erdagöz vs. Türkei*

Der EGMR stellt aber nicht immer fest, dass eine Verletzung des Art. 3 EMRK vorgelegen hat, wenn ein Beschwerdeführer behauptet, in Polizeihaft angegriffen worden zu sein. Im Fall *Erdagöz*[845] wurde nochmal klarge-

---

838 Teil C. II. „Eröffnung des Anwendungsbereichs".

839 N.B.: In Situationen wie bei *Tomasi* und *Ribitsch* fehlen häufig Zeugen, sodass die Feststellung des Sachverhalts erschwert wird. Die ärztliche Bescheinigung ist daher zwingend notwendig.

840 EGMR Urt. v. 18.12.1996, *Aksoy vs. Türkei*, Nr. 21987/93; EGMR Urt. v. 25.09.1997, *Aydin vs. Türkei*, Nr. 23178/94; EGMR Urt. v. 27.6.2000, *Salman vs. Türkei*, Nr. 21986/93, Rn. 100; *Reidy/Hampson/Boyle*, NQHR 1997, S. 161 ff.

841 *Meyer-Ladewig*, EMRK Handkommentar, S. 78; EGMR Urt. v. 20.5.2008, *Tekin u.a. vs. Türkei*, 8534/02, Rn. 50.

842 *Villiger*, Handbuch der EMRK, S. 294 f.

843 *Villiger*, Handbuch der EMRK, S. 294 f.

844 *Villiger*, Handbuch der EMRK, S. 294 f.

845 EGMR Urt. v. 22.10.1997, *Erdagoz vs. Türkei*, Nr. 21890/93.

stellt, dass der EGMR sich nicht als Tatsacheninstanz versteht. Die Sachverhaltsfeststellung war in der Vergangenheit, bis der in Protokoll 11 beschriebene Reorganisation der Kontrollorganen der EMRK im Jahr 1998, primär Angelegenheit der Kommission.[846] Außerdem war und ist der Gerichtshof unwillig, die Urteile der nationalen Gerichte beiseite zu schieben und mit eigenen Feststellungen zu ersetzen. Es sei Aufgabe der nationalen Gerichte, die Beweismittel zu sammeln und zu würdigen. Wurde der Sachverhalt auf nationaler Ebene sorgfältig geprüft, führte diese Prüfung zu nachvollziehbaren Schlussfolgerungen, und wurden vom Beschwerdeführer vor dem EGMR keine neuen Tatsachen oder Standpunkte vorgetragen, so wird der EGMR in der Regel nicht vom Urteil des nationalen Gerichts abweichen. Im Fall *Erdagöz* gab der Beschwerdeführer an, dass mehrere Polizeibeamten ihn misshandelt hätten, während er sich im Polizeirevier befand, um Schäden an seinem Geschäft zur Anzeige zu bringen. Zuerst konnte nicht festgestellt werden, dass *Erdagöz* sich mit diesem Vorwurf auch an die lokale Sicherheitspolizei gewandt hatte. Zweitens erstattete er erst am Tag nach der vermeintlichen Misshandlung Anzeige bei der zuständigen Staatsanwaltschaft. Drittens wurde erst drei Tage später ein medizinisches Gutachten erstellt, in dem nicht eindeutig geklärt werden konnte, wie oder wann die festgestellten Verletzungen entstanden waren. Auf Basis dieser Tatsachen kam der EGMR zu dem Ergebnis, dass kein Verstoß gegen Art. 3 EMRK festgestellt werden könne.[847]

4. *Klaas vs. Deutschland*

Beschwerdeführerin *Klaas* behauptete, bei ihrer Festnahme wegen Trunkenheit am Steuer von zwei Polizisten ernsthaft misshandelt worden zu sein. Die damals 8-jährige Tochter des Opfers war während des Geschehens anwesend.

Anders als im Fall *Erdagöz*, wurde nicht bezweifelt, dass *Klaas* bei der Festnahme verletzt worden war: Ihre Verletzungen, die sich unzweifelhaft auf die Behandlungen durch die Polizisten zurückführen ließen, wurden von einem Arzt festgestellt und in einem Bericht niedergeschrieben. Klärungsbedürftig war hier die Frage, was genau sich während der Festnahme abgespielt hatte. Auf nationaler Ebene klagte *Klaas* vor dem Zivilgericht.

846 Obwohl der Gerichtshof sich nie an die Feststellungen der Kommission gebunden fühlte.

847 EGMR Urt. v. 22.10.1997, *Erdagoz vs. Türkei*, Nr. 21890/93, Rn. 42, 43.

Das zuständige Landgericht urteilte in ihrem Sinne, dass die Verletzungen tatsächlich während der Festnahme verursacht worden seien. Dennoch entschied das Gericht auch, dass der Klägerin hieraus kein Anspruch auf Schadensersatz entstanden sei: Es sei keine exzessive Gewalt angewandt worden und es könnte nicht ausgeschlossen werden, dass Frau *Klaas* Ihre Verletzungen während des Widersetzens ihrer Festnahme selbst verursacht hatte.

Der EGMR wies nur kurz darauf hin, dass er durchaus die Kompetenz besäße, Beweismittel eigenständig zu überprüfen und einen Sachverhalt festzustellen, obwohl die Feststellung und Prüfung der Tatsachen primär Aufgabe der Kommission sei.[848] Dennoch würdigte der Gerichtshof, wie gewohnt, vorrangig die Feststellungen des nationalen Gerichts. Auf nationaler Ebene konnte nicht ausgeschlossen werden, dass *Klaas* versucht hatte, sich der Festnahme zu widersetzen und die Verletzungen aufgrund dieses Umstandes zustande gekommen waren, ohne dass der Polizei eine unnötige exzessive Gewaltanwendung vorgeworfen werden konnte. Der Gerichtshof betonte, dass die nationalen Gerichte besser in der Lage seien, die Tatsachen eines Falles zu beurteilen, u.a. da es ihnen möglich sei, alle Zeugen zu hören.[849] *Klaas* hatte vor dem EGMR im Vergleich zum Zivilprozess in Deutschland keine neue Perspektive vorgetragen. Daraus schlussfolgerte der Gerichtshof, dass es keinen Grund gebe, vom Urteil des nationalen Gerichts abzuweichen. Ein Verstoß gegen Art. 3 EMRK wurde damit im Ergebnis verneint.

Der essentielle Unterschied zwischen den Fällen *Klaas* und *Ribitsch* liegt also darin, dass der Staat im Fall *Klaas* nach einer umfassenden Untersuchung, u.a. im Rahmen des Zivilverfahrens, eine plausible Erklärung für die Verletzungen der Beschwerdeführerin geben konnte.

5. Ergebnis

Fälle, in denen das Opfer während der Polizeihaft verletzt wurde, lassen sich manchmal schwieriger beurteilen, da der genaue Sachverhalt nicht rekonstruiert werden kann. Diese Fälle erfordern andererseits aufgrund des Sonderstatusverhältnisses zwischen Täter und Opfer eine erhöhte Wachsamkeit des Staates. Wenn ein freigelassenes Opfer durch ärztliches Attest darlegen kann, dass es während der Haft verletzt wurde, kann der Staat diesen Vorwurf nur mit Gegenbeweisen entkräften. Außerdem können

848 EGMR Urt. v. 21.5.1992, *Klaas vs. Deutschland*, Nr. 15473/89, Rn. 29.

849 EGMR Urt. v. 21.5.1992, *Klaas vs. Deutschland*, Nr. 15473/89, Rn. 29.

auch leichte Verletzungen bereits einen Verstoß gegen Art. 3 EMRK begründen. Eine fehlende wirksame Untersuchung des Sachverhaltes durch den Staat kann sowohl Art. 3 als auch Art. 13 EMRK verletzen. Der EGMR fühlt sich frei darin, Tatsachen und Beweismittel zu überprüfen, ist aber gleichzeitig vorsichtig: Er verwirft die Ergebnisse des nationalen Gerichtes nur dann, wenn der Sachverhalt auf nationaler Ebene unsorgfältig geprüft wurde, das Opfer im Prozess vor dem EGMR neue Tatsachen vorgetragen hat oder wenn die nationalen Gerichte aus dem festgestellten Sachverhalt nur unverständliche Schlussfolgerungen gezogen haben.

III. Schlechte Haftbedingungen

Ein konventionswidriger Zustand kann durch das andauernde Bestehen unterdurchschnittlicher Haftbedingungen entstehen. Bei jeder Art der Freiheitsentziehung (Freiheitsstrafe, Abschiebehaft, Untersuchungshaft, Gewahrsam bei den Einwanderungsbehörden etc.) muss während der Unterbringung ein bestimmter Mindeststandard gewährleistet sein.[850]

Die allgemeinen Anforderungen an die Haftbedingungen wurden in verschiedenen völkerrechtlichen Übereinkünften kodifiziert, so z.B. in den Mindestnormen für die Behandlung von Gefangenen,[851] in den Grundsätzen für den Schutz von festgenommenen oder inhaftierten Personen festgelegt sind,[852] im Verhaltenskodex für Vollzugsbeamte[853] und den UN-Grundsätzen ärztlicher Ethik im Zusammenhang mit der Rolle von medizinischem Personal, insbesondere von Ärzten, beim Schutz von Strafgefangenen und Inhaftierten vor Folter und anderer grausamer, unmenschlicher oder erniedrigender Behandlung oder Strafe.[854] Diese Instrumente können

---

850 EGMR Urt. v. 6.3.2001, *Dougoz vs. Griechenland*, Nr. 40907/98; EGMR Urt. v. 11.6.2009, *S.D. vs. Griechenland*, Nr. 53541/07.

851 Standard Minimum Rules for the Treatment of Prisoners, angenommen von dem *„First United Nations Congress on the Prevention of Crime and the Treatment of Offenders"*, Genf 1955, genehmigt vom *„Economic and Social Council"* durch Resolutionen 663 C (XXIV) vom 31.7.1957 und 2076 (LXII) vom 13.5.1977.

852 Body of Principles for the Protection of All Persons under Any Form of Detention or Imprisonment, UN Generalversammlung, A/RES/43/173, vom 9.12.1988.

853 Code of Conduct for Law Enforcement Officials, angenommen von der UN-Generalversammlung durch Resolution 34/169 vom 17.12.1979.

854 Principles of Medical Ethics relevant to the Role of Health Personnel, particularly Physicians, in the Protection of Prisoners and Detainees against Torture and Other Cruel, Inhuman or Degrading Treatment or Punishment, angenom-

dem EGMR als Leitlinien oder Inspirationsquellen dienen, sie sind aber nicht rechtsverbindlich.

Unter den Begriff „Haftbedingungen“ fallen alle möglichen Aspekte der Haft, wie die allgemeine Umgebung, in der sich der Häftling befindet, das Gefängnisregime und die konkreten Umstände des sich beschwerenden Häftlings.[855] Aus der – laut jüngerer Rechtsprechung mit Art. 3 EMRK verknüpften[856] – staatlichen Verantwortlichkeit, einen gewissen Mindeststandard bei den Haftbedingungen zu gewährleisten,[857] fließt die Verpflichtung, das in Anstalten anwesende Vollzugspersonal adäquat auszubilden.[858]

Grundsätzlich lässt sich eine Verletzung des Art. 3 EMRK nur annehmen, wenn ein Verstoß von gewisser Schwere vorliegt: Das Maß an Leiden, das durch die schlechten Haftbedingungen hervorgerufen wird muss über das hinausgehen, was jede Einbuße der persönlichen Freiheit notwendigerweise an Leid mit sich bringt:[859] Obwohl bestimmte Eigenschaften, die der Haft inhärent sind eine konventionskonforme Behandlung erschweren, muss die Menschenwürde auch in Haft respektiert werden; insbesondere muss die Gesundheit des Häftlings geschützt werden.[860]

In jüngerer Rechtsprechung wird immer schneller ein Verstoß angenommen, auch bei nur leichten Misshandlungen des Häftlings.[861] Der Grund hierfür liegt u.a. in dem ungleichen Machtverhältnis zwischen dem Ge-

---

men von der UN-Generalversammlung durch Resolution 37/194 vom 18.12.1982.

855 *Marchoni*, the ill-treatment of prisoners, S. 1113, hrcak.srce.hr/file/80459 (zuletzt abgerufen am 8.7.2015).

856 Vgl. EGMR Urt. v. 9.7.1981, *Kröcher u. Möller vs. Schweiz*, Nr. 8463/78, in dem keine Verletzung des Art. 3 EMRK festgestellt wurde, obwohl der Beschwerdeführer in Einzelhaft genommen wurde und ihm weder natürliches Licht noch Unterhaltung oder Bewegungsmöglichkeiten gewährt wurden, mit EGMR Urt. v. 6.3.2001, *Dougoz vs. Griechenland*, Nr. 40907/98, in dem Gerichtshof entschied, die unterdurchschnittlichen Haftbedingungen – in diesem Fall wurden die Überbevölkerung des Gefängnisses und die daraus resultierende mangelhafte sanitäre Anlage berücksichtigt – als Verletzung des Art. 3 EMRK anzusehen.

857 *Grabenwarter/Pabel*, EMRK, S. 172, m.w.N.

858 EGMR Urt. v. 1.7.2010, *Daydov u.a. vs. Ukraine*, Nr. 17674/02, 39081/02, Rn. 268; EGMR Urt. v. 22.12.2009, *Palushi vs. Österreich*, Nr. 27900/04, Rn. 63.

859 *Gollwitzer*, Menschenrechte im Strafverfahren, S. 183; EGMR Urt. v. 15.7.2002, *Kalashnikov vs. Russland*, Nr. 47095/99; EGMR Urt. v. 11.12.2003, *Yankov vs. Bulgarien*, Nr. 39084/97, Rn. 112 ff.

860 EGMR Urt. v. 26.10.2000, *Kudla vs. Polen*, Nr. 30120/96, Rn. 92-94; EGMR Urt. v. 29.4.2003, *Poltoratskiy vs. Ukraine*, Nr. 38812/97, Rn. 132.

861 *Gollwitzer*, S. 184.

fängnispersonal und dem Häftling[862] sowie in möglichen Beweisproblemen, die der Gefängnissituation inhärent sind.[863] Die Würdigung der vernachlässigten staatlichen Pflicht zur Gewährleistung eines Mindeststandards in Bezug auf die Haftbedingungen wurde durch die extensive Interpretation des Art. 3 EMRK ermöglicht und lässt sich – im Hinblick auf das Ziel der Konvention, einen umfassenden Menschenrechtsschutz zu gewährleisten – nur als positive Entwicklung ansehen.[864] Um das unausgewogene Machtverhältnis etwas anzugleichen, müssen den Häftlingen zumindest Besuche eines Arztes ihres Vertrauens, eines Anwalts oder von Familienmitgliedern zugestanden werden.[865] Zur Vermeidung von Beweisproblemen, sind die frühzeitige Untersuchung des Inhaftierten und das Recht, den Anwalt oder Familienmitglieder von der Haft in Kenntnis zu setzen, essentiell.[866]

Zur Feststellung, ob die Haftbedingungen ein Leiden von hinreichend hoher Intensität verursacht und damit Art. 3 EMRK verletzt haben, nimmt der EGMR eine Gesamtabwägung aller Umstände des Falles vor.[867] Faktoren, die berücksichtigt werden, sind z.B. der Zustand der sanitären Anlagen,[868] die Belegung der Anstalt, die Verfügbarkeit verschiedener Medien bzw. Außenkontakte, die Bewegungs- und Schlafmöglichkeiten, die Stren-

---

862 *Meyer-Ladewig*, EMRK Handkommentar, S. 71; EGMR Urt. v. 27.8.1992, *Tomasi vs. Frankreich*, Nr. 12850/87; EGMR Urt. v. 4.12.1995, *Ribitsch vs. Österreich*, Nr. 18896/91.

863 Zeugen werden bei Misshandlungen häufig nicht anwesend sein, sodass die Aussage des Gefängniswärters der Aussage des Häftlings gegenübersteht. Vgl. Teil D.II. „Beweislastumkehr: Opfer in Polizeihaft".

864 *Marchoni*, the ill-treatment of prisoners, S. 1109, hrcak.srce.hr/file/80459 (zuletzt abgerufen am 9.7.2015).

865 EGMR Urt. v. 22.10.2002, *Algur vs. Türkei*, Nr. 32574/96.

866 *Meyer-Ladewig*, EMRK Handkommentar, S. 78.

867 *Van Rijn/Van Hoof/Van Rijn/Zwaak*, S. 419; *Bartlett/Lewis/Thorold*, Mental Disability, S. 87: „*The court has held that conditions of detention short of those creating significant risks to life or safety may violate art. 3. Such violation may not necessarily be the result of a single, gregarious factor, but by the overall effects of the institutionalisation.*"
S. 88: „*Generally, the factors giving rise to comments are various, and not easily disentangled. It is in general the cumulative effect that gives rise to an immediate observation (…)*"

868 Der Gerichtshof erkennt in ständiger Rechtsprechung an, dass die Verfügbarkeit von anständigen sanitären Anlagen die Würde des Häftlings direkt beeinflusst, vgl. EGMR Urt. v. 10.1.2012, *Ananyev u.a. vs. Russland*, Nr. 42525/07, 60800/08, Rn. 156: „*Access to properly equipped and hygienic sanitary facilities is of paramount importance for maintaining the inmates' sense of personal dignity (…) not only are hygiene and cleanliness integral parts of the respect that individuals owe to their bo-*

ge und das Ziel der angewandten Disziplinarmaßnahmen, der Gesundheitszustand des Häftlings, der Zeitraum, über den die unterdurchschnittlichen Haftbedingungen fortbestanden, und die Dauer der Strafe.[869] Die Dauer der Strafe ist von ausschlaggebender Bedeutung.[870] Bei der Gesamtprüfung müssen auch Faktoren, die die in Frage stehende Behandlung evtl. legitimieren[871] können, berücksichtigt werden, wie ein gefährliches Verhalten oder die Sicherheit des Häftlings.[872] Wenn der Staat behauptet, dass die Behandlung notwendig war, um die Ordnung in der Anstalt aufrecht zu erhalten, prüft der EGMR diese postulierte Notwendigkeit. Relevant ist hierbei die Ursache der Notwendigkeit: Wurde sie z.B. durch den Gefängniswärter ausgelöst?[873] Ein Protest der Häftlinge schränkt das Recht auf Einhaltung eines Mindeststandards an Haftbedingungen nicht ein: Obwohl sich im Fall *McFeely* eine Gruppe Häftlinge weigerte, die Gefängnis-Uniform zu tragen und die sanitären Anlagen zu nutzen, befreite dies den Staat nicht von der Pflicht, ordnungsgemäße Haftbedingungen zu schaffen.[874] Auch die Tatsache, dass sich der Häftling dafür entscheidet nicht an organisierten Aktivitäten teilzunehmen, entlässt den Staat nicht aus seiner Verantwortung.[875] Auch finanzielle Schwierigkeiten sind nicht geeignet, schlechte Haftbedingungen, die gegen Art. 3 EMRK verstoßen, zu entschuldigen.

Obwohl eine Erniedrigungsabsicht in Betracht gezogen werden muss, scheitert eine Klage wegen der Verletzung des Art. 3 EMRK nicht allein wegen des Fehlens einer solchen Absicht.[876]

---

dies and to their neighbour with whom they share premises for long periods of time (…) A truly humane environment is not possible without ready access to toilet facilities or the possibility of keeping one's body clean."

869 EGMR Urt. v. 8.7.1978, *Ensslin, Baader u. Raspe vs. Deutschland*, Nr. 7572/76, 7586/76, 7587/76, Rn. 96; EGMR Urt. v. 4.2.2003, *Lorsé u.a. vs. Niederlande*, Nr. 52750/99, Rn. 62; EGMR Urt. v. 21.7.2005, *Rohde vs. Dänemark*, Nr. 69332/01, Rn. 93.

870 EGMR Urt. v. 15.7.2002, *Kalashnikov vs. Russland*, Nr. 74095/99, Rn. 104.

871 Dabei ist Legitimation nicht mit einem Rechtfertigungsgrund gleichzusetzen. Legitimationsgründe müssen lediglich bei der Gesamtprüfung aller Umstände zur Beurteilung der Schwere der Leiden berücksichtigt werden.

872 EGMR Urt. v. 8.7.1978, *Ensslin, Baader u. Raspe vs. Deutschland*, Nr. 7572/76, 7586/76, 7587/76, EGMR Urt. v. 12.12.1982, *M. vs. UK*, Nr. 9907/82.

873 EGMR Urt. v. 12.4.2005, *Shamayev u.a. vs. Georgien und Russland*, Nr. 36378/02.

874 EGMR Urt. v. 15.5.1980, *McFeely u.a. vs. UK*, Nr. 8317/78, Rn. 46.

875 EGMR Urt. v. 12.7.2007, *Testa vs. Kroatien*, Nr. 20877/04.

876 EGMR Urt. v. 19.4.2001, *Peers vs. Griechenland*, Nr. 28524/95; EGMR Urt. v. 24.10.2006, *Vincent vs. Frankreich*, Nr. 6253/03.

Auch im Fall *Kalashnikov vs. Russland* wurde eine umfassende Gesamtbetrachtung aller Faktoren vorgenommen.[877] Dabei wurden insbesondere die Überbelegung des Gefängnisses[878] und die dadurch verursachte konstante Unruhe, der Mangel an natürlichem Licht und einer Belüftung, die unzureichende Ernährung,[879] der schlechte Zustand der sanitären Anlagen und die Tatsache, dass sich der Beschwerdeführer während seiner Zeit in Haft mit verschiedenen infektiösen Krankheiten ansteckte, berücksichtigt.[880] Ausschlaggebend war, dass der Staat – trotz Kenntnis – nicht versucht hatte, diese miserablen Umstände zu beseitigen.[881] Ein zweites Beispiel einer umfassenden Gesamtbetrachtung findet man im Fall *Kadiķis vs. Lettland*.[882] Die Zelle des Beschwerdeführers war 6 m^2 groß und musste mit 3 oder 4 Insassen geteilt werden. Es gab keinerlei Gelegenheit für Bewegung und nur künstliches Licht. Der Beschwerdeführer hatte keinen Zugang zu Trinkwasser oder Bettdecken, seine Ernährung war mangelhaft und ein Toilettengang war maximal dreimal am Tag erlaubt. Der EGMR bejahte hier eindeutig eine Verletzung des Art. 3 EMRK.[883]

1. Kritik an der Praxis der Gesamtbetrachtung aller Umstände der Haft

Problematisch an der Gesamtprüfung aller Faktoren zur Bestimmung, ob die Schwelle des *„minimum level of severity“* erreicht wurde, ist, dass dem Staat faktisch die Möglichkeit gegeben werden könnte, einen erbärmlichen Zustand auszugleichen: So könnte zum Beispiel eine Überbelegung durch die Zurverfügungstellung von Zeitungen oder eines Radios ausgeglichen

877 EGMR Urt. v. 15.7.2002, *Kalashnikov vs. Russland*, Nr. 74095/99, Rn. 95.

878 Der Beschwerdeführer teilte sich während seiner Inhaftierung ein Bett mit 2-3 weiteren Insassen. In der Zelle lebten 18-24 Häftlinge, sodass jedem Häftling 0,7-0,9 m^2 zur Verfügung standen.

879 EGMR Urt. v. 15.6.2006, *Moisejevs vs. Lettland*, Nr. 64846/01; EGMR Urt. v. 6.11.2007, *Stepuleac vs. Moldawien*, Nr. 8207/06.

880 Vgl. EGMR Urt. v. 2.6.2005, *Novoselov vs. Russland*, Nr. 66460/01; EGMR Urt. v. 8.11.2005, *Khudoyorov vs. Russland*, Nr. 6847/02.

881 EGMR Urt. v. 15.7.2002, *Kalashnikov vs. Russland*, Nr. 74095/99, Rn. 75; vgl. EGMR Urt. v. 2.6.2005, *Novoselov vs. Russland*, Nr. 66460/01: Keine Verletzung des Art. 3 EMRK, obwohl auch hier Überbevölkerung ein großes Problem darstellte. *Beddard*, Human Rights and Europe, S. 147: *„(...) where such practices come to light the Government will bear responsibility, since it must be deemed to know what is happening within its prisons and institutions.“*

882 EGMR Urt. v. 4.5.2006, *Kadiķis vs. Lettland*, Nr. 62393/00.

883 EGMR Urt. v. 4.5.2006, *Kadiķis vs. Lettland*, Nr. 62393/00.

werden. Die verschiedenen Faktoren lassen sich jedoch regelmäßig schlecht gegeneinander abwägen bzw. aufwiegen.[884]

Diese Problematik findet sich nicht nur bei der Gesamtbetrachtung im Rahmen der Beurteilung der Haftbedingungen. Sie ist vielmehr der Prüfung des Art. 3 EMRK inhärent: Die Frage, ob das erforderliche Mindestmaß an Leiden erreicht wurde, wird immer anhand einer Gesamtprüfung beantwortet. Obwohl diese Herangehensweise den „Ausgleich" von problematischen Haftbedingungen ermöglicht und außerdem die Vorhersagbarkeit der Urteile des EGMR negativ beeinflusst, macht diese Herangehensweise die Rechtsprechungsarbeit auch flexibel: Sie bietet die Gelegenheit, Art. 3 EMRK extensiv und flexibel zu interpretieren. Der EGMR könnte beispielsweise entscheiden, dass das erforderliche Mindestmaß an Leiden nicht erreicht wurde, obwohl einerseits die sanitären Anlagen noch zu wünschen übrigließen, da der Häftling andererseits in einer großen Zelle untergebracht und medizinisch betreut wurde. Eine solche Entscheidung würde nicht automatisch bedeuten, dass die Würde des Häftlings minder umfassend geschützt wird: Es gibt dem Gerichtshof nur mehr Flexibilität.

2. Gesonderte Betrachtung einiger häufig vorkommender Probleme hinsichtlich der Haftbedingungen

Bei der Betrachtung der Fälle, in denen die Haftbedingungen im Rahmen des Art. 3 EMRK fraglich waren, können einige häufig vorkommende Situationen unterschieden werden: So zeigt es sich immer wieder als problematisch, wenn keine adäquaten sanitären Anlagen vorhanden sind, wenn betagten oder kranken Häftlingen keine spezielle medizinische Betreuung geboten wird, wenn der Häftling entweder absichtlich oder als Nebenprodukt eines legitimen Ziels erniedrigend behandelt wird, z.B. durch unnötige körperliche Untersuchungen, bei Überbelegung oder wenn ein Häftling in Einzelhaft genommen wird.

884 http://strasbourgobservers.com/2013/05/30/the-court-could-provide-more-guidance-in-prisoner-cases/ (zuletzt abgerufen am 9.7.2015): *„Privacy in the toilet vs. outdoor activity: doesn't really seem a fair trade-off, does it?"*

a) Sanitäre Anlagen

Ein Verstoß gegen Art. 3 EMRK wurde wiederholt in solchen Fällen festgestellt, in denen der Beschwerdeführer gezwungen war, sich in Anwesenheit der übrigen Insassen – in einigen Fällen sogar in einem Eimer – zu erleichtern.[885] Entscheidend sei, so der EGMR, ob der selbständige Gang zur Toilette ein Sicherheitsrisiko darstelle.[886]

b) Betagte oder kranke Inhaftierte

Bei betagten oder kranken[887] Häftlingen werden die Anforderungen an die Haftbedingungen noch verschärft, da die labile Gesundheit des Häftlings beachtet werden muss.[888] Bei psychisch kranken Häftlingen muss der Staat sich darüber im Klaren sein, dass der Häftling evtl. nicht in der Lage ist, sich über seine Situation zu beklagen.[889] Es muss festgestellt werden, dass die gesundheitliche Lage des Betroffenen eine reguläre Haft zulässt.[890] Während der Haft muss der Staat eine ordnungsgemäße medizinische Versorgung sicherstellen und die Haftbedingungen müssen an die Gesundheit des Betroffenen angepasst werden.[891] So muss für Gefangene, bei denen eine Suizidgefahr besteht eine psychiatrische Behandlung und hinreichende Überwachung vorhanden sein.[892]

Der EGMR erkennt jedoch auch an, dass die Möglichkeiten einer adäquaten medizinischen Versorgung im Gefängnis im Vergleich zu denen

---

885 EGMR Urt. v. 27.1.2009, *Ramishvili and Kokhreidze v. Georgia*, Nr. 1704/06; EGMR Urt. v. 10.1.2012, *Ananyev u.a. vs. Russland*, Nr. 42525/07, 60800/08; EGMR Urt. v. 25.7.2013, *Canali vs. Frankreich*, Nr. 40119/09.

886 EGMR Urt. v. 19.4.2001, *Peers vs. Griechenland*, Nr. 28524/95; EGMR Urt. v. 28.6.2007, *Malechkov vs. Bulgarien*, Nr. 57830/00; EGMR Urt. v. 27.1.2009, *Ramishvili and Kokhreidze v. Georgia*, Nr. 1704/06.

887 Insbesondere: psychisch kranke Häftlinge: EGMR Urt. v. 3.4.2001, *Keenan vs. UK*, Nr. 27229/95, Rn. 110,115; EGMR Urt. v. 11.7.2006, *Rivière vs. Frankreich*, Nr. 3384/03, Rn. 62-64.

888 EGMR Urt. v. 5.4.2001, *Priebke vs. Italien*, Nr. 48799/99; EGMR Urt. v. 29.5.2001, *Sawoniuk vs. UK*, Nr. 63716/00; EGMR Urt. v. 7.6.2001, *Papon vs. Frankreich*, Nr. 64666/01; EGMR Urt. v. 2.12.2004, *Farbtuhs vs. Lettland*, Nr. 4672/02.

889 EGMR Urt. v. 16.10.2008, *Renolde vs. Frankreich*, Nr. 5608/05.

890 EGMR Urt. v. 10.11.2005, *Tekin Yildiz vs. Türkei*, Nr. 22913/04.

891 *Grabenwarter/Pabel*, EMRK, S. 174.

892 EGMR Urt. v. 14.12.2004, *Gelfmann vs. Frankreich*, Nr. 25875/03, Rn. 58.

im Krankenhaus limitiert sind: Praktische Schwierigkeiten bei der Betreuung im Gefängnis werden daher berücksichtigt.[893]

Lässt sich nach der Haft eine Verschlechterung des Gesundheitszustands feststellen, muss dies als Hinweis angesehen werden, dass der Betroffene während der Haft nicht ausreichend medizinisch behandelt wurde.[894] Lässt sich jedoch nicht überzeugend darlegen, dass diese Verschlechterung tatsächlich als Folge der Haft eingetreten ist, dann ist die Behandlung nicht als konventionswidrig zu bewerten.[895] Relevant ist selbstverständlich auch das Verhalten des Betroffenen, z.B. wenn dieser sich weigert, die angebotene medizinische Betreuung anzunehmen.[896]

Im Fall *Price vs. UK*[897] war die Beschwerdeführerin auf einen Rollstuhl angewiesen. Während ihrer 3,5 tägigen Inhaftierung litt sie an Kälte, es war für sie unmöglich, selbständig die sanitären Anlagen zu erreichen und sie musste aufrecht in ihrem Rollstuhl schlafen. Als Folge wurde eine Verschlechterung ihres Gesundheitszustands diagnostiziert; die Behandlung wurde vom EGMR als erniedrigend eingestuft.[898]

Im Fall *McGlinchey u.a. vs. UK* litt die Betroffene an Asthma und machte während der Haft einen Heroin-Entzug durch. Als Folge des Entzugs konnte sie sich nicht adäquat ernähren und verlor deutlich an Gewicht. Obwohl der Staat verpflichtet gewesen wäre, sie zu überwachen und zu versorgen, wurde kaum eingegriffen. Diese Untätigkeit des Staates, die schließlich zum Tode der Betroffenen führte, wurde als Verletzung des Art. 3 EMRK angesehen.[899]

c) Körperliche Untersuchungen

Von ausschlaggebender Bedeutung bei der Beantwortung der Frage, ob eine körperliche Untersuchung Art. 3 EMRK verletzt, ist deren Notwendigkeit. Eine solche ist anzunehmen, wenn die staatliche Sicherheit oder Ord-

---

893 EGMR Urt. v. 22.12.2008, *Aleksanyan v. Russland*, Nr. 46468/06, Rn. 139.
894 EGMR Urt. v. 24.7.2001, *Valasinas vs. Litauen*, Nr. 44558/98.
895 EGMR Urt. v. 15.1.2004, *Sakkopoulos vs. Griechenland*, Nr. 61828/00.
896 EGMR Urt. v. 22.12.2008, *Aleksanyan v. Russland*, Nr. 46468/06, Rn. 137.
897 EGMR Urt. v. 10.7.2001, *Price vs. UK*, Nr. 33394/96.
898 EGMR Urt. v. 10.7.2001, *Price vs. UK*, Nr. 33394/96, Rn. 30; vgl. EGMR Urt. v. 124.10.2006, *Vincent vs. Frankreich*, Nr. 6253/03, Rn. 100.
899 EGMR Urt. v. 29.7.2003, *McGlinchey u.a. vs. UK*, Nr. 50390/99, Rn. 57.

nung gefährdet ist[900] und die körperliche Untersuchung ein geeignetes Mittel darstellt, diese konkrete Gefahr zu entschärfen.[901] Außerdem muss die Untersuchung auf eine Weise durchgeführt werden, die so wenig wie möglich in die körperliche Unversehrtheit des Häftlings eingreift.[902] Erschwerende Umstände, die zur Bejahung eines erniedrigenden Charakters führen können, sind die Anwesenheit eines Gefängniswärters des anderen Geschlechts,[903] das Anfassen der Genitalien des Beschwerdeführers oder der Beschwerdeführerin[904] oder die Äußerung herabsetzender Kommentare durch Beamte während der Untersuchung.[905]

Im Fall *Sławomir Musiał vs. Polen* stellte der EGMR fest, dass die Versagung eines Mindeststandards an Haftbedingungen sogar als Folter eingestuft werden könnte, wenn erschwerende Umstände nachgewiesen werden könnten.[906] Die unterdurchschnittlichen Haftbedingungen, die in diesem Fall auf eine drastische Überbelegung zurückzuführen waren, führten in Kombination mit der Missachtung der psychischen Krankheit des Beschwerdeführers zur Annahme einer unmenschlichen und erniedrigenden Behandlung.

Im Fall *Valasinas vs. Litauen* wurde geurteilt, dass die allgemeinen Haftbedingungen und auch die 15-tägige Einzelhaft nicht gegen Art. 3 EMRK verstießen.[907] Die Berücksichtigung des Zwangs, sich in Anwesenheit von weiblichen Gefängniswärtern auszuziehen und die Tatsache, dass sowohl die Genitalien als auch die Lebensmittel des Opfers mit bloßen Händen angefasst wurden, führte jedoch immerhin zur Bejahung einer erniedrigenden Behandlung.[908]

---

900 Entweder die Sicherheit für die Gesellschaft (körperliche Untersuchung zur Verhinderung von Straftaten) oder die Sicherheit in der Anstalt (Aufrechterhaltung der Ordnung).

901 EGMR Urt. v. 4.2.2003, *Lorsé u.a. vs. Niederlande*, Nr. 52750/99; EGMR Urt. v. 4.2.2003, *Van der Ven vs. Niederlande*, Nr. 50901/99; EGMR Urt. v. 6.7.2006, *Baybasin vs. Niederlande*, Nr. 13600/02; EGMR Urt. v. 12.6.2007, *Frérot vs. Frankreich*, Nr. 70204/01.

902 EGMR Urt. V, 24.7.2001, *Valasinas vs. Litauen*, Nr. 44558/98

903 EGMR Urt. V, 24.7.2001, *Valasinas vs. Litauen*, Nr. 44558/98.

904 EGMR Urt. v. 26.9.2006, *Wainwright vs. UK*, Nr. 12350/04.

905 EGMR Urt. v. 15.11.2001, *Iwańczuk vs. Polen*, Nr. 25196/94.

906 EGMR Urt. v. 20.1.2009, *Sławomir Musiał vs. Polen*, Nr. 28300/06, Rn. 95.

907 EGMR Urt. V, 24.7.2001, *Valasinas vs. Litauen*, Nr. 44558/98, Rn. 112.

908 EGMR Urt. v. 24.7.2001, *Valasinas vs. Litauen*, Nr. 44558/98, Rn. 117, 118.

d) Überbelegung

Wie oben dargestellt, liegt die Wurzel konventionswidriger Haftbedingungen häufig in einer Überbelegung der Haftanstalt, sodass den staatlichen Behörden regelmäßig keine Absicht oder Zweckgerichtetheit vorgeworfen werden kann. Die Überbelegung ist vielmehr das Nebenprodukt mangelnder staatlicher Finanzierungsmöglichkeiten.

Um die Frage, ob das „*minimum level of severity*“ in Fällen der Überbelegung erreicht wurde so objektiv wie möglich zu beantworten, schaut sich der EGMR u.a. die Größe der Zelle an, um zu bestimmen, ob überhaupt von Überbelegung gesprochen werden kann. Die Beurteilung der Zellengröße orientiert sich häufig an einer Richtlinie des CPT.[909] Inhaltlich besagt die Richtlinie, dass eine Verletzung des Art. 3 EMRK angenommen werden kann, wenn einem Häftling weniger als 3 m^2 zur Verfügung stehen.[910] Beträgt der Raum des Häftlings 3-4 m^2, dann müssen zusätzlich zur Zellengröße alle übrigen Umstände der Haft berücksichtigt werden.[911] Für Polizeizellen ist nach Ansicht des CPT eine Größe von 7 m^2 als Mindeststandard anzusehen.[912] Die Richtlinien des CPT sind für den EGMR nicht bindend, bieten aber einen klaren Anhaltspunkt. Nach ständiger Rechtsprechung des Gerichts muss bei der Beurteilung einer möglichen Verletzung des Art. 3 EMRK jedoch immer eine Gesamtbetrachtung aller Umstände vorgenommen werden.[913] Es wäre daher erstaunlich, wenn der EGMR diese Gesamtprüfung bei einer Zellengröße von mehr als 4 bzw. 7 m^2 unterlassen würde.[914]

---

909 European Committee for the Prevention of Torture and Inhuman or Degrading Treatment or Punishment, Living space per prisoner in prison establishments: CPT standards, 15.12.2015, https://rm.coe.int/16806cc449 (letzt abgerufen: 12.4.2018)

910 EGMR Urt. v. 13.9.2005, *Ostrovar vs. Moldawien*, Nr. 35207/03, Rn. 60, 82; vgl. aber als Ausnahmefall EGMR Urt. v. 8.1.2009, *Shishmanov vs. Bulgarien*, Nr. 37449/02.

911 EGMR Urt. v. 19.7.2007, *Trepashkin vs. Russland*, Nr. 36898/03, Rn. 91; EGMR Urt. v. 22.10.2009, *Orchowski vs. Polen*, Nr. 17885/04, Rn. 122.

912 Im Fall *Kalashnikov vs. Russland*, EGMR Urt. v. 15.7.2002, Nr. 74095/99 setzte der EGMR den Mindeststandard bei 7 m^2 für eine Gefängniszelle an und stellt damit strengere Anforderungen an die Größe der Zelle als in der Richtlinie des CPT vorgeschrieben.

913 EGMR Urt. v. 15.7.2002, *Kalashnikov vs. Russland*, Nr. 74095/99.

914 Vgl. *Méndez*, Torture and other cruel, inhuman or degrading treatment or punishment. Note by the Secretary-General, 5.8.2011, S. 14, http://solitaryconfinement.org/uploads/Spec,RapTortureAug2011.pdf (zuletzt abgerufen am 9.7.2015);

In dem Piloturteil *Ananyev vs. Russland*[915] hat der EGMR einige klare Mindestanforderungen aufgestellt, die jedem Häftling zugestanden werden müssen. So hat jeder Häftling grundsätzlich Anspruch auf einen eigenen Schlafplatz und mindestens 3 Meter Bodenfläche.[916] Des Weiteren muss es dem Häftling möglich sein, sich zwischen den vorhandenen Möbeln frei bewegen zu können. Ist eine dieser Anforderungen nicht erfüllt, führt dies unweigerlich zu der Vermutung, dass Art. 3 EMRK verletzt wurde.[917]

Staaten entscheiden sich manchmal dafür, Häftlinge zu verlegen, um einen Konventionsverstoß zu vermeiden. Diese Maßnahme stellt leider nur eine temporäre und oberflächliche Lösung des Überbelegungsproblems dar und vermag die Lage des Beschwerdeführers tatsächlich kaum zu verbessern. Eine Verlegung könnte sogar noch mehr Stress für den Häftling bedeuten und damit das Gegenteil des verfolgten Ziels bewirken.[918]

e) Einzelhaft

Einzelhaft lässt sich nur schwer definieren. Hilfreich ist jedoch die Definition der Istanbuler Erklärung vom 9.12.2007 über Isolationshaft, die dort als 22-24 stündiger Einschluss des Häftlings in einer Isolationszelle beschrieben wird.[919] Soziale Kontakte werden während der Isolationshaft auf ein absolutes Minimum gekürzt und die verfügbaren Beschäftigungsmöglichkeiten sind häufig einfältig und monoton.[920]

Eine vollständige sensorische und soziale Isolationshaft ist dazu geeignet, einen Zusammenbruch der Persönlichkeit des Häftlings zu verursachen.[921] Die Menschenwürde des Betroffenen wird derart angegriffen, dass

---

EGMR Urt. v. 10.1.2012, *Ananyev u.a. vs. Russland*, Nr. 42525/07, 60800/08, Rn. 143 ff.

915 EGMR Urt. v. 10.1.2012, *Ananyev u.a. vs. Russland*, Nr. 42525/07, 60800/08.

916 EGMR Urt. v. 10.1.2012, *Ananyev u.a. vs. Russland*, Nr. 42525/07, 60800/08, Rn. 143 ff.

917 EGMR Urt. v. 10.1.2012, *Ananyev u.a. vs. Russland*, Nr. 42525/07, 60800/08, Rn. 166.

918 EGMR Urt. v. 15.7.2002, *Kalashnikov vs. Russland*, Nr. 74095/99, Rn. 133.

919 The Istanbul statement, S. 1, „Definition“, http://solitaryconfinement.org/uploads/Istanbul_expert_statement_on_sc.pdf (zuletzt abgerufen am 9.7.2015).

920 The Istanbul statement, S. 1, http://solitaryconfinement.org/uploads/Istanbul_expert_statement_on_sc.pdf (zuletzt abgerufen am 9.7.2015).

921 The Istanbul statement, S. 2, http://solitaryconfinement.org/uploads/Istanbul_expert_statement_on_sc.pdf (zuletzt abgerufen am 9.7.2015).

eine Verletzung des Art. 3 EMRK automatisch bejaht werden muss.[922] Wird die Einzelhaft jedoch in Übereinstimmung mit der Istanbuler Erklärung ausgeführt, muss eine Gesamtbetrachtung aller Faktoren vorgenommen werden, um die Intensität der Leiden für jeden Fall gesondert zu beurteilen.[923] Zu den relevanten Faktoren zählen die Dauer und die damit zusammenhängende Härte der Maßnahme, die konkreten Auswirkung auf die Betroffenen, die Persönlichkeit des Häftlings, die Schwere der Straftat[924] und das Ziel der Behandlung.[925] Ziel der Maßnahme sollte die Sicherheit des Häftlings oder dritter Personen sein: Die Isolationshaft darf damit nicht zu reinen Bestrafungszwecken angeordnet werden oder beispielsweise, um ein Geständnis zu erlangen.[926]

Im Fall *Ramirez Sanchez*[927] wurde der Beschwerdeführer über eine Dauer von 8 Jahren und 2 Monaten in Einzelhaft gehalten. Trotz dieser langen Zeit urteilte der Gerichtshof, dass Art. 3 EMRK nicht verletzt worden sei: Die Maßnahme sei alle 3 Monate überprüft worden, es habe kein Erniedrigungszweck vorgelegen und es seien regelmäßige Kontakte zu einem Arzt, Anwalt, Priester und Familienangehörigen gewährleistet worden. Außerdem sei die widerstandsfähige Persönlichkeit des Beschwerdeführers zu berücksichtigen gewesen. Auch im Fall *Rohde vs. Dänemark*[928] stellte die 11,5 Monate andauernde Einzelhaft des Beschwerdeführers keine unmenschliche oder erniedrigende Behandlung dar, da die Zelle mit einem Fenster versehen war und der Häftling einen Fernseher und Bücher nutzen konnte. Auch erhielt er Englischunterricht und pflegte Kontakt zum Gefängnispersonal und gelegentlich zu anderen Insassen.

---

922 *Grabenwarter/Pabel*, EMRK, S. 173 m.w.N.

923 *Grabenwarter/Pabel*, EMRK, S. 173 m.w.N.

924 *Beddard*, Human Rights and Europe, S. 151.

925 *Grabenwarter/Pabel*, EMRK, S. 173 m.w.N.

926 *Meyer-Ladewig*, EMRK Handkommentar, S. 75, m.w.N: *„Der zielgerichtete Einsatz furchtbarer Haftbedingungen, um den Willen des Inhaftierten zu brechen ist i.S.d. neueren Rechtsprechung des EGMR nicht bloß als unmenschliche Behandlung, sondern als Folter zu qualifizieren."*

927 EGMR Urt. v. 4.7.2006, *Ramirez-Sanchez vs. Frankreich*, Nr. 59450/00.

928 EGMR Urt. v. 21.7.2005, *Rohde vs. Dänemark*, Nr. 69332/01.

Die Prüfung der Einzelhaft lässt sich zusammenfassend anhand der folgenden Punkte beurteilen:[929]

1. Sie darf nur in Ausnahmefällen verhängt werden und es müssen die Mindestnormen für die Behandlung von Gefangenen[930] beachtet werden. So soll dem Häftling mindestens eine Stunde pro Tag die Gelegenheit geboten werden, sich außerhalb der Zelle zu bewegen, vorzugsweise unter freiem Himmel.[931]
2. Es müssen überzeugende Gründe für die Anordnung der Maßnahme bestehen und diese dem Häftling auch mitgeteilt werden. Die Gründe müssen im Falle einer Verlängerung fortbestehen.
3. Die Maßnahme darf nur nach einer ordnungsgemäßen Abwägung aller Einzelumstände angeordnet werden. Hierbei ist insbesondere der Grad an Isolation zu beachten.[932]
4. Die Einzelhaft darf nur für begrenzte Zeit angeordnet werden. Denn jede Unsicherheit über die Dauer der Einzelhaft verschärft die psychischen Leiden auf inakzeptable Weise.
5. Die – physische und psychische – Gesundheit des Betroffenen muss regelmäßig überprüft werden.[933]
6. Sobald die Isolationshaft schwerwiegende negative Auswirkungen bei dem Betroffenen auslöst, muss sie grundsätzlich abgebrochen werden.

In der Literatur existiert ein weit verbreiteter Zweifel an der generellen Zulässigkeit der Isolationshaft. Der UN-Sonderberichterstatter *Méndez* sprach sich beispielsweise nachdrücklich gegen die unbeschränkte Anwendung der Isolationshaft aus und stützte seine Ansicht auf die wissenschaftliche Forschung zu den psychologischen Effekten dieser Maßnahme.[934] Dieser Forschung zufolge verursache Isolationshaft eine Reduzierung der Gehirn-

---

929 EGMR Urt. v. 9.7.2009, *Khider vs. Frankreich*, Nr. 39364/05, Rn. 104.

930 Standard Minimum Rules for the Treatment of Prisoners, angenommen vom „*First United Nations Congress on the Prevention of Crime and the Treatment of Offenders*", Genf 1955, genehmigt vom *Economic and Social Council* durch Resolutionen 663 C (XXIV) vom 31.7.1957 und 2076 (LXII) vom 13.5.1977.

931 Verstoß hiergegen: EGMR Urt. v. 29.4.2003, *Poltoratskiy vs. Ukraine*, Nr. 38812/97.

932 Je strenger die Maßnahme, desto überzeugender muss die Begründung sein. Wird die Maßnahme verlängert, müssen die Gründe sehr überzeugend sein.

933 EGMR Urt. v. 29.9.2005, *Mathew vs. Niederlande*, Nr. 24919/03, Rn. 202; EGMR Urt. v. 11.3.2004, *G.B. vs. Bulgarien*, Nr. 42346/98, Rn. 85; EGMR Urt. V, 24.7.2001, *Valasinas vs. Litauen*, Nr. 44558/98, Rn. 112; EGMR Urt. v. 21.7.2005, *Rohde vs. Dänemark*, Nr. 69332/01, Rn. 97.

934 The Istanbul statement, S. 2, http://solitaryconfinement.org/uploads/Istanbul_expert_statement_on_sc.pdf (zuletzt abgerufen am 9.7.2015).

aktivität des Betroffenen und versetze ihn in einen Zustand der Betäubung und des Deliriums.[935] Psychische Störungen, verbunden mit kognitiven Störungen und Wahrnehmungsstörungen, Angst, Depression, Paranoia und Psychosen seien als Langzeitfolgen zu erwarten.[936]

Auch die UN-Resolution 45/111[937], welche die Basisprinzipien für die Behandlung von Gefangenen enthält und sich für die Abschaffung oder wenigstens für eine sehr restriktive Anwendung der Isolationshaft ausspricht und die Resolution 45/113[938], die die UN-Bestimmungen für den Schutz von Jugendlichen enthält, denen die Freiheit entzogen wird, zeugen von einem internationalen Widerwillen gegen die Verhängung der Isolationshaft. Resolution 45/113 bezeichnet die Maßnahme sogar ausdrücklich als unmenschliche oder erniedrigende Behandlung. Auch das CPT zeigt sich der möglichen negativen gesundheitlichen Folgen der Einzelhaft bewusst und empfiehlt die Abschaffung oder zumindest den restriktiven Umgang mit dieser Maßnahme.[939]

3. Relevanz der CPT-Berichte

Obwohl der EGMR die Berichte des CPT[940] gelegentlich zu Rate zieht, sind diese Berichte für die Beurteilung eines Falles nicht von ausschlaggebender Bedeutung. Die Berichte und die darin ausgesprochenen Empfeh-

---

935 The Istanbul statement, S. 2, http://solitaryconfinement.org/uploads/Istanbul_expert_statement_on_sc.pdf (zuletzt abgerufen am 9.7.2015): „*Research suggests that between one third and as many as 90 per cent of prisoners experience adverse symptoms in solitary confinement. A long list of symptoms ranging from insomnia and confusion to hallucinations and psychosis has been documented. Negative health effects can occur after only a few days in solitary confinement, and the health risks rise with each additional day spent in such conditions.*“

936 The Istanbul statement, S. 2.

937 A/RES/45/111 Basic Principles for the Treatment of Prisoners.

938 A/RES/45/113, United Nations Rules for the Protection of Juveniles Deprived of their Liberty.

939 Die Maßnahme darf nur unter besonderen Umständen verhängt werden und soll sowohl durch die Legislative als auch durch die Judikative überwacht werden.

940 Das CPT fungiert als außergerichtlicher Präventionsmechanismus für verhaftete Personen und besucht Gefängnisse, um die Einhaltung der Konventionsbestimmungen zu überprüfen.

lungen werden seit Ende der 1990er Jahre[941] aber immer häufiger befolgt.[942]

Der EGMR nimmt aber den CPT-Bericht in bestimmten Fällen nicht vollständig über. Dies ist der Fall, wenn er die Erwägungen des CPT nur zum Verständnis des Hintergrundes des Falles braucht, die Wirkung der skizzierten Umstände auf den Beschwerdeführer jedoch selbständig einschätzen kann. Zweitens erstattet das CPT grundsätzlich nur Bericht über die Umstände in einer Anstalt im allgemeinen Sinne. Der EGMR hingegen muss die Situation des individuellen Beschwerdeführers beurteilen. Auch weicht die Meinung des EGMR manchmal schlichtweg von der Meinung des CPT ab.[943]

4. Ergebnis

Das „*minimum level of severity*"-Kriterium muss erfüllt sein, um in Fällen schlechter Haftbedingungen zur Anwendbarkeit des Art. 3 EMRK zu kommen. Hierfür wird, wie bei jeder Prüfung im Rahmen dieses Einstiegskriteriums, eine Gesamtbetrachtung aller Umstände vorgenommen. So werden bspw. die Belegung der Zelle, die Verfügbarkeit von (Unterhaltungs-) Medien, die Möglichkeit zur Bewegung und zum Kontakt mit der Außenwelt, der Zweck der Maßnahme, die Gesundheit des Häftlings und die Dauer der Maßnahme berücksichtigt. Der Kritik, dass Staaten problematische Zustände in ihren Haftanstalten durch andere Zugeständnisse ausgleichen können, lässt sich entgegensetzen, dass diese Praxis eine flexible Anwendung der Konvention erlaubt: Eben diese Flexibilität erlaubt es dem EGMR, einen umfassenden Schutz und eine effektive Gewährleistung der Konventionsgarantien zu ermöglichen.

Die Haftbedingungen müssen insgesamt so ausgestaltet sein, dass sie die Menschenwürde und den Gesundheitszustand jedes Häftlings schützen. Eine strenge Beurteilung des staatlichen Verhaltens ist in Haftsituationen

941 EGMR Urt. v. 30.7.1998, *Aerts vs. Belgien*, Nr. 25357/94, Rn. 65, 66: In diesem Fall folgte der EGMR bewusst nicht den Empfehlungen des CPT.

942 EGMR Urt. v. 6.3.2001, *Dougoz vs. Griechenland*, Nr. 40907/98; EGMR Urt. v. 14.11.2002, *Mouisel vs. Frankreich*, Nr. 67263/01; EGMR Urt. v. 4.2.2003, *Lorsé u.a. vs. Niederlande*, Nr. 52750/99; EGMR Urt. v. 8.11.2005, *Alver vs. Estland*, Nr. 64812/01, Rn. 38 ff.; EGMR Urt. v. 10.11.2005, *Tekin Yıldız vs. Türkei*, Nr. 22913/04, Rn. 50 ff., 74.

943 EGMR Urt. v. 12.5.2005, *Öcalan vs. Türkei*, Nr. 46221/99, Rn. 195, 196.

von erhöhter Bedeutung, nicht zuletzt aufgrund des unausgeglichenen Machtverhältnisses zwischen dem Gefängnispersonal und den Häftlingen.

IV. Zerstörung der Lebensgrundlage

Ob die Zerstörung eines Hauses, einer Einrichtung oder einer Ernte als unmenschliche Behandlung kategorisiert werden kann, ist wie bei jeder Art der Behandlung davon abhängig, ob das *„minimum level of severity“* erreicht wurde. Es kommt also wieder auf die Umstände des Einzelfalles an.[944]

1. *Selcuk und Asker vs. Türkei*

Den Leitfall dieses Themas stellt der Fall *Selçuk und Asker vs. Türkei*[945] dar. Der EGMR entschied, dass die Zerstörung der Häuser der Beschwerdeführer eine unmenschliche Behandlung darstellte. Diese Behandlung habe bei den Beschwerdeführern ein Leiden von hinreichend hoher Intensität hervorgerufen, um das Kriterium des *„minimum level of severity“* zu erfüllen. Die Beschwerdeführer waren zum Zeitpunkt der Zerstörung 54 und 60 Jahre alt. Sie hatten beide ihr ganzes Leben im gleichen Dorf verbracht und sahen sich nach der Zerstörung ihrer Häuser und ihres Eigentums dazu gezwungen, dieses Dorf und damit ihre Heimat zu verlassen. Die beklagte Zerstörung war gezielt vom Staat geplant worden[946]und bei ihrer Ausführung spielten weder die Gefühle der Beschwerdeführer noch die lebensverändernden Folgen der Zerstörung irgendeine Rolle. [947]

---

944 *Meyer-Ladewig*, EMRK Handkommentar, S. 84.

945 EGMR Urt. v. 24.4.1998, *Selçuk und Asker vs. Türkei*, Nr. 23184/94, 23185/94.

946 Die Beschwerdeführer behaupteten, dass die Zerstörung deren Häuser als Teil einer Sicherheitsoperation gegen die PKK ausgeführt wurde. Der EGMR stellte fest, dass das Motiv für die Verbrennung nicht festgestellt werden konnte. Sogar wenn das Ziel das Vermeiden von terroristischer Aktivität gewesen war, hätte dieses Motiv diese Behandlung nicht rechtfertigen können. EGMR Urt. v. 24.4.1998, *Selçuk und Asker vs. Türkei*, Nr. 23184/94, 23185/94, Rn. 79.

947 *Van Dijk/Van Hoof/Van Rijn/Zwaak*, Theory and Practice of the ECHR, S. 409: *„They were taken unprepared, had to watch the burning of their homes, their safety was not adequately secured, their protests were ignored and no assistance was provided afterwards.“*

2. *Bilgin vs. Türkei, Dulas vs. Türkei*

Auch in den Fällen *Bilgin*[948] und *Dulas*[949] wurden die Beschwerdeführer nach Ansicht des EGMR unmenschlich behandelt. Angeklagt war die absichtliche und staatlich geplante Verbrennung der Häuser der Beschwerdeführer. Der Verlust des Eigentums zwang die Beschwerdeführer dazu, ihre Heimatdörfer zu verlassen. Der Gerichtshof betonte in beiden Fällen erneut, dass Art. 3 EMRK die Anwendung von Folter oder unmenschlicher oder erniedrigender Behandlung ohne Ausnahme verbiete: Selbst wenn die Verbrennung der Häuser nicht mit der Intention durchgeführt wurde, die Beschwerdeführer zu bestrafen, sondern um andere davon abzuhalten mit der PKK zu kollaborieren oder, um zu vermeiden, dass das Haus von der PKK genutzt werden konnte, dürfe Art. 3 EMRK nicht verletzt werden.[950] In beiden Fällen schlussfolgerte der EGMR, dass das Leiden der Beschwerdeführer gravierend genug war, um das Kriterium des *„minimum level of severity"* zu erfüllen.[951]

3. Ergebnis

Die Zerstörung der Lebensgrundlage verletzt Art. 3 EMRK, wenn die damit hervorgerufenen Leiden von solcher Intensität sind, dass das *„minimum level of severity"* erreicht wird. In den Leitfällen zu diesem Thema wurde die Verbrennung der Häuser betagter Opfer durch den Staat angeordnet und durchgeführt. Das Ziel der Verbrennung war nicht von ausschlaggebender Bedeutung, sondern die Tatsache, dass die Gefühle der Opfer und die Konsequenzen der Behandlung vom Staat ignoriert wurden.

V. *„Verschwindenlassen" von Personen als unmenschliche Behandlung der Angehörigen*

Seit dem Jahr 1998 hat der EGMR mehrmals entschieden, dass das „Verschwindenlassen" einer Person gegenüber deren Familienangehörigen eine

948 EGMR Urt. v. 16.11.2000, *Bilgin vs. Türkei*, Nr. 23819/94.

949 EGMR Urt. v. 30.1.2001, *Dulas vs. Türkei*, Nr. 25801/94; vgl. auch EGMR Urt. v. 12.7.2005, *Moldovan u.a. vs. Rumänien*, Nr. 41138/98, 64320/01.

950 EGMR Urt. v. 16.11.2000, *Bilgin vs. Türkei*, Nr. 23819/94, Rn. 102.

951 EGMR Urt. v. 16.11.2000, *Bilgin vs. Türkei*, Nr. 23819/94, Rn. 102.

unmenschliche Behandlung darstellen kann.[952] Das Verb wird in Apostrophen geschrieben, da von einem eigentlichen Verschwinden nicht die Rede sein kann. In der Regel ist der Staat für das Verschwinden verantwortlich und weiß, wo sich die vermisste Person aufhält.

1. *Timurtas vs. Türkei*

Im Fall *Timurtas*[953] war der Sohn des Beschwerdeführers verschwunden. Der EGMR stellte im Rahmen der Verhandlung fest, dass die Familienbande zwischen Vater und Sohn nicht sehr eng gewesen waren, da der Sohn seit zwei Jahren nicht mehr bei seinen Eltern lebte. Ausschlaggebend war aber die Tatsache, dass der Vater unentwegt versucht hatte, Informationen über den Aufenthaltsort seines Sohnes zu erlangen und dass die Regierung gegenüber diesen Versuchen mit Gleichgültigkeit reagierte und sich in keiner Weise bei der Suche des Sohnes behilflich zeigte. Aufgrund dieser Umstände bejahte der EGMR eine Verletzung des Art. 3 EMRK.[954]

2. *Kurt vs. Türkei*

Im Fall *Kurt*[955] klagte eine Mutter wegen des „Verschwindens“ ihres Sohnes. Die Beschwerdeführerin war bei der Festnahme des Sohnes anwesend gewesen, da sie in ihrem Haus stattgefunden hatte. Nach der Festnahme wusste sie lange Zeit nicht, was mit ihrem Sohn geschehen war, da ihr jegliche Informationen über das weitere Geschehen und den Aufenthaltsort ihres Sohnes vorenthalten wurden. Auf ihre Nachfragen hin gaben die Behörden an, ihr Sohn sei von der PKK entführt worden. Also wandte sie sich an das Gericht der Staatssicherheit; auch hier wurde ihr erzählt, dass ihr Sohn sich nicht in staatlichem Gewahrsam befände. Daraufhin suchte sie eine Menschenrechtsorganisation in Diyarbakir auf und beschwerte sich später bei der Kommission für Menschenrechte. Ab diesem Zeitpunkt, so sagte sie vor dem EGMR aus, wurde von den staatlichen Behör-

---

952 N.B.: Wenn eine Verletzung des Art. 2 EMRK wegen des Todes eines Angehörigen aufgrund von unzulänglichen Ermittlungen der Behörden nicht bewiesen werden kann, so wird auch eine Verletzung des Art. 3 EMRK nicht in Betracht kommen.

953 EGMR Urt. v. 13.6.2000, *Timurtas vs. Türkei*, Nr. 23531/94.

954 EGMR Urt. v. 13.6.2000, *Timurtas vs. Türkei*, Nr. 23531/94, Rn. 98.

955 EGMR Urt. v. 25.5.1998, *Kurt vs. Türkei*, Nr. 24276/94.

den Druck auf sie ausgeübt, ihre Beschwerde zurückzunehmen. Die Regierung verneinte im Prozess einen solchen Zwang und behauptete weiterhin, dass ihr Sohn von der PKK entführt worden sei.

Der EGMR fand heraus, dass sich die Beschwerdeführerin in den Tagen nach dem „Verschwinden" ihres Sohnes an die Staatsanwaltschaft gewandt hatte, in dem Glauben, dass sich ihr Sohn in Polizeihaft befände. Der zuständige Staatsanwalt nahm ihre Anfrage nicht ernst und erteilte ihr keine weitere Auskunft. Da die Beschwerdeführerin die Mutter des Verschwundenen war (enges Familienband), da sie sich sehr bemüht hatte, Informationen über das Schicksal ihres Sohnes zu erlangen und da die staatlichen Behörden ihre Anfragen zu keinem Zeitpunkt ernsthaft bearbeitet hatten – es wurde nie ein Ermittlungsverfahren eingeleitet –, stellte der EGMR eine Verletzung der Art. 3 und 13 EMRK fest.

3. *Çakici vs. Türkei*

Beschwerdeführer war in diesem Fall der Bruder eines verschwundenen Mannes, der aufgrund des Verdachts der Zusammenarbeit mit der PKK verhaftet worden war. Der Beschwerdeführer behauptete, durch das „Verschwinden" seines Bruders in seinem Recht aus Art. 3 EMRK verletzt worden zu sein.[956] Der Bruder wurde während seiner Haft gefoltert: Seine Rippen und sein Schädel gebrochen seiner worden, des Weiteren sei er Elektroschocks ausgesetzt worden.[957]

Es wurde wiederholt, dass das „Verschwindenlassen" einer Person nicht automatisch eine Verletzung des Art. 3 EMRK gegenüber Familienangehörigen darstelle. Es müssten vielmehr zusätzliche gravierende Umstände hinzukommen, z.B. unbefriedigenden Antworten der Autoritäten auf die von den Familienangehörigen gestellten Fragen, wo sich ihr Verwandter befinde. Die Unsicherheit über das Schicksal einer Person, zu der eine sehr enge Beziehung besteht – z.B. eine Mutter-Sohn-Beziehung –, und die durch unbefriedigende Antwort der Autoritäten verhinderte Möglichkeit, Trauern zu könnten, sei zwar in bestimmten Ausnahmefällen geeignet, den Anwendungsbereich des Art. 3 EMRK zu eröffnen.[958]

---

956 EGMR Urt. v. 8.7.1999, *Çakici vs. Türkei*, Nr. 23657/94, Rn. 94 ff. Der *Çakici*-Fall wurde auch im Teil B.VI. 3 im Rahmen der Folterdefinition erläutert.

957 Vgl. Teil C.VI.3.c „*Çakici* vs. Türkei"

958 EGMR Urt. v. 8.7.1999, *Çakici vs. Türkei*, Nr. 23657/94, Rn. 98.

Der EGMR berücksichtigte in seinen Entscheidungsgründen, dass zwischen dem Beschwerdeführer und dem Verschwundenen keine besonders enge Verbindung bestanden habe. Außerdem habe der Beschwerdeführer die Festnahme seines Bruders nicht persönlich erlebt und die zahlreichen Versuche, Informationen über das Schicksal des Bruders zu erlangen, seien nicht vom Beschwerdeführer selbst unternommen worden, sondern von dessen Vater.[959] Das *„minimum level of severity"* würde nicht erreicht, so dass keine Verletzung des Art. 3 gegenüber dem Bruder des Folteropfers festgestellt werden könnte.

Das Urteil fiel dennoch nicht einstimmig aus. Die Richter *Thommasen*, *Jungwiert* und *Fischbach* kritisierten die Entscheidung mit dem Argument, dass die Beteiligung des Bruders an den Versuchen des Vaters, Informationen über den verschwundenen Sohn zu erlangen nicht ignoriert werden dürfe.[960] Darüber hinaus sei das „Verschwinden" eines Bruders generell geeignet, tiefes Leid zu verursachen und auch dieser Umstand hätte mehr Berücksichtigung verdient. Das Leben des Beschwerdeführers sei nach dem Verschwinden des Bruders durch Unsicherheit, Besorgnis und Zweifeln geprägt gewesen. Zur Zeit des Verfahrens vor dem EGMR dauerte diese Situation bereits mehr als fünf Jahre an. Während dieser Zeit habe der Staat die Gefühle des Beschwerdeführers auf grausame Weise missachtet.[961]

4. Ergebnis

Ein Verstoß gegen Art. 3 EMRK wird nur angenommen, wenn das Maß der Leiden und die Trauer der Angehörigen über das Maß an seelischem Schmerz hinausgeht, das mit jeder Menschenrechtsverletzung verknüpft ist.[962] Es müssen also besondere Umstände nachgewiesen werden.[963] Der EGMR hat bei der Prüfung, ob eine unmenschliche Behandlung der Angehörigen vorgelegen hat, einige Faktoren benannt, die abgewogen werden müssen: Die persönliche Nähe zur verschwundenen Person,[964] inwieweit der Beschwerdeführer das „Verschwinden" selbst wahrgenommen hat, die

---

959 EGMR Urt. v. 8.7.1999, *Çakici vs. Türkei*, Nr. 23657/94, Rn. 99.

960 EGMR Urt. v. 8.7.1999, *Çakici vs. Türkei*, Nr. 23657/94, abweichende Meinungen.

961 EGMR Urt. v. 8.7.1999, *Çakici vs. Türkei*, Nr. 23657/94, abweichende Meinungen.

962 *Karpensteyn/Mayer*, EMRK, S. 76.

963 EGMR Urt. v. 14.11.2000, *Taç vs. Türkei*, Nr. 24396/94, Rn. 79 ff.

964 Hierbei wird der Eltern-Kind-Beziehung besonderes Gewicht beigemessen.

Versuche und Bemühungen, die vom Angehörigen unternommen wurden, um Informationen über die verschwundene Person zu erlangen, die Reaktion und Verhaltensweise der Regierung gegenüber den Anfragen der Verwandten, sowie gegebenenfalls weitere spezielle Umstände oder Verhältnisse.[965] Als wichtigster Faktor wird unzweifelhaft die Reaktion[966] der staatlichen Behörden auf die Versuche des Beschwerdeführers, Informationen zu erlangen, angesehen.[967]

VI. *Staatliche Schutzpflichten im Zusammenhang mit – evtl. erzwungenen – medizinischen bzw. psychiatrischen Behandlungen*

Zwangsweise durchgeführte medizinische Behandlungen sind nicht vom Schutzbereich des Art. 3 EMRK erfasst, wenn sie unumgänglich sind, um eine Krankheit zu heilen oder eine Verletzung zu versorgen (Notwendigkeitstest)[968], wenn sie *„lege artis"*[969] ausgeführt werden und wenn die Art und Weise der Durchführung selbst nicht gegen Art. 3 EMRK verstößt.[970]

Dieses letzte Kriterium ist von anderer Art als die übrigen Kriterien: Der Notwendigkeitstest und der *„lege artis"*-Test müssen in eine Gesamtprüfung miteinbezogen werden und können als sich ergänzende Segmente einer Skala angesehen werden. Wenn das Notwendigkeitskriterium, dessen Vor-

965 EGMR Urt. v. 8.7.1999, *Çakici vs. Türkei*, Nr. 23657/94, Rn. 98; EGMR Urt. v. 17.2.2004, *Ipek vs. Türkei*, Nr. 25760/94, Rn. 181; EGMR Urt. v. 31.5.2005, *Akdeniz vs. Türkei*, Nr. 23954/94, Rn. 121.

966 Z.B. die Eröffnung oder Ablehnung der Einleitung eines Ermittlungsverfahrens.

967 *Van Dijk/Van Hoof/Van Rijn/Zwaak*, Theory and Practice of the ECHR, S. 411, m.w.N.;
Vgl. EGMR Urt. v. 10.5.2001, *Zypern vs. Türkei*, Nr. 25781/94; EGMR Urt. v. 31.5.2005, *Togcu vs. Türkei*, Nr. 27601/95; EGMR Urt. v. 8.11.2005, *Gongadze vs. Ukraine*, Nr. 34056/02; EGMR Urt. v. 27.7.2006, *Bazorkina vs. Russland*, Nr. 69481/01; EGMR Urt. v. 12.10.2006, Mu*bilanzila Mayeka and Kaniki Mitunga vs. Belgien*, Nr. 13178/03; EGMR Urt. v. 10.1.2008, *Varnava u.a. vs. Türkei*, Nr. 16064/90, 16065/90, 16066/90, 16068/90, 16069/90, 16070/90, 16071/90, 16072/90, 16073/90.

968 Auch wenn die Behandlung als direkte Maßnahme zum Schutz der Gesundheit von anderen ausgeführt wird, z.B. bei Impfungen.

969 Nach den Regeln der – ärztlichen – Kunst.

970 Ständige Rechtsprechung: EGMR Urt. v. 24.9.1992, *Herczegfalvy vs. Österreich*, Nr. 10533/83, Rn. 82: *„(...) as a general rule, a measure which is therapeutic cannot be regarded as inhuman or degrading."* EGMR Urt. v. 10.2.2004, *Gennadiy Naumenko vs. Ukraine*, Nr. 42023/98, Rn. 112; EGMR Urt. v. 13.5.2008, *Juhnke vs. Türkei*, Nr. 52515/99, Rn. 71.

liegen vom Staat bewiesen werden muss, nicht erfüllt wird, kann dies durch Einhaltung des „*lege artis*"-Kriteriums geheilt werden. Evtl. stellt also nur die kumulative Vernachlässigung der ersten beiden Erfordernisse eine Verletzung des Art. 3 EMRK dar.[971] Sobald aber der dritte Test nicht bestanden wird, d.h. sobald das „*minimum level of severity*" erreicht wird, liegt ein Verstoß gegen Art. 3 EMRK vor. Für eine Abwägung aller Faktoren besteht dann kein Raum mehr.

Eine Behandlung wird zwangsweise ausgeführt, wenn sie gegen den Willen des Betroffenen vollzogen wird oder wenn aus Mangel an Entscheidungsfähigkeit gar kein Wille gebildet werden kann.[972] Äußert der Betroffene trotz scheinbarer Entscheidungsunfähigkeit doch einen Willen, dann muss dieser Wille in Betracht gezogen werden.[973] Dieser Grundsatz resultiert aus dem Prinzip der persönlichen Entscheidungsfreiheit, die jeder Mensch über sein eigenes Leben und seinen Körper hat. Autoren *Van Dijk*, *Van Hoof*, *Van Rijn* und *Zwaak* fügen an dieser Stelle hinzu: „*(...) as long as the life and health of others are not at stake*".[974] Dieser Satz ist im Lichte der Absolutheit des Art. 3 EMRK problematisch: Auch wenn das Leben und die Gesundheit anderer in Gefahr sind, darf Art. 3 EMRK nicht verletzt oder eingeschränkt werden.

1. Medizinische Experimente

Medizinische Experimente stellen eine Art von medizinischem Eingriff dar, die den Notwendigkeitstest häufig nicht bestehen.[975]

---

971 Denkbar ist, dass die Art und Weise des Vollzuges an sich nicht grauenhaft genug war, um einen Verstoß anzunehmen. Die Behandlung in Kombination mit z.B. deren fehlender Notwendigkeit hingegen kann sehr wohl eine Verletzung des Art. 3 EMRK bedeuten.

972 Komm. Urt. v. 14.3.1980. *X. vs. Deutschland*, Nr. 8518/79. Die Kommission stellte hier keine Verletzung des Art. 3 EMRK fest, obwohl dem Betroffenen zwangsweise Medikamente verabreicht wurden. Der Betroffene sei geistesgestört und die Notwendigkeit der Behandlung vom Staat überzeugend und ausreichend dargelegt worden.

973 *Van Dijk/Van Hoof/Van Rijn/Zwaak*, Theory and Practice of the ECHR, S. 418.

974 *Van Dijk/Van Hoof/Van Rijn/Zwaak*, Theory and Practice of the ECHR, S. 419.

975 *Van Dijk/Van Hoof/Van Rijn/Zwaak*, Theory and Practice of the ECHR, S. 418, m.w.N. Komm. Urt. v. 2.3.1983, *X. vs. Dänemark*, Nr. 9974/82: Obwohl das Ziel der Behandlung nicht in der Zufügung von Leiden oder Schmerzen, sondern im wissenschaftlichen Fortschritt liegt, könnte Art. 3 EMRK wegen des Mangels an Notwendigkeit verletzt sein.

Art. 7 Satz 2 des IPbpR[976] lautet: *„Insbesondere darf niemand ohne seine freiwillige Zustimmung medizinischen oder wissenschaftlichen Versuchen unterworfen werden."* Obwohl Art. 3 EMRK eine starke Ähnlichkeit zu Art. 7 IPbpR aufweist, wurde dieser Passus in Art. 3 EMRK nicht aufgenommen. Im Ergebnis wird das medizinische Experiment im Rahmen von Art. 3 EMRK daher wie jede andere Behandlung angesehen, die als unmenschlich, erniedrigend oder sogar als Folter eingestuft werden könnte:[977] Art. 3 EMRK ist nur anwendbar, wenn das *„minimum level of severity"* erreicht wurde.[978]

Essentiell für die Frage, ob ein medizinischer Versuch als konventionswidrig einzustufen ist, ist das Fehlen einer Einwilligung. Wenn eine wirksame Einwilligung vorliegt, könnte geschlussfolgert werden, dass die Art und Weise der Durchführung nicht länger gegen Art. 3 EMRK verstößt. Es existieren jedoch Behandlungen, denen die Unmenschlichkeit immanent ist oder aus der Natur der Behandlung selbst folgt, so wie beispielsweise bei klassischen Foltermethoden wie Falaka oder das Zufügen von Electroshocks. Bei diesen Behandlungen drängt sich die Ansicht auf, dass ihre Anwendung – trotz vorheriger Zustimmung – als Artikel 3 Verletzung anzusehen ist. Außerdem muss berücksichtigt werden, dass auch ein indirektes Opfer oder ein anderer Staat gegen die Behandlung Klage erheben könnte. So könnte eine Verletzung des Art. 3 EMRK noch immer festgestellt werden, obwohl die Behandlung gegenüber dem Opfer infolge der Zustimmung rechtlich nicht mehr unmenschlich wäre.[979]

Eine Einwilligung darf nur in die Prüfung einbezogen werden, wenn sie wirksam abgegeben wurde. Dies ist anzunehmen, wenn der Patient über alle Umstände, insbesondere über mögliche Folgen und Gefahren der Behandlung aufgeklärt wurde. Sie muss darüber hinaus freiwillig[980] abgegeben worden sein. Eine einmal erteilte Einwilligung lässt sich jederzeit widerrufen.[981]

---

976 Internationaler Pakt über bürgerliche und politische Rechte: ICCPR: International Covenant on Civil and Political Rights, in Kraft getreten am 23.3.1976.

977 *Nowak*, UN CCPR, S. 31, 32.

978 *Partsch*, Die Rechte und Freiheiten der EMRK, S. 107.

979 Vgl. Teil D.VI.1. „Medizinische Experimente"; *Van Dijk/Van Hoof/Van Rijn/Zwaak*, Theory and Practice of the ECHR, S. 419; EGMR Urt. v. 14.3.1980, *X. vs. Deutschland*, Nr. 8518/79; EGMR Urt. v. 24.9.1992, *Herczegfalvy vs. Österreich*, Nr. 10533/83, Rn. 82, 83.

980 Ohne Druck oder Zwang.

981 *Gollwitzer*, Menschenrechte im Strafverfahren, S. 183.

Fraglich ist, ob anstelle der Einwilligung der Versuchsperson auch die Einwilligung eines gesetzlichen Vertreters ausreichend ist, um den unmenschlichen Charakter einer Versuchsbehandlung entfallen zu lassen. In diesem Zusammenhang wird vertreten, dass nur die Versuchsperson eine wirksame Einwilligung abgeben kann.[982] Andererseits lässt sich dies u.a. aus praktischen Gesichtspunkten bestreiten.[983] Es wird angebracht, dass die Einwilligung eines Vertreters nur dann genügt, wenn der Versuch mit Geschäftsfähigen nicht durchgeführt werden könnte und für die Gesundheit der Bevölkerungsgruppe, der die geschäftsunfähige Versuchsperson angehört, notwendig ist. Der Grund der Geschäftsunfähigkeit, die eine wirksame Einwilligung der Versuchsperson verhindert muss ein Merkmal der Forschungspopulation sein.[984] Diese Frage, ob die Einwilligung des gesetzlichen Vertreters ausreichend ist, könnte anhand des europäischen Konsenses beantwortet werden.[985] Dazu wäre die Ratifizierung des Übereinkommens über Menschenrechte und Biomedizin und damit die europa-

---

982 *Gollwitzer*, Menschenrechte im Strafverfahren, S. 184.

983 Bestimmte Bevölkerungsgruppen werden wegen Geschäftsunfähigkeit nie in der Lage sein, eine wirksame Einwilligung abzugeben, sodass kein Mitglied einer solcher Gruppe je als Versuchsperson eingesetzt werden könnte. Dies könnte dem wissenschaftlichen Fortschritt im Wege stehen.

984 Weltärztebund von Helsinki, http://www.rwth-aachen.de/global/show_document.asp?id=aaaaaaaaaaddwnb (zuletzt abgerufen am 9.7.2015): Die Gründe für das Experimentieren mit Einwilligungsunfähigen müssen in einem Forschungsprotokoll aufgezeichnet und einer Ethikkommission vorgelegt werden.

985 Vgl. Art. 55 des schweizerischen Heilmittelgesetzes (Bundesgesetz über Arzneimittel und Medizinprodukte) vom 15.12.2000:
„Klinische Versuche mit Heilmitteln an minderjährigen Personen und an volljährigen Personen, die unter umfassender Beistandschaft stehen oder urteilsunfähig sind, dürfen nur durchgeführt werden, wenn:
a. mit dem Versuch an volljährigen und urteilsfähigen Personen keine vergleichbaren Erkenntnisse erzielt werden können;
b. die gesetzlichen Vertreterinnen und Vertreter der Versuchspersonen aufgeklärt worden sind und ihre Zustimmung erteilt haben;
c. die urteilsfähigen, aber minderjährigen oder unter umfassender Beistandschaft stehenden Personen eingewilligt haben;
d. keine Anzeichen vorhanden sind, die erkennen lassen, dass sich urteilsunfähige Personen einer Teilnahme an einem Versuch widersetzen würden.
2. Klinische Versuche, die den Versuchspersonen keinen unmittelbaren Nutzen bringen, dürfen ausnahmsweise an minderjährigen Personen und an volljährigen Personen, die unter umfassender Beistandschaft stehen oder urteilsunfähig sind, durchgeführt werden, wenn zudem:
a. die Versuche über den Zustand, die Krankheit oder die Leiden der Versuchspersonen wichtige Erkenntnisse erwarten lassen, die den betroffenen Versuchspersonen, anderen

weite Anerkennung des darin enthaltenen Art. 17 zu betrachten.[986] Dieser Artikel erkennt ausdrücklich die Wirksamkeit der Einwilligung eines gesetzlichen Vertreters an, falls die Versuchsperson aufgrund ihrer Geschäftsunfähigkeit nicht in der Lage ist, selbst rechtsverbindlich einzuwilligen. An die Einwilligung des gesetzlichen Vertreters werden aber hohe Anforderungen gestellt.[987]

Fraglich bleibt, ob eine Einwilligung nur den unmenschlichen oder erniedrigenden Charakter einer Behandlung oder auch die Foltereigenschaft entfallen lassen kann.

Folgt man dem Gedankengang des § 136 a Abs. 3 S. 1 StPO, dann kann folgendermaßen argumentiert werden: Das Folterverbot schützt nicht nur das Rechtsgut der Menschenwürde – die evtl. nicht angegriffen wird, wenn eine Einwilligung des Opfers vorliegt –, sondern darüber hinaus auch die

---

Personen derselben Altersklasse oder Personen, die an der gleichen Krankheit leiden oder dieselben Merkmale aufweisen, langfristig einen Nutzen bringen;
b. die Risiken und Unannehmlichkeiten, welche die Versuchspersonen auf sich nehmen müssen, geringfügig sind."

986 Convention for the Protection of Human Rights and Dignity of the Human Being with regard to the Application of Biology and Medicine: Convention on Human Rights and Biomedicine.

987 Article 17: „*Protection of persons not able to consent to research*
1. Research on a person without the capacity to consent as stipulated in Article 5 may be undertaken only if all the following conditions are met:
the conditions laid down in Article 16, sub-paragraphs i to iv, are fulfilled;
the results of the research have the potential to produce real and direct benefit to his or her health;
research of comparable effectiveness cannot be carried out on individuals capable of giving consent;
the necessary authorisation provided for under Article 6 has been given specifically and in writing; and the person concerned does not object.
2. Exceptionally and under the protective conditions prescribed by law, where the research has not the potential to produce results of direct benefit to the health of the person concerned, such research may be authorised subject to the conditions laid down in paragraph 1, sub-paragraphs i, iii, iv and v above, and to the following additional conditions:
the research has the aim of contributing, through significant improvement in the scientific understanding of the individual's condition, disease or disorder, to the ultimate attainment of results capable of conferring benefit to the person concerned or to other persons in the same age category or afflicted with the same disease or disorder or having the same condition;
the research entails only minimal risk and minimal burden for the individual concerned."

„Verhinderung des Anscheins rechtsstaatswidriger Praktiken".[988] Dieser Anschein kann durch die vorherige Einwilligung des Opfers nicht ausgelöscht werden, sodass eine Einwilligung die Foltereigenschaft nicht entfallen lassen kann.[989]

Andererseits wiederholt der EGMR im Rahmen des Art. 3 EMRK immer wieder, dass Art und Auswirkung der Behandlung auf das Opfer für die Frage einer Konventionsverletzung ausschlaggebend seien.[990] Die Auswirkungen einer Behandlung auf das Opfer werden verringert, wenn vorher eine wirksame[991] Einwilligung abgegeben wurde. Fraglich ist aber, ob sich auch die Art der Behandlung durch das Einholen einer Einwilligung zu ändern vermag. Zum Beispiel: Falaka bleibt Falaka, das palästinensische Hängen bleibt palästinensisches Hängen und „*waterboarding*" bleibt „*waterboarding*"; die Art ist unveränderlich, auch wenn das Opfer der Behandlung zugestimmt hat. Eine vorherige Einwilligung kann damit die Foltereigenschaft einer Behandlung nicht entfallen lassen, da die Art der Behandlung durch die Einwilligung nicht verändert werden kann. Der dritte Test, der nach der Notwendigkeitsprüfung und der „*lege artis*"-Kontrolle durchgeführt wird, wird also wenigstens bei „klassische" Foltermethoden nicht bestanden, da die Art und Weise der Durchführung Art. 3 EMRK auch bei Vorliegen einer Einwilligung verletzen.

2. Erzwungene Behandlung von Personen, die sich in der Obhut des Staates befinden

Sowohl die Einweisung in eine Anstalt als auch die dort zwangsweise vorgenommenen Behandlungen können Art. 3 EMRK verletzen. Die Anforde-

---

988 *Cornelius*, Vom spurlosen Verschwindenlassen zur Benachrichtigungspflicht bei Festnahmen, S. 324.

989 *Nowak*, UN CCPR, S. 31, 32: *Nowak* ist der Ansicht, dass auch die Foltereigenschaft durch Einwilligung entfallen kann. Er leitet diesen Ansatz aus den vorbereitenden Arbeiten und dem Wortlaut des Art. 3 EMRK ab. Meiner Ansicht nach lässt sich dem Wortlaut des Art. 3 EMRK keine derartige Aussage entnehmen, insbesondere, da in der Norm eine Einwilligungsmöglichkeit weder im Hinblick auf das Entfallen der Unmenschlichkeit, der Erniedrigung noch der Foltereigenschaft enthalten ist.

990 Nicht hingegen z.B. die innere Erfahrungswelt des Täters, eine bestimmte Absicht, etc.

991 Eine Einwilligung ist wirksam, wenn sie nicht nur freiwillig abgegeben wurde, sondern auch alle Faktoren, Umstände und mögliche Folgen der Behandlung umfasst.

rungen, die an Behandlungen gestellt werden, die in psychiatrischen Anstalten ausgeführt werden, lassen sich mit den Kriterien vergleichen, die bei der Behandlung von Inhaftierten beachtet werden müssen. Denn sowohl Patienten in einer Psychiatrie als auch Inhaftierte befinden sich in staatlicher Obhut. Psychiatrie-Patienten unterscheiden sich jedoch von gesunden Häftlingen dadurch, dass sie aufgrund ihrer Krankheit besonders schutzbedürftig sind.

Sobald sich ein Individuum in der Obhut des Staates befindet, trifft den Staat eine erhöhte Schutzpflicht.[992] Diese Schutzpflicht existiert automatisch und unabhängig von den konkreten Umständen des Einzelfalls.[993] Wenn eine medizinische Notwendigkeit besteht, kann das Gefängnispersonal oder das Personal der psychiatrischen Anstalt dazu gezwungen sein, den Gefangenen oder Patienten entgegen seinem Willen zu behandeln,[994] um seine Schutzpflicht zu wahren und eine Verletzung des Art. 3 EMRK zu vermeiden.[995] Wichtig ist, dass die Behandlung nur im Interesse des Betroffenen angeordnet werden darf (Notwendigkeitstest). Dies muss vom Staat überzeugend dargelegt werden.[996] Es dürfen nur anerkannte medizinische – bei Bedarf auch gewaltsame – Methoden angewandt werden.[997] Diese müssen das Ziel verfolgen, die physische und psychische Gesundheit des Betroffenen zu verbessern. Der ordnungsgemäße Ablauf der Behandlung muss stets gewährleistet werden[998] und jedes Detail in Bezug auf den Vollzug festgelegt sein („*lege artis*"-Test).[999] Die Art und Weise des Vollzugs der Methode an sich darf selbstverständlich Art. 3 EMRK nicht verletzen:

---

992 Der Gerichtshof leitet die Pflicht, Individuen vor Verletzungen zu schützen aus Art. 1 i.V.m. Art. 3 EMRK ab. Vgl. *Villiger*, Handbuch der EMRK, S. 186; EGMR Urt. v. 28.1.1994, *Hurtado vs. Schweiz*, Nr. 17549/90, Rn. 79; EGMR Urt. v. 3.5.2007, *Mitglieder der Gldani Gemeinschaft der Zeugen Jehovas vs. Georgien*, Nr. 71156/01, Rn. 96.

993 Die Schutzpflicht gilt sowohl dann, wenn die Gefahr vom Staat hervorgerufen wurde, z.B. durch das Fortbestehenlassen unterdurchschnittlicher Haftbedingungen, als auch wenn die Gefahr vom Häftling selbst ausgeht, z.B. wenn dessen Gesundheit durch Krankheit gefährdet ist.

994 Z.B. durch zwangsweise Verabreichung von Medikamenten, Zwangsernährung, Fesselung am Bett, etc.

995 *Peters/Altwicker*, EMRK, S. 65; EGMR Urt. v. 27.6.2000, *Ilhan vs. Türkei*, Nr. 22277/93, Rn. 87.

996 EGMR Urt. v. 10.2.2004, *Gennadiy Naumenko vs. Ukraine*, Nr. 42023/98.

997 *Meyer-Ladewig*, EMRK Handkommentar, S. 77.

998 EGMR Urt. v. 13.5.2008, *Juhnke vs. Türkei*, Nr. 52515/99, Rn. 71.

999 *Meyer-Ladewig*, EMRK Handkommentar, S. 77.

Das für Art. 3 EMRK erforderliche Mindestmaß an Leiden darf nicht hervorgerufen werden (dritter Test).

3. Medizinische Eingriffe zu Beweiszwecken

Medizinische Eingriffe zu Beweiszwecken führen nicht automatisch zu einer Bejahung einer Verletzung der Konvention. Dennoch muss auch hier wieder geprüft werden, ob die Notwendigkeit der Behandlung überzeugend dargelegt, die Behandlung „*lege artis*" durchgeführt wurde und ob die Art und Weise der Behandlung das Mindestmaß an Schwere nicht überschritten haben.[1000]

Der Fall *Jalloh* wird im Teil F.II. noch ausführlich erörtert. Die angewandte Behandlung in diesem Fall wurde als unmenschlich kategorisiert, da sie nicht notwendig war und die Art und Weise der Ausführung das Mindestmaß an Schwere des Leidens überschritt.[1001]

a) *Bogumil vs. Portugal*

Während einer Durchsuchung am Flughafen wurden in den Schuhen des Beschwerdeführers mehrere Päckchen mit Kokain entdeckt. Der polnische Beschwerdeführer informierte die portugiesischen Behörden darüber, dass sich in seinem Magen noch ein weiteres Päckchen befände. Er wurde daraufhin ins Krankenhaus transportiert und operiert. Der EGMR war der Ansicht, dass sich unmöglich feststellen ließe, ob die Operation gegen oder mit dem Willen des Beschwerdeführers durchgeführt worden war.[1002] Die Operation war notwendig, um die Gesundheit des Beschwerdeführers zu schützen. Der Grund für die Durchführung der Operation war ein therapeutischer Anlass, nicht die Erlangung von Beweismitteln. Ohne die Operation hätte das Päckchen im Magen des Beschwerdeführers platzen und ihn lebensgefährlich verletzen oder gar töten können. Die Operation verlief unkompliziert und es wurde eine adäquate Nachbetreuung durchge-

---

1000 *Meyer-Ladewig*, EMRK Handkommentar, S. 77.

1001 Wie oben erörtert, hätte die Behandlung, auch wenn der Notwendigkeitstest bestanden worden wäre, als Verletzung des Art. 3 EMRK kategorisiert werden müssen, wenn die Art und Weise der Durchführung gegen Art. 3 EMRK verstoßen hätte.

1002 EGMR Urt. v. 7.10.2008, *Bogumil vs. Portugal*, Nr. 35228/03, Rn. 68 ff.

führt. Der Beschwerdeführer zählte zwar vor Gericht einige gesundheitliche Schäden auf, doch es ließ sich nicht mit Sicherheit sagen, ob diese Schäden und das dargelegte Leiden durch die Operation verursacht worden waren. Eine Verletzung des Art. 3 EMRK wurde im Ergebnis verneint.[1003]

b) *Herczegfalvy vs. Österreich*

Im Jahr 1978 wurde der Beschwerdeführer vom Gefängnis in eine psychiatrische Anstalt verlegt. Bei seiner Ankunft in der Anstalt begab sich der Beschwerdeführer in einen Hungerstreik, der ihn derart schwächte, dass sich der Direktor der Anstalt dafür entschied, eine Zwangsernährung anzuordnen. Der Beschwerdeführer verweigerte jeden medizinischen Eingriff und jede Untersuchung, sodass ihm zwangsweise Beruhigungsmittel und Neuroleptika verabreicht wurden. Außerdem wurde er an sein Bett gefesselt. Ihm wurde ein Schlauch in die Speiseröhre eingeführt, um die Zwangsernährung zu ermöglichen, wobei in diesem Punkt unklar blieb, ob eine Einwilligung hierzu erteilt worden war. Später wurden außerdem Handschellen angelegt und seine Füße mit einem Band fixiert, da sein Verhalten - konkret ging es um Morddrohungen gegenüber den Mitarbeitern - als gefährlich eingestuft wurde.[1004]

Die Kommission zog den Schluss, dass Art. 3 EMRK hier verletzt worden sei.[1005] Die Art und Weise der Durchführung der Behandlungen sowie die Vielzahl an Maßnahmen und deren übermäßig lange Dauer stellten sowohl eine erniedrigende als auch eine unmenschliche Behandlung dar. Es sei erwiesen, dass die Behandlungen den Gesundheitszustand des Beschwerdeführers negativ beeinflusst hätten.[1006] In den Augen der Kommission wurde der Notwendigkeitstest somit nicht bestanden. Der österreichische Staat behauptete, dass die Behandlungen im Lichte des Verhaltens und des Gesundheitszustandes des Beschwerdeführers notwendig gewesen seien, da der Beschwerdeführer zeitweise extrem schwach, aggressiv oder sogar gefährlich gewesen sei.[1007]

1003 EGMR Urt. v. 7.10.2008, *Bogumil vs. Portugal*, Nr. 35228/03, Rn. 76, 82.

1004 EGMR Urt. v. 24.9.1992. *Herczegfalvy vs. Österreich*, Nr. 10533/83, Rn. 24 – 31.

1005 *Herczegfalvy vs. Österreich*, Rapport der Kommission, 1.3.1991, Series A No. 224, Rn. 186.

1006 EGMR Urt. v. 24.9.1992. *Herczegfalvy vs. Österreich*, Nr. 10533/83, Rn. 80.

1007 EGMR Urt. v. 24.9.1992. *Herczegfalvy vs. Österreich*, Nr. 10533/83, Rn. 81.

Der Gerichtshof merkte nochmal an, dass bei der Beurteilung der Behandlungen gegenüber Patienten in einer Psychiatrie aufgrund deren Machtlosigkeit und Verletzlichkeit eine erhöhte Wachsamkeit geboten sei, sodass Art. 3 EMRK strenger angewandt werden müsse.[1008] Die Entscheidungen, welche Maßnahmen und Behandlungsmethoden angewandt werden sollen, würden von medizinischem Fachpersonal getroffen. Diese Mediziner seien dafür verantwortlich, die körperliche und mentale Gesundheit derer zu schützen, die nicht in der Lage sind für sich selbst zu entscheiden.[1009] Der EGMR äußerte sich zwar besorgt über den relativ langen Zeitraum, über den der Beschwerdeführer ans Bett gefesselt war und Handschellen tragen musste, jedoch sei die Notwendigkeit dieser Maßnahmen vom Staat hinreichend überzeugend dargelegt worden. Interessanterweise schien der EGMR nur auf dieses eine Erfordernis zu achten. Eine Gesamtbetrachtung wurde kaum vorgenommen und eine Verletzung des Art. 3 EMRK entgegen der Ansicht der Kommission letztlich abgelehnt.[1010]

Aus den Urteilen wird deutlich, dass der EGMR medizinischen Sachverständigen bei der Behandlung ihrer Patienten einen großen Ermessensspielraum einräumt. *Villiger* weist daraufhin, dass dieser Ermessensspielraum sich darauf gründet, dass es bezüglich der Unterbringung von Patienten in psychiatrischen Anstalten keinen europäischen Konsens gibt.[1011] Interessant ist, dass die Kommission alle Umstände und Faktoren der Behandlung betrachtet und sich den kumulativen Effekt anschaut.[1012] Dies stellt eine modernere Herangehensweise dar, die dem fundamentalen Menschenrecht aus Art. 3 EMRK eher gerecht wird, als die Handhabung durch den EGMR.[1013]

1008 EGMR Urt. v. 24.9.1992. *Herczegfalvy vs. Österreich*, Nr. 10533/83, Rn. 82.

1009 EGMR Urt. v. 24.9.1992. *Herczegfalvy vs. Österreich*, Nr. 10533/83, Rn. 82.

1010 EGMR Urt. v. 24.9.1992. *Herczegfalvy vs. Österreich*, Nr. 10533/83, Rn. 83, 84. N.B.: Der Gerichtshof schlussfolgerte, dass Art. 8 und Art. 10 EMRK verletzt wurden. Diese Verletzungen beruhten jedoch nicht auf den Behandlungen, die im Rahmen des Art. 3 EMRK von Bedeutung waren.

1011 *Villiger*, Handbuch der EMRK, S. 186.

1012 *Herczegfalvy vs. Österreich*, Rapport der Kommission, 1.3.1991, Series A No. 224, Rn. 186.

1013 *Dutertre*, Key Case-Law Extracts, S. 73 f.

c) *Keenan vs. UK*

Beschwerdeführerin in diesem Fall war die Mutter von *Mark Keenan*, der während einer vier-monatigen Gefängnisstrafe an einer durch Erhängung verursachten Asphyxie starb. *Mark Keenan* litt an einer chronischen psychischen Krankheit, die Paranoia und psychotische Episoden verursachte. Er kämpfte mit Angstzuständen, Suizidgedanken und Gewaltphantasien.

In den Augen der Kommission konnte nicht festgestellt werden, ob die mentalen Probleme, an denen der Betroffene zur Zeit seines Todes litt, durch den Vollzug der Gefängnisstrafe verursacht worden waren.[1014] Der EGMR stellte aber klar, dass diese Frage im Rahmen der Prüfung, ob Art. 3 EMRK verletzt wurde, nicht der einzig relevante Faktor sei:

> „*While it is true that the severity of suffering, physical or mental, attributable to a particular measure has been a significant consideration in many of the cases decided by the Court under Article 3, there are circumstances where proof of the actual effect on the person may not be a major factor.*"[1015]

Keenan war vor seinem Tod sieben Tage lang in Isolationshaft gewesen und seine Gefängnisstrafe war nur neun Tage vor seiner ursprünglich geplanten Freilassung um weitere 28 Tage verlängert worden.

Im Prozess zeigte sich, dass kaum medizinische Berichte über *Keenan* angefertigt wurden, während er sich in Haft befand. Der EGMR schlussfolgerte, dass *Keenan* unzureichend medizinisch betreut worden war, insbesondere da das Suizidrisiko bekannt war. Eine Gesamtabwägung aller Umstände[1016] führte zu dem Ergebnis, dass *Mark Keenan* Opfer einer unmenschlichen und erniedrigenden Behandlung im Sinne des Art. 3 EMRK geworden war.

1014 *Keenan vs. UK*, Nr. 27229/95, Rapport der Kommission, 6.9.1999, Rn. 89 ff.

1015 EGMR Urt. v. 3.4.2001, *Keenan vs. UK*, Nr. 27229/95, Rn. 11: Der Gerichtshof verweist auf den Fall *Ribitsch vs. Österreich*, der bereits besprochen wurde. Auch im Fall *Ribitsch* war ein ernsthafter Eingriff in die Integrität des Betroffenen nicht notwendig, um zu einer Verletzung des Art. 3 EMRK zu gelangen.

1016 Die Art und Weise der Behandlung in Verbindung mit unzureichendem Schutz der Gesundheit des Betroffenen.

d) *Aerts vs. Belgien*

Der Beschwerdeführer wurde nach seiner Verhaftung im Jahr 1992 zuerst in einer Zweierzelle und später in der psychiatrischen Abteilung des *Lantin* Gefängnisses untergebracht.

Das CPT besuchte im Jahr 1993 die psychiatrische Abteilung dieses Gefängnisses. Dem Bericht lässt sich entnehmen, dass das Personal der Abteilung unterqualifiziert war. Es fehlte der regelmäßige Kontakt zu einem Psychiater, zu geeigneten Einrichtungen und geschultem Personal.[1017]

Der EGMR legte den Bericht des CPT zugrunde und stellte fest, dass *Aerts* während seiner Zeit in der psychiatrischen Abteilung von *Lantin* weder psychiatrisch noch medizinisch adäquat betreut worden war. Andererseits wurden in den Augen des Gerichts keine Beweismittel vorgetragen, die auf eine tatsächliche Verschlechterung des Gesundheitszustandes infolge der mangelhaften Versorgung hindeuteten.[1018] Der Gerichtshof schloss sich der Kommission in dem Punkt an, dass psychisch Kranke manchmal nicht darlegen können, inwieweit sie unter den Folgen einer Behandlung gelitten haben und erkannte an, dass *Aerts* als Folge der Zustände in der Anstalt in Angst hatte leben müssen. Trotzdem ließ sich nicht feststellen, dass das erforderliche „*minimum level of severity*" überschritten wurde, sodass keine Verletzung des Art. 3 EMRK angenommen werden konnte.

4. Ergebnis

Wenn sich eine Person in staatlicher Obhut befindet, trifft den Staat eine gesteigerte Schutzpflicht für das Wohlbefinden dieses Menschen. Diese Schutzpflicht kann sogar dazu verpflichten, diese Person gegen seinen Willen (medizinisch) zu behandeln. Das Unterlassen einer solchen – vom Opfer ungewollten – Behandlung könnte gegebenenfalls gegen Art. 3 EMRK verstoßen.

1017 EGMR Urt. v. 30.7.1998, *Aerts vs. Belgien*, Nr. 25357/94, Rn. 28, Verweis auf den Bericht des CPT in Rn. 191: „*The psychiatric wing admits patients needing psychiatric observation and/or care, but it has neither the facilities nor the staff appropriate to a psychiatric hospital. The standard of care of the patients on the psychiatric wing fell, in every respect, below the minimum acceptable from an ethical and humanitarian point of view.*" Einige Patienten hatten nur einmal in zehn Tagen mit dem Psychiater gesprochen, andere hatten ihn nur einmal im Jahr gesehen.

1018 EGMR Urt. v. 30.7.1998, *Aerts vs. Belgien*, Nr. 25357/94, Rn. 61-67.

Der EGMR testet in drei Schritten, ob das für die Anwendbarkeit des Art. 3 EMRK erforderliche *„minimum level of severity“* erreicht wurde. Zuallererst wird ein Notwendigkeitstest durchgeführt (ist die Behandlung zur Heilung eines krankhaften Zustandes erforderlich?). Zweitens wird gefragt, ob die Behandlung nach den Regeln der ärztlichen Kunst (*„lege artis“*) durchgeführt wurde. Es wird eine Gesamtbetrachtung aller Faktoren vorgenommen: Eine Verneinung des ersten Kriteriums kann durch eine Bejahung des Zweitens ausgeglichen werden. Bei der Beantwortung der Frage nach der Notwendigkeit der Behandlung vertraut der EGMR in der Regel der Einschätzung eines Sachverständigen. Im dritten Test wird untersucht, ob die Art und Weise der Behandlung geeignet ist, Art. 3 EMRK zu verletzen. Wird dies bejaht, kann der Verstoß nicht mehr ausgeglichen werden.

Einwilligungen sind nur wirksam, wenn sich der Einwilligende zum Zeitpunkt der Einwilligung aller Risiken der Behandlung bewusst war und wenn er diese freiwillig abgegeben hat. Um zu beurteilen, ob die vorliegende Behandlung von Art. 3 EMRK betroffen ist, betrachtet der EGMR neben die Auswirkung auf das Opfer – diese können durch vorherige Einwilligung gemildert werden – insbesondere die Art der Behandlung. Da die meisten Foltermethoden an sich gegen Art. 3 EMRK verstoßen, kann eine Einwilligung die Foltereigenschaft nicht entfallen lassen.

VII. Verhängung einer unangemessenen Strafe als Verletzung des Art. 3 EMRK

Auch eine unverhältnismäßige Strafe kann eine Verletzung des Art. 3 EMRK darstellen. Insbesondere eine lebenslange Freiheitsstrafe, die Todesstrafe (entweder nach einem *„fairen“* oder *„unfairen“* Prozess) und die Isolationshaft können sich im Rahmen des Art. 3 EMRK als problematisch erweisen.

Die Auferlegung von Strafen ist grundsätzlich eine innerstaatliche Angelegenheit; eine zu extensive Einmischung des EGMR könnte evtl. einen unzulässigen Eingriff in die Souveränität und den damit zusammenhängenden Ermessensspielraum der EMRK-Staaten darstellen.[1019] Als Grenze vertragsstaatlicher Souveränität gilt die Menschenwürde. Wenn die auferlegte Strafe durch grobe Unverhältnismäßigkeit gekennzeichnet ist, könnte der Anwendungsbereich des Art. 3 EMRK betroffen sein, was die Zustän-

1019 Vgl. EGMR Urt. v. 9.7.2013, *Vinter u.a. vs. UK*, Nr. 66069/09, 130/10, 3896/10, Rn. 119, 120.

digkeit des EGMR auslösen würde. Doch die Anforderungen an eine grobe Unverhältnismäßigkeit sind laut einigen Autoren so streng, dass sie nur in Extremfällen vorliegen werden.[1020] So fordert z.B. *Gollwitzer*, dass die Strafe so extrem sein muss, dass sie *„unter keinem Blickwinkel mehr als gerechte und vernünftige Reaktion auf das Verhalten des Betroffenen verstanden werden kann* (...)“.[1021] Denkt man aber zurück an *Casesses* Kritik[1022] an der Entscheidung des EGMR im Fall *Warwick vs. UK*,[1023] dass es keine kodifizierte Basis für die Annahme gebe, dass Art. 3 EMRK nur auf sehr entsetzliche Behandlungen anwendbar ist, dann erscheint der strenge Maßstab zur Prüfung der Unverhältnismäßigkeit exzessiv und ungeeignet. Die Schwere des Leidens bzw. die Herabsetzung oder Erniedrigung müssen jedoch mindestens über das Maß hinausgehen, das mit jeder Verurteilung verknüpft ist.

1. Zeitige Freiheitsstrafen

Im Fall *A. u.a. vs. UK*[1024] wurden die vom Vereinigten Königreich als Terroristen angesehenen Beschwerdeführer ohne vorangehendes Verfahren die Bewährung ausgesetzt. Zu keinem Zeitpunkt der Haft[1025] wurden die Beschwerdeführer darüber informiert, wie lange sie festgehalten werden würden. Die psychologische Belastung, die aus dieser Unsicherheit resultierte, wurde bei der Prüfung des *„minimum level of severity“* ebenso miteinbezogen. Andererseits bestand während der Haft eine Aussicht auf Freilassung. Folglich wurde keine Verletzung des Art. 3 EMRK festgestellt.[1026]

Im Fall *Gatt vs. Malta* erhielt der Beschwerdeführer eine zweitausend-tägige Freiheitsstrafe dafür, dass er eine Sperrstunde nicht eingehalten hatte, die ihm nach einem früheren Verfahren auferlegt worden war. Obwohl der EGMR eine gewisse Unverhältnismäßigkeit erkannte, die potentiell geeignet wäre, ein Leiden von bestimmtem Ausmaß hervorzurufen, wurde die

1020 EGMR Urt. v. 10.4.2012, *Babar Ahmad u.a. vs. UK*, Nr. 24027/07, 11949/08, 36742/08, 66911/09, 67354/09, Rn. 237.
1021 *Gollwitzer*, Menschenrechte im Strafverfahren, S. 189.
1022 *Cassese*, in: The European System for the Protection of Human Rights, S. 256.
1023 Rapport der Kommission vom 18.7.1986, *Warwick vs. UK*, S. 21.
1024 EGMR Urt. v. 19.2.2009, *A. u.a. vs. UK*, Nr. 3455/05.
1025 Drei der Beschwerdeführer waren mehr als drei Jahre inhaftiert, die übrigen über einen kürzeren Zeitraum.
1026 EGMR Urt. v. 19.2.2009, *A. u.a. vs. UK*, Nr. 3455/05, Rn. 129 ff.

Unverhältnismäßigkeit nicht als so grob eingestuft, dass Art. 3 EMRK als verletzt anzusehen wäre.[1027]

2. Lebenslange Freiheitsstrafen

Bei der Beurteilung einer lebenslangen Freiheitsstrafe muss zunächst hinterfragt werden, was die Auferlegung einer solcher Strafe in der Praxis bedeutet. So wird in Deutschland, beispielsweise, während des Vollzugs einer lebenslangen Strafe nach spätestens 15 Jahren geprüft, ob eine vorzeitige Entlassung eingeleitet werden könnte.[1028] Durchschnittlich findet eine Entlassung auch bei Verhängung einer lebenslangen Freiheitsstrafe nach 17 bis 19 Jahren statt.[1029] In den Niederlanden wird grundsätzlich keine solche gesetzlich festgelegte Überprüfung nach einem bestimmten Zeitraum vorgenommen. Es steht jedoch die Rechtsfigur des *„gratie“*[1030] zur Verfügung, außerdem kann eine Rechtssache revidiert (*„herzien“*)[1031] werden, sodass zumindest rechtlich die Möglichkeit einer vorzeitigen Entlassung besteht. Wenn die Strafe nicht durch *„gratie“* beendet oder revidiert

1027 EGMR Urt. v. 27.7.2010, *Gatt vs. Malta*, Nr. 28221/08, Rn. 29.

1028 §§ 57, 57a, 57b StGB.

1029 http://www.sueddeutsche.de/politik/deutsches-rechtssystem-warum-lebenslang-nicht-ein-leben-lang-ist-1.317460 (zuletzt abgerufen am 6.7.2015). Bei Feststellung einer besonderen Schuldschwere findet eine Prüfung erst nach 23 bzw. 25 Jahren statt. Vgl. *Hellmann*, in: Menschenrechte und Strafrecht, S. 61.

1030 Pardon. Art. 2 des niederländischen *„Gratiewet“*. Der niederländische König kann entscheiden dem Häftling *„gratie“* zu verleihen, wenn ein Umstand vorliegt, aufgrund dessen der Richter – hätte dieser davon zur Zeit seiner Entscheidung Kenntnis gehabt bzw. Rücksicht auf diesem Umstand genommen – eine andere oder überhaupt keine Strafe aufgelegt hätte, oder wenn glaubhaft gemacht wurde, dass die Fortsetzung der Freiheitsstrafe kein anerkanntes Ziel des Strafrechts verfolgt.

1031 Art. 457 des niederländischen *„Wetboek van Strafvordering“* (Äquivalent der StPO). Die Norm besagt, dass ein Antrag auf *„herziening“* nur gestellt werden kann, wenn:
1. in anderen Rechtssachen Tatsachen für bewiesen gehalten sind, die nicht im Einklang mit der vorliegenden Entscheidung und vorangegangenen Tatsachenfeststellung sind;
2. ein Umstand erkenntlich wird, der während des Prozesses dem Richter unbekannt war, und wenn eine ernsthafte Vermutung besteht, dass Kenntnis von diesem Umstand zu einer anderen – für den Verurteilten weniger schweren – oder sogar zu keiner Verurteilung geführt hätte;
3. wenn Befolgung des Art. 41 EMRK die Revision des Falles erfordert.

(„*herzien*") wird, bedeutet eine lebenslange Freiheitsstrafe nach niederländischem Recht eine Inhaftierung bis zum Tod.[1032]

a) Lebenslange Strafe, die sich gegen einen Minderjährigen richtet

Im Fall *Weeks vs. UK*[1033] wurde der 17-jährige Beschwerdeführer wegen eines bewaffneten Raubüberfalls zu lebenslanger Freiheitsstrafe verurteilt. Grundsätzlich darf, wie gesagt, an der Vereinbarkeit dieser Strafe mit Art. 3 EMRK gezweifelt werden; doch müssen alle Umstände des Falles berücksichtigt werden: Die lebenslange Strafe könnte in dieser Fallkonstellation – obwohl es paradox klingt – evtl. eine frühere Freilassung ermöglichen als eine zeitige Gefängnisstrafe.[1034] Im konkreten Fall wurde der Beschwerdeführer, *Weeks*, als sehr gewaltsam und aggressiv charakterisiert.[1035] Obwohl der EGMR implizit erklärte, dass die Verhängung der Strafe nicht gegen Art. 3 EMRK verstoße, wurde die Norm nicht gesondert besprochen, sondern innerhalb der Besprechung einer eventuellen Verletzung des Art. 5 Abs. 1 EMRK nur kurz erwähnt.[1036]

b) Lebenslange Strafe und die Aussicht auf Entlassung

Eine Aussicht auf Entlassung liegt vor, wenn die lebenslange Freiheitsstrafe *„de iure"*[1037] oder *„de facto"* verringert werden kann.[1038] Erstens muss festge-

1032 Die lebenslange Strafe wird in den Niederlanden also härter vollzogen als in Deutschland. Allerdings wird die Strafe in den Niederlanden seltener auferlegt als in den Staaten, in denen die Strafe weniger konsequent vollzogen wird: Seit 2000 wurde die lebenslange Freiheitsstrafe in den Niederlanden nur in 22 Fällen verhängt.

1033 EGMR Urt. v. 2.3.1987, *Weeks vs. UK*, Nr. 9787/82.

1034 EGMR Urt. v. 2.3.1987, *Weeks vs. UK*, Nr. 9787/82, Rn. 47.

1035 EGMR Urt. v. 2.3.1987, *Weeks vs. UK*, Nr. 9787/82, Rn. 51.

1036 EGMR Urt. v. 2.3.1987, *Weeks vs. UK*, Nr. 9787/82, Rn. 47.

1037 Vgl. § 57a StGB: Diese Vorschrift ermöglicht die Aussetzung des Strafrestes bei lebenslanger Freiheitsstrafe und zwingt zu fortlaufender Überprüfung der Legitimierung der Haft. Auch in Fällen der Sicherungsverwahrung erfordert § 67e StGB eine konstante Überprüfung der andauernden Notwendigkeit der Sicherungsverwahrung.

1038 EGMR Urt. v. 12.2.2008, *Kafkaris vs. Zypern*, Nr. 21906/04, Rn. 89: *„A life prisoner would have to show either that early release was a legal impossibility or that there was no realistic prospect of early release in practice."*

stellt werden, ob eine Aussicht auf Entlassung besteht, zweitens, ob die Rechtslage eine Möglichkeit der fortgesetzten Überprüfung der Strafe vorsieht. In Betracht kommen eine Umwandlung oder Beendigung der Strafe, ein Straferlass oder die bedingte Freilassung.[1039] Wenn beide „Zwillingsrechte“ – die Rechte auf Aussicht auf Entlassung und auf Möglichkeit der fortgesetzten Überprüfung - nicht kumulativ gewährleistet werden, muss eine Verletzung des Art. 3 EMRK bejaht werden. Ohne Gewährleistung des Überprüfungsrechts, ist das erste Recht faktisch inhaltslos.

Der EGMR unterscheidet grundsätzlich drei Arten der Freiheitsstrafe:

1. Eine Freiheitsstrafe, die nach der Verbüßung einer Mindestdauer zur Bewährung ausgesetzt werden kann: Diese Strafe lässt sich verringern, sodass sie mit Art. 3 EMRK vereinbar ist.[1040]
2. Eine Freiheitsstrafe ohne die Möglichkeit einer bedingten Strafaussetzung, die nach freiem Ermessen des Richters auferlegt werden kann: Im Hinblick auf Art. 3 EMRK nur dann problematisch, wenn die Strafe aufgrund bestimmter Strafziele nicht länger gerechtfertigt werden kann und wenn sie *„de iure“* oder *„de facto“* nicht reduzierbar ist.[1041]
3. Eine zwingende Freiheitsstrafe, für die das Gesetz keine frühzeitige Aussetzung vorsieht: die Problematik ähnlich der unter Punkt 2. Obwohl die Verhängung einer solchen Strafe nicht unbedingt gegen Art. 3 EMRK verstößt, ist sie *„much more likely to be grossly disproportionate than any other types of life sentence.“*[1042]

Im Fall *Vinter vs. UK* etablierte der EGMR klare Richtlinien, um die Problematik bezüglich der lebenslangen Freiheitsstrafe in gewissem Maße aufzuklären und spezifizierte im sog. *Vinter Review* die obengenannten „Zwillingsrechte“: Die Menschenwürde des Häftlings erfordert, dass ihm während der Haft die Möglichkeit geboten wird, sich zu rehabilitieren, um eine spätere Resozialisierung zu erleichtern.[1043] Die Rehabilitierung des

---

1039 EGMR Urt. v. 4.9.2014, *Trabelsi vs. Belgien*, Nr. 140/10, Rn. 36.

1040 EGMR Urt. v. 10.4.2012, *Babar Ahmad u.a. vs. UK*, Nr. 24027/07, 11949/08, 36742/08, 66911/09, 67354/09, Rn. 240. Ein solches System findet man in Deutschland.

1041 EGMR Urt. v. 10.4.2012, *Babar Ahmad u.a. vs. UK*, Nr. 24027/07, 11949/08, 36742/08, 66911/09, 67354/09, Rn. 241. Ein solches System findet man in den Niederlanden.

1042 EGMR Urt. v. 10.4.2012, *Babar Ahmad u.a. vs. UK*, Nr. 24027/07, 11949/08, 36742/08, 66911/09, 67354/09, Rn. 242.

1043 *Smit/Weatherby/Creighton*, HRLR 2014, Human Dignity and the Possibility of Rehabilitation.

Häftlings lässt sich nicht ohne Aussicht auf Freilassung verwirklichen.[1044] Die Verpflichtung zur fortgesetzten Überprüfung der Strafe erfordert, dass diese Überprüfung auf ordnungsgemäße Weise geschieht.[1045] Die ordnungsgemäße Überprüfung verlangt für die Auferlegung der Strafe die Einbeziehung aller strafzweckgerichteten Rechtfertigungen, um zu beurteilen, ob sich die Sachlage geändert hat:[1046] So müssen z.B. die Art der Straftat, signifikante Änderungen im Leben des Gefangenen und Fortschritte in Bezug auf die Rehabilitierung berücksichtigt werden.

Die Festlegung eines klaren Rehabilitierungsziels führt dazu, dass sich die Rechte der Gefangenen schwieriger einschränken lassen, insbesondere wenn sich diese Einschränkungen auf sekundäre Strafzwecke, die auf eine negative Generalprävention hinauslaufen, stützen.[1047]

Der Gerichtshof versäumte allerdings im Fall *Vinter* auf die konkreten Umstände des Einzelfalles einzugehen und die individuelle Situation des Häftlings näher zu erörtern.[1048] Es lässt sich jedoch vertreten, dass eine nähere Auseinandersetzung mit dem konkreten Fall unnötig war, da der Ausschluss jeglicher Hoffnung auf frühzeitige Entlassung automatisch einen inakzeptablen Eingriff in die Menschenwürde und damit eine Verletzung des Art. 3 EMRK darstellt.

Der EGMR schreibt also eine klare allgemeine Regel vor, die die Menschenrechte so umfassend wie möglich schützt. Sie steht damit im Einklang mit dem Ziel und Zweck der Konvention. Er geht sogar einen Schritt weiter und legt fest, dass eine Überprüfung der lebenslangen Strafe[1049] erfolgen soll. Andererseits wird nicht definiert in welcher Form die

---

1044 EGMR Urt. v. 9.7.2013, *Vinter u.a. vs. UK*, Nr. 66069/09, 130/10, 3896/10, Rn. 122.

1045 *Smit/Weatherby/Creighton*, HRLR 2014, Abstract.

1046 Der *Vinter* Review unterscheidet sich also ganz klar vom *Port-Tariff Review*, bei dem nur das Risiko berücksichtigt wird, das der Gefangene für die Gesellschaft darstellt.

1047 *Smit/Weatherby/Creighton*, HRLR 2014, *Human Dignity and the Possibility of Rehabilitation*.
Vgl. § 57a StGB. Der Auftrag zur Schaffung dieser Norm wurde vom BverfG erteilt, BverfGE 45, 187 vom 21.6.1977, und zwingt zur Überprüfung der lebenslangen Freiheitsstrafe nach 15 Jahren.

1048 Vgl. EGMR Urt. v. 9.7.2013, *Vinter u.a. vs. UK*, Nr. 66069/09, 130/10, 3896/10, abweichende Meinung: Richter *Villiger*.

1049 Der Gerichtshof bezieht hier den europäischen Konsens mit ein: Er stellt fest, dass eine solche Überprüfung in den meisten Vertragsstaaten mindestens alle 25 Jahre vorgenommen wird und nimmt dies als Richtwert, EGMR Urt. v. 9.7.2013, *Vinter u.a. vs. UK*, Nr. 66069/09, 130/10, 3896/10, Rn. 68, 120.

Prüfung vorgenommen werden soll.[1050] Daher dürfte die Souveränität der Vertragsstaaten im Ergebnis nicht allzu tief angegriffen werden.

Wird dem Gefangenen jegliche Hoffnung auf Entlassung genommen, sei es *„de iure"* oder *„de facto"*,[1051] schwindet auch die Möglichkeit je wieder in die Gesellschaft zurückzukehren, was einen direkten Eingriff in die Menschenwürde darstellt. Durch die Einhaltung der „Überprüfungsvorschrift" des EGMR kann der Test bezüglich der groben Unverhältnismäßigkeit bestanden werden. Das Recht auf Freilassung ist ohne die Überprüfungsvorschrift *„de facto"* inhaltslos,[1052] der anvisierte Zeitraum von 25 Jahre hilft lediglich dabei, diese Überprüfungsvorschrift zu konkretisieren: Würde länger gewartet, bis die Strafe überprüft wird, würde die Vorschrift praktisch leerlaufen.[1053]

Auch die Klarstellung, dass die Möglichkeit einer Entlassung aus Mitleid (*„compassionate release"*) – wie sie im britischen Rechtssystem zu finden ist – keine realistische Hoffnung auf Entlassung darstellt, muss als Konkretisierung der „Zwillingsrechte" des *Vinter Reviews* angesehen werden. Denn eine Entlassung aus Mitleid erfolgt nur, wenn der Gefangene schwerbehindert oder sterbenskrank ist: In diesen Fällen bedeutet die Entlassung in Wirklichkeit nur, dass der Gefangene nicht in der Haftanstalt sterben muss. Eine Entlassung aus Mitleid bietet daher keine Hoffnung auf ein Leben in Freiheit.

Im Fall *Vinter vs. UK* entschied der EGMR, dass Art. 3 EMRK verletzt worden sei: Die Überprüfung der Freiheitsstrafe nach 25 Jahren sei 2003 in Großbritannien durch den *Criminal Justice Act*[1054] mit dem Ziel gestrichen worden, der Exekutive die Entscheidungsmacht über den Vollzug einer lebenslangen Freiheitsstrafe zu nehmen. Nach Auffassung des Gerichts hätte die generelle Überprüfung bestehen bleiben und die Entscheidungsgewalt über eine mögliche Aussetzung auf die judikative Instanz übertragen wer-

1050 EGMR Urt. v. 9.7.2013, *Vinter u.a. vs. UK*, Nr. 66069/09, 130/10, 3896/10, Rn. 120.

1051 Und damit zusammenhängend: der Verlust einer Rehabilitierungsmöglichkeit.

1052 Wie gesagt, das Recht auf Aussicht auf Entlassung wäre inhaltslos, wenn die Strafe und ihre Notwendigkeit/Legitimierung nicht regelmäßig überprüft würde.

1053 Die Notwendigkeit einer praktikablen und effektiven Gewährleistung der Konventionsrechte wird als allgemeiner Grundsatz akzeptiert, vgl. *Peters/Altwicker*, EMRK, S. 289; EGMR Urt. v. 13.5.1980, *Artico vs. Italien*, Nr. 6694/74, Rn. 33; EGMR Urt. v. 7.7.1989, *Soering vs. UK*, Nr. 14038/88, Rn. 87; EGMR Urt. v. 23.2.1995, *Loizidou vs. Türkei*, Nr. 15318/89, Rn. 72.

1054 *Criminal Justice Act* 2003.

den sollen.[1055] Durch Streichung der gesetzlich festgelegten Überprüfung wurde eine inakzeptable Unklarheit in der nationalen Gesetzeslage bezüglich der lebenslangen Freiheitsstrafen geschaffen.[1056] Von einer *„de iure"* oder *„de facto"* Reduzierbarkeit der Strafe könne nicht länger die Rede sein.[1057]

3. Verhängung der Todesstrafe nach einem *„unfairen"* Verfahren

Wird die Todesstrafe im Anschluss an ein Verfahren verhängt, dass gegen Art. 6 EMRK und damit gegen den Grundsatz eines fairen Verfahrens verstößt, kann diese Strafe auch eine Verletzung des Art. 3 EMRK bedeuten. Der Verurteilte muss fortan mit der Angst leben, alsbald hingerichtet zu werden. Diese Angst ist an die *„unfairness"* des – dem Urteil zugrundeliegenden – Verfahrens geknüpft und könnte in den Augen des EGMR die Schwelle des *„minimum level of severity"* erreichen.[1058] Bei der Beurteilung der Frage, ob das *„minimum level of severity"* erreicht wurde, spielen auch evtl. bestehende Moratorien[1059] eine Rolle: Das psychische Leiden könnte durch die temporäre Aussetzung der Strafe gemildert werden. Da ein derartiges Moratorium jedoch wieder aufgehoben werden kann, bleibt die Angst des Verurteilten im Grunde bestehen und kann nie völlig beseitigt werden.[1060]

1055 EGMR Urt. v. 9.7.2013, *Vinter u.a. vs. UK*, Nr. 66069/09, 130/10, 3896/10, Rn. 124.

1056 EGMR Urt. v. 9.7.2013, *Vinter u.a. vs. UK*, Nr. 66069/09, 130/10, 3896/10, Rn. 129.

1057 EGMR Urt. v. 9.7.2013, *Vinter u.a. vs. UK*, Nr. 66069/09, 130/10, 3896/10, Rn. 130.

1058 EGMR Urt. v. 12.5.2005, *Öcalan vs. Türkei*, Nr. 46221/99, Rn. 169: *„In the Court's view, to impose a death sentence on a person after an unfair trial is to subject that person wrongfully to the fear that he will be executed. The fear and uncertainty as to the future generated by a sentence of death, in circumstances where there exists a real possibility that the sentence will be enforced, must give rise to a significant degree of anguish. Such anguish cannot be dissociated from the unfairness of the proceedings underlying the sentence which, given that human life is at stake, becomes unlawful under the Convention."*

1059 (Temporäre) Suspendierung der Todesstrafe.

1060 EGMR Urt. v. 11.3.2004, *G.B. vs. Bulgarien*, Nr. 42346/98, Rn. 80. In diesem Fall blieb das Moratorium bis zur Abschaffung der Todesstrafe in Kraft. Das Moratorium habe die Leiden des Opfers derartig verringert, so der EGMR, dass Art. 3 EMRK durch das Todeszellenphänomen nicht verletzt wurde.

4. Verhängung der Todesstrafe nach einem *„fairen"* Verfahren

Obwohl Art. 2 Abs. 1 EMRK die Todesstrafe nicht verbietet, wurde sie mit der Ratifikation der Zusatzprotokolle 6 (Abschaffung der Todesstrafe außer in Kriegszeiten)[1061] und 13 (allgemeine Abschaffung der Todesstrafe)[1062] zur EMRK mehr oder weniger aus den Rechtspraxen der Konventionsstaaten beseitigt.

Wie bereits im Zusammenhang mit dem Fall *Soering*[1063] besprochen, kann eine Verletzung des Art. 3 EMRK durch Verhängung der Todesstrafe auf das Todeszellenphänomen gestützt werden. Im Fall *Soering* wurde das *„minimum level of severity"* dadurch erreicht, dass die Verhängung der Todesstrafe und die damit zusammenhängende Angst vor einer bevorstehenden Hinrichtung ein grauenhaftes psychisches Leiden hervorgerufen hatte. Auch im jüngeren Fall *Al-Soodoon* u. *Mufdhi vs. UK*[1064] aus dem Jahr 2010 stellte der EGMR ähnliche Erwägungen an:

> *„Moreover, it considers that the applicants' well-founded fear of being executed by the Iraqi authorities during the period May 2006 to July 2009 must have given rise to a significant degree of mental suffering and that to subject them to such suffering constituted inhuman treatment within the meaning of Article 3 of the Convention."*[1065]

Auch im Fall *Al-Soodoon* u. *Mufdhi* wurde vom EGMR klargestellt, dass allein die Verhängung der Todesstrafe nicht automatisch den Anwendungsbereich des Art. 3 EMRK eröffnet: Es müsse vielmehr ein aus der Verurteilung resultierendes intensives – psychisches – Leiden nachgewiesen werden.

Es kann jedoch mit guten Gründen bezweifelt werden, ob an diesem Erfordernis noch festgehalten werden kann oder ob die Verhängung der Todesstrafe heutzutage doch ohne Weiteres als Verletzung des Art. 3 EMRK

1061 Protocol No. 6 to the Convention for the Protection of Human Rights and Fundamental Freedoms concerning the Abolition of the Death Penalty, 28.4.1983.

1062 Protocol No. 13 to the Convention for the Protection of Human Rights and Fundamental Freedoms
concerning the abolition of the death penalty in all circumstances, 3.5.2002.

1063 EGMR Urt. v. 7.7.1989, *Soering vs. UK*, Nr. 14038/88.

1064 EGMR Urt. v. 2.3.2010, *Al-Saadoon und Mufdhi vs. UK*, Nr. 61498/08.

1065 EGMR Urt. v. 2.3.2010, *Al-Saadoon und Mufdhi vs. UK*, Nr. 61498/08, Rn. 137.

eingestuft werden sollte. Für diese Ansicht spricht, dass 44 der 47[1066] EMRK-Vertragsstaaten die Todesstrafe offiziell abgeschafft haben, da diese Strafe in ihren Augen prinzipiell gegen die Menschenwürde verstößt. Während der Europäischen Ministerkonferenz zu den Menschenrechten im November 2000, die in der Ausfertigung des Protokolls 13 zur EMRK resultierte, wurde klar, dass ein allgemeiner europäischer Wille existierte, die Todesstrafe grundsätzlich abzuschaffen. Die Historie zu Protokoll 13 vermag also das erste Argument zu unterstützen, dass die Mehrheit der Vertragsstaaten die Todesstrafe an sich als Verletzung des Art. 3 EMRK ansieht.

Die Annahme von Protokoll 13 bedeutet jedoch nicht, dass die Prüfungsstruktur des Art. 3 EMRK völlig losgelassen werden sollte. Um zu beurteilen, ob der Artikel überhaupt anwendbar ist, sollte immerhin das „*minimum level of severity*"-Erfordernis geprüft werden. Es muss nach wie vor geprüft werden, ob die Verhängung der Todesstrafe ein ernsthaftes Leiden verursacht.

5. Ergebnis

Wieder einmal muss geprüft werden, ob der Anwendungsbereich des Art. 3 EMRK betroffen ist: Fraglich ist dabei, ob die Verurteilung psychische Leiden oder Gefühle der Herabsetzung bei dem Verurteilten hervorgerufen hat, die heftiger sind als jene, die automatisch mit einer Verurteilung verknüpft sind. Wird einem Häftling – entweder „*de iure*" oder „*de facto*" – jede Hoffnung auf eine Freilassung genommen, weil sich ein Staat weigert, eine regelmäßige Überprüfung der Strafe im Gesetz festzuhalten, führt dies zur groben Unverhältnismäßigkeit der lebenslangen Freiheitsstrafe und wird als Verletzung der Konvention eingestuft.

Auch die Verhängung der Todesstrafe erfordert eine Gesamtbetrachtung aller Umstände, um zu bestimmen, ob Art. 3 EMRK anwendbar ist.

1066 Zusatzprotokoll 6 (Abschaffung Todesstrafe außer in Kriegszeiten) wurde von allen EMRK-Staaten außer Russland ratifiziert. Zusatzprotokoll 13 (Allgemeine Abschaffung der Todesstrafe) wurde von Armenien unterzeichnet aber nicht ratifiziert, und von Azerbaijjan und Russland weder unterzeichnet oder ratifiziert.

VIII. Fazit

Seit die Konvention im Jahr 1953 in Kraft trat wurden lange Zeit nur solche Behandlungen als unmenschlich angesehen, die dem Opfer zugefügt wurden, während es sich in staatlichem Gewahrsam befand. Ab 1989 löste sich der EGMR von dieser Handhabung und erweiterte den Anwendungsbereich der Norm auf unterschiedlichste Fallgruppen. Diese Ausweitung basierte auf der *„living instrument“*-Doktrin, die 10 Jahre zuvor eingeführt worden war.

Ab Ende der 1980'er Jahre wurde die *„non-refoulement“*-Problematik im Rahmen des Art. 3 EMRK verankert. Anfang der 1990'er Jahre wurde eine Beweislastumkehr zugunsten von Opfern in Polizeihaft etabliert und ab dem Jahr 2000 beschäftigte sich der EGMR (unter Mitwirkung des CPT) zunehmend mit der Verletzung des Art. 3 EMRK durch schlechte Haftbedingungen. Ende der 1990'er Jahre wurden erstmals die Zerstörung der Lebensgrundlage und die erzwungene medizinische oder psychiatrische Behandlung als Verstoß gegen Art. 3 EMRK eingestuft. Um 2010 wurde auch die Auflegung einer unangemessenen Strafe als potentielle Verletzung des Art. 3 EMRK anerkannt.

In jüngerer Zeit hat der EGMR den Anwendungsbereich des Art. 3 EMRK aufgrund aktueller gesellschaftlicher und weltpolitischer Entwicklungen noch weiter ausgeweitet. So wurden Italien[1067] und Frankreich[1068] beispielsweise für die inakzeptablen Zustände in ihren Flüchtlingslagern verurteilt, die im Rahmen der europäischen Flüchtlingskrise errichtet worden waren. Obwohl der EGMR Verständnis dafür zeigte, dass diese Staaten sich durch den starken Zustrom an Einwanderern mit großen Schwierigkeiten konfrontiert sahen, hielt der Gerichtshof konsequent an der Absolutheit des Art. 3 EMRK fest und betonte ein weiteres Mal die übergeordnete Bedeutung der Menschenwürde.

Die unterschiedlichen Ausweitungen des Anwendungsbereichs des Art. 3 EMRK über die letzten Jahrzehnte verdeutlichen die Notwendigkeit, den Menschenrechtsschutz an die aktuelle Zeit anzupassen. Eine solche dynamische Entwicklung entspricht dem Willen der Gesetzgeber und der Präambel der Konvention.

1067 EGMR Urt. v. 01.09.2015, *Khlaifa u.a. vs. Italien*, Nr. 16483/12.

1068 EGMR Urt. v. 12.07.2016, *A.B. u.a. vs. Frankreich*, Nr. 11593/12.

E. Bindungswirkung der Urteile des Gerichtshofs

Die Bindungswirkung, welche die Urteile des EGMR entfalten, lassen sich zusammenfassen als alle Qualitäten und Folgen, die auf die Rechtsprechungsarbeit der innerstaatlichen Gerichte Einfluss haben können.[1069] Es kann zwischen formeller[1070] und materieller[1071] Rechtskraft unterschieden werden. Des Weiteren wird den Urteilen des EGMR Präjudiz Wirkung[1072] zugeschrieben. Allerdings wirken die Urteile rein deklaratorisch, sodass die innerstaatliche Rechtslage durch sie nicht unmittelbar geändert wird.[1073] Es fehlt an einer konstitutiven Direktwirkung, einer kassatorischen Wirkung[1074] oder Gestaltungswirkung. Dem verurteilten Staat werden lediglich einige Pflichten auferlegt. Auch fehlt es an einer Bindungswirkung im Sinne des Art. 31 Abs. 1 BVerfGG,[1075] da nur der Staat Adressat des Urteils ist. Fraglich ist außerdem, ob das gesamte Urteil des EGMR in Rechtskraft erstarkt oder nur bestimmte Teile. Nach herrschender Meinung werden

---

1069 *Kilian*, Bindungswirkung, S. 84. Eine extensivere Umschreibung könnte lauten: alle Qualitäten und Folgen der Urteile des Gerichtshofs, die Einfluss auf die Rechtslage der Vertragsstaaten haben können.

1070 Formelle Rechtskraft bewirkt, dass das Urteil von einem höheren Gericht nicht mehr geändert oder aufgehoben werden kann.

1071 Die materielle Rechtskraft eines formell rechtskräftigen Urteils bewirkt, dass dieses Urteil in zukünftigen Fällen respektiert werden muss. *Kilian*, Bindungswirkung, S. 132: Grundsätzlich werden alle formell rechtskräftigen Urteile auch materiell rechtskräftig, dies ist gewohnheitsrechtlich anerkannt.

1072 Das Urteil soll von anderen Gerichten bei ähnlichen Fällen als Leitfaden angewandt werden. Die Stärke der Präjudiz Wirkung hängt logischerweise völlig davon ab, inwieweit die Fälle sich rechtlich und faktisch ähneln. Im kontinentaleuropäischen Rechtskreis herrscht kein *„stare decisis"*, weshalb grundsätzlich vom Urteil des EGMR abgewichen werden darf; eine Abweichung muss jedoch hinreichend begründet werden; EGMR Urt. v. 19.4.2007, *Vilho Eskelinen u.a vs. Finnland*, Nr. 63235/00, Rn. 56; EGMR Urt. v. 15.10.2009, *Micallef vs. Malta*, Nr. 17056/06, Rn. 81.

1073 *Rohleder*, Grundrechtsschutz im europäischen Mehrebenen-System, S. 45 ff. Dies geht aus den *„travaux preparatoires"* der Konvention hervor: Die Vertragsstaaten erschufen ein rein völkerrechtliches System. Auch eröffnet Art. 41 EMRK explizit die Möglichkeit, dass die nationale Rechtslage eine vollumfängliche Wiedergutmachung verhindert.

1074 *Gollwitzer*, Menschenrechte im Strafverfahren, S. 656.

1075 *„Die Entscheidungen des Bundesverfassungsgerichts binden die Verfassungsorgane des Bundes und der Länder sowie alle Gerichte und Behörden."*

grundsätzlich nur der Urteilstenor, sowie evtl. Teile der Urteilsbegründung[1076] rechtskräftig.

I. *Aus den Urteilen hervorgehende Pflichten des verletzenden Staates*

Als Primärpflicht statuiert die Konvention die Pflicht, konventionswidriges Verhalten zu unterlassen. Kommt es dennoch zu einer Verletzung, erwachsen dem vertragsbrüchigen Staat automatisch eine Reihe von Pflichten,[1077] von denen einige jedoch erst im Falle einer Verurteilung relevant werden. So wird dem verurteilten Staat beispielsweise untersagt, sein Verhalten als konventionsgemäß zu bezeichnen.[1078] Außerdem stellt das Urteil des EGMR klar, dass auch eine künftige Wiederholung des Verhaltens konventionswidrig und damit zu unterlassen wäre.[1079] Dies lässt sich auch aus der Staatenverantwortung in Art. 30 lit. B ILC[1080] ableiten.

1. Positive Verpflichtungen des Staates

> *„It may be described in general terms as imposing a primarily negative obligation on States to refrain from inflicting serious harm on persons within their jurisdiction. However, in light of the fundamental importance of Article 3, the Court has reserved to itself sufficient flexibility to address the application of that Article in other situations that might arise.“*[1081]

Der Staat ist auch verantwortlich für das Verhalten aller staatlichen Organe, Institutionen und Personen, die *„im Auftrag amtlicher Stellen oder mit deren stillschweigendem Einverständnis oder Duldung tätig werden.“*[1082] Diese

1076 *Kilian*, Bindungswirkung, S. 170: „(Nur die Begründungen)„ *die für die im Tenor des Urteils erhaltenen Feststellungen unabdingbar sind.*“

1077 *Peters/Altwicker*, EMRK, S. 286.

1078 *Mellech*, Rezeption, S. 65, m.w.N.

1079 *Mellech*, Rezeption, S. 65, m.w.N.

1080 ILC: International Law Commission's Articles on Responsibility of States for Internationally Wrongful Acts (2001). Article 30: Cessation and non-repetition: *„The State responsible for the internationally wrongful act is under an obligation:*
(a) to cease that act, if it is continuing;
(b) to offer appropriate assurances and guarantees of non-repetition, if circumstances so require.“

1081 EGMR Urt. v. 29.4.2002, *Pretty vs. UK*, Nr. 2346/02, Rn. 50.

1082 *Gollwitzer*, Rn. 10.

Verantwortlichkeit bezieht sich sowohl auf den Gesetzgebungsprozess – die nationalen Gesetze dürfen keine dem Art. 3 EMRK entgegenstehenden Behandlungen anordnen – als auch auf die Rechtsprechung und die Arbeit der Exekutive.[1083] Der Staat muss daher Rechenschaft ablegen, wenn Personen in polizeilichem Gewahrsam, in Gefängnissen oder staatlichen Krankenhäusern falsch behandelt werden.

Da Art. 3 EMRK als eine der fundamentalsten Bestimmungen der Konvention angesehen wird – sie reflektiert einen der Kernwerte jeder demokratischen Gesellschaft – erfordert sie, dass der Staat aktiv Maßnahmen ergreift, um zu vermeiden, dass Personen innerhalb seiner Jurisdiktion im Sinne des Art. 3 EMRK misshandelt werden.[1084] In verschiedenen Entscheidungen betonte der EGMR diese positive Verpflichtung der Vertragsstaaten. Im Fall *Z. u.a. vs. UK*[1085] waren vier Kinder von ihren Eltern misshandelt worden, im Fall *A. vs. UK*[1086] wurde ein Kind von seinem Stiefvater geschlagen: In beiden Fällen urteilte der EGMR, dass der Staat Art. 3 EMRK dadurch verletzt habe, dass er diese Kinder nicht vor den Misshandlungen geschützt habe.[1087]

Der Gerichtshof hat sich in seiner Rechtsprechung u.a. von der UN-Anti-Folter-Konvention inspirieren lassen.[1088] Der Staat ist dazu verpflichtet jedes Verhalten unter Strafe zu stellen, das geeignet ist, Art. 3 EMRK zu verletzen. Diese Verpflichtung wurde beispielsweise im Fall *M.C. vs. Bulgarien* nicht ordnungsgemäß erfüllt.[1089] In diesem Fall war die Verurteilung zweier vermeintlicher[1090] Vergewaltiger durch verfahrensrechtliche Voraussetzungen erschwert worden, da die bulgarischen Gerichte nur auf das Feh-

---

1083 *Gollwitzer*, Rn. 10.

1084 *Ehlers*, Europäische Grundrechte und Grundfreiheiten, Par. 15, Rn. 18.

1085 EGMR Urt. v. 10.5.2001, *Z. u.a. vs. UK*, Nr. 29392/95.

1086 EGMR Urt. v. 23.9.1998, *A. vs. UK*, Nr. 25599/94.

1087 EGMR Urt. v. 23.9.1998, *A. vs. UK*, Nr. 25599/94, Rn. 22; EGMR Urt. v. 10.5.2001, *Z. u.a. vs. UK*, Nr. 29392/95, Rn. 73:„*Children and other vulnerable individuals in particular, are entitled to state protection, in the form of effective deterrence, against serious breaches of personal integrity.*"

1088 Vgl. Artikel 2, 4, 10, 11, und 15 UN-Anti-Folter-Abkommen.

1089 EGMR Urt. v. 4.12.2003, *M.C. vs. Bulgarien*, Nr. 39272/98.

1090 Der Gerichtshof schlussfolgerte, dass Art. 3 EMRK verletzt wurde, ohne zu beurteilen, ob die behaupteten Vergewaltigungen tatsächlich stattgefunden hatten. Der Gerichtshof konzentrierte sich nur auf das Verhalten der staatlichen Einrichtungen.

len eines Nachweises von körperlicher Gegenwehr abstellten.[1091] Die Tatsache, dass sich der Sachverhalt in einer Zwangssituation abgespielt hatte, wurde nicht berücksichtigt.[1092] Diese Herangehensweise ignorierte, dass Sexualtätern eine Zwangslage des Opfers oder ihre körperliche Überlegenheit im Prozess zugutekommt, so dass sie es nicht immer nötig haben, für ihre Tat auf körperliche Gewalt zurückzugreifen. Dies führte dazu, dass bestimme Fälle von Vergewaltigung unbestraft bleiben. In der Konsequenz wird dadurch ein wirksamer Schutz der sexuellen Autonomie verhindert.[1093] Der EGMR wertete in seinem Urteil insbesondere auch, dass die Behörden und Gerichte weder das junge Alter des Opfers noch die damit verbundene gesteigerte Verletzlichkeit in ihren Entscheidungen berücksichtigt hatten und das Verfahren zudem mit signifikanten zeitlichen Verzögerungen durchgeführt wurde.[1094]

Im jüngeren Fall *Cestaro*[1095] urteilte der Gerichtshof, dass der italienische Staat seine positive Verpflichtung nicht erfüllt habe: Die italienische Ge-

---

1091 Art. 152 §§ 1 (2) und 3 des bulgarischen Strafgesetzes erfordert für die Erfüllung des Tatbestands der Vergewaltigung nicht unbedingt, dass das Opfer mittels körperlicher Gewalt oder Bedrohungen zum Geschlechtsverkehr gezwungen wurde. Vergewaltigung wird definiert als *„sexual intercourse with a woman*
(1) incapable of defending herself, where she did not consent;
(2) who was compelled by the use of force or threats;
(3) who was brought to a state of helplessness by the perpetrator."
Die Paragraphen 1-3 sind hierbei nicht kumulativ, sondern alternativ aufzufassen.

1092 EGMR Urt. v. 4.12.2003, *M.C. vs. Bulgarien*, Nr. 39272/98, Rn. 178-180, Rn. 181: *„The Court finds that the failure of the authorities in the applicant's case to investigate sufficiently the surrounding circumstances was the result of their putting undue emphasis on 'direct' proof of rape. Their approach in the particular case was restrictive, practically elevating 'resistance' to the status of defining element of the offence.*"

1093 EGMR Urt. v. 4.12.2003, *M.C. vs. Bulgarien*, Nr. 39272/98, Rn. 166. In diesem Fall befand sich das 14-jährige Opfer mit den 3 vermeintlichen Tätern etwa 15 Kilometer von ihrer Heimatstadt entfernt bei einem Wasserreservoir. Während der ersten behaupteten Vergewaltigung, die im Auto des 21-jährigen Täters P. stattfand, hatte das Opfer nach eigener Aussage nicht die Kraft, mit Gewalt zu widerstehen oder zu schreien. Später fuhren die 3 Männer mit dem Opfer in das Haus des einen Täters, wo das Mädchen ein zweites Mal, diesmal von dem 20-jährigen A., vergewaltigt wurde. Während der ärztlichen Untersuchung am nächsten Tag wurde festgestellt, dass das Jungfernhäutchen frisch gerissen war. Der Arzt stellte außerdem eine kleine Verletzung am Hals und vier blaue Flecke fest. Die Angeklagten P. und A. behaupteten beide, dass der Geschlechtsverkehr in gegenseitigem stattgefunden habe.

1094 EGMR Urt. v. 4.12.2003, *M.C. vs. Bulgarien*, Nr. 39272/98, Rn. 184.

1095 EGMR Urt. v. 07.07.2015, *Cestaro vs. Italien*, Nr. 6884/11.

setzgebung sei unzureichend, um Folter effektiv zu bestrafen, und diene nicht als Abschreckungsinstrument, um zukünftige Folteranwendungen zu vermeiden.[1096]

Unter die Pflicht, solche Handlungen unter Strafe zu stellen, die gegen Art. 3 EMRK verstoßen, fällt auch, dass der Staat eine Verletzung des Art. 3 EMRK unattraktiv machen soll, u.a. durch Einführung eines Verwertungsverbots für solche Beweismittel, die auf konventionswidrige Weise erlangt worden sind (z.B. unter Verstoß gegen § 136a Abs. 3 StPO).

Der Staat soll alles daransetzen, konkrete Gefährdungen der in Art. 3 EMRK geschützten Grundrechte aktiv zu unterbinden.[1097] Diese Verpflichtung ist zentral für das „*refoulement*“-Verbot. Andererseits sollen dem Staat auch keine unerfüllbaren Aufgaben auferlegt werden.[1098] Wenn der Staat nachlässig gewesen ist, kann daraus eine positive Verpflichtung zur Verbesserung der aus dieser Nachlässigkeit entstandenen negativen Umstände folgen.[1099] Die Schutzpflichten fasst *Gollwitzer* bündig als die Pflicht zusammen, angemessene Sanktionen für Verletzungen des Art. 3 EMRK einzuführen, eine effektive Überwachung staatlicher Institutionen zu etablieren und im Fall eines Verstoßes prompt zu reagieren.[1100]

Wenn ein Betroffener auf glaubhafte Weise darlegen kann, Opfer einer konventionswidrigen Behandlung geworden zu sein, muss der Staat eine effektive, objektive und umfassende Ermittlung einleiten, die darauf abzielt, den Verletzenden zu identifizieren und zu bestrafen.[1101] Das Opfer muss an diesen Ermittlungen beteiligt werden.[1102] Diese Prozessregel ist notwendig, um den effektiven Rechtsschutz, den Art. 3 EMRK fordert, zu gewährleisten. Gäbe es diese Ermittlungspflicht nicht, wäre Art. 3 EMRK ineffektiv; Staaten könnten die Konventionsrechte verletzen, ohne dafür bestraft zu werden.[1103] Der Staat muss diese Ermittlung von Amts wegen

1096 EGMR Urt. v. 07.07.2015, *Cestaro vs. Italien*, Nr. 6884/11, Rn. 225.

1097 *Gollwitzer*, Menschenrechte im Strafverfahren, Rn. 10.

1098 *Meyer-Ladewig*, EMRK Handkommentar, S. 61; EGMR Urt. v. 3.6.2003, *Pantea vs. Rumänien*, Nr. 33343/96.

1099 *Meyer-Ladewig*, EMRK Handkommentar, S. 62.

1100 *Gollwitzer*, Menschenrechte im Strafverfahren, Rn. 10.

1101 *Van Dijk/Van Hoof/Van Rijn/Zwaak*, Theory and Practice of the ECHR, S. 410.

1102 *Meyer-Ladewig*, EMRK Handkommentar, S. 62.

1103 EGMR Urt. v. 28.10.1998, *Assenov u.a. vs. Bulgarien*, Nr. 24760/94; EGMR Urt. v. 6.4.2000, *Labita vs. Italien*, Nr. 26772/95, Rn. 131: „*(...) despite its fundamental importance, [it would] be ineffective in practice and it would be possible in some cases for state agents to abuse the rights of those within their control with virtual impunity (...)*“

vornehmen[1104] und dem Opfer müssen Rechtsbehelfe zur Verfügung gestellt werden. Außerdem müssen dem Opfer die Ergebnisse der Ermittlung mitgeteilt werden.[1105]

Die Ermittlungspflicht kann sowohl aus Art. 3 EMRK abgeleitet werden als auch aus Artikel 13 EMRK, der da lautet:

> „*Everyone whose rights and freedoms as set forth in this Convention are violated shall have an effective remedy before a national authority notwithstanding that the violation has been committed by persons acting in an official capacity.*“[1106]

Der EGMR scheint die staatliche Ermittlungspflicht in der Regel auf Art. 13 EMRK zu stützen, selbst wenn eine Verletzung des Art. 3 EMRK festgestellt wurde.[1107] Die Pflicht resultiert allerdings dann aus Art. 3 EMRK, wenn blockierte oder ergebnislose Nachforschungen eine Tatsachenfeststellung unmöglich gemacht haben.[1108] Leider ist die Rechtsprechung in dieser Hinsicht nicht immer konsequent: In mehreren Fällen hielt sich der EGMR nicht an diese Unterscheidung.[1109] Abschließend kann jedoch festgehalten werden, dass der Gerichtshof prüft, ob Art. 3 EMRK als solcher verletzt ist und, ob die Ermittlungspflicht aus Artikel 13 eingehalten wurde. [1110]

1104 *Gollwitzer*, Menschenrechte im Strafverfahren, Rn. 11; EGMR Urt. v. 20.7.2000, *Caloc vs. Frankreich*, Nr. 33951/96; EGMR Urt. v. 28.10.1998 *Assenov u.a. vs. Bulgarien*, Nr. 24760/94; EGMR Urt. v. 25.9.1997, *Aydin vs. Türkei*, Nr. 23178/94.

1105 EGMR Urt. v. 28.3.2017, *Škorjanec vs. Kroatien*, Nr. 25536/14, Rn. 52 ff.

1106 Auf Deutsch: „*Jede Person, die in ihren in dieser Konvention anerkannten Rechten oder Freiheiten verletzt worden ist, hat das Recht, bei einer innerstaatlichen Instanz eine wirksame Beschwerde zu erheben, auch wenn die Verletzung von Personen begangen worden ist, die in amtlicher Eigenschaft gehandelt haben*.“ Die Bedeutung des Begriffs „wirksame Beschwerde“ ist umstritten. Es wurde mehrmals vom EGMR kritisiert, dass Opfern in Deutschland bei unangemessener Dauer von Zivilverfahren keine wirksame Beschwerde zur Verfügung steht. EGMR Urt. v. 08.06.2006, *Sürmeli vs. Deutschland*, Nr. 75529/01, Rn. 115; EGMR Urt. v. 02.12.2010, *Rumpf vs. Deutschland*, Nr. 46344/06, Rn. 51.

1107 EGMR Urt. v. 25.09.1997, *Aydin vs. Türkei*, Nr. 23178/94, Rn. 103-109.

1108 *Meyer-Ladewig*, EMRK Handkommentar, S. 62; EGMR Urt. v. 27.6.2000, *Ilhan vs. Türkei*, Nr. 22277/93, Rn. 89 ff.

1109 EGMR Urt. v. 16.11. 2000, *Bilgin vs. Türkei*, Nr. 23819/94; EGMR Urt. v. 10.4.2001, *Tanli vs. Türkei*, Nr. 26129/93, Rn. 159; EGMR Urt. v. 23.2.2006, *Tzekov vs. Bulgarien*, Nr. 45500/99.

1110 EGMR Urt. v. 30.9.2004, *Krastanov vs. Bulgarien*, Nr. 50222/99; EGMR Urt. v. 5.10.2004, *Barbu Anghelesvu vs. Bulgarien*, Nr. 46430/99; EGMR Urt. v. 12.10.2004, *Bursuc vs. Rumänien*, Nr. 42066/98.

2. Die Tatsachenfeststellung: der Beweisstandard „*beyond reasonable doubt*"

Der am häufigsten angewandte Beweisstandard im Tatsachenfeststellungsverfahren erfordert, dass eine Verletzung des Art. 3 EMRK „*beyond reasonable doubt*" nachgewiesen wird.[1111] Es darf kein vernünftiger Zweifel bestehen, dass die Norm verletzt worden ist. Diese Anforderung ist jedoch schwer zu erfüllen, da in vielen Fällen unklar bleibt, was genau vorgefallen ist und allein die Aussage des Opfers und des Staates als Beweismittel zur Verfügung stehen. Um trotz dieser Problematik eine rechtsstaatliche Tatsachenfeststellung zu ermöglichen, hat der EGMR diesen Beweisstandard für verschiedene Fallgruppen erheblich herabgesetzt, beispielsweise in der Fallkonstellation, dass der Beschwerdeführer während Polizeigewahrsam verletzt wurde. Außerdem kann das Erfordernis „*beyond reasonable doubt*" bereits durch das Vorliegen mehrerer, glaubhaft dargelegter und unbestrittener Behauptungen oder Schlussfolgerungen erfüllt werden.[1112] Schließlich berücksichtigt der EGMR auch das Verhalten der Parteien während der Tatsachenermittlung.[1113]

3. Zwischenergebnis

Die Primärpflicht der Vertragsstaaten, konventionswidriges Verhalten zu unterlassen, lässt sich in eine große Anzahl von Einzelpflichten unterteilen. Außerdem werden dem Staat nach einer Verurteilung weitere Pflichten auferlegt, wie bspw. die Pflicht, das bestrafte Verhalten in Zukunft nicht zu wiederholen. Der Staat muss seine Bürger aktiv vor konventionswidrigen Handlungen schützen, selbst wenn diese von Privatpersonen vorgenommen werden. Alle Taten, die geeignet sind die Konvention zu verletzen, müssen unter Strafe gestellt werden. Eine Verurteilung wegen konventionswidrigem Verhalten darf nicht unverhältnismäßig erschwert werden. Eine gegen die Konvention verstoßende Verfahrensweise muss daher unattraktiv gemacht werden und staatliche Institutionen müssen wirksam und regelmäßig kontrolliert werden. Wenn ein Verstoß erkennbar wird, muss

1111 *Van Dijk/Van Hoof/Van Rijn/Zwaak*, Theory and Practice of the ECHR, S. 410.
1112 *Van Dijk/Van Hoof/Van Rijn/Zwaak*, Theory and Practice of the ECHR, S. 410.
1113 *Van Dijk/Van Hoof/Van Rijn/Zwaak*, Theory and Practice of the ECHR, S. 410; EGMR Urt. v. 18.1.1978, *Irland vs. UK*, Nr. 5310/71, Rn. 161; EGMR Urt. v. 25.09.1997, *Aydin vs. Türkei*, Nr. 23178/94, Rn. 73; EGMR Urt. v. 28.7.1999, *Selmouni vs. Frankreich*, Nr. 25803/94, Rn. 88.

der Staat direkt eingreifen und den Vorwürfen ohne Verzögerung nachgehen.

Obwohl der Beweisstandard *„beyond reasonable doubt"* grundsätzlich streng erscheint, können Tatsachen durch mehrere überzeugenden Schlussfolgerungen und/oder glaubhafte Aussagen *„beyond reasonable doubt"* bewiesen werden. Außerdem findet in verschiedenen Fallgruppen eine Beweislastumkehr statt, sodass die Beweislast beim Staat liegt.

II. Befolgungspflicht

Prinzipiell entfalten die Urteile des EGMR nur Wirkung *„inter partes"*.[1114] Art. 1 EMRK verpflichtet die Vertragsstaaten, die Rechte und Freiheiten zu gewährleisten, die in Abschnitt 1 der Konvention niedergeschrieben sind. Da die Urteile des Gerichtshofs die Bestimmungen der EMRK aber konkretisieren, erstreckt sich die Pflicht des Art. 1 EMRK auch auf die gerichtlichen Entscheidungen des EGMR. Den Urteilen kommt damit eine faktische, wenn auch rechtlich unverbindliche Orientierungswirkung zu,[1115] die sich aus der Autorität des Gerichtshofs bei der Interpretation der Konvention[1116] ableiten lässt.[1117] Sowohl die Orientierungswirkung als auch die Pflicht zur Vermeidung künftiger gleichartiger Verletzungen ergeben sich aus Art. 1 i.V.m. Art. 32 i.V.m. Art. 41 i.V.m. Art. 46 EMRK und zielen darauf ab, die Arbeitsbelastung des EGMR zu reduzieren.[1118]

Art. 46 Abs. 1 der EMRK lautet:

> *„The High Contracting Parties undertake to abide by the final judgment of the Court in any case to which they are parties."*[1119]

Das Verb *„abide by"* wurde in der deutschen Fassung der Konvention durch „befolgen" ersetzt. Art. 46 Abs. 1 EMRK kodifiziert damit unmissverständlich die Pflicht eines verurteilten Staates, die Entscheidung des EGMR zu

---

1114 *Kilian*, Bindungswirkung, S. 132; Komm. Urt. v. 8.7.1980, *X. vs. Schweiz*, Nr. 8778/79,; EGMR Urt. v. 1.7.1961, *Lawless vs. Irland*, Nr. 332/57,; EGMR Urt. v. 18.6.1971, *De Wilde, Ooms and Versyp v. Belgien*, Nr. 2832/66, 2835/66, 2899/66,.

1115 Auch „indirekte Wirkung" oder „Präjudiz Wirkung".

1116 Artikel 32 EMRK.

1117 *Gollwitzer*, S. 659.

1118 *Haß*, Die Urteile des EGMR, S. 97.

1119 Deutsche Fassung: *„Die Hohen Vertragsparteien verpflichten sich, in allen Rechtssachen, in denen sie Partei sind, das endgültige Urteil des Gerichtshofs zu befolgen."*

akzeptieren und zu befolgen. Die Pflicht, das Urteil zu befolgen umfasst auch die Pflicht, die nationale Rechtslage mit der EMRK in Einklang zu bringen. Dies kann aktives Handeln des verurteilten Staates erfordern. So fließen aus Art. 46 Abs. 1 EMRK die bereits besprochene Pflichten, den konventionswidrigen Zustand zu beenden, den entstandenen Schaden wiedergutzumachen und ein solches Verhalten in Zukunft nicht zu wiederholen.

Es muss noch einmal angemerkt werden, dass sich die Norm nur an die Vertragsstaaten als solche richtet, nicht aber an die einzelnen innerstaatlichen Organe. Wie der Staat die Befolgungspflicht auf nationaler Ebene umsetzt, ist somit eine innerstaatliche Angelegenheit.[1120] Weder der Beschwerdeführer noch die Kommission werden durch den Wortlaut des Art. 46 EMRK gebunden. Es muss aber logischerweise davon ausgegangen werden, dass beim Individualbeschwerdeverfahren auch der Beschwerdeführer daran gebunden ist.[1121] Wie oben besprochen, wird grundsätzlich nur der Urteilstenor rechtskräftig,[1122] sodass nur dieser auch als *„final judgment“* anzusehen ist.

Das Ministerkomitee kontrolliert, ob der verurteilte Staat das Urteil befolgt, und hat zu diesem Zwecke einige Verfahrensregeln aufgestellt, die die Pflichten des verurteilten Staates noch spezifizieren.[1123] Das Komitee überprüft, ob der Staat geeignete Maßnahmen eingeleitet hat, um die verletzende Handlung zu beenden und, um zu gewährleisten, dass solche Handlungen in Zukunft unterlassen werden.

Neben der Beendigungspflicht trifft den verurteilten Staat auch die Pflicht, die Folgen der Konventionsverletzung zu beseitigen. Das Völkerrecht kennt zwei Arten der Wiedergutmachung: die Naturalrestitution und der Wertersatz. Nach der Naturalrestitution (*„restitutio in integrum“*) soll der Zustand wiederhergestellt werden, der bestehen würde, wenn es nie zu der verletzenden Handlung gekommen wäre.[1124] Ist eine Naturalrestituti-

---

1120 *Kilian*, Bindungswirkung, S. 113, m.w.N.: Dies ist im Einklang mit der Lehre des Dualismus. Nur das Völkerrechtssubjekt, der Staat, kann an den völkerrechtlichen Rechtsakt und an das Urteil des internationalen Gerichts gebunden sein. Die weiteren innerstaatlichen Wirkungen sind vom Nationalrecht abhängig.

1121 *Karpensteyn/Mayer*, EMRK, S. 606.

1122 Die Begründung ist nur in Ausnahmefällen rechtskräftig.

1123 Rules adopted by the Comitee of Ministers for the application of article 46, paragraph 2 of the European Convention on Human Rights. Angenommen am 10.1.2001.

1124 *Haß*, Die Urteile des EGMR, S. 75.

on unmöglich, dann soll Wertersatz geleistet bzw. auf andere Weise Genugtuung erreicht werden.

Dem Wortlaut des Art. 41 EMRK zufolge darf der EGMR einen Staat nur dann zum Schadensersatz verpflichten, wenn die Folgen der Konventionsverletzung nicht auf andere Weise behoben werden können, z.B. wenn das innerstaatliche Recht nur eine unvollkommene Wiedergutmachung vorsieht. *Schreuer* nennt die absolute Rechtskraft eines innerstaatlichen Urteils als Beispiel dafür, das nationales Recht eine vollkommene Wiedergutmachung verhindert:[1125] Wenn ein belastendes Urteil trotz abweichender Entscheidung aus Straßburg nicht rückgängig gemacht werden kann, bleiben die Folgen der Konventionsverletzung bestehen. Trotzdem geht der EGMR in ständiger Rechtsprechung davon aus, dass er keine Befugnis besitzt, nationale Urteile aufzuheben. Lediglich eine Empfehlung des Ministerkomitees[1126] zielt darauf ab, eine Verpflichtung zur Wiederaufnahme des innerstaatlichen Verfahrens zu schaffen. Bis heute besteht jedoch keine derartige rechtsverbindliche Pflicht.[1127]

Der EGMR interpretiert Art. 41 EMRK so, dass er auch Anwendung findet, wenn eine Naturalrestitution aus anderen – praktischen, oder der Art

---

1125 *Schreuer*, Die Behandlung internationaler Organakte durch staatliche Gerichte, S. 254; *Gollwitzer*, Menschenrechte im Strafverfahren, S. 656. Nachdem er feststellt, dass den Urteilen des Gerichtshofs keine kassatorische Wirkung zukommt, schreibt *Gollwitzer*: *„Innerstaatlich kann sie [die konventionswidrige Maßnahme] nur geändert oder aufgehoben werden, wenn und soweit das einschlägige nationale Recht einen Weg zu ihrer Korrektur öffnet, so etwa, wenn es in einem solchen Fall die Wiederaufnahme einer rechtskräftig erledigten Strafsache gesetzlich zulässt oder wenn die Korrektur eines bestandskräftig gewordenen Verwaltungsakts nachträglich möglich ist, aber auch, wenn das einschlägige Verfahrensrecht ohnehin die erneute Befassung des Gerichts durch einen neuen Antrag oder auch von Amts wegen auf Grund der veränderten Sach- und Rechtslage zulässt. Andernfalls setzt die Unabhängigkeit der Gerichte und die Bindungswirkung einer unanfechtbar gewordenen Entscheidung jeder nachträglichen Korrektur Schranken.“* N.B.: Der Unterschied zwischen rechtskräftigen Gerichtsurteilen, die sich nicht mehr ändern lassen und nationalen Gesetzen, die noch verändert bzw. aufgehoben werden können ist damit essentiell.

1126 Empfehlung Nr. 2 (2000) 2 v. 19.1.2000.

1127 *Grabenwarter/Pabel*, EMRK, S. 104, m.w.N. Die Komplikation der Rechtskraft von Entscheidungen und das Fehlen einer völkerrechtlichen Verpflichtung zur Wiederaufnahme ist etwas weniger problematisch, da viele Vertragsstaaten in ihren Prozessordnungen die Möglichkeit vorsehen, ein Verfahren infolge eines Urteils des EGMR wiederaufzunehmen. Vgl. für Deutschland § 359 Nr. 6 StPO und § 580 Nr. 8 ZPO, für Österreich § 363a StPO, für die Schweiz Art. 139a Bundesrechtspflegegesetz, für Frankreich Art. 626 Abs. 1 *Code de procédure pénal*.

der Verletzung inhärenten – Gründen nicht möglich ist.[1128] So betrifft mehr als die Hälfte der Klagen vor dem EGMR den Ablauf eines Verfahrens.[1129] Verfahrensfehler aber sind durch Naturalrestitution nicht wieder auszugleichen. Auch in Fällen, die Art. 3 EMRK betreffen wird eine Naturalrestitution aus faktischen Erwägungen heraus nie möglich sein: Wird eine Person unmenschlich oder erniedrigend behandelt oder gefoltert kann dieser Umstand nicht wieder ausgelöscht werden. Diese Erfahrung bleibt vielmehr für immer ein Teil der Biografie des Opfers.

Neben der Feststellung, dass eine Naturalrestitution unmöglich ist, müssen für die Anerkennung einer *„just satisfaction"* einige übrige Voraussetzungen erfüllt werden: Die Feststellung einer Verletzung durch den EGMR, das Vorliegen eines Antrags auf Entschädigung durch den Beschwerdeführer sowie eine Kausalität zwischen Verletzung und Schaden, und die Notwendigkeit eines Wertersatzes.[1130]

Aus systematischer Sicht ist es problematisch, dass der EGMR auch dann eine Entschädigung zuspricht, wenn der Beschwerdeführer mittels des nationalen Rechts Schadensersatz erlangen könnte.[1131] Der Gerichtshof vertritt in diesen Fällen aber die Ansicht, dass die Beschreitung des nationalen Rechtswegs aufgrund des damit verbundenen Zeitaufwands nicht mit den Zielen der Konvention – nämlich einer effektiven Gewährleistung der Menschenrechte – vereinbar sei.[1132]

Logischerweise spricht der EGMR keinen Schadensersatz zu, wenn schon auf nationaler Ebene ein Entschädigungsverfahren anhängig ist. Umgekehrt kann sich der Beschwerdeführer nach einem Urteil des EGMR nicht mehr an die nationalen Gerichte wenden, um eine zweite Entschädigung zu erreichen. Sobald in Übereinstimmung mit Art. 41 EMRK eine Entschädigung zugesprochen wurde, wandelt sich das Urteil des EGMR in ein Leistungsurteil und damit in einen vollstreckungsfähigen Titel.

Im Völkerrecht existiert grundsätzlich ein Primat der Naturalrestitution:[1133] Sie wird gegenüber der Gewährung von Schadensersatz bevorzugt: Würde der Wertersatz den Vorzug gegeben, könnte dies zu einer uner-

---

1128 *Frowein/Peukert*, Europäische Menschenrechtskonvention, S. 540.

1129 *Gollwitzer*, Menschenrechte im Strafverfahren, S. 652, m.w.N.

1130 Dieses Kriterium besagt, dass der EGMR nach Billigkeit entscheidet.

1131 EGMR Urt. v. 13.6.1994, *Barberà, Messegué u. Jabardo vs. Spanien*, Nr. 10588/83, 10589/83, 10590/83, Rn. 17.

1132 *Karpensteyn/Mayer*, EMRK, S. 576.

1133 *Grabenwarter/Pabel*, EMRK, S. 97: *„Voraussetzung für eine angemessene Entschädigung ist, dass eine Verletzung der Konvention stattgefunden hat und keine völlige Wiedergutmachung in der Umsetzung der Urteile nach Art. 46 erfolgen kann."*

wünschten Kommerzialisierung von Menschenrechten führen. Es stellt sich aber die Frage, ob die Naturalrestitution vom EGMR in der Praxis tatsächlich priorisiert wird.

Der EGMR spricht in den meisten Fällen die beantragte Entschädigung auch zu. Dieses Vorgehen stellt jedoch keine Abkehr von der obengenannten Präferenz für die Naturalrestition dar: Die Wiedergutmachung[1134] verlangt, dass der Beschwerdeführer in den Zustand versetzt wird, der bestehen würde, wenn die Konventionsverletzung nie stattgefunden hätte. Auch wenn das nationale Recht dem Staat prinzipiell eine zweite Chance einräumt, z.B. in Form der Wiederaufnahme des Verfahrens, wird der Beschwerdeführer nicht wirklich in den oben beschriebenen Zustand zurückversetzt. Immerhin aber müssen die Kosten, die durch den ersten – konventionsverletzenden – Prozess und den Prozess vor dem Straßburger Gericht entstanden sind,[1135] vom verurteilten Staat ersetzt werden, um eine vollkommene Naturalrestitution zu bewirken.[1136]

Es ist vertretbar, dass der EGMR doch den Wertersatz bevorzugt, da die EMRK keine direkte Änderung der nationalen Gesetzeslage vornehmen kann, wenn die Möglichkeit zur Naturalrestitution dies fordert. Die Naturalrestitution könnte nur Vorrang haben, wenn dem EGMR die Macht gegeben würde, in die nationale Rechtslage einzugreifen, um eine *„restitutio in integrum"* zu verwirklichen.[1137]

Zwach legt Art. 41 EMRK jedoch teleologisch[1138] aus und vertritt die Meinung, dass der Vorrang der Naturalrestitution in jedem Fall bestehen

---

1134 *„Restitutio in integrum"*.

1135 *Peters/Altwicker*, EMRK, S. 288: Die Verfahrenskosten für einen Prozess vor dem EGMR werden vom Europarat übernommen, sodass dem Beschwerdeführer unabhängig vom Ausgang des Verfahrens keine Kosten entstehen. Evtl. anfallende Anwaltskosten werden hingegen nicht übernommen, da nur die tatsächlich angefallenen Kosten ersetzt werden.

1136 *Frowein/Peukert*, Europäische Menschenrechtskonvention, S. 539. Hier werden noch einige Beispiele genannt, in denen eine wiedergutmachende Maßnahme keine *„restitutio in integrum"* bewirken kann: *„So beseitigt Freilassung aus rechtswidriger Haft nicht den Schaden, den die Haftmaßnahme bis zur Freilassung verursachte, und die Rückgabe eines rechtswidrig enteigneten Grundstücks nicht den bis dahin erfolgten Nutzungsausfall."* Vgl. EGMR Urt. v. 26.10.1984, *Piersack vs. Belgien*, Nr. 8692/79; EGMR Urt. v. 28.6.1993, *Windisch vs. Österreich*, Nr. 12489/86.

1137 *Zwach*, Die Leistungsurteile des Europäischen Gerichtshofs für Menschenrechte, S. 48, 49.

1138 Art. 31 Abs. 1 WVK schreibt vor, dass die Konvention nach Sinn und Zweck interpretiert wird.

bleibt.[1139] Wie schon besprochen, müssen die Bestimmungen der Konvention nach der Rechtsprechung des EGMR so ausgelegt werden, dass die Rechte, die in ihr verankert sind, effektiv zur Geltung kommen.[1140] Der Gerichtshof leitet diese Gewährleistungspflicht aus dem Sinn und Zweck der Konvention ab.[1141] Eine Interpretation des Art. 41 EMRK die erlaubt, dass der Wertersatz gegenüber die Naturalrestitution bevorzugt wird, würde eine effektive Gewährleistung der Rechte des Geschädigten logischerweise untergraben. Aus der Rechtsprechung des EGMR geht deutlich hervor, dass die Naturalrestitution tatsächlich bevorzugt wird.[1142] Art. 41 EMRK betrifft damit einen Ausnahmefall, auf den nur zurückgegriffen werden soll, wenn eine Naturalrestitution aus praktischen oder juristischen Erwägungen heraus nicht möglich ist.

Wie schon kurz angeschnitten, stellen Urteile, die eine Verletzung des Art. 3 EMRK zum Inhalt haben praktisch immer einen derartigen Ausnahmefall dar, da es unmöglich ist, eine unmenschliche oder erniedrigende Behandlung oder Folter durch Naturalrestitution auszugleichen.[1143]

Sobald gemäß Art. 41 EMRK eine gerechte Entschädigung zugesprochen wurde, hat der Staat so bald wie möglich zu zahlen. Der EGMR setzt in

---

1139 *Zwach*, Die Leistungsurteile des Europäischen Gerichtshofs für Menschenrechte, S. 49.

1140 EGMR Urt. v. 23.7.1968, *Belgische Linguistik vs. Belgien*, Nr. 1474/62, 1677/62, 1691/62, 1769/63, 1994/63, 2126/64, S. 31, Rn. 3,4; EGMR Urt. v. 21.2.1975, *Golder vs. UK*, Nr. 4451/70, S. 18, Rn. 35; EGMR Urt. v. 28.11.1978, *Luedicke, Belkacem u. Koç vs. Deutschland*, Nr. 6210/73, 6877/75, 7132/75; S. 17-18; Rn. 42; EGMR Urt. v. 13.6.1979, *Marckx vs. Belgien*, Nr. 6833/74, Rn. 31.

1141 EGMR Urt. v. 13.5.1980, *Artico vs. Italien*, Nr. 6694/74, Rn. 33; EGMR Urt. v. 7.7.1989, *Soering vs. UK*, Nr. 14038/88, Rn. 87; EGMR Urt. v. 23.2.1995, *Loizidou vs. Türkei*, Nr. 15318/89, Rn. 72.

1142 EGMR Urt. v. 24.7.1998, *Menteş vs. Türkei*, Nr. 33347/04, Rn. 24; EGMR Urt. v. 13.7.2000, *Scozzari u. Giunta vs. Italien*, Nr. 39221/98, 41963/98, Rn: 249; EGMR Urt. v. 19.10.2000, *Iatridis vs. Griechenland*, Nr. 31107/96, Rn. 32; EGMR Urt. v. 17.2.2004, *Maestri vs. Italien*, Nr. 39748/98, Rn. 47; EGMR Urt. v. 8.4.2004, *Assanidze vs. Georgien*, Nr. 71503/01, Rn. 198; EGMR Urt. v. 22.6.2004, *Broniowski vs. Polen*, Nr. 31443/96, Rn. 192.

1143 EGMR Urt. v. 27.8.1992, *Tomasi vs. Frankreich*, Nr. 12850/87, Rn. 108, 130; EGMR Urt. v. 19.4.2001, *Peers vs. Griechenland*, Nr. 28524/95, Rn. 69 ff., 88; EGMR Urt. v. 29.9.2005, *Mathew vs. Niederlande*, Nr. 24919/03, Rn. 227 ff.; EGMR Urt. v. 11.7.2006, *Jalloh vs. Deutschland*, Nr. 54810/00, Rn. 130; EGMR Urt. v. 24.7.2008, *Vladimir Romanov vs. Russland*, Nr. 41461/02, Rn. 117; EGMR Urt. v. 14.12.2010, *Dobri vs. Rumänien*, Nr. 25153/04, Rn. 62; EGMR Urt. v. 20.1.2011, *Kashavelov vs. Bulgarien*, Nr. 891/05, Rn. 56; EGMR Urt. v. 1.2.2011, *Yazgül Yilmaz vs. Türkei*, Nr. 36369/06, Rn. 73; EGMR Urt. v. 10.2.2011, *Premininy vs. Russland*, Nr. 44973/04.

der Regel eine Frist zur Zahlung und legt eine Verzinsung fest.[1144] Die monetäre Genugtuung umfasst den Ersatz für materielle und immaterielle Schäden, sowie den Ersatz für Ausgaben, die der Beschwerdeführer während des Verfahrens tätigen musste. Es werden nur solche Schäden ersetzt, die unmittelbar mit der Konventionsverletzung im Zusammenhang stehen. Schäden, die auch ohne Verletzung eingetreten wären fehlt es an Kausalität, sodass sie nicht ersetzt werden.[1145] Der EGMR bestimmt, ob überhaupt ein Recht auf Entschädigung besteht[1146] und legt die Entschädigungssumme nach Billigkeitsgesichtspunkten fest.[1147] Er zieht dabei u.a. die Schwere der Verletzung, die vom Opfer erlittenen psychischen Qualen und Ängste in Betracht.[1148] Obwohl prinzipiell ein Kausalzusammenhang zwischen der Verletzung und dem Leiden nachgewiesen werden muss und die Beweislast hierfür auf dem Beschwerdeführer ruht, zeigt der EGMR Verständnis dafür, dass es manchmal unmöglich ist, Beweismittel zu liefern, die das Vorliegen eines hohen emotionalen Leidens überzeugend stützen können.[1149]

1144 *Gollwitzer*, S. 659, m.w.N. N.B.: Für die Verzinsung wird der um drei Prozent erhöhte Refinanzierungssatz („*marginal lending rate*") der Europäischen Zentralbank angewandt: EGMR Urt. v. 11.7.2002, *Christine Goodwin vs. UK*, Nr. 28957/95, Rn. 124.

1145 EGMR Urt. v. 13.1.2011, *Schummer vs. Deutschland*, Nr. 27360/04, 42225/07, Rn. 91.

1146 Im EGMR Urt. v. 1.6.2010, *Gäfgen vs. Deutschland*, Nr. 22978/05 entschied der Gerichtshof, dass kein Recht aus Artikel 41 EMRK bestand, obwohl Art. 3 EMRK verletzt wurde. Vgl. EGMR Urt. v. 27.9.1995, *McCann u.a. vs. UK*, Nr. 18984/91; EGMR Urt. v. 5.5.2005, *Öcalan vs. Turkei*, Nr. 46221/99.

1147 *Grabenwarter/Pabel*, EMRK, S. 96. Vgl. auch EGMR Urt. v. 7.5.2002, *Burdov vs. Russland*, Nr. 59498/00, Rn. 47; EGMR Urt. v. 17.1.2008, *Abbasov vs. Aserbaidschan*, Nr. 24271/05, Rn. 47; EGMR Urt. v. 18.9.2009, *Varnava u.a. vs. Türkei*, Nr. 16064/90, 16065/90, 16066/90, 16068/90, 16069/90, 16070/90, 16071/90, 16072/90, 16073/90, Rn. 224: „*just, fair and reasonable*".

1148 *Karpensteyn/Mayer*, EMRK, S. 578: „(...) *Traumata, Schmerz und Leiden, Verzweiflung, Angst, Frustrationen, Gefühle von Ungerechtigkeit oder Erniedrigung, der Einschnitt in das Leben und den Verlust von Chancen*." Verweis auf EGMR Urt. v. 18.9.2009, *Varnava u.a. vs. Türkei*, Nr. 16064/90, 16065/90, 16066/90, 16068/90, 16069/90, 16070/90, 16071/90, 16072/90, 16073/90, Rn. 224.

1149 EGMR Urt. v. 28.5.1985, *Abdulaziz, Cabales u. Balkandali vs. UK*, Nr. 9214/80, 9473/81, 9474/81, Rn. 96; EGMR Urt. v. 2.7.2002, *Wilson u. the National Union of Journalists, Palmer, Wyeth u. the National Union of Rail, Maritime and Transport Workers, Doolan u.a. vs. UK*, Nr. 30668/96, 30671/96, 30678/96, Rn. 60.

Obwohl auch materielle Schäden im Rahmen von Art. 3- Fällen eine Rolle spielen können,[1150] ist die Feststellung der immateriellen Schäden interessanter. Die Schwere der Verletzung und die Auswirkungen des Eingriffs sind für die Bestimmung der Ersatzsumme ausschlaggebend.[1151] Höhere Schadensersatzbeträge für immaterielle Schäden wurden insbesondere in den Fällen zugesprochen, in denen es sich um Verletzungen der Art. 2, 3 und 5 EMRK handelte.[1152] So wurden dem Beschwerdeführer im Fall *Jalloh*[1153] 10.000 Euro zugesprochen, der Beschwerdeführer im Fall *Tomasi*[1154] erhielt 700.000 Französische Franc, im Fall *Benzer u.a. vs. Türkei* wurden 155.000 EUR an *Benzer* und insgesamt 2.640.000 EUR gezahlt,[1155] im Fall *Selmouni*[1156] wurden 500.000 Französische Franc gewährt und im Fall *Mikheyev*[1157] hielt das Gericht eine Summe von 22.530.000 Russische Rubel für angemessen.[1158] Die gerechte Entschädigung ist im Falle einer Verletzung des Art. 3 EMRK als Schmerzensgeld anzusehen.[1159] In „*non-refoulement*"-Fällen, in denen eine Vertreibung noch nicht vollzogen wurde, kann Art. 41 EMRK auch anwendbar sein.[1160]

1150 Z.B. bei Verletzungen des Art. 3 EMRK durch Zerstörung der Lebensgrundlage.

1151 *Meyer-Ladewig*, EMRK Handkommentar, S. 366.

1152 *Grabenwarter/Pabel*, EMRK, S. 98.

1153 EGMR Urt. v. 11.7.2006, *Jalloh vs. Deutschland*, Nr. 54810/00, Rn. 130.

1154 EGMR Urt. v. 27.8.1992, *Tomasi vs. Frankreich*, Nr. 12850/87.

1155 EGMR Urt. v. 12.11.2013, *Benzer u.a. vs. Türkei*, Nr. 23502/06, Rn. 221.

1156 EGMR Urt. v. 28.7.1999, *Selmouni vs. Frankreich*, Nr. 25803/94.

1157 EGMR Urt. v. 26.1.2006, *Mikheyev vs. Russland*, Nr. 77617/01.

1158 Ca. EUR 654,000 zum Zeitpunkt des Urteils.

1159 *Meyer-Ladewig*, EMRK Handkommentar, S. 366.

1160 EGMR Urt. v. 7.7.1989, *Soering vs. UK*, Nr. 14038/88; EGMR Urt. v. 5.7.2005, *Said vs. Niederlande*, Nr. 2345/02, Rn. 60: „*Although the Government are correct in their observation that no breach of Article 3 has as yet occurred, the Court has previously held that where the implementation of a decision to extradite a person to a particular country would give rise to a breach of that provision, Article 41 of the Convention must be taken as applying to the facts of the case.*" N.B.: Obwohl Art. 41 EMRK in den oben genannten Fällen anwendbar war, wurde keine Entschädigung zugesprochen.

III. Von Verpflichtung von Resultate nach Verpflichtung von Mittel

Die Urteile des EGMR sind grundsätzlich Feststellungsurteile.[1161] Der verurteilte Staat kann daher selbständig wählen, welches Mittel oder welche Methode er anwendet, um die Erfüllung seiner Befolgungspflicht zu gewährleisten. Es handelt sich damit um eine *„obligation de résultat“*, eine Verpflichtung von Resultaten.[1162] Es wird dem Staat ein Ermessensspielraum belassen, um zu entscheiden, wie er seine Befolgungspflicht erfüllen möchte.[1163] Das Ministerkomitee überwacht die Erfüllung dieser Auflage, sodass die Arbeit des Gerichts zu diesem Zeitpunkt bereits beendet ist. Im Jahr 1993 schrieb *Kilian*, dass der EGMR keine Kompetenz besitzt, den betroffenen Staat in seinem Ermessensspielraum bezüglich der Umsetzung seiner Befolgungspflicht einzuschränken.[1164]

1. Einschränkung des Ermessensspielraums der Vertragsstaaten bei der Urteilsbefolgung

Der Gerichtshof weicht jedoch seit Mitte der 1990'er Jahre immer wieder von diesem Prinzip ab.[1165] Gelegentlich empfiehlt der EGMR lediglich

---

1161 Grundsätzlich kann der EGMR nur dann Leistungsurteile erlassen, wenn er zur Bezahlung von Schadensersatz gemäß Art. 41 EMRK verpflichtet.

1162 Art. 41 EMRK bildet hierzu eine Ausnahme: Der Gerichtshof kann zu einer Entschädigung verpflichten und legt die Entschädigungssumme fest. *Mellech*, Rezeption, S. 66, m.w.N; *Grabenwarter/Pabel*, EMRK, S. 103; *Gollwitzer*, S. 657: *„Die von ihnen zur Beseitigung der Folgen eines Konventionsverstoßes gewählten Mittel müssen jedoch zu einem Ergebnis führen, das den Anforderungen Rechnung trägt, die der Gerichtshof in seiner Entscheidung für die Behebung der festgestellten Konventionsverletzung aufgestellt hat.“*

1163 EGMR Urt. v. 29.4.1988, *Belilos vs. Schweiz*, Nr. 10328/83, Rn. 78; *Meyer-Ladewig*, EMRK Handkommentar, S. 396.

1164 *Kilian*, Bindungswirkung, S. 99, 174. *Kilian* verweist auf den *Teitgen*-Rapport aus dem *„travaux preparatoires“*, S. 226, Nr. 26, worin klargestellt wird, dass der EGMR kein Appellationsgericht bzw. keine vierte Instanz darstellt. *Kilian* bespricht außerdem Art. 39 des Berichts des Expertenkomitees an das Ministerkomitee vom 16.3.1950 (*Vallée-Poussin/Struyken* Rapport) Darin wurde explizit aufgenommen, dass der EGMR keine Kompetenz erhalten sollte, nationale Rechtsakte abändern oder aufheben zu können.

1165 EGMR Urt. v. 26.2.2004, *Görgülü vs. Deutschland*, Nr. 74969/01, Einräumung eines Umgangsrechts; EGMR Urt. v. 8.7.2004, *Ilascu u.a. vs. Moldawien u. Russland*, Nr. 48787/99, Verpflichtung zur Freilassung des Inhaftierten Opfers; EGMR Urt. v. 8.4.2004, *Assanidze vs. Georgien*, Nr. 71503/01, idem; EGMR Urt.

eine bestimmte Methode, in anderen Fällen verpflichtet er den Staat jedoch auch, konkrete Abhilfemaßnahmen zu treffen, ohne Rücksicht auf einen Vorbehalt des nationalen Rechts.[1166]

Im Fall *Papamichalopoulos* veranlasste der EGMR erstmals eine konkrete – über eine bloße Entschädigung hinausgehende – Abhilfemaßnahme im rechtskräftigen Urteilstenor: Der Staat wurde ausdrücklich dazu verpflichtet, ein enteignetes Grundstück zurückzugeben.[1167] Im Fall *Scozzari* wurde der Ermessensspielraum des verurteilten Staates in geringem Maße eingeschränkt: Der EGMR entschied, dass der Staat frei über die zu ergreifenden Maßnahmen zur Befolgung des Urteils entscheiden könne, sofern die gewählte Maßnahme mit den Vorgaben im Urteilstenor vereinbar sei.[1168] Im Fall *Assanidze* ging der EGMR einen Schritt weiter und veranlasste die Freilassung des Beschwerdeführers im Urteilstenor.[1169]

Der Gerichtshof hat bislang sieben konkrete Anordnungen in einem Urteilstenor getroffen: Die Freilassung von Inhaftierten,[1170] die Verbesserung von Haftbedingungen,[1171] die Durchsetzung innerstaatlicher Gerichtsurteile,[1172] die Untersuchung von Todesfällen,[1173] die Aufhebung einer zu lan-

---

v. 23.3.2009, *Nitescu vs. Rumänien*, Nr. 26004/03, Umsetzung eines innerstaatlichen Gerichtsurteils; EGMR Urt. v. 26.5.2009, *Amanalachioai vs. Rumänien*, Nr. 4023/04, Ausarbeitung einer Strategie, um die Beziehung zwischen dem Beschwerdeführer und seiner Tochter zu verbessern; EGMR Urt. v. 23.3.2010, *Oyal vs. Türkei*, Nr. 4864/05, Verpflichtung des Staates, ein mit HIV infiziertes Opfer bis zum Lebensende auf Staatskosten zu versorgen, da die Infektion durch eine verunreinigte Bluttransfusionen verursacht wurde.

1166 *Haefliger/Schürmann*, Die EMRK und die Schweiz, S. 426: Es handelt sich hier um eine dem *„obligation de résultat"* gegenüberstehende *„obligation de moyens"*. Vgl. *Rohleder*, *Grundrechtsschutz im europäischen Mehrebenen-System*, S. 55 ff.

1167 EGMR Urt. v. 24.6.1993, *Papamichalopoulos vs. Griechenland*, Nr. 14556/89.

1168 EGMR Urt. v. 13.7.2000, *Scozzari u. Giunta vs. Italien*, Nr. 39221/98, 41963/98, Rn. 249.

1169 EGMR Urt. v. 8.4.2004, *Assanidze vs. Georgien*, Nr. 71503/01.

1170 EGMR Urt. v. 8.4.2004, *Assanidze vs. Georgien*, Nr. 71503/01; EGMR Urt. v. 8.7.2004, *Ilascu u.a. vs. Moldawien und Russland*, Nr. 48787/99, Rn. 490; EGMR Urt. v. 13.4.2010, *Charahili vs. Türkei*, Nr. 46605/07, Rn. 85; EGMR Urt. v. 13.4.2010, *Tehrani u.a. vs. Türkei*, Nr. 32940/08, 41626/08, 43616/08, Rn. 107; EGMR Urt. v. 22.4.2010, *Fatullayev vs. Aserbeidschan*, Nr. 40984/07, Rn. 177.

1171 EGMR Urt. v. 3.3.2009, *Ghavtadze vs. Georgien*, Nr. 23204/07, Rn. 106; EGMR Urt. v. 20.1.2009, *Slawomir Musial vs. Polen*, Nr. 28300/06, Rn. 108.

1172 EGMR Urt. v. 24.2.2005, *Poznakhirina vs. Russland*, Nr. 25964/02, Rn. 33; EGMR Urt. v. 28.11.2005, *Apostol vs. Georgien*, Nr. 40765/02, Rn. 73; EGMR Urt. v. 21.6.2007, *Kudrina vs. Russland*, Nr. 27790/03, Rn. 36.

1173 EGMR Urt. v. 2.12.2010, *Abuyeva u.a. vs. Russland*, Nr. 27065/05, Rn. 243.

gen Untersuchungshaft,[1174] die Verpflichtung zur Einholung einer *„diplomatic assurance"* bei Verletzungen des *„non-refoulement"*-Prinzips[1175] und die Wiederaufnahme eines Verfahrens.[1176] Die Verpflichtung zur Verfahrenswiederaufnahme im Urteilstenor ist in Bezug auf die Rechtskraft der nationalen Gerichtsurteile problematisch. Diese Fälle sind aber nach Ansicht der Literatur als „unbeabsichtigte Abweichungen"[1177] anzusehen. Normalerweise wird in der Urteilsbegründung nur die Empfehlung abgegeben, die „angemessenste Form der Wiedergutmachung"[1178] zu wählen. Dies ist in der Regel die Wiederaufnahme des Verfahrens.

2. Kompetenz des EGMR bzgl. des Vorschreibens präziser Maßnahmen

Obwohl der Rechtsschutz durch den Erlass präziser und umfassender Vorgaben zur Umsetzung des Urteils effektiver gestaltet werden kann,[1179] stellt sich die Frage, ob der EGMR überhaupt die Kompetenz besitzt, solch detaillierte Anordnungen zu treffen:[1180] Der Grundsatz der begrenzten Einzelermächtigung schreibt vor, dass der EGMR nur innerhalb der Grenzen

---

1174 EGMR Urt. v. 6.3.2007, *Yakisan vs. Türkei*, Nr. 11339/03: Entweder durch schnellstmöglichen Abschluss des Prozesses gegen den Beschwerdeführer unter Berücksichtigung der Anforderungen an eine ordentliche Rechtspflege, oder durch seine Entlassung während des laufenden Verfahrens gem. Art. 5 Abs. 3 EMRK.

1175 EGMR Urt. v. 2.3.2010, *Al-Saadoon und Mufdhi vs. UK*, Nr. 61498/08, Rn. 171.

1176 EGMR Urt. v. 10.11.2004, *Sejdovic vs. Italien*, Nr. 56581/00; EGMR Urt. v. 17.9.2009, *Scoppola vs. Italien (Nr. 3)*, Nr. 126/05.

1177 *Karpensteyn/Mayer*, EMRK, S. 603; *Frowein/Peukert*, Europäische Menschenrechtskonvention, S. 607; *Nicolaou*, in: The New Perspective of the ECHR, S. 168.

1178 *Karpensteyn/Mayer*, EMRK, S. 603.

1179 *Frowein/Peukert*, Europäische Menschenrechtskonvention, S. 538. Die Verpflichtung, konkrete Abhilfemaßnahmen zu nennen, wird hier als eine „zu begrüßende Rechtspraxis" umschrieben.

1180 Die Resolution 1226 (2000) der Parlamentarischen Versammlung vom 28.9.2000, Execution of Judgements of the European Court of Human Rights, die den Satz *„The Court should oblige itself to indicate in its judgements to the national authorities concerned how they should execute the judgement so that they can comply with the decisions and take the individual and general measures required.* " enthält, ist rechtlich nicht verbindlich, sondern als eine Empfehlung an den EGMR zu verstehen.

seiner – von den souveränen Vertragsstaaten verliehenen – Kompetenzen handeln darf.[1181]

Im Fall *Assanidze* beruft sich der EGMR zur Begründung seiner Kompetenz auf Art. 41 EMRK,[1182] was jedoch aus systematischer Sicht unschön wirkt: Art. 41 EMRK konkretisiert die Wiedergutmachungspflicht eines vertragsbrüchigen Staates. Diese Pflicht untergliedert sich in die Pflicht, den ursprünglichen Zustand wiederherzustellen, der vor der Verletzung bestand, alternativ Wertersatz zu leisten oder auf andere Weise Genugtuung zu erreichen. Die Kompetenz, einem verurteilten Staat detaillierte Anordnungen zu erteilen muss aber als „Annexkompetenz" betrachtet werden,[1183] die mit der Beendigungspflicht eines Staates verknüpft ist. Die Beendigungspflicht ist Teil der allgemeinen Pflicht, das Urteil des EGMR zu befolgen (Art. 46 EMRK)[1184] und hat mit Art. 41 EMRK nichts zu tun.

Der Vorbehalt des nationalen Rechts – „(...) *and if the internal law of the High Contracting Party concerned allows only partial reparation to be made* (...)" – wurde nur in Art. 41 EMRK aufgenommen und hat damit nur Geltung für Wertersatz oder Genugtuung.[1185] Weder die Beendigungspflicht noch die Annexkompetenz des Gerichtshofs, Maßnahmen genau zu bestimmen und anzuordnen, werden also von einem solchen Vorbehalt tangiert.[1186] Der Staat ist dazu verpflichtet *„jedes Hindernis im nationalen Recht*

1181 *Mellech*, Rezeption, S. 68, m.w.N.

1182 EGMR Urt. 8.4.2004, *Assanidze vs. Georgien*, Nr. 71503/01, Rn. 198: „(...) *Article 41 empowers the Court to afford the injured party such satisfaction as appears to it to be appropriate. It follows, inter alia, that a judgment in which the Court finds a violation of the Convention or its Protocols imposes on the respondent State a legal obligation not just to pay those concerned the sums awarded by way of just satisfaction, but also to choose, subject to supervision by the Committee of Ministers, the general and/or, if appropriate, individual measures to be adopted in its domestic legal order to put an end to the violation found by the Court and make all feasible reparation for its consequences in such a way as to restore as far as possible the situation existing before the breach*."

1183 *Mellech*, Rezeption, S. 68; *Peters/Altwicker*, EMRK, S. 289.

1184 Im Fall *Broniowski* wurde die Kompetenz, über die nationale Gesetzeslage zu urteilen und spezifische Anordnungen zu erlassen, auf Art. 46 EMRK gestützt. außerdem leitete der EGMR seine Annexkompetenz aus der im Zusammenhang mit Protokoll Nr. 14 vom Ministerkomitee verabschiedeten Empfehlung Res(2004)6 und aus Resolution Res(2004)3 ab. EGMR Urt. v. 22.6.2004, *Broniowski vs. Polen*, Nr. 31443/96, Rn. 188 ff.

1185 *„just satisfaction"*.

1186 *Breuer*, Abhilfemaßnahmen, in: EuGRZ 2004, S. 257, 262, 263.

zu beseitigen, das einer Wiedergutmachung der Situation des Beschwerdeführers entgegensteht."[1187]

Außerdem wurde die Notwendigkeit einer praktikablen und effektiven Gewährleistung der Konventionsrechte als allgemeiner Grundsatz akzeptiert. Die Befugnis, konkrete Anordnungen zu erteilen, ließe sich somit auch aus diesem Grundsatz ableiten.[1188]

Haider erklärt ganz richtig, dass die Ansicht, konkrete Anordnungen des Gerichts würden zu sehr in den Ermessensspielraum des verurteilten Staates eingreifen, verkennt, worin die Bedeutung der Feststellung einer Verletzung liegt: Auch wenn in einem Urteil keine expliziten Anordnungen getroffen werden, lässt sich aus der festgestellten Verletzung praktisch immer auch ableiten, worin die Wiedergutmachung des Staates bestehen soll. Somit impliziert jedes Urteil bereits die Anforderungen an eine Wiedergutmachung, sodass der Ermessensspielraum, wenn man so will auch ohne konkrete Anweisungen des Gerichts auf gewisse Weise eingeschränkt wird.[1189]

IV. Piloturteile und die Verpflichtung zur Änderung der nationalen Gesetzeslage

Wenn der konventionsverletzende Charakter eines Verwaltungsaktes auf eine Rechtsnorm zurückzuführen ist, lassen sich zwei Situationen unterscheiden: In der ersten Situation geht der verletzende Akt lediglich aus einer bestimmten Auslegung der Rechtsnorm hervor. Sobald der Vertragsstaat die Norm konventionsgemäß auslegt, ist das Problem gelöst. In diesen Fällen geht der EGMR manchmal nur kurz oder überhaupt nicht auf die zugrunde liegende Rechtsnorm ein, sodass kein Anhaltspunkt für eine Verpflichtung zur Änderung oder Aufhebung existiert.[1190]

Spannend wird es, wenn der Verstoß untrennbar mit einer bestimmten Rechtsnorm verbunden ist oder sogar das Produkt „*struktureller oder genereller Defizite im nationalen Recht oder der nationalen Praxis*" darstellt.[1191] In diesen Fällen ist es ungenügend, nur über den Einzelfall zu urteilen. Um die Menschenrechtslage im verurteilten Staat tatsächlich zu verbessern,

---

1187 *Grabenwarter/Pabel*, EMRK, S. 103.

1188 *Peters/Altwicker*, EMRK, S. 289.

1189 *Haider*, The Pilot-Judgment Procedure, S. 211.

1190 EGMR Urt. v. 17.10.2002, *Stambuk vs. Deutschland*, Nr. 37928/97.

1191 EGMR Urt. v. 22.6.2004, *Broniowski vs. Polen*, Nr. 31443/96; Rn. 191; vgl. EGMR Urt. v. 28.7.1999, *Botazzi, Di Mauro, Ferrari u. A.P. vs. Italien*, Nr. 34884/97, 34256/96, 33440/96, 35265/97.

sieht sich der EGMR dazu verpflichtet, genaue Anweisungen zu erteilen, die den Staat dazu zwingen, die problematische Bestimmung oder Praxis zu ändern oder aufzuheben.[1192] Solche Anordnungen tragen u.a. zu einer Verringerung der Arbeitsbelastung des Gerichts bei.

In den ab dem Jahr 2005 verabschiedeten Piloturteilen[1193] untersucht der EGMR die nationale Gesetzeslage, die als eventuelle Ursache einer konkreten Konventionsverletzung angesehen wird, und nutzt die Entscheidung im Einzelfall *„pars pro toto"* auch für andere offene Verfahren, denen die gleiche Problematik zugrunde liegt. Es handelt sich damit um verallgemeinerungsfähige Einzelfallentscheidungen.[1194] Der EGMR hält bisweilen sogar im rechtskräftigen Urteilstenor fest, dass problematische Gesetze geändert bzw. aufgehoben werden müssen.[1195] Der Gerichtshof hatte auch schon vor 2005 in einigen Urteilen eine fallbezogene Normenkontrolle durchgeführt und strukturelle Defizite festgestellt. Diese wurden allerdings nie im Urteilstenor festgehalten.[1196] Der Ermessensspielraum des verletzenden Staates wird durch dieses Verhalten erheblich eingeschränkt bzw. beseitigt.[1197]

1192 EGMR Urt. v. 27.11.2007, *Urbarska Obec Trencianske vs. Slowakei*, Nr. 74258/01, Rn. 148 ff.; EGMR Urt. v. 6.3.2007, *Scordino vs. Italien*, Nr. 43662/98.

1193 *Nicolaou*, in: The New Perspective of the ECHR, S. 171: *„the most impressive and far-reaching of all the Court's procedural innovations"*.

1194 http://www.echr.coe.int/Documents/Pilot_judgment_procedure_ENG.pdf (zuletzt abgerufen am 8.7.2015), Rn. 3.

1195 http://www.echr.coe.int/Documents/Pilot_judgment_procedure_ENG.pdf (zuletzt abgerufen am 8.7.2015). Das erste Pilot-Urteil wurde mit EGMR Urt. v. 28.9.2005, *Broniowski vs. Polen*, Nr. 31443/96 verabschiedet. Andere Beispiele finden sich in den Fällen EGMR Urt. v. 15.10.2009, *Burdov, Olaru u. Yuriy Nikolayewich Ivanov vs. Ukraine*, Nr. 40450/04; EGMR Urt. v. 2.9.2010, *Rumpf vs. Deutschland*, Nr. 46344/06; EGMR Urt. v. 10.1.2012, *Ananyev u.a. vs. Russland*, Nr. 42525/07; EGMR Urt. v. 8.1.2013, *Torreggiani vs. Italien*, Nr. 43517/09; EGMR Urt. v. 10.6.2015, *Varga u.a. Vs Hungarien*, Nr. 14097/12, 45135/12, 73712/12, 34001/13, 44055/13, 64586/13. In den Fällen *Ananyev*, *Torreggiani* und *Varga* u.a. stand eine Verletzung des Art. 3 EMRK im Mittelpunkt.

1196 *Breuer*, Urteilsfolgen, EuGRZ 2004, S. 445, 448.

1197 Bzw. „reduziert auf null", *Breuer*, Abhilfemaßnahmen, EuGRZ 2004, S. 257, 259.
Die Vertragsstaaten haben mehrmals Kritik an dieser Einschränkung geäußert, vgl. EGMR Urt. v. 1.3.2006, *Sejdovic vs. Italien*, Nr. 56581/00.

1. Kompetenz des EGMR zum Erlass von Piloturteilen

Es stellt sich die Frage nach der Kompetenz des EGMR, eine solche Normenkontrolle durchzuführen und eine Änderung der nationalen Gesetzeslage anzuordnen.[1198] In der Literatur werden verschiedene Grundlagen diskutiert, auf die sich eine solche Zuständigkeit stützen ließe.

a) Teleologische Auslegung der EMRK

Die Befugnis Piloturteile zu treffen lässt sich aus Art. 32 EMRK[1199] i.V.m. Art. 46 Abs. 1 EMRK[1200] i.V.m. Art. 1 EMRK ableiten:[1201] Der EGMR ist dazu berufen, die Konvention ihrem Ziel und Zweck gemäß auszulegen.[1202] Art. 1 EMRK fordert, dass die Rechte und Freiheiten, die in Teil I der Konvention garantiert werden, von den Staaten gewährleistet werden. Nach Ansicht des Gerichtshofs können „*strukturelle oder systematische Probleme*“[1203] in der nationalen Gesetzeslage, die einer effektiven Gewährleistung der Konventionsrechte entgegenstehen am einfachsten durch ein Piloturteil angegangen werden. Der verurteilte Staat muss dieses Urteil befolgen, was in der Konsequenz dazu führt, dass das problematische Gesetz aufgehoben oder geändert wird.

1198 *Haider*, The Pilot-Judgment Procedure, S. 193.

1199 Art. 32 EMRK: „*The jurisdiction of the Court shall extend to all matters concerning the interpretation and application of the Convention (...)*“

1200 Art. 46 Abs. 1 EMRK: „*The High Contracting Parties undertake to abide by the final judgment of the Court in any case to which they are parties.*“

1201 Art. 1 EMRK: „*The High Contracting Parties shall secure to everyone within their jurisdiction the rights and freedoms defined in Section I of this Convention.*“

1202 EGMR Urt. v. 13.5.1980, *Artico vs. Italien*, Nr. 6694/74, Rn. 33; EGMR Urt. v. 7.7.1989, *Soering vs. UK*, Nr. 14038/88, Rn. 87; EGMR Urt. v. 23.2.1995, *Loizidou vs. Türkei*, Nr. 15318/89, Rn. 72.

1203 S. 1, http://www.echr.coe.int/Documents/Pilot_judgment_procedure_ENG.pdf (zuletzt abgerufen am 8.7.2015).

b) Vermeidung einer Überbelastung des Konventionssystems bzw. des Ministerkomitees

Aus Art. 19 EMRK[1204] lassen sich unterverstandenen Zuständigkeiten („*implied powers*")[1205] ableiten: Da die Funktionalität des EGMR durch eine Überbelastung gefährdet würde,[1206] erhält der Gerichtshof die Kompetenz Piloturteile zu erlassen, da diese am besten geeignet sind einer solchen Überbelastung entgegenzuwirken.[1207] Wenn das Piloturteil zur Schaffung eines neuen innerstaatlichen Rechtsmittels geführt hat, können Parallelfälle gestrichen werden, da die Beschwerdeführer jetzt über innerstaatlichen Wegen Genugtuung erhalten können.[1208] Klagen, die inhaltlich der Thematik des Piloturteils entsprechen und kurz nach der Verabschiedung dieses Urteils anhängig werden, können für einen bestimmten Zeitraum ver-

---

1204 Art. 19 EMRK: „*To ensure the observance of the engagements undertaken by the High Contracting Parties in the Convention and the Protocols thereto, there shall be set up a European Court of Human Rights, hereinafter referred to as "the Court". It shall function on a permanent basis.*"

1205 Grundsätzlich ist die „*implied powers*"-Theorie, die in der Rechtsprechung des IGH entwickelt wurde, nur auf internationale Organisationen anwendbar. *Haß* ist der Ansicht, dass von einer Übertragung der „*implied powers*" auf den EGMR ausgegangen werden könne, sodass dem Gerichtshof unkodifizierte Befugnisse zustünden, die für die Erreichung der Konventionsziele nötig seien. Obwohl der Gerichtshof nie explizit festgestellt habe, dass ihm „*implied powers*" zukämen, würde von diesen Kompetenzen gelegentlich Gebrauch gemacht. *Haß*, Die Urteile des EGMR, S. 202.

1206 *Breuer*, Urteilsfolgen, in: EuGRZ 2004, S. 445: Es soll sich im Jahr 2002 nach offiziellen Zahlen bei 65% der 844 vom Gerichtshof entschiedenen Fälle um „*repetitive cases*" gehandelt haben, im Jahr 2003 handelte es sich um 60% von 703 Fälle. Art. 35 Abs. 2 lit. B EMRK war in den problematischen Fällen nicht anwendbar, da die Rechtsfrage zwar gleich, Beschwerdeführer und Sachverhalt jedoch nicht vergleichbar waren.

1207 S. 1, http://www.echr.coe.int/Documents/Pilot_judgment_procedure_ENG.pdf (zuletzt abgerufen am 8.7.2015).

1208 *Peters/Altwicker*, EMRK, S. 290: Das Streichen von Verfahren wird nicht vorgenommen, wenn dies gegenüber den Beschwerdeführern ungerecht wäre und wenn hierdurch dem Staat der Handlungsdruck genommen würde.
Vgl. *Haider*, The Pilot-Judgment Procedure, S. 258: „*In several pilot judgements the Court adjourned the consideration of applications stemming from the same systemic problem while awaiting a domestic remedy to be installed by the respondent State. If the Court was later satisfied that a newly introduced domestic remedy was capable of providing applicants affected by the same systemic problem with adequate and sufficient redress, the Court struck these applicants' complaints out of the list because they now had the chance to resubmit their grievances with the new domestic remedy.*"

tagt werden, um die Reform der nationalen Gesetzeslage abzuwarten. Der EGMR verpflichtet den im Piloturteil verurteilten Staat dazu, innerhalb einer gesetzten Frist Abhilfe zu schaffen.

Allein das praktische Problem der Überbelastung des Gerichts vermag jedoch nicht die Einführung der Piloturteile zu begründen.[1209] Der EGMR ist allerdings der Ansicht, dass die Vermeidung einer Überbelastung des Systems dazu dient, die Rechte des Individuums besser schützen zu können, sodass Piloturteile letztlich das Ziel und den Zweck der Konvention stützt und damit dogmatisch wichtig sind.[1210]

Außerdem beruft sich der EGMR auf die Resolution (2004)3 des Ministerkomitees vom 12.5.2004, in der dem Gerichtshof der Auftrag erteilt wurde, in seinen Urteilen strukturelle Probleme innerhalb der Gesetzeslage des verurteilten Staates zu benennen, um damit das Ministerkomitee zu entlasten. Da die Resolution jedoch rechtlich nicht bindend ist, liefert sie keine Basis für die richterrechtliche Fortentwicklung, die in der Einführung des Piloturteil-Verfahrens zu sehen ist.

c) Normenkontrolle im Lichte der Subsidiarität des Konventionssystems

Es stellt sich jetzt die Frage, ob diese Befugnis des EGMR nicht durch die Kompetenz der Vertragsstaaten, autonom die Mittel zur Urteilsbefolgung zu wählen, eingeschränkt wird. Da eine Normenkontrolle im Lichte des Subsidiaritätsprinzips nicht zu den genuinen Aufgaben des EGMR gehört[1211] und tief in die Souveränität der Vertragsstaaten eingreift, wird dieses Verfahren nur in Ausnahmefällen durchgeführt. Bislang wurde sie nur durchgeführt in Fällen, in denen ein angemessener Rechtsbehelf gegen

---

1209 *Breuer*, Urteilsfolgen, in: EuGRZ 2004, S. 445, 451.

1210 S. 2, http://www.echr.coe.int/Documents/Pilot_judgment_procedure_ENG.pdf (zuletzt abgerufen am 8.7.2015): "*The central idea behind the pilot judgment procedure is that where there are a large number of applications concerning the same problem, applicants will obtain redress more speedily if an effective remedy is established at national level than if their cases are processed on an individual basis in Strasbourg.*"

1211 EGMR Urt. v. 3.12.2009, *Zaunegger vs. Deutschland*, Nr. 22028/04, Rn. 45: „*The Court reiterates that in cases arising from individual applications it is not its task to examine the domestic legislation in the abstract, but it must examine the manner in which that legislation was applied to the applicant in the particular circumstances and whether its application in the present case led to an unjustified difference in the treatment of the applicant.*"

eine überlange Verfahrensdauer fehlte,[1212] bei mangelhafter Durchsetzung eines nationalen Gerichtsurteils,[1213] wenn schlechte Haftbedingungen zu einer Verletzung des Art. 3 EMRK führen[1214] oder bei Entzug des Eigentums.[1215]

Die Pflicht zur Änderung einer konventionswidrigen Gesetzeslage lässt sich aus der Befolgungspflicht in Art. 46 Abs. 1 EMRK ableiten.[1216] Die Aufhebung oder Änderung eines nationalen Gesetzes stellt bisweilen den einzigen Weg dar, die Menschenrechtslage in einem Staat dauerhaft zu verbessern. Damit ist die erhebliche Einschränkung des Ermessensspielraums des verurteilten Staates im Ergebnis oftmals gerechtfertigt: Der Gerichtshof erteilt nur dann die explizite Anordnung, ein Gesetz aufzuheben oder zu ändern, wenn dies die einzige Möglichkeit eines Staates darstellt, seine Pflicht aus Art. 46 Abs. 1 EMRK zu erfüllen. Die Anordnung ist damit bereits in der Feststellung des konventionswidrigen Charakters der Rechtsnorm implizit angelegt.[1217]

In den ersten Piloturteilen stellte der EGMR entweder fest, dass der verurteilte Staat schon mehrmals gegen seine Befolgungspflicht verstoßen hatte und, dass dies aus einem strukturellen Problem in der nationalen Gesetzeslage folgte[1218] oder dass sehr viele Beschwerdeführer von dem strukturellen Problem betroffen waren.[1219] Im ersten Fall sah sich der Gerichtshof gezwungen, eine explizite Anordnung zur Änderung der nationalen Gesetzeslage zu treffen, um ein wirksamer Abhilfemechanismus („*effective re-*

1212 EGMR Urt. v. 6.10.2005, *Lukenda vs. Slovenien*, Nr. 23032/02; EGMR Urt. v. 2.9.2010, *Rumpf vs. Deutschland*, Nr. 46344/06.

1213 EGMR Urt. v. 15.1.2009, *Burdov vs. Russland* (Nr. 2), Nr. 33509/04; EGMR Urt. v. 12.10.2010, *Olaru vs. Moldawien*, Nr. 476/07; EGMR Urt. v. 15.10.2009, *Yuriy Nikolayevich Ivanov vs. Ukraine*, Nr. 40450/04.

1214 EGMR Urt. v. 22.10.2009, *Orchowski vs. Polen*, Nr. 17885/04.

1215 EGMR Urt. v. 22.6.2004, *Broniowski vs. Polen*, Nr. 31443/96; EGMR Urt. v. 22.12.2005, *Xenides-Arestis vs. Türkei*, Nr. 46347/99; EGMR Urt. v. 28.4.2008, *Hutten-Czapska vs. Polen*, Nr. 35014/97; EGMR Urt. v. 12.10.2010, *Maria Atanasiu u.a. vs. Rumänien*, Nr. 30767/05, 33800/06.

1216 *Haß*, Die Urteile des EGMR, S. 86.

1217 Vgl. *Breuer*, Urteilsfolgen, in: EuGRZ 2004, S. 445, 449; *Breuer*, Abhilfemaßnahmen, EuGRZ 2004, S. 257, 263.

1218 EGMR Urt. v. 15.10.2009, *Burdov, Olaru u. Yuriy Nikolayewich Ivanov vs. Ukraine*, Nr. 40450/04, Rn 83 ff.: der Gerichtshof merkte an, dass er vor diesem Urteil ca. 300 Mal eine Verletzung in Parallelfällen - „*repetitive cases*“ - festgestellt hatte, es lagen noch ca. 1400 unentschiedene Parallelfälle vor.

1219 EGMR Urt. v. 28.9.2005, *Broniowski vs. Polen*, Nr. 31443/96, etwa 176 Betroffene; EGMR Urt. v. 19.6.2006, *Hutten-Czapska vs. Polen*, Nr. 35014/97, etwa 100.000 Betroffene.

dress") zu ermöglichen, da der verurteilte Staat seine Befolgungspflicht und die daran geknüpfte Verpflichtung, die nationale Rechtsnorm zu ändern, in der Vergangenheit ignoriert hatte und da nicht zu erwarten war, dass eine implizite Anordnung diesmal effektiv sein würde.[1220] In den anderen Fällen bestand die Möglichkeit, dass ein Ignorieren der implizierten Anordnung zu einer Vielzahl von Verletzungen führen würde.[1221] Dies würde das Konventionssystem zu sehr belasten.

d) Zwischenergebnis

Es lässt sich schlussfolgern, dass der Ermessensspielraum des verurteilten Staates durch die Piloturteile nicht zu sehr angegriffen wird, da dieser Spielraum schon bei der Feststellung eines Konventionsverstoßes implizit eingeschränkt wird.[1222]

Der EGMR respektiert die Fristsetzung zur Gesetzesänderung,[1223] obwohl dies bedeutet, dass die konventionswidrige Situation nicht direkt nach dem Urteil beendet wird.[1224]

2. Nichtanwendung statt Aufhebung oder Änderung

Fraglich ist, ob es ausreicht, das problematische Gesetz in Zukunft schlichtweg nicht mehr anzuwenden. 1993 schrieb *Kilian*, dass es dem Staat frei stehe zu entscheiden, wie er die Befolgungspflicht erfüllen würde, sollte der EGMR feststellen, dass die Konventionsverletzung auf einer nationalen Rechtsnorm beruhe. Ihm würden drei Optionen bleiben: die Aufhebung der Gesetzeslage, deren Änderung oder die Nichtanwendung der in Frage stehenden Norm.[1225] Dieser Ansatz ist heutzutage nicht mehr

---

1220 *Haider*, The Pilot-Judgment Procedure, S. 87 ff.

1221 *Haider*, The Pilot-Judgment Procedure, S. 87 ff.

1222 Dieser Ansatz wurde auch von *Haider* im Rahmen der Frage vertreten, ob der EGMR überhaupt die Kompetenz besitzt, konkrete Abhilfemaßnahmen vorzuschreiben, *Haider*, The Pilot-Judgment Procedure, S. 211.

1223 Z.B. wenn diese von einem nationalen Verfassungsgericht festgesetzt wurde:

1224 EGMR Urt. v. 22.7.2010, *P.B. u. J.S. vs. Österreich*, Nr. 18984/02, Rn. 49. Um Rechtsunsicherheit zu vermeiden wird auch keine „*ex tunc*"-Wirkung gefordert. Vgl. EGMR Urt. v. 13.6.1979, *Marckx vs. Belgien*, Nr. 6833/74.

1225 *Kilian*, Bindungswirkung, S. 200. In diesem Sinne auch: *Ress*, in: Europäischer Menschenrechtsschutz, S. 235.

richtig.[1226] Da die Anordnung des Gerichtshofs manchmal in klaren Worten die Aufhebung oder Änderung der Gesetzeslage erfordert, kann die Nichtanwendung zumindest in diesen Fällen nicht ausreichen.[1227] Eine konventionskonforme Auslegung des Gesetzes ist als permanente Lösung kaum denkbar: Der EGMR hat den Staat ausdrücklich dazu verpflichtet, die Gesetzeslage zu ändern, da eine konventionskonforme Interpretation in der Vergangenheit nicht zur Verbesserung beigetragen hat.[1228] Die Nichtanwendung darf also nur als kurzzeitige Maßnahme in Fällen angewandt werden, in denen der EGMR dem verurteilten Staat eine Frist zur Änderung der Gesetzeslage gesetzt hat.

V. Fazit

Mit dem Ziel, ein umfassendes Verständnis des Art. 3 EMRK zu schaffen, wurde das faktische Ergebnis der Feststellung eines Konventionsverstoßes untersucht. Hier steht das Spannungsverhältnis zwischen der Rolle des Gerichtshofs und der Souveränität der EMRK-Staaten im Mittelpunkt.

Auf den EMRK-Staaten ruht prinzipiell lediglich eine *„obligation de résultat"*, sodass die konkrete Methode, durch die das Urteil umgesetzt wird vom Staat frei gewählt werden darf. Der EGMR scheut in jüngerer Rechtsprechung jedoch nicht davor zurück, diesen Ermessensspielraum erheblich einzuschränken: Konkret wurden Staaten bislang im Urteilstenor zur Freilassung von Inhaftierten, zur Garantie eines Mindeststandards bezüglich der Haftbedingungen, zur Durchsetzung innerstaatlicher Gerichtsurteile, zur Untersuchung von Todesfällen, zur Aufhebung einer überlangen Untersuchungshaft und zur Einholung einer *„diplomatic assurance"* bei Verletzung des *„non-refoulement"*-Prinzips verpflichtet. Obwohl diese Gewohnheit des EGMR im Lichte der Souveränität der EMRK-Staaten fraglich erscheint, schränkt sie den staatlichen Ermessensspielraum weniger drastisch ein als es auf den ersten Blick scheint. Die Verurteilung einer gewissen Behandlung impliziert bereits, was von einem Staat zur Umsetzung eines Urteils erwartet wird: Die konkrete Anordnung im Tenor stellt lediglich eine

---

1226 *Polakiewicz*, Verpflichtungen der Staaten, S. 158; *Klein*, in: Protecting Human Rights, S. 707 ff.; *Bernhardt*, in: The European System for the Protection of Human Rights, S. 38 ff.; *Ress*, in: Europäischer Menschenrechtsschutz, S. 235; *Haefliger/Schürmann*, Die EMRK und die Schweiz, S. 427.

1227 Vgl. *Kilian*, Bindungswirkung, S. 202 ff.

1228 Vgl. *Haß*, Die Urteile des EGMR, S. 68.

verbalisierte Konkretisierung dar. Die Annexkompetenz, solche Maßnahmen vorschreiben zu können, fließt aus Art. 46 EMRK. Der Vorbehalt des nationalen Rechts, wie er in Art. 41 EMRK („*...and if the internal law of the High Contracting Party concerned allows only partial reparation to be made...*") kodifiziert wird, bleibt damit ohne Bedeutung. Die Rechte der Konvention müssen praktikabel und effektiv sein und jede nationalrechtliche Hürde, die einer Wiedergutmachung im Wege steht muss überwunden werden. Im Ergebnis ist also von einer entsprechenden Kompetenz des EGMR auszugehen.

Ein weiterer potentieller Eingriff in die Souveränität der EMRK-Staaten stellt die seit 2005 gewachsene Praxis des Gerichtshofs dar, Piloturteile zu verabschieden. In diesen Fällen nimmt der EGMR eine fallbezogene Normenkontrolle vor. Die Kompetenz hierzu lässt sich aus Art. 32 EMRK i.V.m. Art. 46 Abs. 1 EMRK i.V.m. Art. 1 EMRK sowie als „*implied power*" aus Art. 19 EMRK ableiten: Der Gerichtshof ist nur in der Lage seine Funktion als Schützer der Individualrechte auszuüben, wenn das Konventionssystem nicht überlastet wird. Piloturteile helfen dabei, eine solche Überlastung zu vermeiden. Außerdem ist auch hier die Einschränkung der Souveränität der EMRK-Staaten gering, da die Änderung oder Aufhebung eines problematischen Gesetzes in vielen Fällen auch ohne explizite Anordnung die einzige Methode zur Umsetzung des Urteils darstellt.

F. Strafprozessuale Folgen eines Verstoßes gegen Art. 3 EMRK

Wenn eine Verletzung des Art. 3 EMRK festgestellt wurde, stellt sich als nächstes die Frage nach den Auswirkungen einer solchen Feststellung. Dürfen z.B. Beweise verwertet werden, die unter Verletzung des Art. 3 EMRK gesammelt wurden? Falls nicht: Worauf genau erstreckt sich dieses Beweisverwertungsverbot? Folgt das Verwertungsverbot aus Art. 3 EMRK selbst oder evtl. aus Art. 3 EMRK i.V.m. Art. 6 Abs. 1 EMRK, d.h. dem *„fair trial"*-Grundsatz?

Gollwitzer und *Nowak* bevorzugen die erste Lösung. *Gollwitzer* leitet ein Beweisverwertungsverbot aus den positiven Verpflichtungen ab, die Art. 3 EMRK den Staaten auferlegt.[1229] *Nowak* argumentiert mit Art. 7 IPbpR[1230] und schlussfolgert, dass ein Verwertungsverbot als präventive Verpflichtung zur Vereitelung von Folter anzusehen sei.[1231] Demgegenüber plädieren *Frowein* und *Peukert* für eine gemeinsame Betrachtung der Art. 3 und 6 EMRK;[1232] sie verweisen dabei auf den Fall *Pfunders*.[1233] Im Fall *Jalloh*[1234] gab der EGMR *Frowein* und *Peukert* Recht und entschied, dass die Verwertung eines Beweismittels, das durch eine unmenschliche Behandlung erlangt wurde, einen Verstoß gegen Art. 6 Abs. 1 EMRK darstellen könnte. Dieser Verstoß könne nicht aus den übrigen Konventionsgarantien abgeleitet werden.[1235]

1229 *Gollwitzer*, Menschenrechte im Strafverfahren, Art. 3 EMRK, Rn. 11.

1230 Internationaler Pakt über bürgerliche und politische Rechte: International Covenant on Civil and Political Rights, Ratifiziert von der UN-Generalversammlung am 16.12.1966, in Kraft getreten am 23.3.1976.

1231 *Nowak*, UN CCP, Art. 7 CCPR, Rn. 37.

1232 *Frowein/Peukert*, Europäische Menschenrechtskonvention, Artikel 6 EMRK, Rn. 109.

1233 EGMR Urt. v. 11.7.1961, *Österreich vs. Italien*, Nr. 788/60, Jahrbuch 6, S. 742 ff.

1234 EGMR Urt. v. 11.7.2006, *Jalloh vs. Deutschland*, Nr. 54810/00. Auf dem Sachverhalt wird im Teil F.II.1. tiefgehend eingegangen.

1235 *Esser* vertritt die Ansicht, dass der EGMR mit seiner Entscheidung vom 30.6.2008, *Gäfgen vs. Deutschland (Gäfgen I)*, einen Rückzieher gemacht und die Verwertung der unter Verletzung des Art. 3 EMRK gewonnenen Beweismittel ebenfalls als Verletzung des Art. 3 EMRK eingestuft habe, *Esser*, NstZ 2008, S. 657, 658. *Pösl* merkt aber kritisch an, dass die Verwertung von Beweismitteln, die entgegen Art. 3-EMRK erlangt wurden, grundsätzlich nur gegen Art. 3 EMRK verstößt, wenn diese Verwertung an sich das *„minimum level of se-*

I. Einführung in Art. 6 EMRK: Das „fair trial"-Prinzip und „nemo tenetur"

Art. 6 EMRK findet grundsätzlich nur bei strafrechtlichen Prozessen Anwendung.[1236] Der EGMR interpretiert die Begriffe der Konvention autonom. Die Einstufung des Vergehens nach nationalem Recht als kriminell oder nicht-kriminell ist zwar relevant, aber nicht ausschlaggebend. Die autonome Begriffsbildung gewährleistet den Grundrechtsschutz des Individuums dadurch, dass die Vertragsstaaten die Anwendung von Art. 6 EMRK nicht durch einfache Entkriminalisierung bestimmter Handlungen vermeiden können.[1237]

Die Verletzung von Art. 3 EMRK, um an Beweismittel zu gelangen wird in aller Regel im Ermittlungsverfahren stattfinden. Wichtig ist damit die Frage nach der Anwendbarkeit des Art. 6 EMRK in diesem Stadium des Verfahrens. Im Fall *Adolf vs. Österreich*[1238] stellte die Kommission klar, dass mehrere Rechte, die in Art. 6 EMRK garantiert werden, im Ermittlungsverfahren eine Rolle spielen können. Diese Rechte werden nicht durch die Rechte beschränkt, die in Art. 6 Abs. 3 lit. b und c EMRK[1239] genannt werden. Darüber hinaus lässt sich aus der Tatsache, dass Art. 6 Abs. 2 und 3 EMRK den in Art. 6 Abs. 1 EMRK genannten *„fair trial"*-Grundsatz präzisieren, schlussfolgern, dass auch das breitere *„fair trial"*-Prinzip im Vorverfahren anwendbar sein muss, wenn bereits Teile des Abs. 3 explizit anwendbar sind.

---

verity" erreicht hat. Ausnahmen von diesem Prinzip seien nur zulässig, wenn von einer mangelnden Untersuchung seitens des Staates die Rede sei und der EGMR aus Präventionszwecken argumentiere, *Pösl*, Das Verbot der Folter in Art. 3 EMRK, S. 294-298.

1236 Art. 6 Abs. 3 EMRK: *„Everyone charged with a criminal offence (…)"*

1237 *Stavros*, The Garantuees for Accused Persons, S. 41: Z.B. indem ein bestimmtes Verhalten als administrativ-rechtlich anstatt strafrechtlich eingeordnet wird; EGMR Urt. v. 23.10.1984, *Oztürk vs. Deutschland*, Nr. 8544/79, Rn. 53; EGMR Urt. v. 26.10.1984, *De Cubber vs. Belgien*, Nr. 9186/80, Rn. 32.

1238 EGMR Urt. v. 26.3.1982, *Adolf vs. Osterreich*, Nr. 8269/78.

1239 Art. 6 Abs. 3 EMRK lautet: *„Everyone charged with a criminal offence has the following minimum rights: (a) to be informed promptly, in a language which he understands and in detail, of the nature and cause of the accusation against him; (b) to have adequate time and facilities for the preparation of his defense; (c) to defend himself in person or through legal assistance of his own choosing or, if he has not sufficient means to pay for legal assistance, to be given it free when the interests of justice so require; (d) to examine or have examined witnesses against him and to obtain the attendance and examination of witnesses on his behalf under the same conditions as witnesses against him; (e) to have the free assistance of an interpreter if he cannot understand or speak the language used in court."*

Der EGMR definiert viele unterschiedliche Handlungen als strafrechtlich relevant, um die Anwendbarkeit von Art. 6 EMRK zu maximieren. So fallen beispielsweise auch alle entsprechenden Vorschriften des Nebenstrafrechts in den Anwendungsbereich des Art. 6 EMRK, ebenso wie militärische Disziplinarvorgaben, die einen Freiheitsentzug in einer disziplinären Anstalt vorsehen[1240] und Verkehrsvergehen, die mit Bußgeldern oder Punkten bestraft werden und letztlich zum Entzug der Fahrerlaubnis führen können.[1241]

In diesem Teil wird bei der Frage nach den strafprozessualen Folgen einer Verletzung des Art. 3 EMRK davon ausgegangen, dass ein strafrechtlich relevantes Verhalten vorliegt und Art. 6 EMRK anwendbar ist.

1. Artikel 6 Abs. 1 EMRK: Der „*fair trial*"-Grundsatz

Der „*fair trial*"-Grundsatz[1242] des Art. 6 Abs. 1 EMRK wird in Art. 6 Abs. 3 lit. a, b, c, d und e konkretisiert. Es handelt sich hierbei um eine nicht abschließende[1243] Aufzählung von Verteidigungsrechten. Art. 6 EMRK nimmt innerhalb der Konvention eine hervorgehobene Stellung ein.[1244] Daher ist es wichtig, dass die Möglichkeit zur Entwicklung neuer Facetten des „*fair trial*"-Grundsatzes offengehalten wird.[1245] Diese Facetten müssen alle betrachtet werden, um beurteilen zu können, ob das Verfahren *insgesamt* als „*fair*" zu bewerten ist.[1246]

1240 EGMR Urt. v. 08.06.1976, *Engel u.a. vs. Niederlande*, Nr. 5100/71, 5101/71, 5102/71, 5354/72, 5370/72.

1241 EGMR Urt. v. 25.8.1987, *Lutz vs. Deutschland*, Nr. 9912/82.

1242 *Stavros*, The Garantuees for Accused Persons, S. 42: „*The right to a fair hearing, which is entrenched in article 6 (1), should be seen therefore as the generic notion for the more specific guarantees of the provision, especially article 6(2) and 6(3).*"; EGMR Urt. v. 22.5.1987, *Nielsen vs. Dänemark*, Nr. 10929/84; EGMR Urt. v. 12.2.1985, *Colozza vs. Italien*, Nr. 9024/80; EGMR Urt. v. 13.5.1980, *Artico vs. Italien*, Nr. 6694/74; EGMR Urt. v. 30.9.1985, *Can vs. Österreich*, Nr. 9300/81.

1243 *Frowein/Peukert*, Europäische Menschenrechtskonvention, S. 189.

1244 In der Rechtsprechung des EGMR zwischen 1959-2017 handelte es sich in ung. 40% aller Fälle um vermutliche Art. 6-Verletzungen. https://www.echr.coe.int/Documents/Overview_19592017_ENG.pdf (letzt abgerufen am 17.4.2018).

1245 *Villiger*, Handbuch der EMRK, S. 301.

1246 EGMR Urt. v. 24.11.1986, *Unterpertinger vs. Österreich*, Nr. 9120/80; EGMR Urt. v. 28.3.1990, *Granger vs. UK*, Nr. 11932/86; EGMR Urt. v. 26.7.2002, *Meftah u.a. vs. Frankreich*, Nr. 32911/96, 35237/97, 34595/97.

In der Gesamtbetrachtung aller Faktoren im Rahmen einer „*fairness*"-Prüfung spielt die Verwertung solcher Beweise eine besondere Rolle, die auf konventionswidrige Weise, insbesondere unter Verstoß gegen Art. 3 EMRK, erlangt wurden. Inwieweit die Verwertung eines solchen Beweismittels die „*fairness*" des Verfahrens beeinflusst, ist u.a. davon abhängig, ob das Beweismittel direkt oder indirekt durch die verletzende Handlung gewonnen wurde. Bei der Gesamtbetrachtung des Verfahrens[1247] soll auch das Verfahren in den Rechtsmittelinstanzen betrachtet werden.[1248]

2. Beweisverwertungsregel nach Art. 6 EMRK

Als Faustregel gilt: „*Article 6 as such does not prescribe rules of evidence and in particular rules on the admissibility and probative value of evidence which are essentially matters for national law.*"[1249]

Es muss jedoch beachtet werden, dass das Verfahren insgesamt als „*fair*" zu bewerten sein soll. Die Beweismittel für und gegen den Beschuldigten müssen auf eine solche Weise erlangt worden sein, dass insgesamt ein „*fairer*" Prozess gewährleistet wurde.[1250]

Im Fall *Österreich vs. Italien*[1251] entschied die Kommission, dass die Verwertung eines Geständnisses, das unter Verletzung des Art. 3 EMRK erlangt wurde geeignet sei, Art. 6 Abs. 1 EMRK zu verletzen. Sei dies der Fall, so könne die Schuld des Angeklagten nicht auf rechtsstaatliche Weise bewiesen werden.[1252]

3. „*Nemo tenetur*"

Das „*nemo tenetur*"-Prinzip wird in Art. 6 EMRK nicht explizit aufgeführt. Dessen ungeachtet gehört dieser Grundsatz nach Ansicht des EGMR „*zum*

1247 EGMR Urt. v. 12.6.2003, *Van Kuvk vs. Deutschland*, Nr. 35968/97, Rn. 55 ff., 62 ff.; EGMR Urt. v. 15.11.2007, *Khamidov vs. Rusland,* Nr. 72118/01, Rn. 170 ff.; EGMR Urt. v. 8.1.2009, *Schlumpf vs. Schweiz*, Nr. 79002/06.

1248 *Frowein/Peukert,* Europäische Menschenrechtskonvention, S. 189.

1249 EGMR Urt. v. 28.2.1977, *X vs. Belgien,* Nr. 7450/76; EGMR Urt. v. 16.10.1980, *X vs. Belgien*, Nr. 8876/80.

1250 EGMR Urt. v. 22.5.1987, *Nielsen vs. Dänemark,* Nr. 10929/84, Rn. 52.

1251 EGMR Urt. v. 25.4.1978, *Österreich vs. Italien*, Nr. 788/60.

1252 *Stavros*, The Garantuees for Accused Persons, S. 225.

Kernbereich des fairen Verfahrens".[1253] Die Kommission stellte im *Pfunders*-Report klar,[1254] dass die strafprozessuale Verwertung von Beweismitteln, die unter Zwang erlangt wurden, gegen Art. 6 Abs. 1 EMRK verstoße.

Kurz gefasst verbietet der „*nemo tenetur*"-Grundsatz dem Staat, Beweismittel zu verwerten, die gegen den Willen des Beschuldigten durch Zwang oder andere Druckmittel erlangt worden sind.[1255] Der Beschuldigte darf nicht gezwungen werden, Beweismittel zu liefern, die ihn belasten können.[1256] Beweismittel, die unabhängig vom Willen des Beschuldigten existieren, sowie die Ergebnisse von Urin-, Atem- und Blutproben fallen allerdings nicht in diese Kategorie.[1257] Da Art. 6 EMRK nur relativ gewährleistet werden soll, dürfen die garantierten Verteidigungsrechte eingeschränkt werden. Es soll eine Abwägung vorgenommen werden zwischen dem Interesse des Staates, eine Straftat aufzuklären und den Täter zu verfolgen und den Rechten und Interessen des Beschuldigten, wobei die Art und Schwere des eingesetzten Zwangsmittels berücksichtigt werden muss.[1258] Außerdem kann die Missachtung des „*nemo tenetur*"-Prinzips durch die Einhaltung der übrigen Verteidigungsrechte und verfahrensrechtlichen Garantien ausgeglichen werden.

Im Ergebnis kann die Verwertung von Beweismitteln, die unter Verletzung des Art. 3 EMRK erlangt wurden im Strafprozess auf zweierlei Weise gegen Art. 6 EMRK verstoßen: Zum einen kann das allgemeine „*fair trial*"-Prinzip, das zentral in Art. 6 EMRK verankert ist, verletzt werden; zweitens könnte eine Verletzung des „*nemo tenetur*"-Grundsatzes vorliegen. Steht in einem Prozess die Verwertung solcher Beweismittel im Mittelpunkt, deren Erlangung durch einen Verstoß gegen Art. 3 EMRK erreicht wurde, untersucht der EGMR im Rahmen der Prüfung des Art. 6 EMRK in der Regel beide Möglichkeiten.

1253 *Grabenwarter/Pabel*, EMRK, S. 420; EGMR Urt. v. 25.2.1993, *Funke vs. Frankreich*, Nr. 10828/84; EGMR Urt. v. 17.12.1996, *Saunders vs. UK*, Nr. 19187/91.

1254 EGMR Urt. v. 25.4.1978, *Österreich vs. Italien*, Nr. 788/60, Rapport der Kommission.

1255 EGMR Urt. v. 17.12.1996, *Saunders vs. UK*, Nr. 19187/91, Rn. 68; EGMR Urt. v. 20.10.1997, *Serves vs. Frankreich*, Nr. 38642/97, Rn. 42; EGMR Urt. v. 21.12.2000, *Heany u. McGuiness vs. Irland*, Nr. 34720/97, Rn. 40.

1256 EGMR Urt. v. 25.2.1993, *Funke vs. Frankreich*, Nr. 10828/84, Rn. 44.

1257 EGMR Urt. v. 17.12.1996, *Saunders vs. UK*, Nr. 19187/91.

1258 EGMR Urt. v. 1.6.2010, *Gäfgen vs. Deutschland*, Nr. 22978/05, Rn. 164.

4. Einführung in die Rechtsprechung des EGMR zu Art. 3 EMRK i.V.m. Art. 6 Abs. 1 EMRK

Der EGMR unterschiedet bei der Verwertung von Beweismitteln, deren Erlangung gegen Art. 3 EMRK verstoßen hat, unterschiedliche Situationen: Zuerst wird zwischen Geständnissen und körperlichen Beweismitteln unterschieden; außerdem wird zwischen solchen Beweismitteln differenziert, die als direkte Folge einer Verletzung erworben wurden, und Beweismitteln, die indirekt als Folge einer Verletzung entdeckt wurden.[1259]

Im Jahr 2006 urteilte der Gerichtshof, dass ein Verfahren *„unfair"* sei, wenn ein Geständnis verwertet wurde, dessen Erlangung gegen Art. 3 EMRK verstoßen habe.[1260] Es wurde dabei nicht zwischen unmenschlicher bzw. erniedrigender Behandlung oder Folter unterschieden. Die einzige Voraussetzung für einen Verstoß gegen Art. 6 Abs. 3 lit. a EMRK besteht darin, dass die Tatsachenfeststellung im Verfahren mindestens teilweise auf dieses Beweismittel gestützt wurde. Es muss außerdem berücksichtigt werden, ob die übrigen Verteidigungsrechte respektiert wurden.[1261]

Ein Jahr später stellte der EGMR eine klare Beweisregel auf: Die Verwertung eines Beweismittels, das als direkte Folge einer Folteranwendung erlangt wurde, führt immer und automatisch zur Annahme eines unfairen Verfahrens.[1262]

> *„Incriminating evidence – whether in the form of a confession or real evidence – obtained as a result of acts of violence or brutality or other forms of treatment which can be characterised as torture should never be relied on as proof of the victim's guilt, irrespective of its probative value. Any other conclusion would only serve to legitimate directly the sort of morally reprehensible conduct which the authors of article 3 of the Convention sought to proscribe or, in other words, to afford brutality the cloak of law."*[1263]

Unerheblich ist, ob die Folteranwendung von einer Privatperson oder von einer staatlichen Behörde vorgenommen wurde.[1264] Irrelevant ist auch, ob es sich um ein körperliches Beweismittel oder ein Geständnis handelt und,

---

1259 *Warnking*, Strafprozessuale Beweisverbote, S. 60.

1260 EGMR Urt. v. 17.10.2006, *Göcmen vs. Türkei*, Nr. 72000/01.

1261 EGMR Urt. v. 1.6.2010, *Gäfgen vs. Deutschland*, Nr. 22978/05, Rn. 164.

1262 EGMR Urt. v. 28.6.2007, *Harutyunyan vs. Armenien*, Nr. 36549/03, Rn. 63.

1263 EGMR Urt. v. 28.6.2007, *Harutyunyan vs. Armenien*, Nr. 36549/03, Rn. 63.

1264 Vgl. *Thienel*, EJIL 2006, S. 349, 363: *„The admission of evidence obtained by torture is therefore contrary to Article 6(1) ECHR, regardless of where and by whom the act of torture was committed."*

ob das Beweismittel für die Verurteilung des Beschuldigten von ausschlaggebender Bedeutung war. Im Fall *Harutyunyan* wurde eine Verletzung des Art. 6 Abs. 1 EMRK festgestellt, ohne dass die tatsächlichen Auswirkungen der unter Folter erhaltenen Aussagen auf den Strafprozess näher untersucht wurden.[1265] Dieser Ansatz wurde u.a. im Fall *Othman* (*Abu Qatada*) *vs. UK* wiederholt.[1266]

Im Fall *Harutyunyan* stellte der EGMR klar, dass bei der Verwertung indirekter Beweismittel, die mittels konventionswidriger Methoden erlangt wurden, für die Beurteilung der „*fairness*" eines Verfahrens die Einzelumstände des Falles entscheidend seien. Es dürfe nicht automatisch angenommen werden, dass diese Aussage keine Folge der Art. 3-Verletzung sei, nur weil sie nicht dem Verletzenden gegenüber gemacht wurde.[1267] Denn es könne nicht ausgeschlossen werden, dass die Aussage durch die psychischen Folgen der Misshandlung erreicht wurde.[1268]

II. Art. 3 EMRK in Verbindung mit Art. 6 Abs. 1 EMRK: Jalloh vs. Deutschland

1. Sachverhalt

Der Beschwerdeführer in diesem Fall war von vier Zivilpolizisten dabei beobachtet worden, wie er eine kleine Tüte aus seinem Mund nahm und diese sogenannte „*bubble*" einer zweiten Person gegen Geld übergab. Als die Beamten den Mann verhafteten, schluckte er eine weitere Tüte, die er noch in seinem Mund aufbewahrt hatte. Da sich keine weiteren Drogen in seinem Besitz befanden, wurde der Beschwerdeführer in ein Krankenhaus gebracht und dort zu seiner Krankengeschichte befragt. Der Beschwerdeführer weigerte sich jedoch im Rahmen der Anamnese Angaben zu seiner Person zu machen. Da er sich außerdem weigerte ein Brechmittel einzuneh-

---

1265 EGMR Urt. v. 28.6.2007, *Harutyunyan vs. Armenien*, Nr. 36549/03, Rn. 66.

1266 EGMR Urt. v. 17.1.2012, *Othman (Abu Qatada) vs.UK*, Nr. 8139/09, Rn. 267: *„For the foregoing reasons, the Court considers that the admission of torture evidence is manifestly contrary, not just to the provisions of Article 6, but to the most basic international standards of a fair trial. It would make the whole trial not only immoral and illegal, but also entirely unreliable in its outcome. It would, therefore, be a flagrant denial of justice if such evidence were admitted in a criminal trial. The Court does not exclude that similar considerations may apply in respect of evidence obtained by other forms of ill-treatment which fall short of torture."*

1267 EGMR Urt. v. 28.6.2007, *Harutyunyan vs. Armenien*, Nr. 36549/03, Rn. 65.

1268 EGMR Urt. v. 28.6.2007, *Harutyunyan vs. Armenien*, Nr. 36549/03, Rn. 65.

men, um die verschluckten Drogen preiszugeben, wurde er von vier Polizeibeamten auf dem Boden fixiert, sodass ihm das Brechmittel gewaltsam verabreicht werden konnte. Durch einen Schlauch in der Nase wurde ihm Ipecacuanha-Sirup eingeflößt. Ein zweites Mittel, das in seiner Wirkungsweise Morphium ähnelt wurde ihm injiziert. Der Mann erbrach kurz darauf eine Tüte mit 0,2182 Gramm Kokain. Etwa 90 Minuten später wurde er von einem Arzt körperlich untersucht und für haftfähig erklärt. Als er einige Tage später von Polizeibeamten in seiner Zelle besucht wurde, stellten diese fest, dass der Beschwerdeführer kein Deutsch verstand und nur gebrochen Englisch sprach. Er behauptete, seit der Verabreichung des Brechmittels vor drei Tagen regelmäßig Nasenbluten gehabt zu haben. Außerdem habe er nur Suppe zu sich nehmen können. Diese Angaben wurden allerdings nie in einer offiziellen medizinischen Erklärung festgehalten.

2. Verletzung des Art. 3 EMRK

Um im Fall *Jalloh*[1269] beurteilen zu können, ob eine Verletzung des Art. 3 EMRK stattgefunden hatte, berücksichtigte der EGMR verschiedene Faktoren. Vorab wurde festgestellt, dass keine allgemeine, klare medizinische Haltung bezüglich des gewaltsamen Verabreichens von Brechmitteln vorhanden sei. Vielmehr existierten in Fachkreisen zwei unterschiedliche Ansichten. Ein Teil der Mediziner gehe davon aus, dass die gewaltsame Verabreichung von Brechmitteln die Gesundheit des Beschuldigten schütze, ungeachtet der Frage, ob die Behandlung mit dem Ziel angewandt wurde, medizinische Hilfe zu leisten. Wenn Tüten mit Drogen heruntergeschluckt würden, sei es aus medizinischer Sicht notwendig ein Brechmittel zu verabreichen, da nicht vorhergesagt werden könne, was im Magen mit den Drogen geschehe. Auf einen entgegenstehenden Willen des Opfers könne in dieser Situation keine Rücksicht genommen werden. Zwar könne auch abgewartet werden, bis das Tütchen auf natürlichem Wege ausgeschieden werde. Doch sei diese Option für den Patienten gefährlicher. Demgegenüber bringe eine Verabreichung von Brechmitteln über eine Injektion oder einen Schlauch durch die Nase keine gesundheitlichen Risiken mit sich.[1270]

1269 EGMR Urt. v. 11.7.2006, *Jalloh vs. Deutschland*, Nr. 54810/00.
1270 EGMR Urt. v. 11.7.2006, *Jalloh vs. Deutschland*, Nr. 54810/00, Rn. 42.

Andere Mediziner seien jedoch vom Gegenteil überzeugt. Ihnen zufolge werde durch das Einführen eines Schlauchs durch die Nase in den Magen das Risiko geschaffen, dass der Schlauch die Tütchen mit den Drogen perforiere. Dies könne den Tod des Beschuldigten zur Folge haben. Außerdem könne Flüssigkeit in die Lungen geraten oder das Opfer sein Erbrochenes inhalieren, wodurch eine Infektion der Lunge verursacht werden könne.[1271]

Der Gerichtshof machte in seiner Entscheidung deutlich, dass eine erzwungene medizinische Behandlung zur Beweisgewinnung stets auf Basis der Einzelumstände beurteilt werden müsse und unter Umständen auch gerechtfertigt werden könne.[1272] Einige spezifische Faktoren sollten berücksichtigt werden: Die Schwere der angeblich begangenen Straftat, die Existenz alternativer, weniger invasiver Methoden, mit der Behandlung verbundene Gesundheitsrisiken für den Betroffenen, die Art und Weise mit der die Behandlung durchgeführt wurde,[1273] die Anwesenheit von Ärzten bei der Behandlung, die Gewährleistung einer ständigen ärztlichen Leitung und die tatsächlichen Folgen für den Betroffenen, sowie – evtl. bleibende – durch die Behandlung verursachte Gesundheitsschäden.[1274]

Da § 81a Abs. 1 StPO als Rechtsgrundlage diente,[1275] ließ sich unzweifelhaft feststellen, dass die Behandlung allein zum Zwecke der Beweismittelerlangung durchgeführt wurde und nicht, um die Gesundheit des Beschuldigten zu schützen. Außerdem wurde nicht in Erwägung gezogen, ob das abwarten, bis die Tüte auf natürliche Weise den Körper verließen, weniger riskant wäre.[1276]

Um die Gefährlichkeit der angewandten Behandlung zu bestimmen, wurde auf den europäischen Konsens in der Sache verwiesen.[1277] Die große Mehrheit der Vertragsstaaten – 33 von 37 – sowie die Mehrheit der Bundesländer Deutschlands – 11 von 16 – erlauben nach ihrer Gesetzeslage keine

---

1271 EGMR Urt. v. 11.7.2006, *Jalloh vs. Deutschland*, Nr. 54810/00, Rn. 44.

1272 EGMR Urt. v. 11.7.2006, *Jalloh vs. Deutschland*, Nr. 54810/00, Rn. 71.

1273 Diese darf nicht so ausgestaltet sein, dass die Grenze des „*minimum level of severity*" überschritten wird.

1274 EGMR Urt. v. 11.7.2006, *Jalloh vs. Deutschland*, Nr. 54810/00, Rn. 71-74.

1275 § 81a Abs. 1 StPO lautet: „*Eine körperliche Untersuchung des Beschuldigten darf zur Feststellung von Tatsachen angeordnet werden, die für das Verfahren von Bedeutung sind. Zu diesem Zweck sind Entnahmen von Blutproben und andere körperliche Eingriffe, die von einem Arzt nach den Regeln der ärztlichen Kunst zu Untersuchungszwecken vorgenommen werden, ohne Einwilligung des Beschuldigten zulässig, wenn kein Nachteil für seine Gesundheit zu befürchten ist.*"

1276 EGMR Urt. v. 11.7.2006, *Jalloh vs. Deutschland*, Nr. 54810/00, Rn. 75.

1277 EGMR Urt. v. 11.7.2006, *Jalloh vs. Deutschland*, Nr. 54810/00, Rn. 45, 53.

vergleichbaren Behandlungen.[1278] Von den vier europäischen Staaten, die eine solche Behandlung zulassen, enthält nur das deutsche Gesetz eine rechtliche Grundlage für das gewaltsame Verabreichen von Brechmitteln.[1279] In Deutschland seien zwei Betroffene in der Vergangenheit nach der Einnahme von Ipecacuanha-Sirup gestorben.[1280] Bei dem ersten Verstorbenen wurde ein Herzinfarkt als Todesursache angenommen, im zweiten Fall stand die Todesursache zum Zeitpunkt des *Jalloh*-Urteils noch nicht fest. Aus diesen Umständen folgerte der EGMR, dass nicht ausgeschlossen werden könne, dass die Behandlung mit ernstzunehmenden Gesundheitsrisiken verbunden sei.[1281]

Die Art und Weise der Durchführung der Behandlung ist als barbarisch zu bezeichnen. Der Betroffene wurde von vier Polizeibeamten festgehalten, während ein Schlauch durch seine Nase in den Magen eingeführt wurde. Die Behandlung verängstigte das Opfer und verursachte sowohl körperliche als auch psychische Leiden. Das Erbrechen im Beisein anderer Personen war erniedrigend und herabsetzend. Hätten die Behörden abgewartet, bis das Beweismittel auf natürliche Weise den Körper verlassen hätte, wäre dies weniger entwürdigend gewesen.[1282]

Die Behandlung fand zwar in einem Krankenhaus unter der Aufsicht eines Arztes statt; aufgrund der mangelhaften Sprachkenntnisse des Beschwerdeführers ist es jedoch zweifelhaft, ob die Anamnese des Betroffenen, korrekt durchgeführt wurde.[1283]

Der Gerichtshof kam zu dem Ergebnis, dass die Behandlung das *„minimum level of severity"* erreicht habe, sodass Art. 3 EMRK verletzt worden sei. Es handele sich sowohl um eine unmenschliche als auch um eine erniedrigende Behandlung. Eine Folter sei hingegen nicht anzunehmen.[1284]

1278 EGMR Urt. v. 11.7.2006, *Jalloh vs. Deutschland*, Nr. 54810/00, Rn. 45, 53.

1279 § 81a Strafprozessordnung.

1280 EGMR Urt. v. 11.7.2006, *Jalloh vs. Deutschland*, Nr. 54810/00, Rn. 46.

1281 EGMR Urt. v. 11.7.2006, *Jalloh vs. Deutschland*, Nr. 54810/00, Rn. 78.

1282 EGMR Urt. v. 11.7.2006, *Jalloh vs. Deutschland*, Nr. 54810/00, Rn. 79, dies wird von den Richtern *Pellonpää*, *Baka* und *Sikuta* angezweifelt.

1283 EGMR Urt. v. 11.7.2006, *Jalloh vs. Deutschland*, Nr. 54810/00, Rn. 80.

1284 EGMR Urt. v. 11.7.2006, *Jalloh vs. Deutschland*, Nr. 54810/00, Rn. 82; abweichende Meinungen hierzu: Richter *Pellonpää*, *Baka*, *Sikute*, *Wildhaber* und *Caflisch*.

3. Verletzung des Art. 6 EMRK: Der „*fair trial*"-Grundsatz

Der Gerichtshof wiederholte im *Fall Jalloh* die allgemeinen Leitsätze des Art. 6 EMRK: Obwohl das Verfolgungsinteresse des Staates bei der Beurteilung des Verfahrens berücksichtigt werden müsse, könne dieses Interesse nie solche Maßnahmen rechtfertigen, die „*the very essence*" der Verteidigungsrechte des Beschuldigten angreifen.[1285] Zum Kern der Verteidigungsrechte zähle u.a. das Recht, sich selbst nicht belasten zu müssen.[1286] Es wurde klargestellt, dass die Verwertung von Beweismitteln, die durch eine Verletzung des Art. 3 EMRK erlangt wurden, den „*fair trial*"-Grundsatz verletzen könnte, auch wenn diesen Beweismitteln nur ein geringer Beweiswert zukommt. Denn Art. 3 EMRK sei eines der fundamentalsten Menschenrechte.[1287]

Der EGMR machte ebenfalls deutlich, dass die Verwertung von Beweismitteln, die direkt durch Folter erlangt wurden, einen Strafprozess immer „*unfair*" mache.[1288] Dieser Grundsatz gelte unabhängig vom Beweiswert des durch Folter erhaltenen Beweismittels. Jede Ausnahme dieses Grundsatzes würde zu einer stillschweigenden Duldung von Folter führen. Ein solches Ergebnis sei nicht erwünscht.[1289]

In diesem Fall wurde eine unmenschliche und erniedrigende Behandlung, aber keine Folter bejaht. Der EGMR ließ in seiner Entscheidung die Gretchenfrage offen, ob auch die Verwertung von Beweismitteln, die das Ergebnis einer erniedrigenden oder unmenschlichen Behandlung waren, das Strafverfahren automatisch insgesamt „*unfair*" mache. Der Gerichtshof legte nur dar, dass die „*unfairness*" des Verfahrens durch Verwertung solcher Beweismittel gegeben sein könnte.[1290] Dem Betroffenen stehe es zwar offen, der Verwertung dieser Beweismittel vor einem nationalen Gericht zu widersprechen. Es sei jedoch anzunehmen, dass ein solcher Widerspruch erfolglos verlaufe, da die staatlichen Behörden davon ausgingen, dass die fragliche Behandlung auf einer gesetzlichen Grundlage beruhe.[1291] Der

---

1285 EGMR Urt. v. 11.7.2006, *Jalloh vs. Deutschland*, Nr. 54810/00, Rn. 97.

1286 EGMR Urt. v. 11.7.2006, *Jalloh vs. Deutschland*, Nr. 54810/00, Rn. 97.

1287 EGMR Urt. v. 11.7.2006, *Jalloh vs. Deutschland*, Nr. 54810/00, Rn. 99.

1288 EGMR Urt. v. 11.7.2006, *Jalloh vs. Deutschland*, Nr. 54810/00, Rn. 105.

1289 EGMR Urt. v. 11.7.2006, *Jalloh vs. Deutschland*, Nr. 54810/00, Rn. 105. Es ist fraglich, warum das gleiche nicht für unmenschliche oder erniedrigende Behandlungen gilt, da diese Behandlungsarten nach Art. 3 EMRK ebenso absolut verboten sind wie Folter.

1290 EGMR Urt. v. 11.7.2006, *Jalloh vs. Deutschland*, Nr. 54810/00, Rn. 107.

1291 EGMR Urt. v. 11.7.2006, *Jalloh vs. Deutschland*, Nr. 54810/00, Rn. 107.

Gerichtshof kam zu dem Ergebnis, dass unter diesen Umständen eine Verletzung des Art. 6 Abs. 1 EMRK anzunehmen sei.

Der EGMR versäumte es jedoch, Klarheit über die absolute Geltung des Art. 3 EMRK zu schaffen. Es lässt sich nur schwer nachvollziehen, warum keine definitive Aussage über die Verwertung von Beweismitteln getroffen wurde, die als Produkt einer unmenschlichen oder erniedrigenden Behandlung gewonnen wurden, wo doch bezüglich der Anwendung von Folter so klare Aussagen gemacht wurden.[1292] Der EGMR etabliert hierdurch einen unbegründeten Unterschied zwischen unmenschlicher oder erniedrigender Behandlung und Folter. Es wird der Eindruck erweckt, als sei die Anwendung einer unmenschlichen oder erniedrigenden Behandlung „weniger verboten" als Folter. Mit anderen Worten: Das Verbot von unmenschlicher oder erniedrigender Behandlung scheint weniger absolut zu sein als das Folterverbot. Wenn durch die Anwendung einer unmenschlichen oder erniedrigenden Behandlung ein physisches Beweismittel entdeckt wird, nimmt der EGMR eine Gesamtbetrachtung vor, sodass die Verletzung des Art. 3 EMRK lediglich einer von vielen zu berücksichtigen Faktoren ist. Die Einhaltung der übrigen Verteidigungsrechte könnte z.B. die Verletzung des Art. 3 EMRK in diesen Fällen ausgleichen.

Eine solche Schlussfolgerung ist schlichtweg inakzeptabel. Art. 3 EMRK ist in seiner Gesamtheit absolut zu gewährleisten. Auf die konkrete Art der Behandlung kommt es im Verletzungsfall nicht an. Zwar darf grundsätzlich zwischen den in Art. 3 EMRK aufgenommenen Behandlungsformen unterschieden werden.[1293] Dies darf aber nicht in dem Sinne geschehen, dass die unterschiedlichen Behandlungsarten zu unterschiedlichen Rechtsfolgen führen. Ein solches Ergebnis würde die Absolutheit des Art. 3 EMRK untergraben.[1294]

Es kann argumentiert werden, dass der EGMR die Frage nach den Folgen einer Verwertung im Falle einer unmenschlichen oder erniedrigenden Behandlung offenließ, um einen Eingriff in die Souveränität der Vertragsstaaten durch die Schaffung konkreter Beweisregeln zu vermeiden. Wie in

1292 EGMR Urt. v. 11.7.2006, *Jalloh vs. Deutschland*, Nr. 54810/00, Rn. 105.

1293 Nämlich in dem Sinne, dass Folter als eine *„aggravated form"* der unmenschlichen Behandlung angesehen wird und, dass weitere Voraussetzungen erfüllt werden müssen.

1294 Vgl. *Warnking*, Strafprozessuale Beweisverbote, S. 48; vgl. *Pösl*, Das Verbot der Folter in Art. 3 EMRK, S. 326, 327.

ständiger Rechtsprechung[1295] stets betont wird, ist die Formulierung von Beweisregeln eine innerstaatliche Angelegenheit. Obwohl der Gerichtshof nur bewerten sollte, ob das Verfahren in dem ihm vorgelegten Fall insgesamt als *„fair"* zu bezeichnen war, ging er im Fall *Jalloh* einen Schritt weiter und formulierte eine allgemeine Beweisregel für jene Beweismittel, die direkt durch Folteranwendung gewonnen wurden.[1296] Er hätte sich hier konsequenter zeigen müssen. Diese vom EGMR aufgestellte Beweisregel muss auf alle in Art. 3 EMRK genannten Behandlungsarten ausgeweitet werden. Klarheit über die Absolutheit des *ganzen* Art. 3 EMRK ist von hervorgehobener Bedeutung. Sie ist wichtiger als der Grundgedanke, dass der EGMR keine Beweisregeln aufstellen soll.

4. Verletzung des Art. 6 EMRK: Der *„nemo tenetur"*-Grundsatz

Um zu bestimmen, ob auch der *„nemo tenetur"*-Grundsatz verletzt wurde, muss zuerst festgestellt werden, ob das Prinzip überhaupt anwendbar ist. Der *„nemo tenetur"*-Grundsatz besagt, dass ein Beschuldigter sich selbst nicht durch eine Aussage belasten muss und die Behörden diese Entscheidung zu Schweigen nicht zu seinen Lasten auslegen dürfen. Der Grundsatz könnte jedoch weiter interpretiert werden,[1297] sodass auch der Zwang zur Übergabe von belastenden physischen Beweismitteln darunter gefasst wird. Der Gerichtshof verwies in dieser Frage auf die Fälle *Funke vs. Frankreich*[1298], *J.B. vs. Schweiz*[1299] und *Saunders vs. UK*[1300]. In den ersten beiden Fällen wurde der Beschuldigte zur Herausgabe von Dokumenten gezwungen, die zum Nachweis seiner Schuld hätten verwendet werden können. Dieser Zwang verletze das Recht, sich selbst nicht zu belasten. Der EGMR unterschied im Fall *Saunders* zwischen den Beweismitteln, die unabhängig vom Willen des Beschuldigten existieren, wie beispielsweise Beweismittel, die sich aus Blut-. Atem- und Urinproben oder Durchsuchungen ergeben, und sonstigen physischen Beweismitteln.[1301] Beweismittel aus der ersten

---

1295 EGMR Urt. v. 28.11.1988, *Nielsen vs. Dänemark*, Nr. 10929/84; EGMR Urt. v. 27.10.1993, *Dombo Beheer vs. Niederlande*, Nr. 14448/88; EGMR Urt. v. 2. 7. 2002, *S. N. vs. Schweden*, Nr. 34209/96.

1296 EGMR Urt. v. 11.7.2006, *Jalloh vs. Deutschland*, Nr. 54810/00, Rn. 105.

1297 EGMR Urt. v. 11.7.2006, *Jalloh vs. Deutschland*, Nr. 54810/00, Rn. 110.

1298 EGMR Urt. v. 25.2.1993, *Funke vs. Frankreich*, Nr. 10828/84.

1299 EGMR Urt. v. 3.5.2001, *J.B. vs. Schweiz*, Nr. 31827/96.

1300 EGMR Urt. v. 17.12.1996, *Saunders vs. UK*, Nr. 19187/91.

1301 EGMR Urt. v. 17.12.1996, *Saunders vs. UK*, Nr. 19187/91, Rn. 69.

Kategorie fielen dabei laut EGMR nicht unter den „*nemo tenetur*"-Grundsatz. [1302]

Es stellt sich die Frage, ob die erbrochenen Drogen im Fall *Jalloh*, als Beweismittel der ersten oder der zweiten Kategorie anzusehen sind. Kennzeichnend für Beweismittel, die unabhängig vom Willen des Beschuldigten existieren ist, dass der Beschuldigte nur einen minimalen Eingriff in seine körperliche Unversehrtheit dulden muss.[1303] Atem und Urin werden durch natürliche körperliche Prozesse ausgeschieden, sodass auch ihre Entnahme einen minimalen Eingriff darstellt. Auch eine Blutentnahme ist als minimaler Eingriff anzusehen. Die Behandlung im Fall *Jalloh* konnte jedoch nicht als minimaler Eingriff kategorisiert werden. Dem Beschuldigten wurde gegen seinen Willen ein Schlauch durch die Nase in seinen Magen eingeführt, um ihm ein Brechmittel zu verabreichen. Außerdem wurde ihm ein zweites Brechmittel injiziert. Er wurde während der Behandlung von vier Polizisten festgehalten. Die Behandlung wurde sogar als unmenschlich und erniedrigend eingestuft.[1304] Der Gerichtshof schlussfolgerte nach einem Vergleich dieser Unterschiede zum Fall *Saunders*, dass der „*nemo tenetur*"-Grundsatz in dieser Situation hätte respektiert werden müssen.[1305]

Zur Klärung der Frage, ob der Grundsatz verletzt worden war, wog der EGMR unterschiedliche Faktoren ab: Die Art und Schwere der Zwangsbehandlung, das staatliche Interesse an der Aufklärung der Straftat und der Bestrafung des Täters, die Gewährleistung anderer Sicherheitsvorkehrungen im Verfahren und Verwertung der durch Zwang erhaltenen Beweismittel.[1306] Der Gerichtshof wiederholte in seinen Entscheidungsgründen auch, wodurch genau es zur Verletzung des Art. 3 EMRK gekommen war. Die Behandlung sei gegen einen Straßendealer gerichtet gewesen, der nur in kleinem Umfang Drogen verkauft hatte. Die Geringfügigkeit der Straftat spiegele sich auch im niedrigen Strafmaß wieder.[1307] Daraus folgerte das Gericht, dass das staatliche Interesse an der Aufklärung der Tat und der Bestrafung des Beschuldigten nur minimal gewesen sei.[1308] Er stellte zudem fest, dass die vorgeschriebene Anamnese, die für eine Behandlung „*lege artis*" notwendig sei, wegen fehlender Sprachkenntnisse des Beschwer-

1302 EGMR Urt. v. 11.7.2006, *Jalloh vs. Deutschland*, Nr. 54810/00, Rn. 111, 112.
1303 EGMR Urt. v. 11.7.2006, *Jalloh vs. Deutschland*, Nr. 54810/00, Rn. 76.
1304 EGMR Urt. v. 11.7.2006, *Jalloh vs. Deutschland*, Nr. 54810/00, Rn. 113-11.
1305 EGMR Urt. v. 11.7.2006, *Jalloh vs. Deutschland*, Nr. 54810/00, Rn. 107, 108.
1306 EGMR Urt. v. 11.7.2006, *Jalloh vs. Deutschland*, Nr. 54810/00, Rn. 106 ff.
1307 EGMR Urt. v. 11.7.2006, *Jalloh vs. Deutschland*, Nr. 54810/00, Rn. 107.
1308 EGMR Urt. v. 11.7.2006, *Jalloh vs. Deutschland*, Nr. 54810/00, Rn. 119.

deführers nicht ordnungsgemäß durchgeführt worden war. Damit seien die vorgeschriebenen Sicherheitsvorkehrungen zum Schutze des Betroffenen nicht eingehalten worden.[1309] Das durch Zwang erhaltene Beweismittel habe im Prozess auch eine ausschlaggebende Rolle bei der Verurteilung gespielt.[1310] Zwar habe der Beschuldigte einer Verwertung theoretisch widersprechen können. Dies hätte jedoch nicht zu einem Verwertungsverbot im innerstaatlichen Prozess geführt, da die Behörden glaubten, dass die Verwertung rechtmäßig gewesen sei.[1311] Nach Abwägung all dieser Faktoren kam der EGMR zum Ergebnis, dass der *„nemo tenetur"*-Grundsatz verletzt worden sei und, dass damit das Verfahren insgesamt als *„unfair"* angesehen werden müsse.[1312]

Abschließend kann festgehalten werden, dass im Fall *Jalloh* bezüglich der Verwertung von Beweismitteln, die infolge einer unmenschlichen oder erniedrigenden Behandlung gewonnen werden, keine eindeutige Beweisregel vorgeschrieben wurde. Eine solche Verwertung führt nicht automatisch zu einem *„unfairen"* Verfahren, vielmehr müssen alle Einzelumstände berücksichtigt werden, so z.B. die Beweiskraft des Beweismittels, die Möglichkeiten, die dem Beschuldigten zur Verfügung stehen, um die Verwertung anzufechten, und die Schwere der verfolgten Straftat.

III. Art. 3 EMRK in Verbindung mit Art. 6 Abs. 1 EMRK: Gäfgen vs. Deutschland

1. Sachverhalt

Dem Beschuldigten wurde vorgeworfen, ein Kind entführt und versteckt zu haben. Der Beschuldigte behauptete jedoch, das Kind sei von zwei anderen Tätern verschleppt worden, die es nun in einer Hütte gefangen hielten.[1313] Er weigerte sich Angaben zum Aufenthaltsort des Kindes zu machen. Der anwesende Polizeibeamte D. gab seinem Kollegen E. - in der Hoffnung das Kind lebendig zu retten - die Anweisung, dem Beschuldigten Folter anzudrohen, falls er nicht unverzüglich seine Informationen preisgebe. E. drohte dem Beschuldigten daraufhin, ihm im Falle eines an-

---

1309 EGMR Urt. v. 11.7.2006, *Jalloh vs. Deutschland*, Nr. 54810/00, Rn. 120.
1310 EGMR Urt. v. 11.7.2006, *Jalloh vs. Deutschland*, Nr. 54810/00, Rn. 121.
1311 EGMR Urt. v. 11.7.2006, *Jalloh vs. Deutschland*, Nr. 54810/00, Rn. 121.
1312 EGMR Urt. v. 11.7.2006, *Jalloh vs. Deutschland*, Nr. 54810/00, Rn. 122.
1313 EGMR Urt. v. 1.6.2010, *Gäfgen vs. Deutschland*, Nr. 22978/05, Rn. 14.

dauernden Schweigens beträchtliche Schmerzen zuzufügen. Sie wären sogar bereit, so E., einen Spezialisten einfliegen zu lassen, der ihm Schmerzen zufügen könne, ohne physische Spuren zu hinterlassen. Außerdem würde ihm ein Wahrheitsserum verabreicht werden.[1314] Eingeschüchtert von dieser Drohung offenbarte der Beschuldigte den Aufenthaltsort des Kindes. An diesem Ort angekommen – die Polizeibeamten D. und E. waren zu diesem Zeitpunkt nicht mehr anwesend – führte der Beschuldigte die Beamten zu mehreren Stellen, an denen physische Beweismittel – *„real evidence"* – gefunden wurden, unter anderem eine Schreibmaschine, der Rucksack und die Kleidung des Opfers. Daraufhin legte der Beschuldigte ein Geständnis ab, in dem er zugab, das Opfer entführt und getötet zu haben.[1315]

Obwohl der Beschuldigte direkt nach der infolge der Drohung abgegebenen Aussage belehrt wurde, dass dieses Geständnis vor Gericht nicht verwertet werden dürfe, machte er auch während der Hauptverhandlung noch einmal die Aussage, das Kind entführt und getötet zu haben.[1316]

2. Entscheidung des Gerichtshofs im Hinblick auf eine Verletzung des Art. 3 EMRK

Im Rahmen seiner Entscheidung ob und wenn ja wodurch es zu einer Verletzung des Art. 3 EMRK gekommen sein könnte, berücksichtigte der EGMR u.a. deutsches Recht, Art. 1, 15 und 16 der UN- Anti-Folter-Konvention sowie Urteile und Aussagen vertragsstaatlicher Gerichte und verschiedener Menschenrechtsorganisationen wie des *IACHR*[1317], des *UN Special Rapporteur for the Commission on Human Rights*[1318] und des *UN HRC*.[1319]

1314 EGMR Urt. v. 1.6.2010, *Gäfgen vs. Deutschland*, Nr. 22978/05, Rn. 15, 20.

1315 EGMR Urt. v. 1.6.2010, *Gäfgen vs. Deutschland*, Nr. 22978/05, Rn. 18.

1316 EGMR Urt. v. 1.6.2010, *Gäfgen vs. Deutschland*, Nr. 22978/05, Rn. 22.

1317 *Inter American Court of Human Rights*, EGMR Urt. v. 1.6.2010, *Gäfgen vs. Deutschland*, Nr. 22978/05, Rn. 66.

1318 EGMR Urt. v. 1.6.2010, *Gäfgen vs. Deutschland*, Nr. 22978/05, Rn. 67.

1319 *United Nations Human Rights Committee*, EGMR Urt. v. 1.6.2010, *Gäfgen vs. Deutschland*, Nr. 22978/05, Rn. 68.
General Comment Nr. 20 über Folter oder grausame, unmenschliche oder erniedrigende Behandlung (Artikel 7 IPbpR) vom 10.3.1992: *„It is important for the discouragement of violations under article 7 that the law must prohibit the use of admissibility in judicial proceedings of statements or confessions obtained through torture or other prohibited treatment."* N.B.: Die Anweisung bezieht sich nur auf Aussagen und Geständnisse, nicht auf körperliche Beweismittel.

Zuerst stellte der EGMR fest, dass keine der Parteien anzweifelte, dass dem Beschuldigten von einem Polizeibeamten auf oben skizzierte Weise Folter angedroht worden war. Der Beschuldigte behauptete jedoch darüber hinaus, dass ihm die Gewalt nicht nur angedroht, sondern auch tatsächliche zugefügt worden sei. Zum Beweis zeigte er Läsionen auf seinem Oberkörper und an seinen Füßen. Es konnte jedoch im Prozess vor dem EGMR nicht *„beyond reasonable doubt"* festgestellt werden, ob diese Läsionen während der Vernehmung entstanden waren. Damit konnten sie bei der Beurteilung der angeklagten Behandlung nicht berücksichtigt werden.[1320]

Es wurde jedoch festgestellt, dass die Androhung der Gewalt, obwohl sie nur 10 Minuten andauerte, realistisch gewesen sei und, dass die Umsetzung der Drohung – aus Sicht des Beschwerdeführers – unmittelbar bevorstand.[1321] Der Gerichtshof berücksichtigte auch, dass die Folterandrohung im Vorfeld abgesprochen wurde, dass der Beschuldigte währenddessen Handschellen trug und sich in einem Vernehmungszimmer befand, sodass er sich verletzlich und ungeschützt gefühlt haben müsse. Der Zweck der Behandlung lag unzweifelhaft in der Erlangung von Informationen über den Aufenthaltsort des entführten Kindes.[1322] Es wurde auch berücksichtigt, dass die Polizeibeamten unter hohem emotionalen Druck handelten,[1323] da sie glaubten, nur durch die Androhung von Gewalt das Leben des Kindes retten zu können.[1324]

Direkt nach der Androhung entschied sich der Beschuldigte dafür, den Beamten nicht nur den Tatort preiszugeben, sondern auch die Versteckte weitere Beweismittel. Außerdem gab er zu, das Opfer entführt und getötet zu haben. Aus diesen Umständen könne der Schluss gezogen werden, dass bereits die Androhung von Folter den Beschuldigten stark eingeschüchtert hatte; die Drohung müsse daher erhebliche Angst und psychisches Leiden ausgelöst haben. Langfristige psychische Schäden seien jedoch nicht festgestellt worden.[1325]

Der EGMR urteilte, dass das *„minimum level of severity"* überschritten worden sei, sodass eine Verletzung des Art. 3 EMRK bejaht werden müsse. Es wurde sowohl auf die ständige Rechtsprechung des EGMR als auch auf

1320 EGMR Urt. v. 1.6.2010, *Gäfgen vs. Deutschland*, Nr. 22978/05, Rn. 94.
1321 EGMR Urt. v. 1.6.2010, *Gäfgen vs. Deutschland*, Nr. 22978/05, Rn. 94.
1322 EGMR Urt. v. 1.6.2010, *Gäfgen vs. Deutschland*, Nr. 22978/05, Rn. 105.
1323 EGMR Urt. v. 1.6.2010, *Gäfgen vs. Deutschland*, Nr. 22978/05, Rn. 106.
1324 EGMR Urt. v. 1.6.2010, *Gäfgen vs. Deutschland*, Nr. 22978/05, Rn. 95.
1325 EGMR Urt. v. 1.6.2010, *Gäfgen vs. Deutschland*, Nr. 22978/05, Rn. 103.

Art. 1 der UN-Anti-Folter-Konvention verwiesen, woraus abgeleitet wurde, dass Folter sowohl durch die Verursachung physischer als auch psychischer Leiden oder Schäden ausgeübt werden könne. Damit könne bereits die Angst, die durch die reine Androhung von Folter hervorgerufen werde, zu einer Einstufung der Behandlung als Folter führen. Die Frage, ob die Behandlung als unmenschliche oder erniedrigende Behandlung oder als Folter eingestuft werden müsse, könne nur unter Berücksichtigung aller Einzelumstände beantwortet werden. Insbesondere seien die Schwere des ausgeübten Zwangs und das verursachte psychische Leiden zu beachten. Der EGMR war im Lichte aller Umstände der Ansicht, dass die Androhung der Folter im konkreten Fall als unmenschliche Behandlung eingestuft werden müsse.[1326]

Das Urteil eröffnet die Möglichkeit, in zukünftiger Rechtsprechung auch die bloße Androhung von Folter als Folter einstufen zu können. Voraussetzung dafür ist, so der EGMR, dass die Behandlung erhebliches psychisches Leiden zur Folge hat.[1327]

3. Entscheidung des EGMR im Hinblick auf eine Verletzung des Art. 6 EMRK

Der Gerichtshof prüfte eine Verletzung des Art. 6 Abs. 3 EMRK im Zusammenhang mit der Frage, ob auch gegen den *„nemo tenetur“*-Grundsatz verstoßen wurde, da beide Aspekte einen Teil des breiteren *„fair trial“*-Grundsatzes ausmachen: Während diese Fragen im Fall *Jalloh* noch aufgeteilt worden waren, wurden sie hier gleichzeitig behandelt.[1328]

Zuerst stellte der Gerichtshof klar, dass die Verwertung einer Aussage, die unter Verletzung des Art. 3 EMRK erlangt wurde, nach Art. 6 Abs. 1 EMRK zur *„unfairness“* dieses Prozesses führe. Es sei dabei gleichgültig, um welche Behandlungsart es sich handele, ob sie von einer Privatperson oder einer staatlichen Behörde vollzogen worden sei,[1329] ob die Aussage für die

1326 EGMR Urt. v. 1.6.2010, *Gäfgen vs. Deutschland*, Nr. 22978/05, Rn. 108.

1327 N.B.: Wie im Teil C.VII. besprochen war bislang immer die Zufügung von körperlichen Leiden für eine Kategorisierung als Folter erforderlich, evtl. in Kombination mit psychischen Leiden.

1328 EGMR Urt. v. 1.6.2010, *Gäfgen vs. Deutschland*, Nr. 22978/05, Rn. 169.

1329 EGMR Urt. v. 1.6.2010, *Gäfgen vs. Deutschland*, Nr. 22978/05, Rn. 168: Es wird erwähnt, dass der Hintergrund des Rechts, sich selbst nicht belasten zu müssen, unter anderem im Schutz des Individuums gegen konventionswidriges Verhalten des Staates liege. Hier muss aber angemerkt werden, dass der Ge-

Verurteilung ausschlaggebend war oder ob die übrigen Verteidigungsrechte gewahrt worden seien.[1330]

Darüber hinaus musste die Frage beantwortet werden, wie mit den vom Beschuldigten angezeigten Beweismitteln umgegangen werden sollte.[1331]

Der Zweck, ein Geständnis oder andere Informationen zu erwirken, wird in ständiger Rechtsprechung des EGMR[1332] als erschwerender Faktor angesehen.[1333] Dieser Zweck muss nach Ansicht des Gerichtshofs auch bei der Prüfung im Rahmen von Art. 6 Abs. 1 EMRK beachtet werden, sodass eine Behandlung, die darauf abzielt ein Geständnis zu erwirken, eher den *„fair trial"*-Grundsatz verletzt als Behandlungen, die andere Zwecke verfolgen.

Hiergegen ist jedoch einzuwenden, dass nicht nur das Ziel eines Geständnisses, sondern generell die Gewinnung von Beweismitteln, die zur Verurteilung des Opfers führen können, als erschwerender Faktor angesehen werden sollte.

Die Unterscheidung zwischen physischen Beweismitteln und Geständnissen lässt sich nicht mit einem Verweis auf die unterschiedliche Beweiskraft der beiden Arten von Beweismitteln rechtfertigen.[1334]

Der Entscheidung, einem Geständnis größeren Beweiswert zuzumessen ist außerdem entgegenzuhalten, dass bei körperlichen Beweismitteln weniger Raum für Subjektivität existiert als bei Geständnissen: Geständnissen werden von unterschiedlichen subjektiven Faktoren des Geständnisgebers beeinflusst, so wie die Erinnerung, evtl. Vorurteile oder sogar Gründe die Wahrheit zu verschleiern. So gesehen gibt es keine ausreichende Erklärung dafür, warum einem Geständnis mehr Bedeutung geschenkt wird als anderen Beweismitteln. Im Ergebnis sollten physische Beweismittel genauso behandelt werden wie Geständnisse, sodass eine Konventionsverletzung, die mit dem Ziel begangen wird, körperliche Beweismittel zu gewinnen ge-

---

richtshof den Terminus *„inter alia"* verwendet und damit nicht ausschließt, dass das Recht auch gegenüber Privatpersonen Geltung beansprucht.

1330 EGMR Urt. v. 1.6.2010, *Gäfgen vs. Deutschland*, Nr. 22978/05, Rn. 173.

1331 EGMR Urt. v. 1.6.2010, *Gäfgen vs. Deutschland*, Nr. 22978/05, Rn. 172, 173.

1332 Bei der Einstufung der Behandlung als unmenschlich, erniedrigend oder als Folter.

1333 *Warnking*, Strafprozessuale Beweisverbote, S. 83.

1334 *Pösl*, Das Verbot der Folter in Art. 3 EMRK, S. 327: *„Geständnis und körperliches Beweismittel können gleichermaßen die Überführung des Täters bewirken. So können DNA-Spuren, Tatwaffe oder die Leiche des Opfers im Kofferraum des Täters oder ebenso durch Brechmittel ausgeschiedene Drogenpäckchen dessen Schuld in genauso starker Weise beweisen wie ein Geständnis."*

nauso streng bestraft werden soll, wie eine Verletzung zur Erzwingung eines Geständnisses.[1335]

Zuerst wurde festgestellt, dass die körperlichen Beweismittel direkt als Folge der Verletzung des Art. 3 EMRK angezeigt wurden. Eine Kausalkette zwischen der Folterandrohung und der Preisgabe der körperlichen Beweismittel am Tatort konnte nicht ausgeschlossen werden.[1336] Die Tatsache, dass die Polizeibeamten D. und E. bei der Offenbarung dieser Beweismittel nicht anwesend waren, sei dabei unbeachtlich.[1337] Der EGMR erkannte andererseits auch an, dass die Verurteilung des Beschuldigten erheblich erschwert würde, wenn die Verwertung dieser physischen Beweismittel ausgeschlossen wäre.[1338]

> *„As shown above (...), in its case-law to date, it has not yet settled the question whether the use of such evidence will always render a trial unfair, that is, irrespective of other circumstances of the case. It has, however, found that both the use in criminal proceedings of statements obtained as a result of a person's treatment in breach of Article 3 – irrespective of the classification of that treatment as torture, inhuman or degrading treatment – and the use of real evidence obtained as a direct result of acts of torture made the proceedings as a whole automatically unfair, in breach of Article 6.“*[1339]

Das Urteil stellt nochmal klar, dass Aussagen, die infolge einer dem Art. 3 EMRK entgegenstehenden Behandlung gemacht wurden, nie im Strafprozess verwertet werden dürfen. Dabei ist es unbeachtlich, ob die Misshandlung als Folter oder als unmenschliche oder erniedrigende Behandlung eingestuft wird. Außerdem wird keine Täterqualifikation erwähnt: Ob die Vollzugsperson staatlicher Beamter oder eine Privatperson war, erscheint damit irrelevant. Handelte es sich jedoch um körperliche Beweismittel, die unter Verletzung des Art. 3 EMRK erlangt wurden, wird zwischen den in Art. 3 EMRK aufgelisteten Behandlungsarten unterschieden.

Der EGMR entschied weiter, dass die Verwertung eines durch unmenschliche oder erniedrigende Behandlung erhaltenen Beweismittels im Strafverfahren als implizites Gutheißen solcher Praktiken zu deuten sei. Eine solche Gutheißung sei unerwünscht, da sie Staaten dazu animieren

---

1335 *Pösl*, Das Verbot der Folter in Art. 3 EMRK, S. 327.

1336 EGMR Urt. v. 1.6.2010, *Gäfgen vs. Deutschland*, Nr. 22978/05, Rn. 171.

1337 EGMR Urt. v. 1.6.2010, *Gäfgen vs. Deutschland*, Nr. 22978/05, Rn. 171: *„In other words, the impugned real evidence was secured as a direct result of his interrogation by the police that breached Article 3.“*

1338 EGMR Urt. v. 1.6.2010, *Gäfgen vs. Deutschland*, Nr. 22978/05, Rn. 173.

1339 EGMR Urt. v. 1.6.2010, *Gäfgen vs. Deutschland*, Nr. 22978/05, Rn. 173.

könnte, regelmäßig auf solche Behandlungen zurückzugreifen.[1340] Der Gerichtshof löschte durch seine Entscheidung auch ein großes Fragezeichen, das schon im Fall *Jalloh* für Verwirrung gesorgt hatte: Das Gericht machte deutlich, dass die Verwertung sämtlicher physischer Beweismittel im Verfahren systematisch ausgeschlossen werden müsste, sogar wenn diese „lediglich" durch eine unmenschliche oder erniedrigende Behandlung erlangen wurden.[1341] Dies liege an der fundamentalen Bedeutung des Art. 3 EMRK, einer Norm in der die Werte jeder demokratischen Gesellschaft verankert seien.[1342] Der EGMR stellte jedoch gleichzeitig fest, dass diese allgemeine Regel nur dann gelte, wenn sich die Verletzungshandlung auch direkt auf den Strafprozess bzw. die Verurteilung *ausgewirkt* habe.

> *„The repression of, and the effective protection of individuals from, the use of investigation methods that breach Article 3 may therefore also require, as a rule, the exclusion from use at trial of real evidence which has been obtained as the result of any violation of Article 3, even though that evidence is more remote from the breach of Article 3 than evidence extracted immediately as a consequence of a violation of that Article. Otherwise, the trial as a whole is rendered unfair. However, the Court considers that both a criminal trial's fairness and the effective protection of the absolute prohibition under Article 3 in that context are only at stake if it has been shown that the breach of Article 3 had a bearing on the outcome of the proceedings against the defendant, that is, had an impact on his or her conviction or sentence."*[1343]

Dadurch wurde in gewissem Maße Klarheit geschaffen: Es sei unbeachtlich, ob das Beweismittel als Folge einer unmenschlichen oder erniedrigenden Behandlung oder einer Folteranwendung gewonnen wurde. Die Verwertung führe immer zur *„unfairness"* des Verfahrens, wenn die Verwertung des Beweismittels Auswirkung auf den Strafprozess oder die Verurteilung des Beschuldigten hatte. Der Unterschied zwischen den Behandlungsarten wird aber leider nicht aufgehoben. Nur bei der Verwertung von Geständnissen, die unmittelbar durch eine Verletzung des Art. 3 EMRK gewonnen wurden, und körperlichen Beweismitteln, die unmittelbar durch Folter gewonnen wurden, kann von einer automatischen *„unfairness"* des Verfahrens gesprochen werden. Für körperliche Beweismittel, die direkt infolge einer unmenschlichen oder erniedrigenden Behandlung erlangt wur-

1340 EGMR Urt. v. 1.6.2010, *Gäfgen vs. Deutschland*, Nr. 22978/05, Rn. 178.
1341 Über die Wichtigkeit dieser Klarstellung: *Förster*, RuP 2005, S. 56.
1342 EGMR Urt. v. 1.6.2010, *Gäfgen vs. Deutschland*, Nr. 22978/05, Rn. 176.
1343 EGMR Urt. v. 1.6.2010, *Gäfgen vs. Deutschland*, Nr. 22978/05, Rn. 178.

den, muss noch immer die Auswirkung der Verwertung auf die Verurteilung oder Strafe des Angeklagten berücksichtigt werden.[1344]

Interessant ist, dass der EGMR diese Klarstellung nach eigener Aussage machte, um Staaten zu entmutigen, Verdächtige auf konventionswidrige Weise zu behandeln. Diese Regel hat aber scheinbar nur Geltung, wenn die Behandlung von einer staatlichen Behörde vollzogen wurde oder zumindest von einer solchen in Auftrag gegeben wurde.[1345] Andererseits machte der Gerichtshof auch deutlich, dass die Regel Geltung hat, wenn diese Verletzung Einfluss auf den Strafprozess bzw. die Verurteilung hatte, die Täter-Qualifikation wurde hierbei nicht erwähnt. Daher ist gut vertretbar, dass die Identität der Vollzugsperson irrelevant ist. Dennoch wäre eine eindeutige Aussage des Gerichts diesbezüglich wünschenswert.

Im Fall *Gäfgen* schlussfolgerte der EGMR, dass sich die Verurteilung des Beschuldigten nur auf das zweite Geständnis gestützt habe, das nach der qualifizierten Belehrung über die Unverwertbarkeit des ersten Geständnisses während der Hauptverhandlung abgelegt wurde. Die problematischen körperlichen Beweismittel seien überhaupt nicht verwendet worden, um die Schuld des Angeklagten zu beweisen:[1346] Sie dienten nicht einmal als unterstützende Beweismittel, sondern seien gar nicht berücksichtigt worden. Die Verteidigungsrechte aus Art. 6 Abs. 3 EMRK seien im Prozess gewahrt und der *„nemo tenetur“*-Grundsatz nicht verletzt worden. Das Verfahren sei damit insgesamt als *„fair“* zu bewerten.[1347]

An dieser Entscheidung darf Kritik geäußert werden. Zuerst würde die oben genannte Erwägung bedeuten, dass der Beschuldigte nicht hätte ver-

---

1344 Auch wenn eine solche Auswirkung (*„bearing on the outcome of the proceedings“*) bei der Verwertung von Geständnissen schon dann gegeben ist, wenn das Geständnis in irgendeiner Weise zur Feststellung des Sachverhalts verwendet oder zur Beweiswürdigung herangezogen wird, ist dieser Unterschied aus ideologischer Sicht unschön. Vgl. *Pösl*, Das Verbot der Folter in Art. 3 EMRK, S. 326.

1345 EGMR Urt. v. 1.6.2010, *Gäfgen vs. Deutschland*, Nr. 22978/05, Rn. 178: *„(...) the admission of evidence obtained by conduct absolutely prohibited by Article 3 might be an incentive for law-enforcement officers to use such methods notwithstanding such absolute prohibition.“*

1346 EGMR Urt. v. 1.6.2010, *Gäfgen vs. Deutschland*, Nr. 22978/05, Rn. 180: *„In the light of the foregoing, the Court considers that it was the applicant's second confession at the trial which – alone or corroborated by further untainted real evidence – formed the basis of his conviction for murder and kidnapping with extortion and his sentence. The impugned real evidence was not necessary, and was not used to prove him guilty or to determine his sentence. It can thus be said that there was a break in the causal chain leading from the prohibited methods of investigation to the applicant's conviction and sentence in respect of the impugned real evidence.“*

1347 EGMR Urt. v. 1.6.2010, *Gäfgen vs. Deutschland*, Nr. 22978/05, Rn. 187.

urteilt werden können, wenn er seine Schuld nicht ein zweites Mal zugegeben hätte. Außerdem ging der Gerichtshof davon aus, dass das zweite Geständnis aus purer Reue abgelegt wurde. Es kann jedoch argumentiert werden, dass diese Behauptung nicht ganz der Wahrheit entsprach. Zum Zeitpunkt des zweiten Geständnisses fürchtete der Beschuldigte noch, dass die körperlichen Beweismittel aufgrund der Aussagen des EGMR im Fall *Jalloh* doch verwertet werden könnten. Es lässt sich nicht ausschließen, dass er davon ausging, dass seine Verurteilung allein wegen dieser Beweismittel schon feststand und er lediglich noch auf eine Strafminderung hoffen konnte. Es ist sehr gut möglich, dass der Beschuldigte sein zweites Geständnis nur deshalb ablegte. Ein Kausalzusammenhang zwischen der Bedrohung, infolge derer die physischen Beweismittel gefunden wurden, und dem zweiten Geständnis, auf dem die Verurteilung beruhte, kann darum nicht ausgeschlossen werden. Sechs Richter veröffentlichten ein Minderheitenvotum, das inhaltlich mit der hier besprochenen Kritik größtenteils übereinstimmte.

IV. Fazit

Mit den behandelten Informationen und Leitsätzen aus den besprochenen Fällen, kann folgende Übersicht geschaffen werden:

Geständnis, das als direkte Folge einer Verletzung des Art. 3 EMRK gewonnen wird:

Unabhängig von der Behandlungsart: Verwertung des Geständnisses führt automatisch zur „*unfairness*" des Verfahrens, *Gäfgen vs. Deutschland* II, Rn. 173.

Körperliches Beweismittel, das als direkte Folge einer Verletzung des Art. 3 EMRK gewonnen wird:

Wenn dieses durch Folter erlangt wurde: Verwertung des körperlichen Beweismittels führt automatisch zur „*unfairness*" des Verfahrens, *Harutynyan vs. Armenien*, Rn. 63, *Gäfgen vs. Deutschland* I, Rn. 99, *Gäfgen vs. Deutschland* II, Rn. 173.

Wenn es durch unmenschliche oder erniedrigende Behandlung erlangt wurde: Verfahren ist als „*unfair*" zu bewerten, wenn die Verletzung des Art. 3 EMRK Einfluss auf das Ergebnis des Verfahrens bzw. die Verurteilung des Beschuldigten hatte, *Gäfgen vs. Deutschland* II, Rn. 178.

Geständnis, das indirekt aus einer Verletzung des Art. 3 EMRK stammt:
Das Verfahren ist als *„unfair"* zu bewerten, wenn die Verletzung des Art. 3 EMRK Einfluss auf das Ergebnis des Verfahrens bzw. die Verurteilung des Beschuldigten hatte, *Gäfgen vs. Deutschland* II, Rn. 178.[1348]

Körperliches Beweismitte, das indirekt aus einer Verletzung des Art. 3 EMRK stammt:
Verwertung des körperlichen Beweismittels führt zur starken Vermutung, dass das Verfahren *„unfair"* gewesen ist, *Gäfgen vs. Deutschland* I, Rn. 105. Das Verfahren ist als *„unfair"* zu bewerten, wenn die Verletzung des Art. 3 EMRK Einfluss auf das Ergebnis des Verfahrens bzw. die Verurteilung des Beschuldigten hatte, *Gäfgen vs. Deutschland* II, Rn. 178.

Der problematische Unterschied im Umgang mit körperlichen Beweismitteln je nach Behandlungsart, der die Absolutheit des Art. 3 EMRK untergräbt, wurde im *Gäfgen* II-Urteil nicht beseitigt: Die Verwertung des körperlichen Beweismittels führt zur *„unfairness"* des Verfahrens, wenn sie Auswirkungen auf den Strafprozess oder die Verurteilung des Beschuldigten hatte.[1349] Immerhin muss geprüft werden, ob ein *„bearing on the outcome"*[1350] vorgelegen hat. Die automatische Annahme, das Verfahren sei *„unfair"* ohne, dass weitere Faktoren berücksichtigt werden, ist nicht zulässig. Eine solche Auswirkungsklausel gab es im Fall *Harutyunyan* für durch Folter gewonnene Beweismittel nicht.

Problematisch ist außerdem, dass der Gerichtshof – um diese Klarstellung schaffen zu können – im *Gäfgen* II-Urteil auf gekünstelte Weise dazu kam, das zweite Geständnis als verwertbar anzusehen. In der letzten Konsequenz bleibt unklar, womit die unterschiedliche Behandlung von Geständnissen und körperlichen Beweismitteln begründet wird, wo doch beide Beweise durch Verletzung des Art. 3 EMRK gewonnen wurden. Unklar ist auch, warum der Zweck des Erlangens eines Geständnisses gravierender sein sollte, als der Zweck des Erlangens eines physischen Beweismittels, das genauso gut zu einer Verurteilung des Beschwerdeführers führen kann.

1348 Der Gerichtshof sagt in dieser Randnummer explizit, dass diese Regel unabhängig davon Geltung hat, ob das Beweismittel auf direkte oder indirekte Weise gewonnen wurde: „*(...) even though that evidence is more remote from the breach of Article 3 than evidence extracted immediately as a consequence of a violation of that Article.*"

1349 EGMR Urt. v. 1.6.2010, *Gäfgen vs. Deutschland*, Nr. 22978/05, Rn. 178.

1350 EGMR Urt. v. 1.6.2010, *Gäfgen vs. Deutschland*, Nr. 22978/05, Rn. 178.

Ergebnisse

Die Ergebnisse der Analyse der Rechtsprechung des Europäischen Gerichtshofs für Menschenrechte bezüglich Art. 3 EMRK des letzten halben Jahrhunderts lassen sich in folgenden Thesen zusammenfassen:

1. Die Absolutheit und Nicht-Derogierbarkeit des Art. 3 EMRK wird angezweifelt, da die Anwendung von Behandlungen, die gegen Art. 3 EMRK verstoßen von einigen in bestimmten Situationen – bspw. im „Krieg gegen den Terrorismus" – als unumgänglich angesehen wird. Zur Begründung der Ausnahme- und Differenzierungslösung wird auf das „*ticking bomb*"-Szenario verwiesen.
2. Der Gerichtshof hält jedoch zu Recht an der Absolutheitslösung fest. Die Ausnahme- und Differenzierungslösung fußen beide auf der Prämisse, dass die misshandelte Person das „Explodieren der Bombe" tatsächlich verhindern kann und wird. Gegen diese beiden Lösungen ist zudem das „*slippery slope*"-Argument anzubringen, das insbesondere in der Praxis Bedeutung hat. Außerdem lässt sich die Menschenwürde, die primär in Art. 3 EMRK verankert ist, nicht gegen das Leben abwägen, sodass eine utilitaristische Herangehensweise ausscheidet. Art. 3 EMRK schützt die Souveränität eines Individuums, frei seinen Willen zu gestalten und über seine Handlungen zu entscheiden. Schließlich würde eine Einschränkung des in Art. 3 EMRK festgelegten Rechts gegenüber nur einer Person eine Einschränkung dieses Rechts im Ganzen darstellen. Das Recht, nicht gefoltert bzw. unmenschlich oder erniedrigend behandelt zu werden, steht für jedes Individuum auf dem Spiel, sobald das Recht in einem einzigen Fall herabgesetzt wird.
3. Da die Absolutheit des Art. 3 EMRK feststeht, kann eine Flexibilität des Artikels nur in der evolutiven und dynamischen Interpretation der einzelnen Begriffe bestehen.
4. Die Vorarbeiten zu Art. 3 EMRK bieten Anhaltspunkte für eine teleologische und historische Auslegung der individuellen Begriffe der Norm. Der Vorschlag, einige konkrete Beispiele von Behandlungen in Art. 3 EMRK aufzuzählen wurde abgelehnt, um eine Einschränkung des Artikels zu vermeiden. Die Konventionsgeber wollten dem EGMR eine extensive Auslegung ermöglichen, sodass Art. 3 EMRK künftig mit den gesellschaftlichen Anforderungen mitwachsen kann.

5. Das „*minimum level of severity*"-Erfordernis gilt als Einstiegskriterium, das für eine Eröffnung des Anwendungsbereichs des Art. 3 EMRK erfüllt werden muss. Die Misshandlung muss damit von einer gewissen Intensität gewesen sein. Um dies zu beurteilen nimmt der EGMR eine Gesamtbetrachtung aller Einzelumstände des Falles vor, wobei u.a. die Art, Dauer und Wirkungen der Behandlung, der Zusammenhang, in dem sie verübt wurde, die Methode des Behandlungsvollzugs, das Geschlecht, das Alter und der Gesundheitszustand des Opfers, das Verhalten und die Motive des Täters sowie eine eventuelle Erniedrigungsabsicht berücksichtigt werden.
6. Die Idee, dass nur brutale und grausame Behandlungen das „*minimum level of severity*"-Kriterium erfüllen, überzeugt nicht. Selbstverständlich lässt sich die Notwendigkeit dieses Einstiegskriteriums nicht leugnen, um zu vermeiden, dass nur leicht unangenehme Behandlungen zur Verurteilung eines Vertragsstaates führen. Eine Berücksichtigung der Vorarbeiten sowie des Ziels und Zwecks der EMRK macht jedoch klar, dass das vom Gerichtshof eingeführte „*minimum level of severity*"-Erfordernis nicht so verstanden werden darf, dass subtilere Methoden, die psychische oder physische Leiden von gewisser Intensität hervorrufen, nicht vom Art. 3 EMRK erfasst sein sollen.
7. Der EGMR tritt als Hüter der Menschenrechte auf; ihm kommt die Aufgabe zu, den Schutz der Menschenrechte umfassend zu gestalten. Obwohl ein funktionierendes Konventionssystem von der Kooperation der Vertragsstaaten abhängt, darf dies nicht zur Folge haben, dass der Akzeptanz der Vertragsstaaten eine solch große Bedeutung zugemessen wird, dass der Gerichtshof nicht mehr autonom agieren kann. Die Berücksichtigung der Ansichten der Staaten darf der Realisierung einer konsequenten und unabhängigen Rechtsprechungsarbeit nicht im Wege stehen.
8. Generell lässt sich ein europa- bzw. weltweites Streben nach einem möglichst umfassenden Menschenrechtschutz erkennen. Dieser Wille zur absoluten und umfassenden Gewährleistung des Art. 3 EMRK wird durch die Schaffung des ECPT und der Errichtung des CPT im Jahr 1987 belegt. Auch die internationale Empörung nach der Veröffentlichung des „*CIA torture report*" bestätigt diese Haltung.
9. Die erniedrigende Behandlung steht als eigenständige Kategorie neben den beiden anderen Behandlungsarten und verlangt anstelle eines intensiven Leidens ein Mindestmaß an Demütigung oder Herabsetzung des Opfers. Für die Beurteilung dieses Kriteriums ist nach ständiger Rechtsprechung des EGMR die Erfahrungswelt des Opfers ausschlagge-

bend. Löste die Behandlung Hilflosigkeit, Ohnmacht und Demütigung aus? Um die Konsequenz der Rechtsprechung und eine gewisse Vorhersehbarkeit der Urteile zu gewährleisten, soll sich der Gerichtshof jedoch nicht nur auf die Erfahrungswelt des Opfers beschränken, sondern den Fall auch aus der Sicht eines durchschnittlichen Dritten beurteilen.

10. Sowohl bei einer unmenschlichen Behandlung als auch bei Folter steht die Zufügung von heftigen körperlichen und/oder seelischen Leiden im Mittelpunkt.
11. Im Regelfall war bislang sowohl bei der unmenschlichen Behandlung als auch bei Folter eine Absicht erforderlich, obwohl dieses Kriterium bei der unmenschlichen Behandlung nicht zwingend ist. Um Klarheit in die Rechtsprechung des EGMR zu bringen, sollte der Gerichtshof das Absichtserfordernis bei der unmenschlichen Behandlung explizit aufgeben.
12. Wenn der Unterschied zwischen unmenschlicher Behandlung und Folter nicht im Erfordernis einer Absicht zu finden ist, dann liegt er in der Differenz der Schwere der Leiden. Problematisch ist, dass sich die Schwere der Leiden nicht in absoluten Zahlen darstellen lässt. Das Schmerzempfinden wird von unzähligen Faktoren, wie neurologischen, sozialen, pädagogischen und kulturellen Aspekten bestimmt. Die Schwere der Leiden muss deshalb so objektiv wie möglich beurteilt werden. Der EGMR soll nicht nur die Empfindungen des Betroffenen berücksichtigen, sondern auch versuchen zu ermitteln, in welchem Maß ein objektiver Dritter unter der Behandlung gelitten hätte.
13. Obwohl die Vernehmungstechniken, die im Fall *Irland vs. UK* aus dem Jahr 1978 angewandt wurden, seelische Leiden hervorgerufen hatten, die sogar zu psychischen Störungen führten, war die Intensität der hervorgerufenen Leiden in den Augen des EGMR für eine Qualifizierung als Folter nicht ausreichend. Die Argumentation des Gerichtshofs war in diesem Fall jedoch von Unstimmigkeiten gekennzeichnet. So wurde beispielsweise auf die Vorarbeiten zu Art. 3 EMRK verwiesen und ein Vergleich zu Art. 1 des UN-Anti-Folter-Abkommens gezogen. In den Vorarbeiten wird jedoch der Unterschied zwischen den drei Behandlungsarten des Art. 3 EMRK nicht explizit besprochen, sodass unklar bleibt, worin genau das Stigma zu sehen ist, das der Folter nach Ansicht des Gerichtshofs anhaftet. Art. 1 des UN-Anti-Folter-Abkommens wurde auf Aussagen der Kommission im Griechenland-Fall gestützt, im Fall *Irland vs. UK* plädierte die Kommission hingegen gerade *für* eine Einstufung der Vernehmungstechniken als Folter.

14. Ende der 1990'er Jahre änderte der EGMR seine Herangehensweise bei der Beurteilung der Foltereigenschaft nachhaltig. Obwohl er immer noch am Kriterium der Schwere der Leiden festhielt, wurde dieses Kriterium dadurch stark gelockert, dass zu dessen Beurteilung – wie bei der Beurteilung des Einstiegskriteriums des *„minimum level of severity"* – eine relative Gesamtprüfung aller Einzelumstände des Falles vorgenommen wird. In jüngerer Rechtsprechung wurde sogar der kumulative Effekt aller Behandlungen beachtet. Im Ergebnis wurde der Folterbegriff durch diese Methode erheblich flexibler gestaltet. Überdies wird dem Zweckelement seitdem gesteigerte Bedeutung beigemessen: Der Folterer muss einen bestimmten Zweck verfolgt haben; ein rein sadistischer Zweck genügt nicht.
15. Der Anwendungsbereich des Art. 3 EMRK wurde vom Gerichtshof seit den 1980'er Jahren auf unterschiedlichste, von den Konventionsgebern höchstwahrscheinlich nie vorhergesehene Fallgruppen ausgeweitet. So wurde Ende der 1980'er und Mitte der 1990'er Jahre das *„non-refoulement"*-Prinzip als Teil des Art. 3 EMRK ausgerufen, weshalb auch dieser Grundsatz Absolutheit genießt. Anfang der 1990'er Jahre führte der EGMR eine Beweislastumkehr für solche Fälle ein, in denen sich das Opfer zur Zeit der Misshandlung in Polizeihaft befand. Der Staat muss seitdem beweisen, dass die Misshandlung nicht aus staatlichem Fehlverhalten herrührt. Ende der 1990'er Jahre wurden die Vernichtung der Lebensgrundlage des Opfers und zwangsweise vorgenommene medizinische Behandlungen als Verletzung des Art. 3 EMRK kategorisiert. Seit 2000 können auch schlechte Haftbedingungen in bestimmten Fällen geeignet sein, einen Verstoß gegen Art. 3 EMRK zu bewirken. Die Verhängung einer unangemessenen Strafe, sei es eine lebenslange Freiheitsstrafe, eine zeitige Freiheitsstrafe oder die Todesstrafe, wurde in jüngerer Rechtsprechung ebenfalls als Verletzung des Art. 3 EMRK angesehen.
16. Die immer extensivere Auslegung der Begriffe des Art. 3 EMRK beruht u.a. auf der teleologischen Auslegung der Konvention, deren Ziel in der Gewährleistung fundamentaler Menschenrechte und Freiheiten sowie im Schutz des Individuums liegt. Um dieses Ziel zu erreichen, müssen die Konventionsbestimmungen *„praktikabel"* und *„effektiv"* ausgestaltet werden. Weiterhin muss die Konvention in der Lage sein, mit den Anforderungen einer modernen Gesellschaft mitzuwachsen. Dazu muss sie als lebendiges Instrument evolutiv und dynamisch ausgelegt werden können.

17. Nachdem der EGMR einen Staat wegen einer Verletzung des Art. 3 EMRK verurteilt hat, ist der Staat grundsätzlich frei darin zu bestimmen, mit welchen Mitteln er das Urteil umsetzen möchte („*obligation de résultat*"). An diesem Grundsatz wurde jedoch in jüngerer Zeit seitens des Gerichtshofs gerüttelt. So wurden Staaten in mehreren Fällen im rechtskräftigen Urteilstenor konkret dazu verpflichtet, Häftlinge freizulassen, einen Mindeststandard bezüglich der Haftbedingungen zu garantieren, innerstaatliche Gerichtsurteile durchzusetzen, Todesfälle zu untersuchen, die Untersuchungshaft zu beenden oder im Rahmen des „*non-refoulement*" eine „*diplomatic assurance*" einzuholen.
18. Diese Einschränkung der Freiheit der Vertragsstaaten, selbst zu bestimmen, wie das Urteil des Gerichtshofs zu befolgen ist, erscheint jedoch gravierender als sie tatsächlich ist. Bereits die Verurteilung wegen einer bestimmten Behandlung konkretisiert die Möglichkeiten zur Umsetzung des Urteils.
19. Die Annexkompetenz des EGMR, die ihn ermächtigt konkret und explizit vorzugeben, wie die Befolgungspflicht zu erfüllen ist, ergibt sich nicht aus Art. 41 EMRK, sondern aus Art. 46 EMRK. Damit ist der Vorbehalt des nationalen Rechts, der in Art. 41 EMRK („*...and if the internal law of the High Contracting Party concerned allows only partial reparation to be made...*") zu finden ist, für die Ausübung dieser Kompetenz nicht von Bedeutung. Diese Annexkompetenz kann mit dem Ziel der Konvention begründet werden: Das nationale Recht darf der Wiedergutmachung einer Konventionsverletzung nicht im Wege stehen.
20. Der Gerichtshof beurteilt in seinen Piloturteilen die innerstaatliche Gesetzeslage anhand eines konkreten Falls. Das Urteil wird „*pars pro toto*" auf vergleichbare offenstehende Fälle angewandt. Die Kompetenz des EGMR, solche Piloturteile zu verabschieden, lässt sich aus Art. 32 EMRK i.V.m. Art. 46 Abs. 1 EMRK i.V.m. Art. 1 EMRK ableiten. Außerdem kann sie auf Art. 19 EMRK gestützt werden. Denn Piloturteile helfen unter anderem dabei, eine Überlastung des Konventionssystems zu vermeiden. Eine solche Überlastung würde die Aufgabe des Gerichtshofs – die Menschenrechte des Individuums zu schützen – erschweren bzw. unmöglich machen. Die Souveränität der Vertragsstaaten wird durch diese Piloturteile nur in geringem Maße eingeschränkt: Die Änderung oder Aufhebung des Gesetzes, das zu strukturellen Problemen in der nationalen Rechtsordnung geführt hat, stellt auch ohne explizite Anordnung das einzige Mittel zur Urteilsbefolgung dar.
21. Die Verwertung eines direkt durch Verletzung des Art. 3 EMRK gewonnenen Geständnisses und die Verwertung eines direkt durch Folteran-

wendung gewonnenen körperlichen Beweismittels führen automatisch zur „*unfairness*“ des Verfahrens. Die Verwertung eines infolge einer unmenschlichen oder erniedrigenden Behandlung erlangten körperlichen Beweismittels führt zur „*unfairness*“, wenn dieses Beweismittel direkte Auswirkungen auf den Strafprozess oder die Verurteilung des Opfers hatte. In diesen klaren Beweisregeln zeigt sich die wachsende Bereitschaft des Gerichts, in die Souveränität der EMRK-Staaten einzugreifen, um die Effektivität des Art. 3 EMRK zu gewährleisten.

22. Der Unterschied zwischen durch Folter erlangten, und durch unmenschliche oder erniedrigende Behandlung erlangten körperlichen Beweismitteln wurde nicht vollständig aufgehoben – nur bei der zweiten Kategorie spielt der Auswirkungsklausel eine Rolle.
23. Nicht nur die Unterschiede bei der Beurteilung der Verwertbarkeit von Beweismitteln je nach vorangegangener Behandlungsart, sondern auch die Unterscheidung zwischen Geständnissen und körperlichen Beweismitteln ist nur schwer nachvollziehbar.

Schlussbemerkung

Abschließend kann festgehalten werden, dass der EGMR nicht davor zurückscheut, die Souveränität der Vertragsstaaten wenn nötig einzuschränken: Er hat den Anwendungsbereich des Art. 3 EMRK durch die Anwendung der *„living instrument"* Doktrin großzügig ausgeweitet, er mischt sich in die Auferlegung von Strafen ein, er schreibt explizite Anordnungen im Urteilstenor vor, arbeitet sogar mit Piloturteilen und gibt klare Beweisregeln in Zusammenhang mit Art. 6 Abs. 1 EMRK vor.

All diese Schritte waren notwendig, um der modernen europäischen Menschenrechtslage gerecht zu werden und einen umfassenden Menschenrechtsschutz zu gewährleisten, wie er von den Konventionsgebern vorgesehen war.

Der Gerichtshof sollte diese Linie konsequent weiterführen. Die Gefahr das einzelne Urteile von den Vertragsstaaten nicht akzeptiert werden, kann durch eine konsequente Rechtsprechung gemildert werden – sie darf der effektiven Gewährleistung des Art. 3 EMRK nicht im Weg stehen.

Weniger gelungene Urteile oder Aussagen der Vergangenheit sollten alsbald berichtigt werden. So sollte der EGMR z.B. weniger hohe Anforderungen an das Zweckelement stellen als dies noch im Fall *Krastanov* geschehen war, und das im *Gäfgen*-Urteil eingeführte Auswirkungskriterium in der Beweisregel des Art. 3 i.V.m. Art. 6 Abs. 1 EMRK fallen lassen.

Obwohl der Begriff der „Schwere der Leiden" sowohl durch physische als auch durch psychische Auswirkungen erfüllt werden kann, wurde eine Behandlung mit rein psychischen Folgen bislang noch nicht als Folter eingestuft. Moderne Misshandlungsmethoden wie die fünf Techniken, die durch den Fall *Irland vs. UK* bekannt wurden, sind bis dato nicht als Folter eingestuft worden, da die Aspekte von Komplexität und Raffinesse nicht als mit dem „Schwere der Leiden"-Element vergleichbar angesehen werden. In diesem Punkt besteht Raum für eine Verdeutlichung bzw. Verbesserung. Die Anforderungen an eine moderne demokratische Gesellschaft erfordern eine deutliche und unmissverständliche Verdammung aller Vernehmungstechniken, die eine Verletzung des Art. 3 EMRK zur Folge haben. Dies bedeutet auch, dass eine Kombination von Techniken wie das *„Wall-standing"*, das *„Hooding"*, die Herabsetzung von Nahrung oder Schlaf, sowie die andauernde Beschallung durch laute Geräusche als Folter eingestuft werden können sollte.

Die Schwere der Leiden allein sollte nicht länger ausschlaggebend sein. Vielmehr muss die Komplexität der Methode und die Systematik ihrer Anwendung in die Beurteilung miteinbezogen werden. Diese Faktoren sollen als sich ergänzende Elemente einer Skala angesehen werden, so dass in bestimmten Fällen, auch rein psychisch wirkende Behandlungen als Folter kategorisiert werden können.

Die Einwände hiergegen, die meistens in der Gefahr der Nicht-Akzeptanz durch die Vertragsstaaten und in der Tatsache liegen, dass der EGMR mehrmals von einem besonderen Stigma gesprochen hat, das dem Folterbegriff anhaftet, lassen sich widerlegen: So ist nicht mit Sicherheit gesagt, dass die EMRK-Staaten eine Einstufung solcher Misshandlungsmethoden als Folter bestreiten würden. Die jüngsten weltweiten Entwicklungen zeigen sogar eine Abneigung gegenüber diesen Vernehmungstechniken. Außerdem wurde das besondere Stigma der Folter aus der Rechtsprechung des EGMR geboren; es stützt sich nicht auf den Willen der Konventionsgeber.

Es passt zu der Rolle des EGMR, nach der *„moral truth of the protected rights"*[1351] zu suchen und wichtige Schritte zur Wahrung der Menschenrechte zu unternehmen, um damit der Weltgemeinschaft den Weg zu weisen. Die EMRK-Staaten stellen eine relativ homogene Gruppe dar, die es dem Gerichtshof ermöglicht, einen umfangreicheren Menschenrechtsschutz zu gewährleisten als die übrigen völkerrechtlichen Organe dies erreichen können. Der weltweite Proteststurm gegen die Anwendung bestimmter Vernehmungstechniken, die zum Teil aus klassischen, zum Teil aus modernen Misshandlungsmethoden bestehen, sowie die mögliche Wiederaufnahme des Leitfalles *Irland vs. UK* bereiten das optimale Umfeld, den Folterbegriff nochmals zu überdenken und auszudehnen, sodass auch rein psychisch wirkende Methoden als Folter kategorisiert werden können, wenn die Behandlung durch ihre Komplexität und Gewieftheit in der Lage ist, die Persönlichkeit des Opfers zu zerstören. Mittels einer solchen Klarstellung und einer unmissverständlichen Verwerfung aller Misshandlungsmethoden, die gegen Art. 3 EMRK verstoßen, kann der Gerichtshof noch effektiver dafür Sorge tragen, dass der moderne europäische Staat – wie *Nietzsche* es formulierte – während des Kampfes mit Ungeheuern nicht selbst zum Ungeheuer wird.

1351 *Letsas*, EJIL 2004, S. 279, 297.

Literaturverzeichnis

Addo, Michael K. / *Grief*, Nicholas: Is there a Policy behind the Decisions and Judgements Relating to Article 3 of the European Convention on Human Rights?, in: ELR 1995, Vol. 20, S. 178-193

Addo, Michael K. / *Grief*, Nicholas: Does Article 3 enshrine absolute rights?, in: EJIL 1998, Vol. 9 Nr. 3, S. 510-524

Allain, Jean: The Jus Cogens Nature of Non-Refoulement, in: IJRL 2001, Vol. 13, S. 533-558

Alleweldt, Ralf: Protection against Expulsion under article 3 of the European Convention on Human Rights, in: EJIL 1993, Vol. 4, S. 360-376

Alleweldt, Ralf: Schutz für Abschiebung bei drohender Folter oder unmenschlicher oder erniedrigender Behandlung oder Strafe - Refoulement-Verbote im Völkerrecht und im deutschen Recht unter besonderer Berücksichtigung von Artikel 3 EMRK und Artikel 1 GG, Berlin, 1996 [zitiert als *Alleweldt*, Schutz für Abschiebung]

Bank, Roland: Das Verbot von Folter, unmenschlicher oder erniedrigender Behandlung oder Strafe, in: EMRK/GG. Konkordanzkommentar zum europäischen und deutschen Grundrechtsschutz, S. 479-534, hrsg. von Rainer Grote, Thilo Maurahn, Tübingen 2006 [zitiert als *Bank*, in: EMRK/GG Konkordanzkommentar]

Bartlett, Peter / *Lewis*, Oliver / *Thorold*, Oliver: Mental Disability and the European Convention on Human Rights. International Studies in Human Rights, Leiden 2007 [zitiert als *Bartlett/Lewis/Thorold*, Mental Disability]

Beddard, Ralph: Human Rights and Europe, 3. Auflage, Cambridge 1993

Bernhardt, Rudolf: The Convention and domestic law, in: The European System for the Protection of Human Rights, S. 25-40, hrsg. von Ronald St. J. Macdonald, Franz Matscher, Herbert Petzold, Dordrecht [u.a.] 1993 [zitiert als *Bernhardt*, in: The European System for the Protection of Human Rights]

Breitenmoser, Stephan / *Wilms*, Gunter E.: Human Rights vs. Extradition: the Soering Case, in MJIL 1990, Vol. 11, S. 845-886

Brems, Eva: Human Rights: Universality and Diversity, Den Haag 2001

Breuer, Marten: Urteilsfolgen bei strukturellen Problemen, das erste „Piloturteil" des EGMR. Anmerkung zum Fall Broniowski gegen Polen, in EuGRZ 2004, Vol. 31, S. 445-451 [zitiert als *Breuer*, Urteilsfolgen, EuGRZ 2004]

Breuer, Marten: Zur Anordnung konkreter Abhilfemaßnahmen durch den EGMR, in EuGRZ 2004, Vol. 31, S. 257-263 [zitiert als *Breuer*, Abhilfemaßnahmen, EuGRZ 2004]

Brölman, Catherine: Law-Making Treaties: Form and Function in International Law, in 74 NJIL 2005, Issue 3, S. 383-404

Brugger, Winfried: Darf der Staat ausnahmsweise foltern?, in: Der Staat 1996, Vol. 35, S. 67-97

Bruin, Rene / *Wouters*, Kees: Terrorism and Non-Derogability of Non-Refoulement, in: IJRL 2003, Vol. 15, S. 5-29

Burgers, J. Herman / *Danelius*, Hans: The United Nations Convention Against Torture: A Handbook on the Convention Against Torture and Other Cruel, Inhuman Or Degrading Treatment Or Punishment, Dordrecht 1988 [zitiert als *Burgers/Danelius*, The United Nations Convention Against Torture]

Cassesse, Antonio: Prohibition of Torture and Inhuman or Degrading Treatment or Punishment, S. 225-261, hrsg. von Ronald St. J. Macdonald, Franz Matscher, Herbert Petzold, Dordrecht [u.a.] 1993 [zitiert als *Cassesse*, in: The European System for the Protection of Human Rights]

Clayton, Richard / *Tomlinson*, Hugh: The Law of Human Rights, 2. Auflage, Volume I, Oxford 2009

Callewaert, Johan: Is there a margin of appreciation in the application of articles 2, 3 and 4 of the Convention?, in: HRLK 1998, Vol. 19, Nr. 16, S. 6-9

Cornelius, Kai: Vom spurlosen Verschwindenlassen zur Benachrichtigungspflicht bei Festnahmen, Berlin 2006

Cullen, Anthony: Defining Torture in International Law: A Critique of the Concept employed by the European Court of Human Rights, in CWILJ 2003, Vol. 34, Nr. 1, S. 29-46

Danelius, Hans: Protection against Torture in Europe and the World, in: The European System for the Protection of Human Rights, S. 25-40, hrsg. von Ronald St. J. Macdonald, Franz Matscher, Herbert Petzold, Dordrecht [u.a.] 1993 [zitiert als *Danelius*, in: The European System for the Protection of Human Rights]

Davy, Ulrike: Darf Deutschland wirklich ausnahmsweise foltern? Eine europäische Antwort, in: Menschenrechte in der Bewahrung. Die Rezeption der Menschenrechtskonvention in Frankreich und Vergleich, S. 177-204, hrsg. von Constance Grewe, Christoph Gusy, Baden-Baden 2005 [zitiert als *Davy*, in: Menschenrechte in der Bewahrung]

Dröge, Cordula: Positive Verpflichtungen der Staaten in der Europäischen Menschenrechtskonvention. Veröffentlichungen des Max- Planck-Instituts für ausländisches öffentliches Recht und Völkerrecht, Band 119, Berlin, Heidelberg 2003 [zitiert als *Dröge*, Positive Verpflichtungen der Staaten]

Duffy, P.J.: Article 3 of the European Convention on Human Rights, in ICLQ 1983, Vol. 32, S. 316-346

Dutertre, Gilles: Key Case-Law Extracts. European Court of Human Rights, Straßburg 2003 [zitiert als *Dutertre*, *Key Case-Law Extracts*]

Dworkin, Ronald: Law's Empire, Cambridge 1986

Dworkin, Ronald: Is Democracy possibly here? Principles for a new political Debate, Princeton 2006 [zitiert als *Dworkin*, Is Democracy possibly here?]

Dzehtsiarou, Kanstantsin: European Consensus and the Evolutive Interpretation of the European Convention on Human Rights, in GLJ 2011, Vol. 12, Issue 10, S. 1730-1745

Ehlers, Dirk: Europäische Grundrechte und Grundfreiheiten, 3. Auflage, Berlin 2009

Elshtain, Jean B.: Reflection on the Problem of Dirty hands, in: Torture: a Collection, S. 77-89, hrsg. von Sanford Levinson, Oxford 2006 [zitiert als *Elshtain*, in: Torture: a Collection]

Esser, Robert: Der EGMR in Sachen Gäfgen v. Deutschland (22978/05), Urt. 30.6.2008, in: NStZ 2008, S. 657-662

Esser, Robert: EMRK/IBPR, Löwe-Rosenberg StPO, 26. Aufl., Berlin, Boston 2011 [zitiert als *Esser*, EMRK/IBPR]

European Commission of Human Rights: Preparatory work on Article 3 of the European Convention on Human Rights Rights – Memorandum prepared by the Secretariat of the Commission. Straßburg, DH (56), 22.5.1956, verfügbar auf http://www.echr.coe.int/LibraryDocs/Travaux/ECHRTravaux-ART3-DH(56)5-EN1674940.pdf, zuletzt abgerufen am 8.7.2015 [zitiert als *ECHR, Preparatory Works*]

Evans, Malcolm D. / *Morgan*, Rodney: Preventing Torture: A Study of the European Convention for the Prevention of Torture and Inhuman Or Degrading Treatment Or Punishment, Oxford 1998 [zitiert als *Evans/Morgan*, Preventing Torture]

Evans, Malcolm D.: Getting to Grips with Torture, in ICLQ 2002, Volume 51, Issue 2, S. 365-383

Falvey, Joseph L. / *Eck*, Brian D: Holding the High Ground: The operational Calculus of Torture and Coercive Interrogation, in Cam. LR 2010, Volume 32, S. 561-593

Förster, Claus: Das Urteil im Fall Daschner. Ein mutiges Signal des Rechtsstaats gegen Folter?, in: RuP 2005, Volume 1, S. 56-58

Frowein, Jochen A. / *Kühner*, Hans-Hein: Drohende Folterung als Asylgrund und Grenze für Auslieferung und Ausweisung, in ZaöRV 1983, Volume 43, S. 537-565

Frowein, Jochen A.: Freiheit von Folter oder Grausamer, unmenschlicher oder erniedrigender Behandlung und Strafe nach der EMRK, in: Folterverbot sowie Religions- und Gewissensfreiheit im Rechtsvergleich, S. 69-80, hrsg. von Franz Matscher, Kehl am Rein, 1990 [zitiert als *Frowein*, in: Freiheit von Folter oder Grausamer, unmenschlicher oder erniedrigender Behandlung und Strafe]

Frowein, Jochen A. / *Peukert*, Wolfgang: Europäische Menschenrechtskonvention, 3. Auflage, Kehl 2003

Gading, Heike: Der Schutz grundlegender Menschenrechte durch militärische Maßnahmen des Sicherheitsrates - das Ende staatlicher Souveränität. Veröffentlichungen des Walther-Schücking-Instituts für Internationales Recht an der Universität Kiel, Berlin 1996 [zitiert als *Gading*, Schutz grundlegender Menschenrechte]

Gaede, Karsten: Die Fragilität des Folterverbots – Präventiv begründete Ausnahmen vom absoluten Folterverbot zur Herstellung absoluter Sicherheit?, in: Angst und Streben nach Sicherheit in Gesetzgebung und Praxis, S. 155-190, hrsg. von Madeleine Camprubi, Zürich 2004 [zitiert als *Gaede*, in: Angst und Streben]

Gewirth, Alan: Human Rights: Essays on Justifications and Applications, Chicago 1982

Gewirth, Alan: Are there any absolute rights?, in: Theories of Rights, S. 91-109, hrsg. von Jeremy Waldron, Oxford, 1986 [zitiert als *Gewirth*, in: Theories of Rights]

Giegerich, Thomas / *Zimmermann*, Andreas: Grund- und Menschenrechte im globalen Zeitalter: Neubewertung ihrer territorialen, personalen und internationalen Dimension in Deutschland, Europa und den USA, in EuGRZ 2004, 31. Jg., S 758-777

Gollwitzer, Walter: Menschenrechte im Strafverfahren, MRK & IPBPR. De Gruyter Kommentar, Berlin 2005 [zitiert als *Gollwitzer*, Menschenrechte im Strafverfahren]

Gomien, Donna / *Harris*, David John / *Zwaak*, Leo: Law and Practice of the European Convention on Human Rights and the European Social Charter, Straßburg 1996 [zitiert als *Gomien/Harris/Zwaak*, Law and Practice]

Grabenwarter, Christoph: Androhung von Folter und faires Strafverfahren - Das (vorläufig) letzte Wort aus Straßburg, in: NJW 2010, S. 3128-3132

Grabenwarter, Christoph / *Pabel*, Katharina: Europäische Menschenrechtskonvention. Ein Studienbuch, 5. Auflage, München [u.a.] 2012 [zitiert als *Grabenwarter/Pabel*, EMRK]

Greer, Steven: The Interpretation of the European Convention on Human Rights: Universal Principle of Margin of Appreciation?, in UCL HRR 2010, Vol. 3, S. 1-14

Grewe, Constance: Vergleich zwischen den Interpretationsmethoden europäischer Verfassungsgerichte und des Europäischen Gerichtshofes für Menschenrechte, in: *ZaöRV 2001, Vol. 61, S. 459-473*

Gribnau, Hans: Legitimacy of the Judiciary, in: EJCL 2002, Vol. 6.4, S. 26-46

Grieve, Ross: Article 3 ECHR: a Multilayered Right with Unique Tensions, in: SJL 2012, Nr. 4, verfügbar auf http://www.sjol.co.uk/issue-4/article-3-echr-a-multi-layered-right-with-unique-tensions, zuletzt abgerufen am 16.6.2015

Haefliger, Arthur / *Schürmann*, Frank: Die Europäische Menschenrechtskonvention und die Schweiz, 2. Auflage, Bern 1999 [zitiert als *Haefliger/Schürmann*, Die EMRK und die Schweiz]

Haider, Dominik: The Pilot-Judgment Procedure of the European Court for Human Rights, Wien 2012 [zitiert als *Haider*, The Pilot-Judgment Procedure]

Hailbronner, Kay / *Randelzhofer*, Albrecht: Zur Zeichnung der UN-Folterkonvention durch die Bundesrepublik Deutschland, in: EuGRZ 1986, S. 641-648

Hajjar, Lisa: Souvereign Bodies, Souvereign States: Torture and the Nation, in: Quest Journal, An African Journal of Philosophy 2002, Vol. 16, Nr. 1-2, S. 108-142, verfügbar auf http://quest-journal.net/vol_XVI/hajjar.pdf, zuletzt abgerufen am 16.6.2015 [zitiert als *Hajjar*, QJAJOP 2002]

Haß, Solveig: Die Urteile des EGMR. Charakter, Bindung, Wirkung und Durchsetzung, Frankfurt am Main [u.a.] 2005 [zitiert als *Haß*, Die Urteile des EGMR]

Helfer, Laurence R.: Consensus, Coherence and the European Convention of Human Rights, in: CILJ 1993, Nr. 26, S. 133-165

Hellmann, Uwe: Menschenrechte und Strafrecht: Beiträge zur 4. Sitzung des International Forum on Crime and Criminal Law in the *Global* Era (IFCCLGE), S. 55-67, hrsg. von Arndt Sinn, 1. Auflage, Osnabrück 2013 [zitiert als *Hellmann*, in: Menschenrechte und Strafrecht]

Hilgendorf, Eric: Folter im Rechtsstaat?, in: JZ 2004, S. 331-339

Hoffmann, Irene: Der Grundsatz der Subsidiarität im Rechtsschutzsystem der Europäischen Menschenrechtskonvention. Europäische Hochschulschriften, Frankfurt am Main [u.a.], 2006 [zitiert als *Hoffmann*, Der Grundsatz der Subsidiarität]

Hoffmann, Leonard: Human Rights and the House of Lords, MLR 1999, Vol. 62, S. 159-166

Hoffmann, Leonard: The Universality of Human Rights, in: LQR 2009, Vol. 125, S. 416-432

Jerouschek, Günter / *Kölbel*, Ralf: Folter von Staats wegen?, in: JZ 2003, Vol. 58, S. 613-620

Jessberger, Florian: Bad Torture — Good Torture? What International Criminal Lawyers May Learn from the Recent Trial of Police Officers in Germany, in: JICJ 2005, Vol. 3, Nr, 5, S. 1059-1073

Jessberger, Florian / *Gur-Arye*, Mirian: The Protection of Human Dignity in Interrogations: May interrogative torture ever be tolerated? Reflections in Light of Recent German and Israeli Experiences, ILR 2011, Vol. 44, Nr. 1-2, S. 229-262

Kandel, Eric R. / *Schwartz*, James H. / *Jessel*, Thomas M.: Principles of Neural Science, 5. Auflage, New York 2008

Karpensteyn, Ulrich / *Mayer*, Franz C.: EMRK - Konvention zum Schutz der Menschenrechte und Grundfreiheiten, München 2012 [zitiert als *Karpensteyn/Mayer*, EMRK]

Kilian, Dieter: Die Bindungswirkung der Entscheidungen des Europäischen Gerichtshofs für Menschenrechte. Frankfurt am Main [u.a.] 1993 [zitiert als *Kilian*, Bindungswirkung]

Klayman, Barry M.: The Definition of Torture in International Law. In: TLQ 1978, Vol. 51, S. 449-517

Klein, Eckart: Should the binding effect of the judgement of the European Court of Human Rights be extended? In: Protecting Human Rights: The European perspective, S. 705-713, hrsg. von Paul Mahoney, Franz Matscher, Herbert Petzold, Luzius Wildhaber, Köln 2000 [zitiert als *Klein*, in: Protecting Human Rights]

Klugmann, Marcel: Menschenrechtskonvention und antiterroristische Maßnahmen. Eine Untersuchung der Rechtsprechung des Europäischen Gerichtshofes für Menschenrechte am Beispiel des Nordirland- und des Kurdenkonfliktes. Frankfurt am Main [u.a.] 2002 [zitiert als *Klugmann*, Menschenrechtskonvention und antiterroristische Maßnahmen]

Koji, Teraja: Emerging Hierarchy in International Human Rights and Beyond: From the Perspective of Non-derogable Rights, in: EJIL 2001, Vol. 12, Nr. 5, S. 917-941

Lawson, Rick / *De Blois*, Matthijs: The Dynamics of the Protection of Human Rights in Europe. Essays in Honour of Henry G. Schermers, 3. Auflage, Dordrecht 1994 [zitiert als *Lawson/De Blois*, The Dynamics of the Protection of Human Rights in Europe]

Letsas, George: The Truth in Autonomous Concepts: How To Interpret the ECHR, in: EJIL 2004, Vol. 15, Nr. 2, S. 279-305

Letstas, George: A Theory of Interpretation of the European Convention on Human Rights, Oxford 2009 [zitiert als *Letsas*, A Theory of Interpretation]

Letsas, George: Strasbourg's Interpretive Ethic: Lessons for the International Lawyer, in: EJIL 2010, Vol. 21, Nr. 3, S. 509-541

Loucaides, Loukis G.: The European Convention on Human Rights, Collected Essays, Leiden 2007 [zitiert als *Loucaides*, ECHR]

Luban, David J.: Liberalism and the Ticking Bomb, in: VLR 2005, Vol. 91, S. 1425-1461

Luhmann, Niklas: Gibt es in unserer Gesellschaft noch unverzichtbare Normen? Vortrag an der Universität Heidelberg vom 10.12.1992 [zitiert als *Luhmann*, unverzichtbare Normen*]*

Macdonald, Ronald St. J.: The Margin of Appreciation in the Jurisprudence of the European Court of Human Rights, in: International Law at the Time of its Codification, Essays in Honour of Judge Roberto Ago, S. 187-208, hrsg. von A. Giuffrè, Mailand 1987 [zitiert als *Macdonald*, in: The Margin of Appreciation]

MacDermot, Niall: Diskussionsbeitrag zu Peter Saladins Referat "Begriff der Folter", in: Internationale Konventionen gegen die Folter, S. 131-134, hrsg. von Alois Riklin, Bern 1979 [zitiert als *MacDermot*, in: Internationale Konventionen]

Mahoney, Paul: Marvellous Richness of Diversity of Invidious Cultural Relativism?, in: HRLJ 1998, Vol. 19, Nr. 1, S. 1-6

Mahoney, Paul: Judicial Activism and Judicial Self-Restraint in the European Court of Human Rights: Two Sides of the Same Coin, in: HRLJ 1990, Vol. 11, S. 57-89

Marx, Reinhard: Die Konvention der Vereinten Nationen gegen Folter und andere grausame, unmenschliche, oder erniedrigende Behandlung oder Strafe, in: ZRP 1986, S. 81-85

McGinnis, John O. / *Somin*, Ilya: Should International Law be Part of Our Law?, in: SLR 2007, Vol. 59, S. 1175- 1248

Mellech, Kathrin: Die Rezeption der EMRK sowie der Urteile des EGMR in der französischen und deutschen Rechtsprechung, Tübingen 2012 [zitiert als *Mellech*, Rezeption]

Meyer-Ladewig, Jens: Menschenwürde und EMRK, in: NJW 2004, S. 981-983

Meyer-Ladewig, Jens: EMRK Handkommentar, 3. Auflage, Baden-Baden 2011

Möhlenbeck, Michaela: Das absolute Folterverbot: Seine Grundlagen und die strafrechtlichen sowie strafprozessualen Folgen seiner Verletzung, Frankfurt am Main 2008 [zitiert als *Möhlenbeck*, Das absolute Folterverbot]

Morentin, Benito / *Petersen*, Hans / *Callado*, Luis / *Meana*, J. Javier / *Idoyaga*, M. Itxaso: Assessment of the quality of medical documents issued in central police stations in Madrid, Spain: the doctor's role in the prevention of ill-treatment, in: JFS 2002, Vol. 47, Nr. 4, S. 293-298

Nicolaou, George: The New Perspective of the European Court of Human Rights on the Effectiveness of its Judgments. In: Festschrift für Renate Jaeger. Grundrechte und Solidarität: Durchsetzung und Verfahren, S. 163-178, hrsg. von Christine Hohmann-Dennhardt, Peter Masuch, Mark Viliger, Kehl am Rein 2011 [zitiert als *Nicolaou*, in: The New Perspective of the ECHR]

Nietzsche, Friedrich: Jenseits von Gut und Böse: Vorspiel einer Philosophie der Zukunft, Leipzig 1886 [zitiert als Nietzsche, Jenseits von Gut und Böse]

Nowak, Manfred: Die UNO-Konvention gegen die Folter vom 10. Dezember 1984, in: EuGRZ 1985, S. 109-116

Nowak, Manfred: United Nations Covenant on Civil and Political Rights, Commentary, 2. Auflage, Kehl [u.a.] 2005 [zitiert als *Nowak*, UN CCPR]

Nußberger, Angelika: Auf der Suche nach einem europäischen Konsens – zur Rechtsprechung des Europäischen Gerichtshofs für Menschenrechte, in: RW 2012, S. 197-211

O'Boyle, Michael: Torture and emergency powers under the European Convention on Human Rights, Ireland vs. The UK, in: AJIL 1977, Vol. 171, Nr. 4, S. 674-706

Ovey, Clare / *White*, Robin C.A.: Jacobs & White: European Convention on Human Rights. 3 Auflage, Oxford 2002 [zitiert als *Ovey/White*, ECHR]

Padmanabhan, Vijay M.: To Transfer of not To Transfer: Identifying and Protecting Relevant Human Rights Interests in Non-Refoulement, in: FLR 2011, Vol. 80, S. 73-123

Palmer, Stephanie: A wrong turning: Article 3 ECHR and proportionality, in: CLJ 2006, Vol. 65, Nr. 2, S. 438-452

Parker Report: Rapport in dem Fall Irland vs. UK, Parker Report, Majority Report. Angenommen auf dem 31.1.1972, verfügbar auf http://cain.ulst.ac.uk/hmso/parker.htm#2, zuletzt abgerufen am 8.7.2015 [Zitiert als *Parker Report*]

Parry, John T.: The Shape of Modern Torture: Extraordinary Rendition and Ghost Detainees, in: MJIL 2005, Vol. 6, S. 516-533

Partsch, Karl Josef: Die Rechte und Freiheiten der europäischen Menschenrechtskonvention, Berlin 1966 [zitiert als *Partsch*, Die Rechte und Freiheiten der EMRK]

Peters, Anne / *Altwicker*, Tilman: Europäische Menschenrechtskonvention. Mit rechtsvergleichende Bezügen zum deutschen Grundgesetz, 2. Auflage, München 2012 [zitiert als *Peters/Altwicker*, EMRK]

Peters, Edward: Torture. Extended Edition, Pensylvania 1996 [zitiert als *Peters*, Torture]

Polakiewicz, Jörg: Die Verpflichtungen der Staaten aus den Urteilen des Europäischen Gerichtshofs für Menschenrechte, Berlin [u.a.] 1993 [zitiert als *Polakiewicz*, Verpflichtungen der Staaten]

Pösl, Michael: Das Verbot der Folter in Art. 3 EMRK, Baden-Baden, 2015

Posner, Eric A. / *Vermeule*, Adrian: Should Coercive Interrogation Be Legal?, in: MLR 2006, S. 672-707

Prosenjak, Dominik: Der Folterbegriff nach Artikel 3 EMRK, Hamburg 2011

Quigley, John / *Shank*, S. Adele: Death Row as a Violation of Human Rights. Is it Illegal to Extradite to Virginia, in: VJIL 1989-1990, Vol. 30, S. 241-271

Raess, Markus: Der Schutz vor Folter im Völkerrecht, Zürich 1989

Redress Trust (REDRESS) / The Immigration Law Practitioners Association (ILPA): Proceedings of a Seminar Held Jointly By The Redress Trust (REDRESS) And The Immigration Law Practitioners Association (ILPA), London, 16.5.2006, verfügbar auf http://www.redress.org/downloads/publications/Non-refoulementUnderThreat.pdf, zuletzt abgerufen am 8.7.2015 [zitiert als *REDRESS/ILPA*]

Reidy, Aisling / *Hampson*, Francoise / *Boyle*, Kevin: Gross Violations of Human Rights: Invoking the European Convention on Human Rights in the Case of Turkey, in: NQHR 1997, Vol. 15, Nr. 2, S. 161-173

Ress, Georg: Die Europäische Menschenrechtskonvention und die Vertragsstaaten: Die Wirkungen der Urteile des EGMR im innerstaatlichen Recht und vor innerstaatlichen Gerichten; in: Europäischer Menschenrechtsschutz: Schranken und Wirkungen. Verhandlungen des Fünften Internationalen Kolloquiums über die Europäische Menschenrechtskonvention in Frankfurt (Main), S. 227-287, hrsg. von Irene Maier, Frankfurt am Main [u.a.] 1982 [zitiert als *Ress*, in: Europäischer Menschenrechtsschutz]

Robertson, Arthur Henry / *Merrills*, John Graham: Human Rights in Europe. A Study of the European Convention On Human Rights, 3. Auflage, Manchester [u.a.] 1994 [zitiert als *Robertson/Merrills*, Human Rights in Europe]

Rodin, David: Torture, Rights and Values: Why the Prohibition of Torture is Absolute. In dem Vortrag von David Rodin, David Luban, Noboru Maruyama und Joel H. Rosenthal während dem Carnegie-Uehiro Fellowship Program vom 26.6.2008 [zitiert als *Rodin*, Torture, Rights and Values]

Rodley, Nigel S.: The Treatment of Prisoners under International Law, 2. Auflage, New York 1999

Rohleder, Kristin: Grundrechtsschutz im europäischen Mehrebenen-System. Unter besonderer Berücksichtigung des Verhältnisses zwischen Bundesverfassungsgericht und Europäischem Gerichtshof für Menschenrechte, 1. Auflage, Baden-Baden 2009 [zitiert als *Rohleder*, Grundrechtsschutz im europäischen Mehrebenen-System]

Rowe, Catharine Estelle: The Scope of Article 3 of the European Convention on Human Rights in relation to Suspected Terrorists, in: Exeter Papers on European Law 2002, Nr. 10, S. 1-85, verfügbar auf law.exeter.ac.uk/cels/documents/Rowe_ExeterPaper.doc, zuletzt abgerufen am 8.7.2015

Ryssdal, Rolv: Rudolf Bernhardt at the European Court of Human Rights, in: Recht zwischen Umbruch und Bewahrung. Festschrift für Rudolph Bernhardt, S. 1-8, hrsg. von Ulrich Beyerlin, Michael Bothe, Rainer Hofmann, Ernst-Ulrich Petersman, Berlin [u.a.] 1995 [zitiert als *Ryssdal*, in: Recht zwischen Umbruch und Bewahrung]

Saladin, Peter: Begriff der Folter, in: Internationale Konventionen gegen die Folter, S. 131-134, hrsg. von Alois Riklin, Bern 1979 [zitiert als *Saladin*, in: Internationale Konventionen]

Schiedermair, Stephanie: Der Schutz des Privaten als Internationales Grundrecht, Tübingen 2012

Schreuer, Christoph: Die Behandlung internationaler Organakte durch staatliche Gerichte, Berlin 1977

Seidman, Louis Michael: Torture's Truth, in: UCLR 2005, Vol. 72, S. 881-918

Smit, Zyl / *Weatherby*, Pete / *Creighton*, Simon: Whole Life Sentences and the Tide of European Human Rights Jurisprudence: What Is to Be Done?, in: HRLR 2014, Vol. 14, Nr. 1, S. 59-84

Smith, Richard: The Margin of Appreciaton and Human Rights in the War on Terror: Have the Rules Changed before the European Court of Human Rights?, in: EHRR 2011, Vol. 8, Nr. 1, S. 124-153

Spjut, Robert J.: Torture under the European Convention on Human Rights, in: AJIL 1979, Vol. 73, S. 267-272

Stavros, Stephanos: The Garantuees for Accused Persons Under Article 6 of the European Convention on Human Rights. Dordrecht [u.a.] 1993 [zitiert als *Stavros*, The Garantees for Accused Persons]

Terry, James P.: Torture and the Interrogation of Detainees, in: CLR 2010, Vol. 32, Nr. 4, S. 595-617

Thienel, Tobias: The Admissibility of Evidence Obtained by Torture under International Law , in: EJIL 2006, Vol. 17, Nr. 2, S. 349-367

Thurin, Oliver: Der Schutz des Fremden für rechtswidriger Abschiebung: Das Prinzip des Non-Refoulement nach Artikel 3 EMRK, Wien 2009 [zitiert als *Thurin*, Der Schutz des Fremden für rechtswidriger Abschiebung]

Treiber, Wilhelm: Die Asylrelevanz von Folter, Todesstrafe und sonstiger unmenschlicher Behandlung, Schäuble 1990 [zitiert als *Treiber*, Die Asylrelevanz]

Trechsel, Stefan: Probleme und aktueller Stand der Bemühungen um eine UN-Konvention gegen die Folter, in: ZöR 1982, Vol. 33, S. 245-266

Turner, Robert F. What went wrong? Torture and the office of legal counsil in the Bush administration, in: CLR 2010, Vol. 32, Nr. 4, S. 529- 559

Uerpmann-Wittzack, Robert: Hochstpersönliche Rechte und Diskriminierungsverbot, in: Europäische Grundrechte und Grundfreiheiten, S. 81-112, hrsg. von Dirk Ehlers, Berlin 2009 [zitiert als *Uerpmann-Wittzack*, in: Europäische Grundrechte und Grundfreiheiten]

Van den Wijngaert, Christine: Applying the European Convention on Human Rights on Extradition: Opening Pandora's Box?, in: ICLQ 1990, Vol. 39, Nr. 4, S. 757-779

Van der Vyver, Johan D.: Torture as Crime under International Law, in: ALR 2003, S. 427-429

Van Dijk, Pieter / *Van Hoof*, Fried / *Van Rijn*, Arjen / *Zwaak*, Leo: Theory and Practice of the European Convention on Human Rights, 4. Auflage, Antwerpen 2006 [zitiert als *Van Dijk/Van Hoof/Van Rijn/Zwaak*, Theory and Practice of the ECHR]

Varju, Marton: Transition as a concept of European human rights law, in: EHRLR 2009, Nr. 2, S. 170-186

Villiger, Mark E.: Handbuch der Europäischen Menschenrechtskonvention (EMRK) unter besonderer Berücksichtigung der schweizerischen Rechtslage, 2. Auflage, Zürich 1999 [zitiert als *Villiger*, Handbuch der EMRK]

Volokh, Eugene: Mechanisms of the Slippery Slope, in: HRL 2003, Vol. 116, S. 1026-1137

Waldron, Jeremy: Clean Torture by modern Democracies, in: IHR 2010, Vol. 31, Nr. 3, S. 584-589

Waldron, Jeremy: The Coxford Lecture, Inhuman and Degrading Treatment, The Words Themselves, 23 Can. J.L. & Jurisprudence 2010, Vol. XXIII, No. 2, S. 268 [zitiert als *Waldron*, Inhuman and Degrading Treatment, The Words Themselves]

Walzer, Michael: Political Action, the Problem of 'Dirty Hands'. In: Torture: a Collection, S. 61-75, hrsg. von Sanford Levinson, Oxford 2006 [zitiert als *Walzer*, in: Torture: a Collection]

Warrnking, Vera: Strafprozessuale Beweisverbote in der Rechtsprechung des Europäischen Gerichtshofs für Menschenrechte und ihre Auswirkungen auf das deutsche Recht. Internationales und Europäisches Strafverfahrensrecht, hrsg. von Hans-Heiner Kühne, Robert Esser, Berlin, 2008 [zitiert als *Warnking*, Strafprozessuale Beweisverbote]

Weilert, Anja: Grundlagen und Grenzen des Folterverbots in verschiedenen Rechtskreisen, Berlin [u.a.] 2005 [zitiert als *Weilert*, Grundlagen und Grenzen]

Wenz, Vera: Forschung mit einwilligungsfähigen Personen aus der Perspektive des deutschen und englischen Rechts. 1. Auflage, Göttingen 2006 [zitiert als *Wenz*, Forschung mit einwilligungsfähigen Personen]

Wicks, Elizabeth: The United Kingdom Government's Perceptions of the European Convention on Human Rights at the Time of Entry, Oxford 2000 [zitiert als *Wicks*, The UK's Perceptions of the ECHR]

Wong, Wing Wah Mary: The Sunday Times Case: Freedom of Expression Versus English Contempt-of-Court Law in the European Court of Human Rights, in: NYUJILP 1984, Vol. 17, S. 35-77

Yourow, Howard Charles: The Margin of Appreciation Doctrine in the Dynamics of European Human Rights Jurisprudence. International Studies in Human Rights, Den Haag [u.a.] 1996 [zitiert als *Yourow*, The Margin of Appreciation Doctrine]

Zwach, Ulrich: Die Leistungsurteile des Europäischen Gerichtshofs für Menschenrechte, Stuttgart [u.a.] 1996

Rechtsprechungsverzeichnis

EGMR Urt. v. 14.12.1959, *Griechenland vs. UK*, Nr. 176/56, (1958-59), 2. Jahrbuch, Rapport der Kommission

EGMR Urt. v. 11.01.1961, *Österreich vs. Italien*, Nr. 788/60, Rapport der Kommission, Jahrbuch 4

EGMR Urt. v. 1.7.1961, *Lawless vs. Irland*, Nr. 332/57

EGMR Urt. v. 11.7.1961, *Österreich vs. Italien*, Nr. 788/60, Jahrbuch 6

EGMR Urt. v. 27.6.1968, *Wemhoff vs. Deutschland*, Nr. 2122/64

EGMR Urt. v. 27.6.1968, *Neumeister vs. Österreich*, Nr. 1936/63

EGMR Urt. v. 23.7.1968, *Belgische Linguistik vs. Belgien*, Nr. 1474/62, 1677/62, 1691/62, 1769/63, 1994/63, 2126/64

EGMR urt. v. 18.6.1971, *De Wilde, Ooms and Versyp v. Belgien*, Nr. 2832/66, 2835/66, 2899/66

EGMR Urt. v. 9.2.1973, *X vs. UK*, Nr. 5471/71

EGMR Urt. v. 21.2.1975, *Golder vs. UK*, Nr. 4451/70

EGMR Urt. v. 08.06.1976, *Engel u.a. vs. Niederlande*, Nr. 5100/71, 5101/71, 5102/71, 5354/72, 5370/72

EGMR Urt. v. 7.12.1976, *Kjeldsen, Busk, Madsen und Pedersen vs. Dänemark*, Nr. 5095/71, 5920/72, 5926/72

EGMR Urt. v. 7.12.1976, *Handyside vs. UK*, Nr. 5493/72

EGMR Urt. v. 28.2.1977, *X vs. Belgien*, Nr. 7450/76

EGMR Urt. v. 18.1.1978, *Irland vs. UK*, Nr. 5310/71

EGMR Urt. v. 25.4.1978, *Österreich vs. Italien*, Nr. 788/60

EGMR Urt. v. 25.4.1978, *Tyrer vs. UK*, Nr. 5856/72

EGMR Urt. v. 28.6.1978, *König vs. Deutschland*, Nr. 6232/73

EGMR Urt. v. 8.7.1978, *Ensslin, Baader u. Raspe vs. Deutschland*, Nr. 7572/76, 7586/76, 7587/76

EGMR Urt. v. 28.11.1978, *Luedicke, Belkacem u. Koç vs. Deutschland*, Nr. 6210/73, 6877/75, 7132/75

EGMR Urt. v. 13.6.1979, *Marckx vs. Belgien*, Nr. 6833/74

EGMR Urt. v. 27.2.1980, *Deweer vs. Belgien*, Nr. 6903/75

EGMR Urt. v. 13.5.1980, *Artico vs. Italien*, Nr. 6694/74

EGMR Urt. v. 15.5.1980, *McFeely u.a. vs. UK*, Nr. 8317/78

EGMR Urt. v. 16.10.1980, *X vs. Belgien*, Nr. 8876/80

EGMR Urt. v. 7.5.1981, *X. vs. Deutschland*, Nr. 8334/78

EGMR Urt. v. 9.7.1981, *Kröcher u. Möller vs. Schweiz*, Nr. 8463/78

EGMR Urt. v. 10.2.1982, *Albert und Le Compte vs. Belgien*, Nr. 7299/75, 7496/76

EGMR Urt. v. 25.2.1982, *Campbell & Cosans vs. UK*, Nr. 7511/76, 7743/76

EGMR Urt. v. 26.3.1982, *Adolf vs. Osterreich*, Nr. 8269/78

EGMR Urt. v. 6.10.1982, *X. vs. Schweden*, Nr. 9707/82

EGMR Urt. v. 12.12.1982, *M. vs. UK*, Nr. 9907/82

EGMR Urt. v. 3.5.1983, *Altun vs. Deutschland*, Nr. 10308/83

EGMR Urt. v. 12.3.1984, *Kirkwood vs. UK*, Nr. 10479/83

EGMR Urt. v. 23.10.1984, *Ozturk vs. Deutschland*, Nr. 8544/79

EGMR Urt. v. 26.10.1984, *Piersack vs. Belgien*, Nr. 8692/79

EGMR Urt. v. 26.10.1984, *De Cubber vs. Belgien*, Nr. 9186/80

EGMR Urt. v. 12.2.1985, *Colozza vs. Italien*, Nr. 9024/80

EGMR Urt. v. 26.3.1985, *X und Y vs. Niederlande*, Nr. 8978/80

EGMR Urt. v. 6.5.1985, *Bönisch vs. Österreich*, Nr. 8658/79

EGMR Urt. v. 28.5.1985, *Abdulaziz, Cabales u. Balkandali vs. UK*, Nr. 9214/80, 9473/81, 9474/81

EGMR Urt. v. 30.9.1985, *Can vs. Österreich*, Nr. 9300/81

EGMR Urt. v. 24.11.1986, *Unterpertinger vs. Österreich*, Nr. 9120/80

EGMR Urt. v. 18.12.1986, *Johnston vs. Irland*, Nr. 9697/82

EGMR Urt. v. 2.3.1987, *Weeks vs. UK*, Nr. 9787/82

EGMR Urt. v. 25.4.1987, *Tyrer vs. UK*, Nr. 5856/72

EGMR Urt. v. 22.5.1987, *Nielsen vs. Dänemark*, Nr. 10929/84

EGMR Urt. v. 25.8.1987, *Lutz vs. Deutschland*, Nr. 9912/82

EGMR Urt. v. 24.3.1988, *Olsson vs. Schweden*, Nr. 10465/83

EGMR Urt. v. 29.4.1988, *Belilos vs. Schweiz*, Nr. 10328/83

EGMR Urt. v. 21.6.1988, *Berrehab vs. Niederlande*, Nr. 10730/84

EGMR Urt. v. 28.11.1988, *Nielsen vs. Dänemark*, Nr. 10929/84

EGMR Urt. v. 29.11.1988, *Brogan u.a. vs. UK*, Nr. 11209/84, 11234/84, 11266/84, 11386/85

EGMR Urt. v. 7.7.1989, *Soering vs. UK*, Nr. 14038/88

EGMR Urt. v. 21.2.1990, *Van der Leer vs. Niederlande*, Nr. 11509/85

EGMR Urt. v. 28.3.1990, *Granger vs. UK*, Nr. 11932/86

EGMR Urt. v. 30.8.1990, *Fox Campell und Hartley vs. UK*, Nr. 12244/86, 12245/86, 12383/86

Herczegfalvy vs. Österreich, Rapport der Kommission, 1.3.1991, Series A No. 224

EGMR Urt. v. 20.3.1991, *Cruz Varas u.a. vs. Schweden*, Nr. 15576/89

EGMR Urt. v. 26.4.1991, *Asch vs. Österreich*, Nr. 12398/86

EGMR Urt. v. 30.10.1991, *Vilvarajah vs. UK*, Nr. 13163/87, 13164/87, 13165/87, 13447/87, 13448/87

EGMR Urt. v. 21.5.1992, *Klaas vs. Deutschland*, Nr. 15473/89

EGMR Urt. v. 27.8.1992, *Tomasi vs. Frankreich*, Nr. 12850/87

EGMR Urt. v. 24.9.1992, *Herczegfalvy vs. Österreich*, Nr. 10533/83

EGMR Urt. v. 29.10.1992, *Y. vs. UK*, Nr. 14229/88

EGMR Urt. v. 25.2.1993, *Funke vs. Frankreich*, Nr. 10828/84

EGMR Urt. v. 25.3.1993, *Costello-Roberts vs. UK*, Nr. 13134/87

EGMR Urt. v. 24.6.1993, *Papamichalopoulos vs. Griechenland*, Nr. 14556/89

EGMR Urt. v. 28.6.1993, *Windisch vs. Österreich*, Nr. 12489/86

EGMR Urt. v. 27.10.1993, *Dombo beheer vs. Niederlande*, Nr. 14448/88

EGMR Urt. v. 28.1.1994, *Hurtado vs. Schweiz*, Nr. 17549/90

EGMR Urt. v. 13.6.1994, *Barberà, Messegué u. Jabardo vs. Spanien*, Nr. 10588/83, 10589/83, 10590/83

EGMR Urt. v. 28.10.1994, *Murray vs. UK*, Nr. 18731/91

EGMR Urt. v. 9.2.1995, *Welch vs. UK*, Nr. 17440/90

EGMR Urt. v. 23.3.1995, *Loizidou vs. Türkei*, Nr. 15318/89

EGMR Urt. v. 27.9.1995, *McCann u.a. vs. UK*, Nr. 18984/91

EGMR Urt. v. 4.12.1995, *Ribitsch vs. Österreich*, Nr. 18896/91

EGMR Urt. v. 27.3.1996, *Goodwin vs. UK*, Nr. 17488/90

EGMR Urt. v. 15.11.1996, *Chahal vs. UK*, Nr. 22414/93.

EGMR Urt. v. 17.12.1996, *Ahmed vs. Österreich*, Nr. 25964/94

EGMR Urt. v. 17.12.1996, *Saunders vs. UK*, Nr. 19187/91

EGMR Urt. v. 18.12.1996, *Aksoy vs. Türkei*, Nr. 21987/93

EGMR Urt. v. 22.4.1997, *H.L.R. vs. Frankreich*, Nr. 24573/94

EGMR Urt. v. 2.5.1997, *D. vs. UK*, Nr. 30240/96

EGMR Urt. v. 25.9.1997, *Aydin vs. Türkei*, Nr. 23178/94

EGMR Urt. v. 20.10.1997, *Serves vs. Frankreich*, Nr. 38642/97

EGMR Urt. v. 22.10.1997, *Erdagoz vs. Türkei*, Nr. 21890/93

EGMR Urt. v. 16.12.1997, *Raninen vs. Finnland*, Nr. 20972/92

EGMR Urt. v. 24.4.1998, *Selçuk und Asker vs. Türkei*, Nr. 23184/94, 23185/94

EGMR Urt. v. 25.5.1998, *Kurt vs. Türkei*, Nr. 24276/94

EGMR Urt. v. 9.6.1998, *Tekin vs. Türkei*, Nr. 22496/93

EGMR Urt. v. 24.7.1998, *Menteş vs. Türkei*, Nr. 33347/04

EGMR Urt. v. 30.7.1998, *Aerts vs. Belgien*, Nr. 25357/94

EGMR Urt. v. 23.9.1998, *A. vs. UK*, Nr. 25599/94

EGMR Urt. v. 9.10.1998, *Hatami vs. Sweden*, Nr. 32448/96

EGMR Urt. v. 28.10.1998, *Assenov u.a. vs. Bulgarien*, Nr. 24760/94

EGMR Urt. v. 29.4.1999, *Chassagnou u.a. vs. Frankreich*, Nr. 25088/94, 28331/95, 28443/95

EGMR Urt. v. 20.5.1999, *Ogur vs. Türkei*, Nr. 21594/93

EGMR Urt. v. 8.7.1999, *Çakici vs. Türkei*, Nr. 23657/94

EGMR Urt. v. 28.7.1999, *Selmouni vs. Frankreich*, Nr. 25803/94

EGMR Urt. v. 28.7.1999, *Botazzi, Di Mauro, Ferrari u. A.P. vs. Italien*, Nr. 34884/97, 34256/96, 33440/96, 35265/97

Keenan vs. UK, Nr. 27229/95, Rapport der Kommission, 6.9.1999

EGMR Urt. v. 27.9.1999, *Smith and Grady vs. UK*, Nr. 33985/96

EGMR Urt. v. 5.10.1999, *Grams vs. Deutschland*, Nr. 33677/96

EGMR Urt. v. 1.2.2000, *Mazurek vs. Frankreich*, Nr. 34406/97

EGMR Urt. v. 6.4.2000, *Labita vs. Italien*, Nr. 26772/95

EGMR Urt. v. 13.6.2000, *Timurtas vs. Türkei*, Nr. 23531/94

EGMR Urt. v. 27.6.2000, *Ilhan vs. Türkei*, Nr. 22277/93

EGMR Urt. v. 27.6.2000, *Salman vs. Türkei*, Nr. 21986/93

EGMR Urt. v. 11.7.2000, *Dikme vs. Türkei*, Nr. 20869/92

EGMR Urt. v. 11.7.2000, *Jabari vs. Turkey*, Nr. 40035/98

EGMR Urt. v. 13.7.2000, *Scozzari u. Giunta vs. Italien*, Nr. 39221/98, 41963/98

EGMR Urt. v. 20.7.2000, *Caloc vs. Frankreich*, Nr. 33951/96

EGMR Urt. v. 10.10.2000, *Akkoç vs. Türkei*, Nr. 22947/93, 22948/93

EGMR Urt. v. 19.10.2000, *Iatridis vs. Griechenland*, Nr. 31107/96

EGMR Urt. v. 26.10.2000, *Kudla vs. Polen*, Nr. 30120/96

EGMR Urt. v. 14.11.2000, *Taç vs. Türkei*, Nr. 24396/94

EGMR Urt. v. 16.11. 2000, *Bilgin vs. Türkei*, Nr. 23819/94

EGMR Urt. v. 28.11.2000, *Rehbock vs. Slovenien*, Nr. 29462/95,

EGMR Urt. v. 21.12.2000, *Egmez vs. Zypern*, Nr. 30873/96

EGMR Urt. v. 21.12.2000, *Heany u. McGuiness vs. Irland*, Nr. 34720/97

EGMR Urt. v. 30.1.2001, *Dulas vs. Türkei*, Nr. 25801/94

EGMR Urt. v. 6.2.2001, *Bensaid vs. UK*, Nr. 44599/98

EGMR Urt. v. 1.3.2001, *Berktay vs. Türkei*, Nr. 22493/93

EGMR Urt. v. 6.3.2001, *Halil vs. UK*, Nr. 45276/99

EGMR Urt. v. 6.3.2001, *Dougoz vs. Griechenland*, Nr. 40907/98

EGMR Urt. v. 3.4.2001, *Keenan vs. UK*, Nr. 27229/95

EGMR Urt. v. 5.4.2001, *Priebke vs. Italien*, Nr. 48799/99

EGMR Urt. v. 10.4.2001, *Tanli vs. Türkei*, Nr. 26129/93

EGMR Urt. v. 19.4.2001, *Peers vs. Griechenland*, Nr. 28524/95

EGMR Urt. v. 3.5.2001, *J.B. vs. Schweiz*, Nr. 31827/96

EGMR Urt. v. 10.5.2001, *Zypern vs. Türkei*, Nr. 25781/94

EGMR Urt. v. 10.5.2001, *Z. u.a. vs. UK*, Nr. 29392/95

EGMR Urt. v. 22.5.2001, *Altay vs. Türkei*, Nr. 22279/93

EGMR Urt. v. 29.5.2001, *Sawoniuk vs. UK*, Nr. 63716/00

EGMR Urt. v. 7.6.2001, *Papon vs. Frankreich*, Nr. 64666/01

EGMR Urt. v. 3.7.2001, *Nivette vs. Frankreich*, Nr. 44190/98

EGMR Urt. v. 10.7.2001, *Price vs. UK*, Nr. 33394/96

EGMR Urt. v. 24.7.2001, *Valasinas vs. Litauen*, Nr. 44558/98

EGMR Urt. v. 16.10.2001, *Einhorn vs. Frankreich*, Nr. 71555/01

EGMR Urt. v. 15.11.2001, *Iwańczuk vs. Polen*, Nr. 25196/94

EGMR Urt. v. 21.11.2001, *Al-Adsani vs. UK*, Nr. 35763/97

EGMR Urt. v. 12.3.2002, *Öcalan vs.Türkei*, Nr. 46221/99

EGMR Urt. v. 29.4.2002, *Pretty vs. UK*, Nr. 2346/02

EGMR Urt. v. 7.5.2002, *Burdov vs. Russland*, Nr. 59498/00

EGMR Urt. v. 28.5.2002, *Stafford vs. UK*, Nr. 46295/99

EGMR Urt. v. 2.7.2002, *Wilson u. the National Union of Journalists, Palmer, Wyeth u. the National Union of Rail, Maritime and Transport Workers, Doolan u.a. vs. UK*, Nr. 30668/96, 30671/96, 30678/96

EGMR Urt. v. 2. 7. 2002, *S. N. vs. Schweden*, Nr. 34209/96

EGMR Urt. v. 11.7.2002, *Christine Goodwin vs. UK*, Nr. 28957/95

EGMR Urt. v. 15.7.2002, *Kalashnikov vs. Russland*, Nr. 47095/99

EGMR Urt. v. 26.7.2002, *Meftah u.a. vs. Frankreich*, Nr. 32911/96, 35237/97, 34595/97

EGMR Urt. v. 17.10.2002, *Stambuk vs. Deutschland*, Nr. 37928/97

EGMR Urt. v. 22.10.2002, *Algur vs. Türkei*, Nr. 32574/96

EGMR Urt. v. 14.11.2002, *Mouisel vs. Frankreich*, Nr. 67263/01

EGMR Urt. v. 4.2.2003, *Lorsé u.a. vs. Niederlande*, Nr. 52750/99

EGMR Urt. v. 4.2.2003, *Van der Ven vs. Niederlande*, Nr. 50901/99

EGMR Urt. v. 24.4.2003, *Aktas vs. Türkei*, Nr. 24351/94

EGMR Urt. v. 29.4.2003, *Poltoratskiy vs. Ukraine*, Nr. 38812/97

EGMR Urt. v. 3.6.2003, *Pantea vs. Rumänien*, Nr. 33343/96

EGMR Urt. v. 12.6.2003, *Van Kuvk vs. Deutschland*, Nr. 35968/97

EGMR Urt. v. 29.7.2003, *McGlinchey u.a. vs. UK*, Nr. 50390/99

EGMR Urt. v. 13.11.2003, *Elçi u.a. vs. Türkei*, Nr. 23145/93, 25091/94

EGMR Urt. v. 2.12.2003, *Farbtuhs vs. Litauen*, Nr. 4672/02

EGMR Urt. v. 4.12.2003, *M.C. vs. Bulgarien*, Nr. 39272/98

EGMR Urt. v. 11.12.2003, *Yankov vs. Bulgarien*, Nr. 70204/01

EGMR Urt. v. 8.1.2004, *Çolak und Filizer vs. Türkei*, 32578/96, 32579/96

EGMR Urt. v. 15.1.2004, *Sakkopoulos vs. Griechenland*, Nr. 61828/00

EGMR Urt. v. 10.2.2004, *Gennadiy Naumenko vs. Ukraine*, Nr. 42023/98

EGMR Urt. v. 17.2.2004, *Ipek vs. Türkei*, Nr. 25760/94

EGMR Urt. v. 17.2.2004, *Maestri vs. Italien*, Nr. 39748/98

EGMR Urt. v. 26.2.2004, *Görgülü vs. Deutschland*, Nr. 74969/01

EGMR Urt. v. 11.3.2004, *G.B. vs. Bulgarien*, Nr. 42346/98

EGMR Urt. v. 8.4.2004, *Assanidze vs. Georgien*, Nr. 71503/01

EGMR Urt. v. 3.6.2004, *Bati u.a. vs. Türkei*, Nr. 33097/96, 7834/00
EGMR Urt. v. 22.6.2004, *Broniowski vs. Polen*, Nr. 31443/96
EGMR Urt. v. 8.7.2004, *Ilascu u.a. vs. Moldawien und Russland*, Nr. 48787/99
EGMR Urt. v. 8.7.2004, *Sürmeli vs. Deutschland*, Nr. 42346/98, Nr. 53924/00
EGMR Urt. v. 20.7.2004, *Balogh vs. Hungarien*, Nr. 47940/99
EGMR Urt. v. 30.9.2004, *Krastanov vs. Bulgarien*, Nr. 50222/99
EGMR Urt. v. 5.10.2004, *Barbu Anghelesvu vs. Bulgarien*, Nr. 46430/99
EGMR Urt. v. 7.10.2004, *Dragan vs. Deutschland*, Nr. 33743/03
EGMR Urt. v. 12.10.2004, *Bursuc vs. Rumänien*, Nr. 42066/98
EGMR Urt. v. 10.11.2004, *Sejdovic vs. Italien*, Nr. 56581/00
EGMR Urt. v. 16.11.2004, *Tekeli vs. Türkei*, Nr. 29865/96
EGMR Urt. v. 2.12.2004, *Farbtuhs vs. Lettland*, Nr. 4672/02
EGMR Urt. v. 14.12.2004, *Gelfmann vs. Frankreich*, Nr. 25875/03
EGMR Urt. v. 20.1.2005, *Mayzit vs. Rusland*, Nr. 63378/00
EGMR Urt. v. 4.2.2005, *Mamatkulov vs. Türkei*, Nr. 46827/99
EGMR Urt. v. 24.2.2005, *Poznakhirina vs. Russland*, Nr. 25964/02
EGMR Urt. v. 5.4.2005, *Afanasyev vs. Ukraine*, Nr. 48057/06
EGMR Urt. v. 12.4.2005, *Shamayev u.a. vs. Georgien und Russland*, Nr. 36378/02
EGMR Urt. v. 5.5.2005, *Öcalan vs. Turkei*, Nr. 46221/99
EGMR Urt. v. 31.5.2005, *Kismir vs. Türkei*, Nr. 27306/95
EGMR Urt. v. 31.5.2005, *Akdeniz vs. Türkei*, Nr. 25165/94
EGMR Urt. v. 31.5.2005, *Togcu vs. Türkei*, Nr. 27601/95
EGMR Urt. v. 2.6.2005, *Novoselov vs. Russland*, Nr. 66460/01
EGMR Urt. v. 9.6.2005, *I.I. vs. Bulgarien*, Nr. 44082/98
EGMR Urt. v. 5.7.2005, *Said vs. Niederlande*, Nr. 2345/02
EGMR Urt. v. 12.7.2005, *Moldovan u.a. vs. Rumanien*, Nr. 41138/98, 64320/01
EGMR Urt. v. 21.7.2005, *Rohde vs. Dänemark*, Nr. 69332/01
EGMR Urt. v. 26.7.2005, *N. vs. Finnland*, Nr. 38885/02
EGMR Urt. v. 13.9.2005, *Ostrovar vs. Moldawien*, Nr. 35207/03
EGMR Urt. v. 20.9.2005, *Karayigit vs. Türkei*, Nr. 63181/00
EGMR Urt. v. 29.9.2005, *Mathew vs. Niederlande*, Nr. 24919/03
EGMR Urt. v. 6.10.2005, *Hirst vs. UK*, Nr. 74025/01
EGMR Urt. v. 6.10.2005, *Lukenda vs. Slovenien*, Nr. 23032/02
EGMR Urt. v. 8.11.2005, *Khudoyorov vs. Russland*, Nr. 6847/02
EGMR Urt. v. 8.11.2005, *Alver vs. Estland*, Nr. 64812/01
EGMR Urt. v. 8.11.2005, *Gongadze vs. Ukraine*, Nr. 34056/02
EGMR Urt. v. 10.11.2005, *Tekin Yildiz vs. Türkei*, Nr. 22913/04
EGMR Urt. v. 28.11.2005, *Apostol vs. Georgien*, Nr. 40765/02
EGMR Urt. v. 22.12.2005, *Xenides-Arestis vs. Türkei*, Nr. 46347/99

EGMR Urt. v. 26.1.2006, *Mikheyev vs. Russland*, Nr. 77617/01

EGMR Urt. v. 21.2.2006, *Dogonay vs. Türkei*, Nr. 50125/99

EGMR Urt. v. 23.2.2006, *Tzekov vs. Bulgarien*, Nr. 45500/99

EGMR Urt. v. 4.4.2006, *Corsacov vs. Moldawien*, Nr. 18944/02

EGMR Urt. v. 4.5.2006, *Kadiķis vs Lettland*, Nr. 62393/00

EGMR Urt. v. 08.06.2006, *Sürmeli vs. Deutschland*, Nr. 75529/01

EGMR Urt. v. 15.6.2006, *Moisejevs vs. Lettland*, Nr. 64846/01

EGMR Urt. v. 19.6.2006, *Hutten-Czapska vs. Poland*, Nr. 35014/97

EGMR Urt. v. 4.7.2006, *Ramirez-Sanchez vs. Frankreich*, Nr. 59450/00

EGMR Urt. v. 6.7.2006, *Baybasin vs. Niederlande*, Nr. 13600/02

EGMR Urt. v. 11.7.2006, *Jalloh vs. Deutschland*, Nr. 54810/00

EGMR Urt. v. 11.7.2006, *Rivière vs. Frankreich*, Nr. 3384/03

EGMR Urt. v. 27.7.2006, *Bazorkina vs. Russland*, Nr. 69481/01

EGMR Urt. v. 10.8.2006, *Colaechea Cahuas vs. Spanien*, Nr. 24668/03

EGMR Urt. v. 26.9.2006, *Wainwright vs. UK*, Nr. 12350/04

EGMR Urt. v. 12.10.2006, *Mubilanzila Mayeka u. Kaniki Mitunga vs. Belgien*, Nr. 13178/03

EGMR Urt. v. 17.10.2006, *Göcmen vs. Türkei*, Nr. 72000/01

EGMR Urt. v. 24.10.2006, *Vincent vs. Frankreich*, Nr. 6253/03

EGMR Urt. v. 19.12.2006, *Türkmen vs. Türkei*, Nr. 43124/98

EGMR Urt. v. 11.1.2007, *Mammadov vs. Aserbaidschan*, Nr. 34445/04

EGMR Urt. v. 20.2.2007, *Al-Maayad vs. Deutschland*, Nr. 35865/03

EGMR Urt. v. 6.3.2007, *Ciloglu vs. Türkei*, Nr. 73333/01

EGMR Urt. v. 6.3.2007, *Yakisan vs. Türkei*, Nr. 11339/03

EGMR Urt. v. 6.3.2007, *Scordino vs. Italien*, Nr. 43662/98

EGMR Urt. v. 8.3.2007, *Collins und Akaziebe vs. Schweden*, Nr. 23944/05

EGMR Urt. v. 19.4.2007, *Vilho Eskelinen u.a. vs. Finnland*, Nr. 63235/00

EGMR Urt. v. 3.5.2007, *Mitglieder der Gldani Gemeinschaft der Zeugen Jehovas vs. Georgien*, Nr. 71156/01

EGMR Urt. v. 12.6.2007, *Frérot vs. Frankreich*, Nr. 70204/01

EGMR Urt. v. 21.6.2007, *Kudrina vs. Russland*, Nr. 27790/03

EGMR Urt. v. 28.6.2007, *Malechkov vs. Bulgarien*, Nr. 57830/00

EGMR Urt. v. 28.6.2007, *Harutyunyan vs. Armenien*, Nr. 36549/03

EGMR Urt. v. 12.7.2007, *Testa vs. Kroatien*, Nr. 20877/04

EGMR Urt. v. 19.7.2007, *Trepashkin vs. Russland*, Nr. 36898/03

EGMR Urt. v. 16.10.2007, *Krowiak vs. Polen*, Nr. 12786/02

EGMR Urt. v. 6.11.2007, *Stepuleac vs. Moldawien*, Nr. 8207/06

EGMR Urt. v. 13.11.2007, *D.U. u.a. vs. Tschechien*, Nr. 57325/00

EGMR Urt. v. 15.11.2007, *Khamidov vs. Rusland*, Nr. 72118/01

EGMR Urt. v. 27.11.2007, *Urbarska Obec Trencianske vs. Slowakei*, Nr. 74258/01

EGMR Urt. v. 10.12.2007, *Stoll vs. Schweiz*, Nr. 69698/01

EGMR Urt. v. 10.1.2008, *Varnava u.a. vs. Türkei,* Nr. 16064/90, 16065/90, 16066/90, 16068/90,16069/90, 16070/90, 16071/90, 16072/90, 16073/90

EGMR Urt. v. 17.1.2008, *Abbasov vs. Aserbaidschan*, Nr. 24271/05

EGMR Urt. v. 12.2.2008, *Kafkaris vs. Zypern*, Nr. 21906/04

EGMR Urt. v. 28.2.2008, *Saadi vs. Italien*, Nr. 37201/06

EGMR Urt. v. 28.4.2008, *Hutten-Czapska vs. Polen*, Nr. 35014/97

EGMR Urt. v. 13.5.2008, *Juhnke vs. Türkei*, Nr. 52515/99,

EGMR Urt. v. 20.5.2008, *Tekin u.a. vs. Türkei*, 8534/02

EGMR Urt. v. 27.5.2008, *N. vs. UK*, Nr. 26565/05

EGMR Urt. v. 3.7.2008, *Chamber vs. Russland*, Nr. 7188/03

EGMR Urt. v. 17.7.2008, *Camdereli vs. Türkei*, Nr. 28433/02

EGMR Urt. v. 24.7.2008, *Vladimir Romanov vs. Russland*, Nr. 41461/02

EGMR Urt. v. 7.10.2008, *Bogumil vs. Portugal*, Nr. 35228/03

EGMR Urt. v. 15.10.2008, *Renolde vs. Frankreich*, Nr. 5608/05

EGMR Urt. v. 23.10.2008, *Soldatenko vs. Ukraine*, Nr. 2440/07

EGMR Urt. v. 2.12.2008, *K.R.S. vs. UK*, Nr. 32733/08

EGMR Urt. v. 22.12.2008, *Aleksanyan v. Russland*, Nr. 46468/06

EGMR Urt. v. 8.1.2009, *Shishmanov vs. Bulgarien*, Nr. 37449/02

EGMR Urt. v. 8.1.2009, *Schlumpf vs. Schweiz*, Nr. 79002/06

EGMR Urt. v. 15.1.2009, *Burdov vs. Russland* (Nr. 2), Nr. 33509/04,

EGMR Urt.v. 20.1.2009, *Sławomir Musiał vs. Polen*, Nr. 28300/06

EGMR Urt. v. 27.1.2009, *Ramishvili and Kokhreidze v. Georgia*, Nr. 1704/06

EGMR Urt. v. 19.2.2009, *A. u.s. vs. UK*, Nr. 3455/05

EGMR Urt. v. 3.3.2009, *Ghavtadze vs. Georgien*, Nr. 23204/07

EGMR Urt. v. 10.3.2009, *Paladi vs. Moldawien*, Nr. 39806/05

EGMR Urt. v. 23.3.2009, *Nitescu vs. Rumänien*, Nr. 26004/03

EGMR Urt. v. 26.5.2009, *Amanalachioai vs. Rumänien*, Nr. 4023/04

EGMR Urt. v. 11.6.2009, *S.D. vs. Griechenland*, Nr. 53541/07

EGMR Urt. v. 9.7.2009, *Khider vs. Frankreich*, Nr. 39364/05

EGMR Urt. v. 28.7.2009; *Rachwalski und Ferenc vs. Polen*, Nr. 47709/99

EGMR Urt. v. 10.1.2008, *Varnava u.a. vs. Türkei*, Nr. 16064/90, 16065/90, 16066/90, 16068/90, 16069/90, 16070/90, 16071/90, 16072/90, 16073/90

EGMR Urt. v. 15.10.2009, *Micallef vs. Malta*, Nr. 17056/06

EGMR Urt. v. 15.10.2009, *Burdov, Olaru u. Yuriy Nikolayewich Ivanov vs. Ukraine*, Nr. 40450/04

EGMR Urt. v. 15.10.2009, *Yuriy Nikolayevich Ivanov vs. Ukraine*, Nr. 40450/04

EGMR Urt. v. 22.10.2009, *Orchowski vs. Polen*, Nr. 17885/04

EGMR Urt. v. 26.11.2009, *Dolenec vs. Kroatien*, Nr. 25282/06
EGMR Urt. v. 3.12.2009, *Zaunegger vs. Deutschland*, Nr. 22028/04
EGMR Urt. v. 22.12.2009, *Palushi vs. Österreich*, Nr. 27900/04
EGMR Urt. v. 2.3.2010, *Al-Saadoon und Mufdhi vs. UK*, Nr. 61498/08
EGMR Urt. v. 23.3.2010, *Oyal vs. Türkei*, Nr. 4864/05
EGMR Urt. v. 13.4.2010, *Charahili vs. Türkei*, Nr. 46605/07
EGMR Urt. v. 13.4.2010, *Tehrani u.a. vs. Türkei*, Nr. 32940/08, 41626/08, 43616/08
EGMR Urt. v. 22.4.2010, *Fatullayev vs. Aserbeidschan*, Nr. 40984/07
EGMR Urt. v. 1.6.2010, *Gäfgen vs. Deutschland*, Nr. 22978/05
EGMR Urt. v. 30.6.2008, *Gäfgen vs. Deutschland (Gäfgen I)*, Nr. 22978/05
EGMR Urt. v. 24.6.2010, *Schalk u. Kopf vs. Österreich*, Nr. 30141/04
EGMR Urt. v. 1.7.2010, *Daydov u.a. vs. Ukraine*, Nr. 17674/02, 39081/02
EGMR Urt. v. 13.7.2010, *Carabulea vs. Rumänien*, Nr. 43661/99
EGMR Urt v. 20.7.2010, *Ramzy vs. Niederlande*, Nr. 25424/05
EGMR Urt. v. 22.7.2010, *P.B. u. J.S. vs. Österreich*, Nr. 18984/02
EGMR Urt. v. 27.7.2010, *Gatt vs. Malta*, Nr. 28221/08
EGMR Urt. v. 12.10.2010, *Olaru vs. Moldawien*, Nr. 476/07
EGMR Urt. v. 12.10.2010, *Maria Atanasiu u.a. vs. Rumänien*, Nr. 30767/05, 33800/06
EGMR Urt. v. 23.11.2010, *Greens u. M.T. vs. UK*, Nr. 60041/08, 60054/08
EGMR Urt. v. 02.12.2010, *Rumpf vs. Deutschland*, Nr. 46344/06
EGMR Urt. v. 2.12.2010, *Abuyeva u.a. vs. Russland*, Nr. 27065/05
EGMR Urt. v. 14.12.2010, *Dobri vs. Rumänien*, Nr. 25153/04
EGMR Urt. v. 16.12.2010, *A, B und C. vs. Irland*, Nr. 25579/05
EGMR Urt. v. 13.1.2011, *Schummer vs. Deutschland*, Nr. 27360/04, 42225/07
EGMR Urt. v. 20.1.2011, *Kashavelov vs. Bulgarien*, Nr. 891/05
EGMR Urt. v. 1.2.2011, *Yazgül Yilmaz vs. Türkei*, Nr. 36369/06
EGMR Urt. v. 10.2.2011, *Premininy vs. Russland*, Nr. 44973/04
EGMR Urt. v. 21.2.2011, *G.K.M.S.S. vs. Belgien und Griechenland*, Nr. 30696/09
EGMR Urt. v. 7.7.2011, *Stummer vs. Österreich*, Nr. 37452/02
EGMR Urt. v. 7.7.2011, *Al-Skeini u.a. vs. UK*, Nr. 55721/07
EGMR Urt. v. 10.1.2012, *Ananyev u.a. vs. Russland*, Nr. 42525/07
EGMR Urt. v. 17.1.2012, *Othman (Abu Qatada) vs.UK, Nr. 8139/09*
EGMR Urt. v. 10.4.2012; *Babar Ahmad u.a. vs. UK*, Nr. 24027/07, 11949/08, 36742/08, 66911/09, 67354/09
EGMR Urt. v. 8.1.2013, *Torreggiani vs. Italien*, Nr. 43517/09
EGMR Urt. v. 9.7.2013, *Vinter u.a. vs. UK*, Nr. 66069/09, 130/10, 3896/10
EGMR Urt. v. 25.7.2013, *Canali vs. Frankreich*, Nr. 40119/09
EGMR Urt. v. 12.11.2013, *Benzer u.a. vs. Türkei*, Nr. 23502/06

EGMR Urt. v. 21.11.2013, *Bouyid vs. Belgien*, Nr. 23380/09

EGMR Urt. v. 12.8.2014, *Firth u.a. vs. UK*, Nr. 47784/09, 47806/09, 47812/09, 47818/09, 47829/09, 49001/09, 49007/09, 49018/09, 49033/09, 49036/09

EGMR Urt. v. 4.9.2014, *Trabelsi vs. Belgien*, Nr. 140/10

EGMR Urt. v. 10.2.2015, *McHugh u.a. vs. UK*, Nr. 51987/08

EGMR Urt. v. 10.6.2015, *Varga u.a. Vs Hungarien*, Nr. 14097/12, 45135/12, 73712/12, 34001/13, 44055/13, 64586/13

EGMR Urt. v. 07.07.2015, *Cestaro vs. Italien,* Nr. 6884/11

EGMR Urt. v. 01.09.2015, *Khlaifa u.a. vs. Italien,* Nr. 16483/12

EGMR Urt. v. 12.07.2016, *A.B. u.a. vs. Frankreich,* Nr. 11593/12

EGMR Urt. v. 28.3.2017, *Škorjanec vs Kroatien*, Nr. 25536/14

FSC
www.fsc.org
MIX
Papier | Fördert gute Waldnutzung
FSC® C083411

Kolibri 360 GmbH
Ferdinand-Jühlke-Straße 7
99095 Erfurt, Deutschland
produktsicherheit@kolibri360.de